sog. Pflichtrecht (§ 105 Anm. 31b), von dem der vertretungsberechtigte Gesellschafter im Interesse der Gesellschaft Gebrauch machen muß. Für eine Lösung von der Pflicht zur Vertretung sprechen daher die gleichen Erwägungen wie für die Geschäftsführungspflicht. Auch schutzwerte Interessen Dritter stehen dem nicht entgegen; denn bei einer Niederlegung der Vertretungsbefugnis liegen die Verhältnisse ähnlich, wie wenn ein oder der Vertreter aus einem anderem Grunde ausfällt (a. M. Ritter Anm. 2e; Düringer/Hachenburg Anm. 10; Schlegelberger/Gessler Anm. 13; Hueck § 20 IV 5).

Hueck hält ein Bedürfnis für die Niederlegung der Vertretung deshalb nicht für gegeben, weil die Vertretungsmacht als solche nur eine Befugnis, aber keine Verpflichtung begründe, der Gesellschafter sie also nicht auszuüben brauche, wenn für ihn eine Geschäftsführungspflicht nicht bestehe. Dieser Einwand erscheint nicht richtig. Hueck weist selbst darauf hin, daß die passive Vertretungsmacht für ihn bestehen bleibe (vgl. § 125 Anm. 24; § 124 Anm. 19) und für ihn insoweit Pflichten begründen könne. Darüber hinaus kann er bei Passivprozessen (gegen die Gesellschaft) von dem Prozeßgegner in den Prozeß als gesetzlicher Vertreter einbezogen und vor die Frage gestellt werden, ob er sich als Partei vernehmen lassen soll oder nicht, ob er also von diesem den vertretungsberechtigten Gesellschaftern zustehenden Dispositionsakt Gebrauch machen soll oder nicht (§ 124 Anm. 22; vgl. ferner §§ 134, 141 ZPO). Auch kann ihm die Pflicht zur Leistung des Offenbarungseides nicht abgenommen werden, solange er vertretungsberechtigter Gesellschafter ist (§ 124 Anm. 36).

Von diesen Pflichten muß sich der vertretungsberechtigte Gesellschafter bei Vorliegen eines wichtigen Grundes lösen können. Das entspricht einem allgemeinen Grundsatz, der eine Lösung von Dauerrechtsverhältnissen beim Vorliegen eines wichtigen Grundes stets gestattet. Das Fehlen einer ausdrücklichen Vorschrift steht der Anwendung dieses Grundsatzes — wie auch sonst — nicht entgegen.

§ 128

Die Gesellschafter haften für die Verbindlichkeiten der Gesellschaft den Gläubigern als Gesamtschuldner persönlich. Eine entgegenstehende Vereinbarung ist Dritten gegenüber unwirksam.

Inhaltsübersicht

Anm. 1 **Einleitung.** Die §§ 128—130 regeln die persönliche Haftung der Gesellschafter für die Verbindlichkeiten der Gesellschaft. § 128 enthält den grundlegenden Rechtssatz über die unbeschränkte persönliche und selbstschuldnerische Haftung aller Gesellschafter. § 129 ordnet die Einwendungen des einzelnen Gesellschafters und die Zwangsvollstreckung gegen ihn. § 130 bestimmt die Haftung eines in eine Gesellschaft neu eintretenden Gesellschafters.

§ 128 stimmt seinem Inhalte nach mit Art. 112 ADHGB überein. Nach § 105 liegt eine offene Handelsgesellschaft nur vor, wenn bei keinem Gesellschafter die Haftung gegenüber den Gesellschaftsgläubigern beschränkt ist (vgl. dazu § 105 Anm. 20ff.). § 128 enthält die nähere Ausführung zu dieser Begriffsbestimmung der offenen Handelsgesellschaft.

I. Die Haftung des Gesellschafters für die Gesellschaftsverbindlichkeiten

Anm. 2 **1. Die Bedeutung der Haftung.**

Die OHG kennt im Unterschied zu den Kapitalgesellschaften keine Bestimmungen, die den Gesellschaftsgläubigern ein Gesellschaftsvermögen in einer bestimmten Höhe als Befriedigungsobjekt zur Verfügung stellen und es ihnen als solches zu erhalten suchen. Auch kennt die OHG im Unterschied zu der Kommanditgesellschaft keine Bestimmungen, die den Gesellschaftern im Interesse der Gesellschaftsgläubiger eine bestimmte Einlagepflicht auferlegen und die Erfüllung dieser Pflicht gewährleisten. Das völlige Fehlen solcher Schutzbestimmungen für die Gesellschaftsgläubiger ist nur gerechtfertigt, weil jeder Gesellschafter einer OHG für alle Gesellschaftsverbindlichkeiten unmittelbar und unbeschränkt persönlich haftet. Diese persönliche Haftung ist das besondere Kennzeichen der OHG, auf ihr beruht die Wertschätzung, die dieser Gesellschaftsform im Wirtschaftsleben entgegengebracht wird; sie bildet die Grundlage für den Kredit, den solche Unternehmen im Geschäftsleben finden. Die persönliche Haftung eines jeden Gesellschafters bildet damit rechtlich wie wirtschaftlich das entscheidende Merkmal für die OHG und unterscheidet sie darin von allen anderen Gesellschaftsformen.

Anm. 3 **2. Die rechtliche Natur der Haftung.**

Über die rechtliche Natur der persönlichen Haftung eines jeden Gesellschafters nach § 128 ist viel gestritten worden, ohne daß sich bis heute eine einigermaßen gefestigte Auffassung hat bilden können.

Die im Schrifttum herrschende Meinung knüpft bei der Beurteilung dieser Frage an die Rechtsnatur der OHG als Gesamthandsgesellschaft an und legt dar, die persönliche Haftung des einzelnen Gesellschafters sei nicht Haftung für fremde, sondern Haftung für eigene Schuld; denn die Gesellschafter als Träger aller Rechte und Verbindlichkeiten seien selbst die Schuldner der zwischen der Gesellschaft und einem Dritten bestehenden Rechtsverhältnisse. Es bestehe somit nur eine einheitliche Verpflichtung, da die Verbindlichkeiten der Gesellschaft zugleich Schulden der Gesellschafter seien. Die Besonderheit dieser Verpflichtung sei darin zu finden, daß für sie zwei Vermögensmassen hafteten, das Sondervermögen der Gesellschaft sowie das Privatvermögen eines jeden einzelnen Gesellschafters (Vorauflage Anm. 1; Düringer/Hachenburg Anm. 5; Staub/Pinner Anm. 1; Ritter Anm. 4; Schlegelberger/Geßler Anm. 2; Rospatt ZBlHR 1932, 241; v. Godin JR 1948, 64; Müller NJW 1968, 225; vgl. auch Buchner JZ 1968, 622ff.). Die Rechtsprechung des Reichsgerichts läßt in dieser Frage keine einheitliche Stellungnahme erkennen (vgl. dazu namentlich Rospatt a. a. O.). Das ist offenbar dadurch bedingt, daß sich nach der Geschäftsverteilung beim Reichsgericht alle Zivilsenate des Gerichts mit dieser Frage zu befassen hatten, und daß einzelne Senate nicht geneigt waren, der begrifflichen Konstruktion ausschlaggebende Bedeutung für die Entscheidung einer Einzelfrage beizulegen (vgl. aus der Anfangszeit des Reichsgerichts die Entscheidungen RG 5, 51, 55 und RG 49, 340, 343 einerseits, die sich der Argumentation der herrschenden Lehrmeinung bedienen, und RG JW 1900, 253 sowie 1902, 78 andererseits, die betont zwischen dem Vertrag einer OHG und dem Vertrag ihrer Teilhaber unterscheiden; aus späterer Zeit vgl. RG 139, 252 im Sinn der herrschenden Lehrmeinung sowie kurz zuvor RG 136, 266 mit einer betont gegensätzlichen Auffassung). Auch die Rechtsprechung des Bundesgerichtshofs muß in dieser Frage auf den Außenstehenden einen zwiespältigen Eindruck erwecken. Während sich die Entscheidungen BGH 1, 35 (I. Ziv. Sen.) und BGH 34, 293 (III. Ziv. Sen.) — allerdings in beiläufigen Sätzen — ausdrücklich im Sinn der dargelegten Lehrmeinung äußern, hat sich der II. (gesellschaftsrechtliche) Zivilsenat in mehreren grundlegenden Entscheidungen von dieser Lehrmeinung bewußt distanziert (vgl. BGH 23, 302; 36, 224; 39, 319; 44, 229; 47, 376; 48, 204).

Schon der Ausgangspunkt der herrschenden Meinung im Schrifttum erscheint unzutreffend. Es geht nicht an, die Fragen nach dem Wesen und dem Inhalt der persönlichen Haftung des einzelnen Gesellschafters allein danach zu beantworten, welchen rechtlichen Charakter man der OHG beilegt. Denn mit dieser begrifflichen Deduktion kann man der Eigenart und der Besonderheit der OHG nicht gerecht werden (vgl. dazu § 105 Anm. 8). Das wird in diesem Zusammenhang besonders deutlich. **Anm. 4**

Bei näherer Betrachtungsweise läßt sich die Auffassung, die Verbindlichkeit der Gesellschaft sei nichts anderes als die Verbindlichkeit der einzelnen Gesellschafter, die einzelnen Gesellschafter seien, wie bei der bürgerlich rechtlichen Gesellschaft und wie im Fall des § 427 BGB, die Schuldner des zwischen der Gesellschaft und einem Dritten vertraglich begründeten Rechtsverhältnisses, nicht halten. Denn bei dieser Auffassung wäre die allgemein gebilligte Meinung, zwei personengleiche offene Handelsgesellschaften könnten in vertragliche Rechtsbeziehungen zueinander treten (§ 105 Anm. 29), nicht möglich. Auch wäre es nicht denkbar, daß eine OHG Mitglied einer juristischen Person oder einer anderen Personenhandelsgesellschaft sein kann (§ 105 Anm. 27; § 124 Anm. 3), weil dann in Wirklichkeit nicht die OHG, sondern ihre einzelnen Gesellschafter Mitglieder dieser juristischen Person oder dieser Personenhandelsgesellschaft sein würden. Namentlich läßt sich die von der herrschenden Meinung im Schrifttum vertretene Meinung nicht damit vereinbaren, daß auch nach ihr die von der Gesellschaft geschuldete Leistung in zahlreichen Fällen inhaltlich eine andere als die von den einzelnen Gesellschaftern geschuldete Leistung ist, ja daß selbst die von den einzelnen Gesellschaftern geschuldete Leistung jeweil eine verschiedene sein kann. Denn mit diesem Zugeständnis wird die von dieser Meinung vorgebrachte Begründung selbst aufgegeben (vgl. dazu Anm. 9). **Anm. 5**

Des weiteren mag noch hervorgehoben werden, daß der Ausgangspunkt, den die herrschende Meinung für ihre Begründung wählt, zu unannehmbaren Folgerungen im Zusammenhang mit dem Erfordernis einer vormundschaftsgerichtlichen Genehmigung führen muß. Denn wenn rechtsgeschäftliche Verpflichtungen, die namens einer OHG begründet werden, nicht anderes als Verpflichtungen sind, die die Gesellschafter selbst eingehen, dann müßte für ihre wirksame Begründung immer die vormundschaftsgerichtliche Genehmigung erforderlich sein, soweit ein einzelner Gesellschafter nicht voll geschäftsfähig ist und das in Frage stehende Geschäft in den Katalog der genehmigungspflichtigen Geschäfte fällt (dagegen mit Recht bereits RG 54, 278; 125, 381). Ferner ist noch darauf hinzuweisen, daß die gesetzliche Regelung über die Vertretung in einer OHG und die Anwendung des § 31 BGB auf die Vertreter einer OHG nur zu verstehen sind, wenn bei der OHG im Gegensatz zur bürgerlich rechtlichen Gesellschaft zwischen einer Vertretung der Gesellschaft (im Rahmen der Gesellschaftssphäre) und zwischen der Vertretung der einzelnen Gesellschafter (im Rahmen ihrer Privatsphäre) auch im Rechtssinn unterschieden wird (vgl. dazu Rob. Fischer Die Haftung des Gesellschafters für Schulden der offenen Handelsgesellschaft, Diss. 1936, S. 52ff., 60ff.; Hauer Rechtsnatur und Schuldinhalt der Haftung des Gesellschafters einer OHG nach § 128 HGB, Diss. 1966, S. 140ff.).

Anm. 6 **3. Der Inhalt der Haftung.**

Im Schrifttum sind über den Inhalt der persönlichen Haftung zwei Auffassungen entwickelt worden, die sich in ihrem Ausgangspunkt klar unterscheiden und von denen die eine in zahlreichen Varianten Ausnahmen und Abweichungen von ihrem Ausgangspunkt für notwendig hält. (Einen guten Überblick über den Stand der Meinungen gibt Hauer Rechtsnatur und Schuldinhalt der Haftung des Gesellschafters einer OHG nach § 128, Diss. 1966.)

Anm. 7 **a) Die Erfüllungstheorie:** Die eine dieser beiden Auffassungen (vgl. namentlich die in Anm. 3 Genannten) geht davon aus, daß Inhalt der persönlichen Haftung des einzelnen Gesellschafters die Verpflichtung zur Erfüllung der namens der Gesellschaft begründeten Verbindlichkeit sei. Am weitesten geht dabei Ritter (Anm. 4) in seiner Formulierung; nach ihm schuldet der einzelne Gesellschafter unbeschränkt was, wann, wo und wie die Gesellschaft schuldet, z. B. unbeschränkt auch die Unterlassung des Wettbewerbs, zu der sich die Gesellschaft verpflichtet, aber (vorbehaltlich anderer Auslegung) wohl nur die Unterlassung des Wettbewerbs durch die Gesellschaft. Dagegen bejahen Düringer/Hachenburg (Anm. 3) die persönliche Verpflichtung des einzelnen Gesellschafters zur Erfüllung der Gesellschaftsschuld nur, soweit nach dem Inhalt des Vertrages die Schuld auch durch die einzelnen Gesellschafter erfüllbar ist, nämlich erfüllt werden kann oder erfüllt werden soll. Bei der Annahme einer solchen Erfüllungsverpflichtung gehen sie verhältnismäßig weit. Die Unterlassungspflicht ergreift nach ihnen die einzelnen Gesellschafter in gleicher Weise wie die Gesellschaft selbst; was der Gesellschaft verboten ist, ist danach im allgemeinen auch dem einzelnen Mitglied verboten. Dagegen sind bei Verpflichtungen zu einem Tun auch solche denkbar, die wie bei einer Verpflichtung zur Auskunftserteilung oder Rechnungslegung nur durch bestimmte Gesellschafter, nämlich nur durch die zur Geschäftsführung berufenen Gesellschafter zu leisten sind. Die Voraufl. (Anm. 5) knüpft an die Gedanken von Düringer/Hachenburg an und meint, überall dort, wo nach dem Inhalt des Vertrages die übernommene Verpflichtung nur durch die Gesellschaft erfüllt werden kann oder erfüllt werden soll, gehe die Verpflichtung des einzelnen Gesellschafters lediglich dahin, auf Erfüllung durch die Gesellschaft hinzuwirken und für die Folgen der Nichterfüllung einzutreten. Dabei geht die Voraufl. namentlich bei Unterlassungsverpflichtungen in der Annahme, diese Verpflichtungen seien nach dem Inhalt des Vertrages lediglich von der Gesellschaft zu erfüllen, sehr viel weiter als Düringer/Hachenburg. Schlegelberger/Geßler (Anm. 4, 5) schließlich schränken die Verpflichtung der einzelnen Gesellschafter zur Erfüllung der Gesellschaftsverbindlichkeit inhaltlich noch stärker ein. Bei Sachleistungen sei der einzelne Gesellschafter nur gehalten, für die Erfüllung durch die Gesellschaft zu sorgen und bei der Erfüllung mitzuwirken (Frage: auch die nicht geschäftsführungs- und vertretungsberechtigten Gesellschafter?), während bei Unterlassungspflichten zu beachten sei, daß die OHG ihre Gesellschafter nur im gesellschaftlichen Bereich binden könne.

Würdinger (Gesellschaften I, S. 124ff.) und Hueck (§ 21 II) vertreten ebenfalls den Standpunkt, daß der einzelne Gesellschafter grundsätzlich die Erfüllung der von der Gesellschaft übernommenen Verbindlichkeit schulde; sie gelangen aber im Unterschied zu den vorher Genannten zu diesem Ergebnis nicht aus der in Anm. 3 dargelegten begrifflichen Ableitung aus der Rechtsnatur der OHG als einer Gesamthandsgesellschaft (ähnlich wohl auch Westermann Hdb. der Personengesellschaften Rz. I, 354f.). Sie meinen vielmehr, die Verpflichtung des einzelnen Gesellschafters zur Erfüllung der von der Gesellschaft übernommenen Verbindlichkeiten ergebe sich aus dem Zweck des

§ 128 HGB, der im Interesse der Kreditfähigkeit der OHG eine primäre und nicht nur eine subsidiäre Haftung des einzelnen Gesellschafters vorschreibt; eine solche primäre Haftung sei aber nicht gegeben, wenn der einzelne Gesellschafter dem Gesellschaftsgläubiger nur auf das Geldinteresse hafte.

b) Die Haftungstheorie: Im Gegensatz zu den vorstehend Genannten geht die andere im Schrifttum entwickelte Auffassung über den Inhalt der persönlichen Haftung des einzelnen Gesellschafters dahin, daß dieser nicht Erfüllung der von der Gesellschaft übernommenen Verbindlichkeit schulde, sondern daß er dafür einzustehen habe, daß die Gesellschaft ihre Verbindlichkeit erfüllt (so Wieland I, 635ff., Schreiber Die Kommanditgesellschaft auf Aktien 1925, S. 158; Müller-Erzbach Handelsrecht, 3. Aufl., S. 205). Dabei betonen sowohl Wieland wie auch Schreiber, daß die persönliche Haftung des einzelnen Gesellschafters auf gleicher Stufe wie die Verbindlichkeit der Gesellschaft stehe, also nicht etwa nur eine solche subsidiärer Art sei. In ähnlichem Sinn äußern sich Baumbach/Duden (Anm. 2 B). Nach ihnen kann der Gesellschafter einer OHG von einem Gesellschaftsgläubiger nur auf solche Leistungen unmittelbar in Anspruch genommen werden, die zu bewirken er gesellschaftlich verpflichtet ist; darüber hinaus dürften nach ihrer Meinung die Gesellschafter nur auf das Geldinteresse haften (vgl. dazu auch Rob. Fischer ZHR 125, 203f.; ähnlich Brecher Festschrift für Hueck 1959 S. 251/52: Der Gesellschafter schuldet nur als Mitglied, er haftet nur wertmäßig). **Anm. 8**

c) Eigene Stellungnahme: Soweit die herrschende Lehrmeinung den Anspruch auf Erfüllung gegen den einzelnen Gesellschafter aus der Rechtsnatur der OHG herleitet, kann ihr, abgesehen von den in Anm. 5 dargelegten grundsätzlichen Bedenken, auch deshalb nicht gefolgt werden, weil sie sich mit ihrem Ausgangspunkt selbst in Widerspruch setzt; denn sie sieht sich genötigt, in mehr oder weniger großem Umfang Ausnahmen zuzulassen. Diese Ausnahmen lassen sich mit der Annahme, Gesellschaftsverbindlichkeit und Gesellschafterverbindlichkeit seien identisch, nicht vereinbaren. Die Anerkennung einer Ausnahme von dem Erfüllungsanspruch gegen den einzelnen Gesellschafter hebt den Satz von der Einheitlichkeit des Schuldverhältnisses auf. Dieser läßt es nicht zu, daß auch nur in einem Einzelfall der Inhalt der Gesellschaftsverbindlichkeit und der Inhalt der Gesellschafterverbindlichkeit ein verschiedener ist. Das läßt sich auch nicht mit der Vertragsfreiheit und der Möglichkeit einer anderweitigen Vertragsauslegung begründen, da es nicht in der Hand der Parteien liegt, einem einheitlichen Schuldverhältnis insoweit einen verschiedenartigen Inhalt zu geben. Bei einem einheitlichen Schuldverhältnis muß der Inhalt der Gesellschaftsverbindlichkeit immer auch für die Gesellschafterverbindlichkeit maßgeblich sein, weil sonst die Einheitlichkeit, die Identität des Schuldverhältnisses nicht mehr gegeben ist. **Anm. 9**

In Übereinstimmung mit Würdinger und Hueck muß man bei der Beantwortung der Frage nach dem Inhalt der persönlichen Haftung von dem Sinn und Zweck der Haftungsvorschrift des § 128 ausgehen und dabei eine sinnvolle Abwägung der hier in Betracht kommenden schutzwerten Interessen von Gesellschaftsgläubigern, Gesellschaft und Gesellschaftern vornehmen. Ein solches Vorgehen ist hier geboten, weil der Wortlaut des § 128 für die Beantwortung der Frage nach dem Inhalt der persönlichen Haftung nichts hergibt, und weil andererseits keine durchschlagenden Gründe gegen die Möglichkeit einer gesetzlichen Ausgestaltung der persönlichen Haftung im Sinn irgendeiner der im Schrifttum vertretenen Auffassungen vorgebracht werden können. Bei der gebotenen Interessenabwägung sind es namentlich zwei Gesichtspunkte, die Beachtung verdienen, einmal die sachgerechte Wahrung des Sicherungsinteresses der Gläubiger und sodann die Wahrung der Interessen der einzelnen Gesellschafter, diese in ihrer privaten Rechtssphäre nach Möglichkeit von persönlichen Leistungs- (Handlungs- und Unterlassungs-)-verpflichtungen freizustellen. Das Bestreben nach einer sachgerechten Wahrung dieser beiden Interessenbereiche kommt auch in den bisherigen Lösungsversuchen mehr oder weniger stark zum Ausdruck, nämlich das Bestreben, einmal die Haftung des einzelnen Gesellschafters nicht zu einer nur sekundären oder subsidiären Haftung abzuschwächen und sodann die Bindung des einzelnen Gesellschafters nach Möglichkeit auf den gesellschaftlichen Bereich (im Rahmen der Gesellschaftssphäre) zu beschränken.

Das entscheidende Argument, das Würdinger und Hueck für ihre Auffassung anführen, ist die Erwägung, die Haftung des einzelnen Gesellschafters würde zu einer subsidiären Verpflichtung abgeschwächt, wenn dieser nur für die Erfüllung der Gesellschaftsverbindlichkeit einzustehen, sie also nicht selbst zu erfüllen habe; eine solche Abschwächung der persönlichen Haftungsverpflichtung des einzelnen Gesellschafters sei aber mit dem Sicherungszweck des § 128 nicht zu vereinbaren. Dabei gehen Würdinger und Hueck wohl beide davon aus, daß bei einem solchen Inhalt die persönliche Haftung einer Schadensersatzverpflichtung wegen Nichterfüllung gleich zu achten sei und deshalb erst zum Zuge kommen könne, wenn sich der Erfüllungsanspruch gegen die Gesellschaft in einen Schadensersatzanspruch wegen Nichterfüllung umgewandelt habe. Diese Annahme erscheint jedoch nicht richtig. Es ist nicht einzusehen, aus welchen zwingenden rechtlichen Gründen die gesetzliche Haftungsverpflichtung nach § 128 nicht eine primäre Interzessionspflicht sein könnte, die „auf gleicher Stufe" (so Wieland I, 636) neben der Gesellschaftsverbindlichkeit steht. Auch kann gegenüber einer solchen gesetzlichen Ausgestaltung der persönlichen Haftung des einzelnen Gesellschafters nicht mit Hueck der Einwand erhoben werden, daß in einem solchen Fall eine gleichzeitige Klage gegen die OHG und die Gesellschafter nicht möglich wäre. Denn auch das erscheint nicht richtig, wenn man berücksichtigt, daß selbst bei einer Gesamtschuld der Erfüllungsanspruch gegen die Gesamtschuldner und ein etwaiger Schadensersatzanspruch (wegen Nichterfüllung) gegen einen einzelnen Gesamtschuldner (§ 425 BGB) gleichzeitig nebeneinander gerichtlich geltend gemacht werden können.

Nach all dem bestehen unter dem Gesichtspunkt der Wahrung schutzwerter Interessen der Gläubiger keine durchgreifenden Bedenken dagegen, daß die persönliche Haftung nach § 128 nicht die Verpflichtung zur Erfüllung der von der Gesellschaft übernommenen Verbindlichkeit, sondern lediglich ein Einstehen für die Erfüllung der Verbindlichkeit durch die Gesellschaft darstellt. Auch eine Haftungsverpflichtung mit diesem Inhalt kann eine primäre sein und auf gleicher Stufe neben der Gesellschaftsverbindlichkeit stehen.

Anm. 10 Die Anerkennung eines Erfüllungsanspruchs gegen den einzelnen Gesellschafter (aufgrund seiner persönlichen Haftung) führt — und darüber dürfte heute wohl kein Zweifel mehr bestehen — notwendigerweise dazu, daß dadurch die schutzwerten Interessen des Gesellschafters in unzumutbarer Weise beeinträchtigt werden, soweit er zu Handlungen und Unterlassungen in seiner persönlichen Rechtssphäre verpflichtet wird. Hueck versucht dieser Unbilligkeit dadurch auszuweichen, daß er den von ihm bejahten Erfüllungsanspruch gegen den einzelnen Gesellschafter seinem Inhalt nach abwandelt. Nach ihm schuldet der einzelne Gesellschafter überhaupt nicht selbst die Erfüllung der von der Gesellschaft übernommenen Verbindlichkeit, vielmehr geht seine persönliche Verpflichtung dahin, daß er für die Erfüllung durch die OHG zu sorgen habe. Das ist wenig, bei nicht geschäftsführungs- und nicht vertretungsberechtigten Gesellschaftern sogar sehr wenig, wenn sich die persönliche Haftung auf eine solche Einwirkungspflicht beschränken sollte. Beschränkt sie sich jedoch darauf nicht — was man wohl annehmen sollte — dann wird allerdings die Pflicht dieses Gesellschafters, für die Erfüllung durch die Gesellschaft einzustehen und entsprechend zu haften, zu einer subsidiären Haftungsverpflichtung und nötigt den Gesellschaftsgläubiger, gegen diesen Gesellschafter erst den sog. Erfüllungsanspruch geltend zu machen. Damit würde man auf diesem Wege zu einem Ergebnis gelangen, das den schutzwerten Interessen der Gesellschaftsgläubiger widerstreitet und das gerade Hueck mit seiner Konstruktion vermeiden möchte. Derselbe Einwand muß den Ausführungen der Voraufl. und Schlegelberger/Geßler entgegengehalten werden, wenn sie bei Sachleistungen, die die OHG verspricht, den einzelnen Gesellschafter nur für verpflichtet halten, für die Erfüllung durch die Gesellschaft zu sorgen und bei der Erfüllung mitzuwirken. Auch hier würde die — doch wohl zu bejahende — Einstandspflicht des einzelnen Gesellschafters dadurch zu einer subsidiären Verpflichtung werden, weil sie erst an die Stelle der sog. Erfüllungspflicht treten und damit im Rechtssinn nichts anderes als eine Schadensersatzpflicht wegen Nichterfüllung (oder Garantiepflicht?) sein würde. Es ist aber noch ein weiteres Bedenken, das gegenüber einem solchen Erfüllungsanspruch erhoben werden muß, nämlich das Bedenken, daß danach die persönliche Haftung des einzelnen Gesellschafters sachlich einen verschiedenartigen Inhalt erhält, je nachdem um welchen Gesellschafter es sich jeweils handelt und je nachdem ob ihm Geschäftsführungsbefugnis und bejahendenfalls welche

Art von Geschäftsführungsbefugnis ihm eingeräumt worden ist. Ein solcher verschiedenartiger Inhalt der persönlichen Haftung des einzelnen Gesellschafters läßt sich nach dem Wortlaut des § 128, aber auch nach dem Sinn und Zweck dieser Vorschrift nur schwerlich begründen.

Die aufgezeigten Bedenken und Schwierigkeiten lassen sich vermeiden, wenn der **Inhalt der persönlichen Haftung** des einzelnen Gesellschafters eine **primäre Einstandspflicht** auf gleicher Stufe neben der Gesellschaftsverbindlichkeit ist. Eine solche Einstandspflicht, die Interzessionscharakter hat (vgl. auch Anm. 17) trägt den schutzwerten Interessen der Gesellschaftsgläubiger in ausreichendem Maße Rechnung, weil die Gläubiger in einem solchen Fall nach ihrer Wahl auch sofort die persönliche Haftung des Gesellschafters realisieren können. Andererseits werden auf diesem Wege auch die schutzwerten Interessen der Gesellschafter gewahrt, die in ihrer privaten Rechtssphäre durch die vertretungsberechtigten Gesellschafter nicht mit persönlichen Handlungs- und Unterlassungspflichten belastet werden sollten, die mit ihrem gesellschaftlichen Zusammenschluß nichts zu tun haben. Daß diese Interessen der Gesellschafter nach allgemeiner Ansicht auch schutzwürdig sind, zeigen die im Schrifttum immer wieder unternommenen und immer weitergehenden Versuche, die Erfüllungsverpflichtung des einzelnen Gesellschafters einzuengen. Schließlich kann man auf diese Weise auch sicherstellen, daß die persönliche Haftung des einzelnen Gesellschafters bei jedem inhaltlich die gleiche ist, ein Ergebnis, das sicherlich allein der allgemein gehaltenen Haftungsvorschrift des § 128 gerecht wird. **Anm. 11**

Die persönliche Haftung als primäre Einstandspflicht eines jeden Gesellschafters ist auch wohl allein geeignet, der beschränkten Haftung des Kommanditisten einen sinnvollen Inhalt zu geben. Denn angesichts seiner nur beschränkten Haftung muß die Annahme eines so oder so gearteten Erfüllungsanspruchs gegen den einzelnen Kommanditisten zu unaufhebbaren Schwierigkeiten führen.

Es ist in diesem Zusammenhang noch zu prüfen, ob man mit dieser Lösung auch allen Gestaltungsformen gerecht zu werden vermag, ob es namentlich nicht doch Fälle gibt, in denen ein unmittelbarer Erfüllungsanspruch gegen einen einzelnen Gesellschafter den Umständen allein gerecht werden kann. Bei der Beurteilung dieser Frage drängt sich ein Sachverhalt auf, wie er der Entscheidung BGH 23, 302 zugrunde lag, oder ein Sachverhalt, in dem sich die OHG zur Übereignung eines Grundstücks an einen Dritten verpflichtet, das zwar nicht ihr, sondern einem ihrer Gesellschafter gehört, zu dessen Übereignung an die Gesellschaft sich dieser Gesellschafter aber gesellschaftsvertraglich verpflichtet hat (vgl. dazu Anm. bei LM Nr. 4 zu § 128 HGB). In Fällen dieser Art wird man in der Tat einen **unmittelbaren Erfüllungsanspruch** des Gesellschaftsgläubigers **gegen den betreffenden Gesellschafter** bejahen müssen. Das folgt aber nicht aus der Haftungsvorschrift des § 128, sondern aus einer Auslegung des Vertrages, auf dem diese in erster Linie als Gesellschaftsverbindlichkeit begründete Verpflichtung beruht. Es ist insoweit ein Verdienst von Hueck darauf hingewiesen zu haben, daß eine OHG die Verpflichtung übernehmen kann, dafür Sorge zu tragen, daß auch einer ihrer Gesellschafter selbst die von ihr übernommene Verbindlichkeit erfüllt. An eine solche Verpflichtung ist der Gesellschafter gebunden, wenn er seinerseits gesellschaftsvertraglich verpflichtet ist, die von der Gesellschaft zugesagte Leistung dieser zu erbringen (vgl. dazu auch Hueck § 21 Fußnote 27). Dabei wird man in einem solchen Fall dem Gesellschaftsgläubiger aufgrund des Vertrages auch einen unmittelbaren Erfüllungsanspruch gegen diesen Gesellschafter zubilligen müssen. Das hat aber mit der Haftungsvorschrift des § 128 selbst nichts zu tun. Es ist daher dem Gläubiger auch unbenommen, gegen diesen Gesellschafter statt dessen nach § 128 vorzugehen. **Anm. 12**

d) Einzelheiten: Der Erfüllungsort für die Verpflichtung der OHG ist auch der Erfüllungsort für die Haftungsverpflichtung des einzelnen Gesellschafters (RG 32, 44). Das ist heute im Schrifttum allgemein anerkannt. **Anm. 13**

Bei der Enteignung einer OHG, die ihren Sitz in Mitteldeutschland hatte, ist die Forderung des Gesellschaftsgläubigers gegen den einzelnen Gesellschafter nach BGH 5, 35 dort „belegen", wo dieser im Zeitpunkt der Enteignung seinen Wohnsitz hatte. Danach würde diese Forderung von der Enteignung nicht erfaßt worden sein, wenn der betreffende Gesellschafter im Zeitpunkt der Enteignung seinen Wohnsitz im

Gebiet der Bundesrepublik gehabt haben würde; sie würde hingegen von der Enteignung erfaßt worden sein, wenn der Gesellschafter erst nachher in die Bundesrepublik gekommen wäre. Das erscheint nicht unzweifelhaft.

Über konkursrechtliche Fragen in diesem Zusammenhang vgl. Anm. 30ff.

Anm. 14 **4. Der Gegenstand der Haftung.**

Jeder Gesellschafter haftet für die Verbindlichkeiten der Gesellschaft. Damit sind alle Verbindlichkeiten der Gesellschaft gemeint, ohne Rücksicht auf den Rechtsgrund ihrer Entstehung. Die Haftung beschränkt sich nicht auf die rechtsgeschäftlich begründeten Verbindlichkeiten der Gesellschaft, sie erfaßt auch die gesetzlich begründeten Verbindlichkeiten, wie solche aus Geschäftsführung ohne Auftrag und ungerechtfertigter Bereicherung (RG 93, 229). Ferner haften die Gesellschafter für Verbindlichkeiten der Gesellschaft aus unerlaubter Handlung (vgl. dazu § 126 Anm. 22ff.) sowie aus Gefährdungshaftung; desgleichen haben sie für Ansprüche aus dem öffentlichen Recht wie Steuern und Gerichtskosten aufzukommen. Das gilt auch für Geldstrafen, soweit diese gegen eine OHG verhängt werden können (vgl. dazu § 124 Anm. 39); soweit in OLG Stettin JW 1926, 2228 etwas Gegenteiliges gesagt ist, ist das für die neuere Rechtsentwicklung überholt.

Die Haftung der Gesellschafter erstreckt sich auch auf die Nebenverpflichtungen der Gesellschaft und die sich aus der Nichterfüllung einer Verpflichtung ergebenden Ersatzansprüche des Gläubigers gegen die Gesellschaft. Daher hat auch jeder Gesellschafter für Vertragsstrafen, die die Gesellschaft verwirkt hat, zu haften; des weiteren auch für Geldstrafen, die gegen die Gesellschaft in der Zwangsvollstreckung, etwa nach § 888 ZPO festgesetzt worden sind. Dabei ist auch hier wie in allen Fällen der persönlichen Haftung ohne Belang, daß die einzelnen Gesellschafter das Tun oder Unterlassen, das zur Verwirkung der Vertragsstrafe oder zur Festsetzung der Geldstrafe geführt hat, persönlich nicht selbst geschuldet haben.

Die persönliche Haftung des einzelnen Gesellschafters geht in keinem Fall weiter als die Verbindlichkeit der Gesellschaft selbst. Haftet diese nicht mit ihrem ganzen Vermögen, sondern nur mit einem bestimmten Gegenstand, z. B. bei einer Grundschuld nur mit dem Grundstück, so ist die Haftung des einzelnen Gesellschafters in gleicher Weise beschränkt, d. h. er kann persönlich ebenfalls nicht in Anspruch genommen werden.

Der einzelne Gesellschafter haftet nach § 128 nur für Verbindlichkeiten der Gesellschaft, also nicht etwa für Privatschulden eines Gesellschafters, mag dieser sie auch im Interesse der Gesellschaft, z. B. als ihr mittelbarer Stellvertreter, begründet haben. Der Gläubiger dieses Gesellschafters kann sich daher nur an ihn halten. Der Gläubiger kann aber in einem solchen Fall den eteaigen Erstattungsanspruch seines Schuldners gegen die Gesellschaft pfänden und sich zur Einziehung überweisen lassen. In diesem Fall kann er auch gegen die Gesellschaft selbst vorgehen. Ob und inwieweit ihm dann auch die einzelnen Gesellschafter persönlich verpflichtet sind, richtet sich danach, ob der zunächst berechtigte Gesellschafter (Pfändungsschuldner) einen solchen Anspruch gegen seine Mitgesellschafter hatte (vgl. dazu Anm. 38, 44ff.; ferner auch Anm. 15).

Anm. 15 Die persönliche Haftung besteht auch gegenüber dem Gläubiger eines Gesellschaftsgläubigers, wenn dieser die Forderung gegen die Gesellschaft gepfändet und sich zur Einziehung hat überweisen lassen. In diesem Fall kann der Pfändungsgläubiger von jedem Gesellschafter nach § 128 unmittelbar Zahlung verlangen (RAG DNotZ 1938, 189). Das in der Pfändung liegende Zahlungsverbot wirkt aber nur gegen den einzelnen Gesellschafter, wenn sich das aus dem Pfändungs- und Überweisungsbeschluß unzweideutig ergibt und der Beschluß dem betreffenden Gesellschafter zugestellt worden ist.

Anm. 16 **5. Prozeßrechtliche Fragen.**

Es entspricht dem Sinn und Zweck der persönlichen Haftung des einzelnen Gesellschafters, auch bei der gerichtlichen Geltendmachung den engen Zusammenhang zwischen der Gesellschaftsverbindlichkeit und der Gesellschafterverbindlichkeit zu wahren und dabei namentlich auch eine Verbindung der Klage gegen die OHG mit der Klage gegen die Gesellschafter zu ermöglichen. Der gleiche Gerichtsstand für beide Klagen ergibt sich schon daraus, daß der Erfüllungsort für die Verpflichtung der OHG auch der Erfüllungsort für die Haftungsverpflichtung des einzelnen Gesellschafters ist (Anm. 13);

das schließt natürlich nicht aus, daß der einzelne Gesellschafter auch in seinem allgemeinen Gerichtsstand verklagt werden kann. Bei der Wechselverbindlichkeit einer OHG ist der Haftungsanspruch gegen einen Gesellschafter ebenfalls ein Anspruch aus einem Wechsel im Sinne des § 602 ZPO; er kann daher in gleicher Weise wie der Anspruch gegen die Gesellschaft im Wechselprozeß geltend gemacht werden (BGH LM Nr. 1 zu § 602 ZPO). Auch eine Schiedsgerichtsklausel, die eine OHG vereinbart hat, wird man im Interesse einer sinnvollen Verbindung beider Klagen auf den Haftungsanspruch gegen den einzelnen Gesellschafter zu erstrecken haben (OLG Köln NJW 1961, 1312 mit eingehenden Nachweisen; früher streitig, anders noch Voraufl. Anm. 8).

6. Das Verhältnis von Gesellschaftsverbindlichkeit zur Gesellschafterhaftung. **Anm. 17**

a) Allgemeines: Die bisher herrschende Lehre im Schrifttum zog aus ihrer Annahme, Gesellschaftsverbindlichkeit und Gesellschafterverbindlichkeit stellten ein einheitliches Schuldverhältnis dar (vgl. dazu Anm. 3), — und zwar logisch richtig — den Schluß, zwischen der Gesellschaft und ihren Gesellschaftern bestehe kein Gesamtschuldverhältnis. Denn ein jedes Gesamtschuldverhältnis setzt gesonderte und selbständige Einzelverpflichtungen des einzelnen Gesamtschuldners voraus (vgl. dazu BGB RGRK § 421 Anm. 2). Der Ausgangspunkt der bisher herrschenden Lehre im Schrifttum, das einheitliche Schuldverhältnis von Gesellschaftsverbindlichkeit und Gesellschafterverbindlichkeit, kann jedoch aus den in Anm. 5 dargelegten Gründen nicht als richtig anerkannt werden. Damit entfällt auch die Folgerung, die aus diesem Ausgangspunkt gezogen worden ist.

Gleichwohl kann das Verhältnis der zwei selbständigen Verpflichtungen, der Gesellschaftsverbindlichkeit und der persönlichen Haftung des einzelnen Gesellschafters, nicht als ein echtes Gesamtschuldverhältnis im Sinne der §§ 421ff. BGB angesehen werden. Zwar liegt das in § 421 BGB dafür vorausgesetzte Erfordernis, daß der Gläubiger die ihm geschuldete Leistung nur einmal zu fordern berechtigt ist und daß er durch einmalige Leistung eines Schuldners voll befriedigt wird, auch hier vor. Aber es fehlt an der bei einem Gesamtschuldverhältnis notwendigen inneren Selbständigkeit der einzelnen Verpflichtungen, da die persönliche Haftungsverpflichtung des einzelnen Gesellschafters in einem besonderen Abhängigkeitsverhältnis zu der Gesellschaftsverbindlichkeit steht. In diesem Abhängigkeitsverhältnis kommt der besondere Interzessionscharakter der persönlichen Haftungsverpflichtung des einzelnen Gesellschafters zum Ausdruck (vgl. dazu auch § 129), der sich mit der Annahme eines echten Gesamtschuldverhältnis nicht unmittelbar vereinbaren läßt.

Bei dieser Rechtslage kann man das Verhältnis von Gesellschaftsverbindlichkeit zur Gesellschafterhaftung nicht als ein Gesamtschuldverhältnis im Sinne der §§ 421ff. BGB betrachten. Man kann daher auch nicht insoweit uneingeschränkt die Vorschriften der §§ 422ff. BGB anwenden. Andererseits ist es jedoch angesichts der Nähe, in der dieses Rechtsverhältnis zu dem Gesamtschuldverhältnis steht, notwendig, im jeweiligen Einzelfall zu prüfen, ob und inwieweit die genannten Vorschriften nach ihren Rechtsgedanken auch hier anwendbar sind (vgl. BGH 47, 376, 378/79; ebenso Hueck § 21 II 7).

b) Die Anwendung der §§ 422, 424 BGB: Die Vorschrift des § 422 Abs. 1 BGB findet **Anm. 18** unbeschränkt Anwendung, soweit die Gesellschaft ihre Verbindlichkeit erfüllt, an Erfüllungsstatt leistet, hinterlegt oder aufrechnet (zur Aufrechnungsbefugnis der Gesellschaft vgl. § 124 Anm. 45); durch eine solche Leistung werden die Gesellschafter von ihrer persönlichen Haftung frei. Dagegen ist diese Vorschrift nicht in gleicher Weise unbeschränkt anwendbar, soweit es sich um eine Leistung des einzelnen Gesellschafters handelt und die Gesellschaft von dem Gesellschaftsgläubiger noch nicht in Anspruch genommen worden ist. Das ist offensichtlich, wenn es sich bei der Forderung gegen die Gesellschaft nicht um einen Geldanspruch handelt. Denn der Gläubiger braucht in einem solchen Fall sich nicht gegen seinen Willen durch eine Geldleistung abfinden zu lassen, zu der der einzelne Gesellschafter aufgrund seiner persönlichen Haftung verpflichtet ist (vgl. Anm. 9—12). Handelt es sich bei einer Forderung gegen die Gesellschaft um einen Geldanspruch, so ist für die Anwendung des § 422 Abs. 1 BGB zu unterscheiden. Erfüllt ein Gesellschafter die Gesellschaftsforderung, so werden dadurch die Gesellschaft und die übrigen Gesellschafter von ihrer Verbindlichkeit befreit. Im Hinblick auf § 267 Abs. 1 BGB kann der Gläubiger nicht verlangen, daß er von der Gesellschaft befriedigt werden will. Unter den gleichen Voraussetzungen findet § 422 Abs. 1 BGB auch auf eine Hinterlegung seitens eines Gesellschafters Anwendung (vgl. dazu § 378 BGB). Da eine Leistung an Erfüllungs Statt nur dann zur Tilgung der Verbindlichkeit führt, wenn der Gläubiger mit einer solchen Leistung als Erfüllungsleistung einverstanden ist (vgl. § 364 BGB), bestehen auch insoweit gegen eine Anwendung des § 422 Abs. 1 BGB keine Bedenken. Ist der Gesellschaftsgläubiger zugleich Privatschuldner eines Gesellschafters, so kann dieser mit seiner Forderung nur aufrechnen, wenn er von seinem Privatschuldner (Gesellschaftsgläubiger) gemäß § 128 HGB in Anspruch genommen worden ist oder sein Privatschuldner mit der Aufrechnung einverstanden ist (vgl. § 124 Anm. 46); daher kann insoweit auch nur in diesen beiden Fällen § 422 Abs. 1 Satz 2 BGB zur Anwendung gelangen.

Die Vorschrift des § 422 Abs. 2 BGB enthält eine Regelung, die sich schon ohne weiteres aus dem Recht der Aufrechnung ergibt; sie gilt daher auch hier (vgl. dazu auch § 124 Anm. 45, 47).

§ 424 BGB findet im Verhältnis der OHG und der einzelnen Gesellschafter unbeschränkt Anwendung (ebenso Hueck § 21 II 7); schutzwerte Interessen der Gläubiger werden dadurch nicht berührt. Es bedarf aber insoweit einer sorgfältigen Prüfung, ob ein Gesellschafter durch sein Leistungsangebot den Gesellschaftsgläubiger auch tatsächlich in Verzug gesetzt hat (vgl. dazu auch Anm. 28).

Anm. 19 **c) Erlaß der Gesellschaftsverbindlichkeit:** Nach § 423 BGB wirkt ein zwischen dem Gläubiger und einem Gesamtschuldner vereinbarter Erlaß auch für die übrigen Schuldner, wenn die Vertragschließenden das ganze Schuldverhältnis aufheben wollen. Das bedeutet, daß es dem Willen der Vertragschließenden überlassen ist, welche Wirkungen sie insoweit ihrem Erlaß beilegen wollen; sie können also danach auch vereinbaren, daß die übrigen (oder einzelne) Gesamtschuldner dem Gläubiger verpflichtet bleiben. Gegen eine so weitgehende Berücksichtigung der Vertragsfreiheit bestehen bei einem echten Gesamtschuldverhältnis keine rechtlichen Bedenken. Denn dadurch werden schutzwerte Interessen der nicht freigestellten Gesamtschuldner nicht berührt, weil der Erlaß auf das Innenverhältnis zwischen den Gesamtschuldnern und damit auf ihre Ausgleichspflicht keine Wirkungen äußert (vgl. dazu BGB RGRK § 423 Anm. 1).

Es ist streitig, ob diese Regelung auch im Verhältnis der OHG und der einzelnen Gesellschafter Anwendung finden kann. Dabei steht im Vordergrund die Frage, ob die OHG mit ihrem Gläubiger einen Erlaß der Gesellschaftsverbindlichkeit mit der Wirkung vereinbaren kann, daß dieser Erlaß nicht auch zugunsten eines einzelnen Gesellschafters wirken soll, daß also dem Gläubiger die Inanspruchnahme dieses Gesellschafters gemäß § 128 weiterhin zustehen soll. Diese Frage spielt praktisch vor allem dann eine Rolle, wenn dem Gläubiger die Inanspruchnahme eines bereits ausgeschiedenen Gesellschafters offengehalten wird. Aber sachlich werden beide Fälle — obwohl auch das umstritten ist (vgl. dazu etwa Schlegelberger/Geßler Anm. 32) — gleich behandelt werden müssen, so daß es gerechtfertigt sein dürfte, diese Frage hier im Zusammenhang zu behandeln.

Ein wesentliches Bedenken gegen die Zulässigkeit eines solchen Erlasses wird aus der Vorschrift des § 129 Abs. 1 hergeleitet. Nach dieser Vorschrift kann ein Gesellschafter, der wegen einer Gesellschaftsverbindlichkeit in Anspruch genommen wird, die der Gesellschaft zustehenden Einwendungen geltend machen. Es wird daraus die Folgerung abgeleitet, er müsse danach den Einwand des Erlasses geltend machen können (Flechtheim Anm. JW 1929, 577). Dieses Bedenken, das sich allein auf § 129 Abs. 1 stützt, ist nicht zwingend. Denn dagegen wird im Schrifttum mit Recht hervorgehoben, daß der Gesellschafter zwar im allgemeinen, aber nicht notwendig alle Einwendungen der OHG geltend machen kann (vgl. namentlich Voraufl. Anm. 19, Hueck § 21 II 7, Reinicke NJW 1969, 2118), daß es also durchaus vertretbar ist, daß ihm in einem Fall dieser Art der Einwand des Erlasses verwehrt wird. Ferner wird geltend gemacht, es handele sich bei einer solchen Vereinbarung überhaupt nicht um einen Erlaß im Sinne des § 397 BGB, so daß hier die Frage einer unmittelbaren oder entsprechenden Anwendung des § 423 BGB gar nicht gestellt werden könne (so Buchner JZ 1968, 622ff.). Denn eine solche Vereinbarung beschränke angesichts der Identität von Gesellschaftsschuld und Gesellschafterschuld (vgl. dazu Anm. 3) lediglich den Gegenstand des Haftungsobjekts und müsse daher unbeschadet des Rechtsgedankens des § 423 BGB als unzulässig angesehen werden. Dieser Meinung kann schon mit Rücksicht auf ihren Ausgangspunkt nicht gefolgt werden (vgl. dazu Anm. 5), so daß es sich erübrigt, auf sie in ihren weiteren Folgerungen hier näher einzugehen.

Entscheidend für die Frage, ob die Gesellschaft mit ihrem Gläubiger einen Erlaß der Gesellschaftsverbindlichkeit unter Fortdauer der Haftung einzelner Gesellschafter vereinbaren kann, ist es, ob durch einen solchen Erlaß die schutzwerten Interessen der nicht freigestellten Gesellschafter in unzumutbarer Weise beeinträchtigt werden, ob also insoweit die Interessenlage hier eine andere als bei einem echten Gesamtschuldverhältnis ist. Diese Frage muß entgegen RG JW 1928, 2612 und einer weit verbreiteten Ansicht im Schrifttum (Voraufl. Anm. 19, 29, Ritter Anm. 8, Hueck § 21 II 7, Baumbach/Duden § 129 Anm. 1 A; Schlegelberger/Geßler Anm. 21; anders Anm. 32, Buchner JZ 1968, 622) mit BGH 47, 376 verneint werden (ebenso Düringer/Hachenburg Anm. 12, Flechtheim JW 1929, 577; Staudinger/Werner § 423 Anm. 1, BGB RGRK § 423 Anm. 1). Das Verhältnis der OHG und der einzelnen Gesellschafter als Schuldner ist in einem hier entscheidenden Punkt anders geregelt als das Verhältnis der Gesamtschuldner. Während einem Gesamtschuldner Einwendungen in der Person eines seiner Mitschuldner nicht zustehen (§ 425 BGB), ist die persönliche Haftung des Gesellschafters für die Gesellschaftsverbindlichkeit insoweit mehr der Haftung eines Bürgen angenähert (BGH 47, 379). Die Haftung des Gesellschafters ist in einem gewissen Grad akzessorisch ausgestaltet. Denn er darf sich ganz allgemein auf Einwendungen berufen, die die Gesellschaft geltend machen kann (§ 129 Abs. 1); auch steht ihm ein Leistungsverweigerungsrecht zu, solange die Gesellschaft ein Anfechtungsrecht hat oder solange sich der Gläubiger durch Aufrechnung gegenüber der Gesellschaft befriedigen kann (§ 129 Abs. 2 und Abs. 3). Alle diese Einwendungen, also nicht nur der Einwand des Erlasses, würde der Gesellschafter verlieren, wenn der Gläubiger durch Vereinbarung mit der Gesellschaft die Gesellschaftsverbindlichkeit erlassen, sich aber seinen persönlichen Haftungsanspruch gegen einen einzelnen Gesellschafter erhalten könnte (insoweit anderer Meinung Reinicke NJW 1969, 2118, der meint, die Einwendung gegen einen Anspruch bleibe auch dann bestehen, wenn der Anspruch selbst in Wegfall komme. Das ist freilich eine Vorstellung, die nicht verständlich ist. Zur Begründung dieser Meinung beruft sich Reinicke auf besondere Situationen in einem Zivilprozeß, in denen aus prozeßökonomischen Gründen z. B. ein unter Umständen nichtiger Vertrag [§§ 134, 138 BGB] als gültig behandelt, die Klage aber gleichwohl abgewiesen wird, weil der geltend gemachte Anspruch jedenfalls wegen einer ausgesprochenen Anfechtung nicht mehr besteht oder wegen einer begründeten Verjährungseinrede nicht mehr durchsetzbar ist. Diese aus prozeßökonomischen Gründen üblichen Unterstellungen in einem Zivilprozeß können nicht mit der Folgerung auf das Privatrecht übertragen werden, daß die Einwendungen gegen einen erloschenen Anspruch fortbestehen). Das zeigt, daß in diesem Punkt die Rechtslage bei dem Verhältnis der OHG und ihren Gesellschaftern eine andere als bei einem echten Gesamtschuldverhältnis ist und daß hier im Unterschied zum Gesamtschuldverhältnis die Gefahr besteht, daß sich eine solche Vereinbarung zwischen der Gesellschaft und dem Gesellschaftsgläubiger einseitig zu Lasten des betroffenen Gesellschafters auswirkt. Dem kann auch nicht entgegengehalten werden, daß es der Gesellschaft jederzeit freisteht, auf die ihr zustehenden Einwendungen zu verzichten, und daß der Gesellschafter einen solchen Verzicht im Unterschied zum Bürgen hinnehmen muß. Denn es ist in der Rechtswirklichkeit ein großer Unterschied, ob die Gesellschaft einen solchen Verzicht ausspricht, sich also zu einem sie einseitig belastenden Rechtsgeschäft entschließt, oder ob sie einen Erlaßvertrag mit einem ihrer Gläubiger vereinbart, durch den sie eindeutig begünstigt wird. Andererseits ist vom Standpunkt des Gesellschaftsgläubigers aus kein ausreichender Grund zu erkennen, der es rechtfertigen könnte, ihm die Möglichkeit eines solchen immerhin ungewöhnlichen Erlasses offenzuhalten. Denn ihm ist es ja unbenommen, einen einzelnen Gesellschafter nach seiner Wahl unmittelbar in Anspruch zu nehmen. Für ihn könnte ein solches Interesse nur bejaht werden, wenn ihm ein solcher unmittelbarer Zugriff wegen einer der Gesellschaft zustehenden Einwendung auch gegen diesen Gesellschafter nicht möglich wäre. Ein solches Interesse wäre nicht schutzwürdig und müßte daher unberücksichtigt bleiben. Dabei ist noch darauf hinzuweisen, daß auch für die übrigen, namentlich die künftigen Gläubiger ein solcher ungewöhnlicher Erlaß gewisse Gefahren mit sich bringen kann. Denn in der Bilanz der Gesellschaft würde die Gesellschaftsverbindlichkeit als Passivposten jedenfalls fortfallen und es ist immerhin zweifelhaft, ob eine entsprechende Rückstellung in der Bilanz für den etwaigen Erstattungsanspruch des nicht freigestellten Gesellschafters gemacht wird.

Nach all dem ist es nicht möglich, daß ein Gesellschaftsgläubiger durch Vereinbarung mit der Gesellschaft dieser eine Gesellschaftsforderung erläßt, sich aber zugleich seinen persönlichen Haftungsanspruch gegen einen einzelnen Gesellschafter offenhält.

Das gleiche gilt für einen Vergleich, den die Gesellschaft mit einem ihrer Gesellschaftsgläubiger abschließt, soweit in dem Vergleich ein Erlaß der Gesellschaftsverbindlichkeit vereinbart wird.

Über die Auswirkungen eines Zwangsvergleichs, der im Konkurs- oder Vergleichsverfahren über das Vermögen einer OHG zustande kommt, auf die persönliche Haftung des einzelnen Gesellschafters vgl. Anm. 35.

Anm. 20 **d) Die Änderung (Erweiterung) der Gesellschaftsverbindlichkeit:** Die persönliche Haftung des Gesellschafters bezieht sich auf den jeweiligen Bestand der Gesellschaftsverbindlichkeit, sie erfaßt jede Änderung, auch Erweiterung der Gesellschaftsverbindlichkeit. Dabei ist es ohne Belang, worauf sich diese Änderung gründet, ob sie zwischen der Gesellschaft und dem Gesellschaftsgläubiger rechtsgeschäftlich vereinbart oder ob sie die Folge einer gesetzlichen Bestimmung ist. Die insoweit die Haftung des Bürgen einschränkende, seinem Schutz dienende Vorschrift des § 768 Abs. 1 Satz 2 BGB gilt hier nicht.

Das bedeutet, daß sich kein Gesellschafter gegenüber dem Gesellschaftsgläubiger auf die Vorschrift des § 425 BGB berufen kann, soweit durch besondere Umstände im Bereich der Gesellschaft eine Änderung des zwischen der Gesellschaft und ihrem Gesellschaftsgläubiger bestehenden Rechtsverhältnisses eingetreten ist. Gerät die Gesellschaft z. B. in Verzug und wird dadurch der Umfang der Gesellschaftsschuld verändert, insbesondere durch Schadensersatzansprüche erweitert, so ändert sich die persönliche Haftung des einzelnen Gesellschafters entsprechend. Auch eine Änderung der Gesellschaftsverbindlichkeit im Konkurs der Gesellschaft durch Umwandlung des Erfüllungsanspruchs in einen Schadensersatzanspruch gemäß § 17 KO hat eine unmittelbare Wirkung auf die persönliche Haftungsverpflichtung des Gesellschafters (vgl. dazu BGH 48, 203; ferner Mohrbutter, NJW 1968, 1126 mit zutreffender Kritik an Müller NJW 1968, 225ff.). Das gleiche gilt ferner von einer Änderung des Schuldverhältnisses durch die Kündigung der Gesellschaft oder durch eine Kündigung des Gläubigers gegenüber der Gesellschaft. Für die Verjährung dürfte freilich insoweit etwas besonderes gelten (vgl. dazu § 124 Anm. 27; immerhin zweifelhaft).

Bei einem ausgeschiedenen Gesellschafter ist insoweit die Haftung zum Teil grundsätzlich anders; dazu vgl. Anm. 59.

Anm. 21 **e) Zur Anwendung des § 426 BGB:** Erfüllt die Gesellschaft ihre Gesellschaftsverbindlichkeit selbst, so ist für die Zubilligung eines Ausgleichsanspruchs der Gesellschaft gegen ihre Gesellschafter in aller Regel kein Raum. Denn im Verhältnis der Gesellschaft zu ihren Gesellschaftern ist sie in aller Regel gehalten, die Verbindlichkeit aus ihrem Vermögen zu begleichen. Darin kommt zugleich auch zum Ausdruck, daß die persönliche Haftung des einzelnen Gesellschafters neben der Verpflichtung der Gesellschaft eine zusätzliche Haftung, also eine Interzessionshaftung (Anm. 17) ist, die den Kredit der OHG in der Geschäftswelt stärken soll. Es müssen daher schon ganz besondere Umstände vorliegen, die einen Rückgriffsanspruch der OHG gegen einen oder mehrere Gesellschafter rechtfertigen. Das kann sich z. B. aus besonderen Abreden oder aus einer besonderen Bestimmung des Gesellschaftsvertrages ergeben. In diesem Fall bedarf es aber nicht der Heranziehung des § 426 Abs. 1 BGB zur Rechtfertigung eines solchen Anspruchs, da dann die besondere vertragliche Abmachung die Grundlage für diesen Anspruch bildet. Immerhin wird man in einem Fall dieser Art unter Umständen § 426 Abs. 2 BGB entsprechend anzuwenden haben, sofern die besonderen Abreden oder die besondere Bestimmung im Gesellschaftsvertrag einen Anhaltspunkt dafür bieten, daß der Gesellschaft bei ihrem Rückgriffsanspruch gegen den Gesellschafter die etwaigen Vorteile des § 426 Abs. 2 BGB bei der Verjährung und Verzinsung ihres Anspruchs (vgl. dazu BGB-RGRK § 426 Anm. 16) zustehen sollen. Dagegen wird man in einem Fall dieser Art in der Regel nicht davon ausgehen können, daß auch die für den Anspruch gegen die Gesellschaft bestellten Sicherheiten Dritter auf diese übergehen, soweit diese gegen einen Gesellschafter Rückgriff nehmen kann. Denn das würde einen Eingriff in die Rechtsposition Dritter darstellen, für den die besonderen Abreden pp. keine ausreichende Rechtsgrundlage darstellen können. Anders ist das nur bei den Sicherheiten, die der rückgriffsverpflichtete Gesellschafter selbst dem Gesellschaftsgläubiger bestellt hatte.

Erfüllt ein Gesellschafter aufgrund seiner persönlichen Haftung die Gesellschaftsverbindlichkeit, so steht ihm in aller Regel ein Erstattungsanspruch gegen die Gesellschaft zu. Rechtsgrundlage für diesen Erstattungsanspruch ist § 110 (vgl. § 110 Anm. 3; BGH 37, 299; 39, 319, 323/24). **Anm. 22**

Dagegen kann sich der in Anspruch genommene Gesellschafter bei seinem Rückgriff gegen die Gesellschaft nicht auch auf die Vorschrift des § 426 Abs. 2 BGB berufen. Der Anspruch des befriedigten Gesellschaftsgläubigers geht nicht auf den zahlenden Gesellschafter über (Hueck § 21 II 7). Für eine entsprechende Anwendung des § 426 Abs. 2 BGB ist ebenfalls kein Raum (BGH 39, 323). Der Rückgriff des zahlenden Gesellschafters richtet sich vielmehr allein nach gesellschaftsrechtlichen Grundsätzen, wie sie bei der Anwendung des § 110 zu beachten sind. Das gilt nicht nur für die Verzinsung des Erstattungsanspruchs (dazu § 110 Anm. 15), sondern auch für die Sicherheiten, die für die Gesellschaftsverbindlichkeit bestellt waren; diese gehen also nicht auf den zahlenden Gesellschafter über. Anderes gilt insoweit für den ausgeschiedenen Gesellschafter, der aufgrund seiner fortbestehenden Haftung von einem Gesellschaftsgläubiger in Anspruch genommen wird (dazu Anm. 49, 60).

Für das Verhältnis der Gesellschafter untereinander gilt § 110 nicht. Auf dieses Verhältnis findet grundsätzlich die Vorschrift des § 426 BGB Anwendung, da es sich hierbei kraft Gesetzes (vgl. Anm. 24ff.) um ein Gesamtschuldverhältnis handelt. Die Vorschrift des § 426 BGB erfährt aber aus gesellschaftsrechtlichen Gründen eine Reihe von Abänderungen (vgl. dazu im einzelnen Anm. 40ff.).

7. Die Haftung der Gesellschafter als Gesamtschuldner. Satz 1 des § 128 bestimmt ausdrücklich, daß die Gesellschafter dem Gesellschaftsgläubiger für die Verbindlichkeiten der Gesellschaft persönlich als Gesamtschuldner haften. Dieses Gesamtschuldverhältnis beschränkt sich auf die Gesellschafter als Gesamtschuldner und schließt nicht auch die Gesellschaft selbst als weitere Gesamtschuldnerin ein (vgl. dazu im einzelnen Anm. 17ff.). Aufgrund der besonderen Vorschrift des Satzes 1 finden somit auf das Verhältnis der Gesellschafter zueinander gegenüber dem Gesellschaftsgläubiger die Bestimmungen der §§ 421ff. BGB unmittelbare Anwendung. Dabei können sich gewisse Besonderheiten durchaus ergeben, da neben den Gesellschaftern als Gesamtschuldnern die Gesellschaft zur Erfüllung der Gesellschaftsverbindlichkeit verpflichtet ist. **Anm. 23**

a) Nach **§ 421 BGB** kann der Gläubiger die Leistung nach seinem Belieben von jedem der Gesellschafter ganz oder zu einem Teil fordern. Bis zur Bewirkung der ganzen Leistung bleiben sämtliche Gesellschafter verpflichtet. Der Gläubiger kann somit sämtliche Gesellschafter oder einzelne von ihnen verklagen, von einem der Verklagten das Ganze, von dem anderen nur einen Teil fordern. Er kann die Klage gegen den einen betreiben, gegen den anderen zum Ruhen bringen oder zurücknehmen; ebenso kann er bei Einlegung und Zurücknahme von Rechtsmitteln verfahren. **Anm. 24**

Der Gläubiger kann aber auch die Gesellschaft allein oder gleichzeitig mit den Gesellschaftern oder einzelne von ihnen verklagen. Gesellschaft und Gesellschafter sind in einem solchen Fall nicht notwendige Streitgenossen (§ 124 Anm. 26).

b) Die Erfüllung durch einen Gesellschafter wirkt auch für die übrigen. Das gleiche gilt von der Leistung an Erfüllungs Statt, der Hinterlegung und der Aufrechnung **(§ 422 Abs. 1 BGB)**. Mit Rücksicht auf den Interzessionscharakter der persönlichen Verbindlichkeit der Gesellschafter setzt die Anwendung dieser Bestimmung aber voraus, daß der leistende Gesellschafter von dem Gesellschaftsgläubiger in Anspruch genommen worden ist, oder daß sich der Inhalt seiner persönlichen Haftung mit dem Inhalt der **Anm. 25**

Gesellschaftsverbindlichkeit (Geldschuld) deckt (vgl. im einzelnen Anm. 18). In diesem Fall wird mit der Leistung des Gesellschafters auch die Gesellschaftsverbindlichkeit getilgt.

Anm. 26 **c)** Ein zwischen dem Gläubiger und einem Gesamtschuldner (Gesellschafter) vereinbarter Erlaß der Schuld wirkt auch für die übrigen Schuldner, wenn die Vertragschließenden die Schuld als solche, nicht nur die Haftung des einzelnen Gesellschafters aufheben wollen **(§ 423 BGB)**. Die Aufhebung der Schuld kann auch von einem nicht zur Vertretung der Gesellschaft berufenen Gesellschafter mit dem Gläubiger vereinbart werden. Es erlischt damit auch die Gesellschaftsschuld und die Haftung der übrigen Gesellschafter. Es kann aber auch zwischen einem Gesellschafter und dem Gläubiger vereinbart werden, daß nur der den Erlaßvertrag schließende Gesellschafter befreit werden soll, die Geltendmachung des Anspruchs gegen die übrigen aber vorbehalten bleibt. Ob Aufhebung der ganzen Schuld oder nur Befreiung des vertragschließenden Gesellschafters gewollt ist, ist Tatfrage, auch wenn der freigestellte Gesellschafter eine Abfindung aus eigenen Mitteln zahlt. Eine solche Zahlung kann diesen Gesellschafter allerdings zusätzlich belasten und ist für ihn daher unter Umständen gefährlich. Denn nimmt der Gläubiger später einen anderen Gesellschafter auf Zahlung in Anspruch, so kann dieser unter Umständen auch gegen den freigestellten Gesellschafter Rückgriff nehmen, da sich der freigestellte Gesellschafter im Innenverhältnis auf seine Freistellung durch den Gläubiger nicht berufen kann (vgl. BGH-RGRK § 426 Anm. 6).

Die gleiche Wirkung wie der Erlaß hat der Vergleich, durch den die Schuld ganz oder teilweise erlassen wird (RG JW 1933, 2829).

Anm. 27 **d)** Der Verzug des Gläubigers (Annahmeverzug, §§ 293ff. BGB) gegenüber einem Gesellschafter wirkt auch für die übrigen Gesellschafter **(§ 424 BGB)**. Dabei ist jedoch zu beachten, daß ein Gesellschaftsgläubiger, der einen nicht auf Zahlung einer Geldsumme gerichteten Anspruch gegen die Gesellschaft hat, noch nicht allein durch das Angebot der Geldsumme, die Inhalt des persönlichen Haftungsanspruchs gegen die einzelnen Gesellschafter ist, in Annahmeverzug gesetzt werden kann. Das kann in einem solchen Fall erst geschehen, wenn der Gläubiger den Gesellschafter wegen seiner persönlichen Haftung in Anspruch genommen hat. Der Annahmeverzug des Gläubigers wirkt dann auch zugunsten der Gesellschaft.

Anm. 28 **e)** Andere als die in den §§ 422/24 BGB bezeichneten Tatsachen wirken, soweit sich nicht aus dem Schuldverhältnis ein anderes ergibt, nur für oder gegen den Gesellschafter, in dessen Person sie eingetreten sind. Das gilt insbesondere von der Kündigung, dem Schuldnerverzug, von der Unmöglichkeit der Leistung in der Person eines Gesellschafters, von der Verjährung, deren Unterbrechung und Hemmung, von der Vereinigung der Forderung mit der Schuld und von dem rechtskräftigen Urteil **(§ 425 BGB)**. So kann sich z. B. auf das Privileg des § 82 BVFG nur der Gesellschafter berufen, in dessen Person die Voraussetzungen dafür gegeben sind; den übrigen Gesellschaftern steht die Berufung auf dieses Privileg nicht zu (BGH LM Nr. 1 zu § 85 BVFG). Im übrigen vgl. zur Anwendung des § 425 BGB die Erl. zu § 425 BGB-RGRK.

Eine Anwendung des § 425 BGB ist hingegen nicht möglich, soweit die genannten Umstände im Bereich der Gesellschaft eintreten (vgl. dazu Anm. 20).

Anm. 29 **f)** Die in **§ 426 BGB** vorgesehene Ausgleichspflicht unter den Gesamtschuldnern erfährt bei dem Gesamtschuldverhältnis der Gesellschafter nach § 128 aus gesellschaftsrechtlichen Gründen eine Abänderung. Der von einem Gesellschaftsgläubiger in Anspruch genommene Gesellschafter kann in erster Linie nur Erstattung von der Gesellschaft selbst verlangen, Rückgriff auf seine Mitgesellschafter kann er nur unter bestimmten Voraussetzungen nehmen (vgl. im einzelnen Anm. 39/40).

8. Die Haftung im Konkurs- und Vergleichsverfahren.

Anm. 30 **a) Allgemeines:** Der Konkurs über das Vermögen der OHG hat keinen unmittelbaren Einfluß auf die gesamtschuldnerische Haftung der Gesellschafter. Diese Haftung gewinnt gerade ihre volle Bedeutung, wenn infolge des Vermögensverfalls der Gesellschaft aus ihrem Vermögen eine Befriedigung der Gesellschaftsgläubiger nicht mehr zu erwarten ist. Die Gesellschafter haften somit auch nach Konkurseröffnung als Gesamtschuldner. Sie haften nicht etwa nur ersatzweise, d. h. für den Ausfall, den die Gläubiger im Konkurs der OHG erleiden. Eine solche nur ersatzweise Haftung war im Art. 122 ADHGB vorgeschrieben; diese Bestimmung ist aber in das HGB nicht übernommen worden.

Im Schrifttum wird die Frage erörtert, welchen Einfluß der Konkurs über das Gesellschaftsvermögen auf den Inhalt der Haftungsverpflichtung des einzelnen Gesellschafters hat. Diese Frage ist von einer gewissen praktischen Bedeutung, wenn die Forderung des Gesellschaftsgläubigers nicht auf eine Geldleistung gerichtet ist und wenn man des weiteren annimmt, daß in einem solchen Fall auch die Haftungsverpflichtung des einzelnen Gesellschafters nicht auf Leistung in Geld gerichtet ist. Hier ergibt sich dann die Frage, ob mit der Konkurseröffnung oder erst mit der rechtskräftigen Feststellung zur Konkurstabelle sich die Haftungsverpflichtung des einzelnen Gesellschafters in eine Geldforderung umwandelt (vgl. dazu Müller, NJW 1968, 225ff., 2230f.; Mohrbutter NJW 1968, 1125). Für die hier vertretene Ansicht vom Inhalt der Haftungsverpflichtung des einzelnen Gesellschafters (Anm. 9ff.) stellt sich diese Frage nicht. Immerhin zeigen auch diese Erörterungen, wie fragwürdig die Gegenmeinung über den Inhalt der Haftungsverpflichtung auch in ihrer konkursrechtlichen Auswirkung ist.

b) Zusammentreffen von Konkurs der Gesellschaft und Konkurs eines Gesellschafters: Neben dem Konkurs über das Vermögen der Gesellschaft ist ein selbständiger Konkurs über das Vermögen eines Gesellschafters denkbar. Bei einem solchen Zusammentreffen gilt nicht die Vorschrift des § 68 KO, sondern die Sondervorschrift des § 212 KO. In diesem Fall gilt für die Gesellschaftsgläubiger im Privatkonkurs der sog. Ausfallgrundsatz. Danach können sie im Privatkonkurs Befriedigung nur wegen des Betrages suchen, für den sie im Gesellschaftskonkurs keine Befriedigung erlangen (§ 212 Abs. 2 KO). Diese Sonderregelung des § 212 KO findet ihre Rechtfertigung darin, daß das Gesellschaftsvermögen den Gesellschaftsgläubigern allein zur Befriedigung zur Verfügung steht und daß demgemäß der Anteil des Gesellschafters am Gesellschaftsvermögen seinem Privatgläubiger erst nach den Gesellschaftsgläubigern und nach Abwicklung der OHG als Anteil am Abwicklungserlös und damit in einem Fall dieser Art praktisch in der Regel nicht zur Verfügung steht. **Anm. 31**

Im gerichtlichen Vergleichsverfahren gilt der Grundsatz des § 212 KO ebenfalls (vgl. § 110 VerglO). Die Haftung des Gesellschafters für die Gesellschaftsschulden wird zur Ausfallhaftung, wenn gleichzeitig über beide Vermögensmassen, das Gesellschaftsvermögen und das Privatvermögen, ein Konkursverfahren oder ein Vergleichsverfahren schwebt, also wenn beide im Konkursverfahren oder beide im Vergleichsverfahren oder die eine im Konkurs- und die andere im Vergleichsverfahren sind.

Die Beschränkungen der §§ 212 KO, 110 Vergl.O gelten nicht für Verbindlichkeiten eines Gesellschafters aus selbständigen Rechtsgründen, wie Übernahme einer Bürgschaft oder Übernahme einer eigenen wechselmäßigen Verpflichtung, mögen diese Verpflichtungen auch zur Förderung des Gesellschaftszwecks übernommen worden sein. Solche Forderungen können im Gesellschaftskonkurs (= Vergleichsverfahren) und im gleichzeitig anhängigen Verfahren über das Privatvermögen des Gesellschafters bis zur Vollbefriedigung geltend gemacht werden. Eine Verbindlichkeit aus selbständigem Rechtsgrund liegt auch vor, wenn der Gesellschafter die Verbindlichkeit zunächst als Einzelkaufmann begründet hatte und diese Verpflichtung später dadurch zu einer Gesellschaftsverbindlichkeit geworden ist, daß der bisherige Alleininhaber gemäß § 28 HGB einen Teilhaber in sein Geschäft aufnahm (vgl. Bley Kom.Vergl.O § 109 Anm. 21).

Genießt die Forderung eines Gesellschaftsgläubigers im Konkurs der Gesellschaft ein Rangvorrecht (§ 61 KO), so steht ihm dieses Vorrecht auch im Privatkonkurs eines Gesellschafters zu (RAG 11, 321; BGH 34, 298). Dagegen ist eine Masseschuld (§ 59 KO) im Konkurs der Gesellschaft nicht auch Masseschuld im Privatkonkurs eines Gesellschafters; denn Masseschulden erhalten ihren besonderen rechtlichen Charakter durch Maßnahmen des Konkursverwalters, deren Wirkung auf das jeweilige Konkursverfahren beschränkt bleibt. **Anm. 32**

c) Zusammentreffen von Konkurs eines Gesellschafters und Konkurs eines weiteren Gesellschafters: Über das Vermögen des einzelnen Gesellschafters ist gegebenenfalls jeweils ein besonderes selbständiges Konkursverfahren zu eröffnen. In diesem Fall gilt für die Befriedigung des Gesellschaftsgläubigers wegen der persönlichen Haftung dieses **Anm. 33**

Gesellschafters die Vorschrift des § 68 KO, also nicht der sog. Ausfallgrundsatz gemäß § 212 Abs. 3 in Verb. mit § 64 KO.

Anm. 34 **d) Die Beschränkung der Haftung durch Zwangsvergleich:** Nach § 211 Abs. 2 KO und der entpsrechenden Vorschrift des § 109 Nr. 3 Vergl.O begrenzt der im Konkurs- oder Vergleichsverfahren über das Vermögen der OHG abgeschlossene Zwangsvergleich zugleich den Umfang der persönlichen Haftung der Gesellschafter, soweit der Vergleich nichts anderes festsetzt. Die Beschränkung gilt nur für Verbindlichkeiten, für die die gesetzliche Gesamthaftung besteht, nicht für solche, die auf besonderen Rechtsgründen beruhen, wie Bürgschaft, wechselmäßige Verpflichtung eines Gesellschafters, Bestellung einer Hypothek auf einem Grundstück eines Gesellschafters (RG 139, 253; JW 1938, 2841). Diese Sonderregelung ist deshalb getroffen, weil durch den Vergleich das Unternehmen erhalten werden soll und dieser Zweck gefährdet sein würde, wenn die Gesellschafter als Inhaber und verantwortliche Leiter des Unternehmens nach wie vor für die alten Schulden voll haftbar gemacht werden können.

Für den ausgeschiedenen Gesellschafter gilt diese Beschränkung nicht (dazu Anm. 62), weil insoweit das gleiche Schutzbedürfnis zwecks Erhaltung des Unternehmens nicht gegeben ist (vgl. dazu auch aus der Vorgeschichte des § 211 KO Jaeger/Weber Kom. KO § 211 Anm. 5).

Streitig ist, in welchem Zeitpunkt ein Gesellschafter insoweit als ausgeschieden anzusehen ist. Man wird dafür unter Berücksichtigung des Grundgedankens für das Haftungsprivileg der § 211 Abs. 2 KO, § 109 Nr. 3 Vergl.O den Zeitpunkt als maßgeblich betrachten müssen, in dem die Vergleichsbestätigung Wirksamkeit erlangt (so Bley Kom. Vergl.O § 109 Anm. 23; auch Voraufl. Anm. 26; a. M. Jaeger/Weber Kom. KO § 211 Anm. 5; Mentzel/Kuhn Kom. KO § 211 Anm. 7; Böhle/ Stamschräder Kom. KO § 211 Anm. 2). Der ausgeschiedene Gesellschafter kann sich gegenüber seiner Inanspruchnahme nicht darauf berufen, daß sein Ausscheiden aus der Gesellschaft erst nach der Bestätigung des Zwangsvergleichs in das Handelsregister eingetragen worden ist; denn § 15 ist nicht zu seinem Schutz bestimmt (RG SeuffA 82 Nr. 92; Jaeger/Weber § 211 Anm. 5; Mentzel/Kuhn § 211 Anm. 7).

Anm. 35 Über die Beschränkung der Haftung kann im Zwangsvergleich etwas **Abweichendes bestimmt** werden (§ 211 Abs. 2 KO, § 109 Nr. 3 Vergl.O). So kann im Vergleich die Beschränkung der Haftung der Gesellschafter ausgeschlossen oder in geringerem Umfang zugelassen werden, als es das Gesetz vorsieht. So kann z. B. bestimmt werden, daß alle oder einige Gesellschafter voll oder über die Vergleichsquote hinaus, bedingt oder unbedingt, haften. Die Erhöhung der Verpflichtungen der Gesellschafter bedarf der Zustimmung der davon betroffenen Gesellschafter. Im übrigen kann sie mit der für die Annahme des Vergleichs erforderlichen Mehrheit (§ 182 KO, 74 Vergl.O) beschlossen werden. Eine über die gesetzliche Regelung hinausgehende Beschränkung der persönlichen Haftung kann hingegen im Vergleich nicht festgesetzt werden (RG 150, 173/74).

Kommt ein Gesellschafter nach Rechtskraft eines Zwangsvergleichs der Gesellschaft selbst in ein Konkurs- oder Vergleichsverfahren und wird in diesem Verfahren wiederum ein Zwangsvergleich geschlossen, so ermäßigt dieser die Schuld des Gesellschafters, wie sie sich nach dem Vergleich der Gesellschaft ergab. Es tritt dann eine doppelte Minderung ein (Jaeger/Weber Kom. KO § 211 Anm. 9).

II. Die Haftung für Forderungen eines Gesellschafters

Anm. 36 **1. Allgemeines.**

Die persönliche Haftung des einzelnen Gesellschafters für die Verbindlichkeiten der Gesellschaft dient der Stärkung des Kredits der OHG bei ihrem Auftreten im Geschäftsverkehr. Das bedeutet, daß diese persönliche Haftung die Rechtsbeziehungen der OHG nach außen, zu Dritten, erfassen und der OHG insoweit eine zusätzliche Kreditunterlage gewähren soll, daß sie sich hingegen nicht auch auf die gesellschaftsvertraglichen Beziehungen der Gesellschafter zur OHG erstreckt. Denn insoweit greift der gesetzliche Grundgedanke für die persönliche Haftung des einzelnen Gesellschafters nicht ein, insofern ist ein Bedürfnis für eine zusätzliche Kreditunterlage der Gesellschaft nicht gegeben. Daher haftet der einzelne Gesellschafter nach § 128 nicht auch für Ansprüche, die dem einzelnen Gesellschafter aus dem Gesellschaftsverhältnis gegen die OHG zustehen; für die sog. Sozialverpflichtungen der Gesellschaft (§ 109 Anm. 5) haftet also der einzelne Gesellschafter nicht. Für diese eingeschränkte persönliche Haftung ist auch noch ein weiterer rechtlicher Gesichtspunkt maßgebend. Eine persönliche Haftung des einzelnen Gesellschafters für die Sozialverpflichtungen der Gesellschaft würde auf eine — mittelbare — Erhöhung seiner Beitragspflicht hinauslaufen, zu der er ohne eine gesellschaftsvertragliche Bestimmung keinesfalls verpflichtet ist (vgl. dazu BGH 37, 299).

Andererseits läßt sich aus dem gesetzlichen Grundgedanken des § 128 wie auch aus dem Verbot einer Erhöhung der Beitragspflicht nicht eine Einschränkung der persönlichen Haftung des einzelnen Gesellschafters für solche Ansprüche herleiten, die einem Gesellschafter unabhängig von dem Gesellschaftsverhältnis gegen die Gesellschaft aus einem sonstigen Rechtsgrund zustehen (sog. Drittgläubigerforderungen). Hier können sich für den anspruchsberechtigten Gesellschafter etwaige Beschränkungen bei der Verfolgung seiner sog. Drittgläubigerforderung nur daraus ergeben, daß er selbst Gesellschafter ist und als Träger des Unternehmens an dem Risiko und etwaigen Verlusten des Unternehmens teilnimmt.

2. Der Gesellschafter als Gläubiger einer Sozialverpflichtung. **Anm. 37**

Sozialverpflichtungen der Gesellschaft sind solche Verpflichtungen, die die Gesellschaft aufgrund des Gesellschaftsvertrages gegenüber dem einzelnen Gesellschafter zu erfüllen hat. Das sind namentlich die Ansprüche des Gesellschafters auf seinen Gewinnanteil, auf eine Geschäftsführervergütung sowie auf Ersatz seiner Aufwendungen. Für die Geltendmachung dieser Ansprüche gegenüber der Gesellschaft gelten die in § 110 Anm. 18, § 122 Anm. 7, 15ff. dargelegten rechtlichen Gesichtspunkte.

Gegenüber dem einzelnen Gesellschafter können diese Ansprüche während bestehender Gesellschaft nicht verfolgt werden (RG 120, 135; BGH 37, 299; LM Nr. 7 zu § 128 HGB); sie sind vielmehr erst bei der Abwicklung der Gesellschaft in der Auseinandersetzungsrechnung zu berücksichtigen. Reicht das Gesellschaftsvermögen zur Befriedigung eines solchen Anspruchs nicht aus, haben aber einzelne Gesellschafter ihre Beiträge noch nicht voll entrichtet, so kann der anspruchsberechtigte Gesellschafter seine Mitgesellschafter mit der actio pro socio anhalten, ihre rückständigen Beiträge an die Gesellschaft zu zahlen, und sodann bei der Gesellschaft Befriedigung wegen seines Anspruchs suchen (§ 110 Anm. 20). Hat die Gesellschaft bei der Auszahlung des Gewinnanteils den Grundsatz der gleichmäßigen Behandlung nicht beachtet und kann deshalb ein Gesellschafter die Auszahlung seines Gewinnanteils wegen eines offenbaren Schadens für die Gesellschaft (§ 122 Abs. 1) nicht durchsetzen, so kann er verlangen, daß die voll befriedigten Gesellschafter einen entsprechenden Anteil an die Gesellschaft zurückzahlen, damit er wie diese im gleichen Verhältnis von der Gesellschaft befriedigt wird (§ 122 Anm. 19).

Tritt der Gesellschafter seinen Anspruch aus einer Sozialverpflichtung der Gesellschaft an einen Dritten ab (§ 109 Anm. 8ff.), so wird dadurch der Charakter dieses Anspruchs nicht geändert. Deshalb kann der Abtretungsempfänger auch nicht die einzelnen Gesellschafter wegen dieses Anspruchs nach § 128 persönlich in Anspruch nehmen.

Einer besonderen Hervorhebung bedürfen in diesem Zusammenhang noch solche Ansprüche eines Gesellschafters gegen die Gesellschaft, die zwar auch ihre Rechts- **Anm. 38** grundlage im Gesellschaftsvertrag finden, also ebenfalls sog. Sozialverpflichtungen der Gesellschaft sind, aber nicht auf vermögenswerte Leistungen gerichtet sind, sondern ein besonderes Tun oder Unterlassen zum Gegenstand haben (vgl. dazu Rob. Fischer LM 128 HGB Nr. 11 Anm. unter 3; Hueck § 18 III 2). Hierher gehört etwa der Anspruch eines Gesellschafters auf Einsicht in die Geschäftspapiere, der Anspruch auf Rechnungslegung oder Auskunftserteilung. Diese an sich gegen die Gesellschaft gerichteten Ansprüche kann der einzelne Gesellschafter unter Umständen auch unmittelbar gegen einen seiner Mitgesellschafter geltend machen, nämlich dann, wenn dieser gesellschaftsvertraglich verpflichtet ist, die hier der Gesellschaft obliegende Leistung für diese vorzunehmen. In diesem Sinn ist es zugelassen worden, daß ein Gesellschafter zur Durchsetzung seines Gewinnanspruchs gegen den einzigen geschäftsführenden Gesellschafter, der ihm die Auszahlung verweigert, in der Weise vorgehen kann, daß er die Verurteilung dieses Gesellschafters zur Auszahlung aus der Gesellschaftskasse verlangt (RG 170, 396). Auch kann der einzelne Gesellschafter sein Einsichtsrecht (§ 118) oder sein Recht auf Mitteilung der Bilanz (§ 166) unmittelbar gegen den geschäftsführenden Gesellschafter geltend machen (RG DR 1944, 246; BGH WM 1955, 1585). Dieses unmittelbare Vorgehen gegen den Mitgesellschafter kann unter Umständen auch seinen guten Sinn haben, weil es diesem dann gerechterweise das Prozeßkostenrisiko auflastet.

Die Möglichkeit der persönlichen Inanspruchnahme eines Gesellschafters wegen solcher Ansprüche beruht nicht auf der Haftungsvorschrift des § 128. Auch für diese Ansprüche gilt wie für sonstige Sozialverpflichtungen der Gesellschaft der allgemeine Grundsatz, daß sich auf diese die persönliche Haftung des einzelnen Gesellschafters nicht erstreckt (vgl. Anm. 36, 37). Die Möglichkeit der persönlichen Inanspruchnahme eines Gesellschafters ergibt sich in den genannten Fällen vielmehr aus den gesellschaftsvertraglichen Beziehungen der Gesellschafter untereinander. Danach ist z. B. der geschäftsführende Gesellschafter jedem seiner Mitgesellschafter gegenüber persönlich verpflichtet, seine Geschäftsführungsaufgabe ordnungsgemäß zu erfüllen, also auch einem berechtigten Gesellschafter die Einsicht in die Geschäftsbücher zu gewähren oder einem Gesellschafter den ihm zustehenden Gewinn aus der Gesellschaftskasse zu zahlen.

Anm. 39 **3. Der Gesellschafter nach Befriedigung eines Gesellschaftsgläubigers.**

Wird ein Gesellschafter aufgrund seiner persönlichen Haftung von einem Gesellschaftsgläubiger in Anspruch genommen und befriedigt er den Gesellschaftsgläubiger, so steht ihm wegen seiner Aufwendungen ein Erstattungsanspruch gegen die Gesellschaft zu (Anm. 22; § 110 Anm. 3). Für die Gesellschaft handelt es sich dabei um eine Sozialverpflichtung, weil die rechtliche Grundlage für diesen Anspruch (§ 110) im Gesellschaftsverhältnis wurzelt. Aus diesem Grund wurde früher auch dieser Erstattungsanspruch des in Anspruch genommenen Gesellschafters meist ebenso behandelt wie die anderen Ansprüche eines Gesellschafters aus einer Sozialverpflichtung der Gesellschaft; es wurde also früher auch für diesen Erstattungsanspruch die persönliche Haftung der übrigen Gesellschafter meist verneint (vgl. die Nachweise bei Hueck § 18 Fußnote 25). In der Folgezeit wurde jedoch in zunehmendem Maße erkannt, daß diese Beurteilung nicht richtig sein kann, weil sie offensichtlich einer gerechten Verteilung des mit der persönlichen Haftung verbundenen Risikos widerspricht. Denn es ist bei objektiver Beurteilung nicht zu verstehen und auch nicht irgendwie zu begründen, daß der in Anspruch genommene Gesellschafter das Risiko seiner Inanspruchnahme, das vielfach auf einem reinen Zufall beruht und in gleicher Weise auch jeden anderen Gesellschafter hätte treffen können, zunächst allein tragen soll, obwohl er mit seinen Mitgesellschaftern in einer vertraglich begründeten und von einem besonderen Vertrauen getragenen Haftungs- und Risikogemeinschaft steht. Auch wurde bei näherer Prüfung deutlich, daß hier gegen eine Verteilung des Risikos auf die anderen Gesellschafter aus § 707 BGB nicht die gleichen Bedenken hergeleitet werden können wie bei den anderen Ansprüchen eines Gesellschafters aus einer Sozialverpflichtung der Gesellschaft. Hier kann einem Ausgleichsanspruch des Gesellschafters, der einen Gesellschaftsgläubiger befriedigt hat, der Grundgedanke des § 707 BGB (Verbot einer Erhöhung der Beitragspflicht) nicht entgegenstehen. Denn die Übernahme der unmittelbaren und persönlichen Haftung stellt neben dem versprochenen Beitrag die Leistung dar, die ein jeder Gesellschafter der OHG zu erbringen hat; dabei stellt die Übernahme dieser Haftung mitunter sogar die entscheidende Leistung des Gesellschafters an die OHG dar (vgl. § 105 Anm. 17). Dieser Leistungsbeitrag eines jeden Gesellschafters bedeutet für das Verhältnis der Gesellschafter zueinander die anteilige Haftungsübernahme, weil dieser Beitrag nur so für das Verhältnis der Gesellschafter zueinander einen sinnvollen Inhalt erhalten kann. Daraus wird deutlich, daß eine entsperchende Erstattungspflicht eines jeden Gesellschafters auch Inhalt seiner Beitragspflicht ist und daher dem Verbot einer Erhöhung der Beitragspflicht nicht entgegensteht (BGH 37, 299; Rob. Fischer Anm. LM Nr. 11 zu § 128 HGB; Hueck § 18 III 2; Prediger BB 1970, 868). Unter Berücksichtigung dieser Erwägungen wird heute im Schrifttum wohl allgemein die Ansicht vertreten, daß dem Gesellschafter, der einen Gesellschaftsgläubiger befriedigt hat, im Unterschied zu einem sonstigen Anspruch aus einer Sozialverpflichtung der Gesellschaft der Rückgriff gegen seine Mitgesellschafter nicht verwehrt ist (vgl. die Nachweise bei Hueck a. a. O.). Allerdings muß er in diesem Fall zunächst versuchen, Befriedigung aus dem Gesellschaftsvermögen zu erlangen. Denn die Gesellschaft ist es, die nach den für das Verhältnis der Gesellschafter zueinander geltenden Rechtsbeziehungen in erster Linie die Verbindlichkeit zu erfüllen hat, und das muß der Gesellschafter, der einen Gesellschaftsgläubiger befriedigt, bei der Realisierung seines Rückgriffsanspruchs beachten. Dabei muß es zugunsten des Gesellschafters als ausreichend angesehen werden, wenn er zur Zeit keine Befriedigung aus dem Gesellschaftsvermögen erlangen kann (BGH 37, 303; Hueck a. a. O.); er ist also gegenüber seinen Mitgesellschaftern nicht gehalten, die Realisierung seines Rückgriffanspruchs zurückzustellen. Das folgt schon ohne weiteres aus dem Grundgedanken, der für den Rückgriffsanspruch des Gesellschafters gegenüber seinen Mitgesellschaftern maßgeblich ist.

Was den **Umfang des Erstattungsanspruchs** gegenüber den einzelnen Mitgesellschaftern anlangt, so haften diese nicht als Gesamtschuldner, sondern lediglich einzeln in Höhe ihrer Verlustbeteiligung (BGH 37, 299). Ihre Haftung ist also — wie im Fall des § 426 BGB — eine solche **pro rata.** Das folgt aus dem Grundgedanken ihrer Haftung gegenüber dem Gesellschafter, der den Gesellschaftsgläubiger befriedigt hat. Denn danach gehört es zu ihrer Beitragspflicht (§ 707 BGB), den Verlust anteilig (nach dem im Gesellschaftsvertrag bestimmten Verlustbeteiligungsschlüssel) zu tragen. Die gegenteilige Auffassung (Haftung der übrigen Gesellschafter als Gesamtschuldner nach Abzug des Verlustanteils des erstattungsberechtigten Gesellschafters) würde zudem zu einem praktisch unerfreulichen Ergebnis führen, das dem Rechtsverhältnis der Gesellschafter zueinander nicht gerecht wird. Denn sie würde dazu führen, daß nunmehr der auf Erstattung in Anspruch genommene Gesellschafter sich seinerseits wieder an seine übrigen Mitgesellschafter halten könnte, um unter Berücksichtigung seines Verlustanteils einen entsprechenden Ausgleich für seine Inanspruchnahme zu erhalten. Es würde also auf diesem Umweg schließlich im Ergebnis doch die Verteilung unter alle Gesellschafter nach dem Maßstab ihrer Verlustbeteiligung herauskommen. Allerdings braucht der erstattungsberechtigte Gesellschafter bei der Aufteilung nicht die Gesellschafter zu berücksichtigen, die zahlungsunfähig sind; denn er ist im Verhältnis zu seinem Mitgesellschaftern nicht gehalten, den dadurch bedingten Ausfall allein zu tragen. **Anm. 40**

Voraussetzung für den Erstattungsanspruch eines Gesellschafters, der einen Gesellschaftsgläubiger befriedigt hat, ist es, daß der von diesem Gläubiger geltend gemachte Anspruch gegen die Gesellschaft bestanden hat. Dabei genügt es, daß die Forderung des Gläubigers im Verhältnis zur Gesellschaft recktskräftig festgestellt worden ist; denn nach § 129 Abs. 1 muß der einzelne Gesellschafter ein solches Urteil auch gegen sich gelten lassen. Liegt hingegen ein rechtskräftiges Urteil gegen die Gesellschaft nicht vor und wird ein Gesellschafter von dem Gläubiger unmittelbar in Anspruch genommen, so muß er selbst prüfen, ob der Anspruch (noch) besteht. Diese Prüfung nimmt er auf seine Gefahr vor, sie schließt also nicht aus, daß ihm später von seinen Mitgesellschaftern entgegengehalten wird, daß der von ihm befriedigte Anspruch des Gesellschaftsgläubigers in Wirklichkeit nicht (mehr) bestanden hat. Bei dieser Rechtslage wird der in Anspruch genommene Gesellschafter gut daran tun, zunächst die Gesellschaft und seine Mitgesellschafter von der Geltendmachung des Anspruchs zu unterrichten und sie aufzufordern, ihm von etwaigen Einwendungen gegen den Anspruch Kenntnis zu geben. Machen diese von der Möglichkeit, den in Anspruch genommenen Gesellschafter von bestehenden Einwendungen zu unterrichten, keinen Gebrauch, so wird der Gesellschafter im allgemeinen nunmehr den Gläubiger befriedigen dürfen und von der Gesellschaft oder seinen Mitgesellschaftern Erstattung seiner Aufwendungen verlangen können. Denn es würde im allgemeinen der gesellschaftlichen Treuepflicht widersprechen, wenn die Gesellschaft oder einzelne Gesellschafter in einem solchen Fall bei ihrer Inanspruchnahme geltend machen würden, der Anspruch des Gläubigers habe nicht (mehr) bestanden. Erheben hingegen Gesellschaft oder Gesellschafter, sobald sie von der Inanspruchnahme eines Gesellschafters durch einen Gesellschaftsgläubiger unterrichtet worden sind, Einwendungen gegen den geltendgemachten Anspruch eines Gesellschaftsgläubigers, so wird es im allgemeinen (Ausnahme: offenbar unbegründete Einwendungen) angebracht sein, daß es der in Anspruch genommene Gesellschafter auf einen Prozeß mit dem Gesellschaftsgläubiger ankommen läßt. Verkündet er sodann in diesem Prozeß der Gesellschaft und seinen Mitgesellschaftern den Streit und gibt er ihnen dadurch die Möglichkeit, sich gegen den Anspruch zu verteidigen, so kann ihm bei einem Unterliegen in diesem Prozeß sodann später von der Gesellschaft und seinen Mitgesellschaftern nicht mehr entgegengehalten **Anm. 41**

werden, daß der Anspruch des Gesellschaftsgläubigers in Wirklichkeit nicht (mehr) bestanden hat.

Stehen einem Gesellschafter gegen den Anspruch des Gesellschaftsgläubigers Einwendungen zu, die in seiner Person begründet sind (vgl. dazu § 129 Anm. 9), so hängt es im Einzelfall von den Rechtsbeziehungen unter den Gesellschaftern ab, ob dieser Gesellschafter eine solche Einwendung auch gegenüber dem in Anspruch genommenen Gesellschafter geltend machen kann, wenn dieser von ihm im Wege der Erstattung Ausgleich verlangt (vgl. dazu Anm. 48).

Anm. 42 **Tritt der anspruchsberechtigte Gesellschafter seinen Erstattungsanspruch** gegen seinen Mitgesellschafter **an einen Dritten ab** (vgl. dazu § 109 Anm. 16), so ändert sich dadurch an der Rechtsnatur dieses Anspruchs nichts. Das bedeutet, daß der Abtretungsempfänger den Erstattungsanspruch in gleicher Weise, also auch mit den gleichen Beschränkungen wie der ursprünglich berechtigte Gesellschafter, geltend machen kann. Die Mitgesellschafter sind dem Abtretungsempfänger nur verpflichtet, wenn dieser von der Gesellschaft keine Befriedigung erlangen kann, und dann auch nur pro rata unter Abzug des auf den ursprünglich berechtigten Gesellschafter entfallenden Verlustanteils.

Tritt der Gesellschaftsgläubiger seinen Anspruch gegen die Gesellschaft an den Gesellschafter ab, der ihn befriedigt hat, so verbessert sich dadurch die Rechtsstellung des Abtretungsempfängers gegenüber seinen Mitgesellschaftern nicht. Denn er kann unter Berücksichtigung der für das Innenverhältnis unter den Gesellschaftern maßgeblichen Rechtsbeziehungen durch eine solche Abmachung mit dem Gesellschaftsgläubiger nicht seine Rechte gegenüber den Mitgesellschaftern verstärken (ebenso Schlegelberger/Geßler Anm. 27; Hueck § 21 Fußnote 59). Insoweit finden die zu § 426 BGB entwickelten Rechtsgrundsätze entsprechende Anwendung (vgl. dazu BGB RGRK § 426 Anm. 18; vgl. im übrigen auch Anm. 22).

Anm. 43 **4. Der Gesellschafter als sog. Drittgläubiger.**

Neben den Ansprüchen eines Gesellschafters gegen die Gesellschaft, die ihre Rechtsgrundlage im Gesellschaftsvertrag finden (sog. Sozialverpflichtungen der Gesellschaft, vgl. Anm. 37), gibt es Ansprüche eines Gesellschafters gegen die Gesellschaft, die auf einem anderen Rechtsgrund beruhen. Das sind Ansprüche, die sich etwa aus der Hingabe eines Darlehns oder dem Abschluß eines Kauf- oder Mietvertrages ergeben, aber auch Ansprüche, die auf einer unerlaubten Handlung eines Gesellschaftsorgans diesem Gesellschafter gegenüber beruhen. Diese Ansprüche sind von dem Gesellschaftsverhältnis rechtlich unabhängig. Sie beruhen auf einer Vereinbarung, die unabhängig von dem Bestehen der gesellschaftsrechtlichen Beziehungen auch von irgendeinem Dritten mit der Gesellschaft hätte getroffen werden können (RG 153, 307). Diese Ansprüche werden deshalb ganz anschaulich als **Drittgläubigerforderungen** bezeichnet.

Der Gesellschafter kann von der Gesellschaft Erfüllung einer solchen Forderung im allgemeinen wie jeder Dritte verlangen. Er braucht sich namentlich nicht einen seiner (Verlust-)Beteiligung entsprechenden Abzug seiner Forderung gefallen zu lassen. Immerhin kann aber seine Eigenschaft als Gesellschafter bei der Geltendmachung einer solchen Forderung gegenüber der Gesellschaft nicht völlig unberücksichtigt bleiben. Die Gesellschaftstreue kann ihm gebieten, bei der Beitreibung seiner Forderung Nachsicht zu üben, wenn es die Belange der Gesellschaft dringend erfordern und sein Anspruch nicht gefährdet ist (vgl. dazu auch § 105 Anm. 31 b; ebenso RG JW 1937, 1986; Hueck § 21 Fußnote 54; Schlegelberger/ Geßler Anm. 25; a. M. Düringer/Hachenburg Anm. 15).

Anm. 44 In Rechtsprechung und Schrifttum war lange umstritten, ob und in welchem Umfang der Gesellschafter als Inhaber einer Drittgläubigerforderung seine Mitgesellschafter aufgrund ihrer persönlichen Haftung unmittelbar in Anspruch nehmen kann. Man kann diesen Meinungsstreit heute als abgeschlossen betrachten (vgl. über den früheren Stand der Meinungen Hueck § 21 V und auch die Voraufl. Anm. 31, die zum Teil auch noch eine abweichende Meinung vetreten hatte). Im Anschluß an die Rechtsprechung des Reichsgerichts (RG 36, 60; 59, 114; 120, 135; 153, 305) ist davon auszugehen, daß der Gesellschafter als Drittgläubiger wegen seiner Forderung gegen die Gesellschaft auch seine Mitgesellschafter unmittelbar nach § 128 in Anspruch nehmen kann. Es ist nicht einzusehen und nicht zu begründen, warum er als Gläubiger einer solchen Forderung schlechter als jeder andere Gesellschaftsgläubiger dastehen sollte. Das wird besonders deutlich, wenn man sich vor Augen hält, daß es z. B. bei einer Darlehns- oder einer Kaufpreisschuld vom Standpunkt des einzelnen Mitgesellschafters keinen Unterschied machen kann, ob die Gesellschaft das Darlehn bei einem Dritten oder bei einem Gesellschafter aufgenommen oder ob sie den Kaufvertrag mit diesem oder mit jenem abgeschlossen hat. Bei dieser Interessenlage ist auch kein durchschlagender Grund ersichtlich, warum der Gesellschafter in einem Fall dieser Art seine einzelnen Mitgesellschafter nur anteilig (pro rata) und nicht als Gesamtschuldner sollte in Anspruch nehmen dürfen (ebenso Hueck § 21 V; Schlegelberger/Geßler Anm. 27; Baumbach/Duden Anm. 7 A). Die Rechtslage ist hier anders als bei dem Erstattungsanspruch, den ein Gesellschafter nach Befriedigung eines Gesellschaftsgläubigers gegen seine Mitgesellschafter hat (vgl. dazu namentlich Anm. 40). Hier findet die Vorschrift des § 128 (gesamtschuldnerische Haftung der Gesellschafter) unmittelbar Anwendung, weil der Gesellschafter als sog. Drittgäubiger ebenso wie ein gewöhnlicher Gesellschaftsgläubiger zu behandeln ist. Bei dem Erstattungsanspruch nach Befriedigung eines Gesellschaftsgläubigers liegt hingegen kein Anwendungsfall nach § 128 vor; hier ergibt sich vielmehr die Erstattungspflicht des einzelnen Mitgesellschafters lediglich aus dem internen Rechtsverhältnis der Gesellschafter untereinander, wobei die Begrenzung der Beitragspflicht nach § 707 BGB einer Haftung pro rata nicht entgegensteht.

Der Gesellschafter als sog. Drittgläubiger muß bei der gesamtschuldnerischen Inanspruchnahme seiner Mitgesellschafter zwei Beschränkungen auf sich nehmen, die sich aus seiner Stellung als Gesellschafter ergeben. Denn diese Stellung nötigt ihn, auch bei der Inanspruchnahme seiner Mitgesellschafter auf diese internen Rechtsbeziehungen zueinander entsprechend Rücksicht zu nehmen. Er kann danach seine Mitgesellschafter erst dann persönlich in Anspruch nehmen, wenn er nicht von der Gesellschaft Befriedigung seiner Forderung erlangen kann. Denn für den Gesellschafter stellt sich bei einer Gesellschaftsverbindlichkeit die Sachlage so dar, daß diese zunächst mit den Mitteln der Gesellschaft erfüllt werden soll. Das rechtfertigt es, den Gesellschafter auch als Drittgläubiger zunächst an die Gesellschaft zu verweisen (ebenso Hueck § 21 V 1; Schlegelberger/Geßler Anm. 26; Baumbach/Duden Anm. 7 A; Staudinger/Kessler § 705 Anm. 77; a. M. RG 153, 311; Voraufl. Anm. 32; Soergel/Schultze v. Lasaulx § 705 Anm. 38). Ferner muß sich der Gesellschafter bei der Inanspruchnahme seiner Mitgesellschafter den Anteil abziehen lassen, der seiner eigenen Verlustbeteiligung entspricht. Das ergibt sich daraus, daß der in Anspruch genommene Mitgesellschafter seinerseits beerchtigt ist, von den übrigen Gesellschaftern pro rata Erstattung für seine Inanspruchnahme zu verlangen (Anm. 40); der in Anspruch genommene Mitgesellschafter könnte sich dieserhalb also auch pro rata an den Gesellschafter-Drittgläubiger halten, den er soeben wegen seiner Drittgläubiger-Forderung befriedigt hatte. Daraus wird deutlich, daß der Gesellschafter als Drittgläubiger von seinem Mitgesellschafter etwas verlangen würde, was er ihm hernach wieder erstatten müßte, wenn er nicht von vornherein bei der Inanspruchnahme seines Mitgesellschafters seinen eigenen Verlustanteil in Abzug bringt. Diese Beurteilung entspricht heute wohl einer gefestigten Auffassung im Schrifttum (abweichend früher z. B. Düringer/Hohenburg Anm. 15; v. Godin JR 1948, 64). **Anm. 45**

Tritt der Gesellschafter seine Drittgläubiger-Forderung an einen anderen ab, der nicht Gesellschafter ist, so fallen nach der Ansicht von Hueck (§ 21 V 2 a. E.) die unter Anm. 45 erwähnten Beschränkungen fort, da sie nicht im Charakter der Forderung als solcher, sondern nur in der Stellung des Gesellschafter-Gläubigers begründet seien. Diese Ansicht erscheint nicht unbedenklich, da die Forderung in der Person des Gesellschafters sofort mit den genannten Beschränkungen entstanden war, ihr also diese Beschränkungen als besondere Eigenschaften von vornherein zukamen. Es ist nicht möglich, die Rechtsstellung eines Schuldners durch Abtretung des gegen ihn gerichteten Anspruchs zu verschlechtern. Dem entspricht es, daß dem Abtretungsempfänger auch die Einwendungen entgegengehalten werden können, die dem Schuldner gegen den Zedenten persönlich zugestanden haben (§ 404 BGB). **Anm. 46**

5. Der ausgeschiedene Gesellschafter als Gläubiger. **Anm. 47**

Mit seinem Ausscheiden aus der Gesellschaft erhält der Gesellschafter im gesetzlichen Regelfall (vgl. dazu Erl. zu § 138) einen schuldrechtlichen Anspruch auf Auszahlung seines Abfindungsguthabens. In dieses Abfindungsguthaben gehen als unselbständige Rechnungsposten grundsätzlich alle Ansprüche ein, die dem Gesellschafter im Zusammenhang mit seiner Zugehörigkeit zur Gesellschaft zustehen. Das bedeutet, daß er diese nicht mehr gesondert gegen die Gesellschaft geltend machen kann. Damit entfällt auch von vornherein jede Rechtsgrundlage dafür, solche Einzelansprüche gemäß § 128 gegen die einzelnen Gesellschafter geltend zu machen.

Der Anspruch auf das Abfindungsguthaben ist ein schuldrechtlicher Anspruch gegen die Gesellschaft, für den die Gesellschafter gemäß § 128 persönlich haften (vgl. etwa Hueck § 29 II 5 a δ; Schlegelberger/Geßler § 138 Anm. 24). Es entfallen damit alle Beschränkungen, die während der Zugehörigkeit eines Gesellschafters der persönlichen Inanspruchnahme des einzelnen Mitgesellschafters nach § 128 aus sog. Sozialverpflichtungen der Gesellschaft entgegenstehen (vgl. Anm. 36ff.). Ist das Abfindungsguthaben festgestellt und wird der ausgeschiedene Gesellschafter danach von einem Gesellschaftsgläubiger aufgrund seiner fortbestehenden Haftung für die Gesellschaftsschulden (vgl. dazu Anm. 49ff.) auf Zahlung in Anspruch genommen, so hat er einen Erstattungsanspruch gegen die Gesellschaft, für den die Gesellschafter ebenfalls gemäß § 128 als Gesamtschuldner persönlich haften (Schlegelberger/Geßler Anm. 36). Auch gegenüber diesem Anspruch können die Gesellschafter nicht die Einschränkungen ihrer Haftung geltend machen, die ihnen gegenüber einem Mitgesellschafter zustehen (vgl. dazu Anm. 39f.).

Anm. 48 **6. Abweichende Vereinbarungen.**

Den Gesellschaftern steht es frei, die Haftung der Mitgesellschafter für Ansprüche eines Gesellschafters gegen die Gesellschaft abweichend zu regeln. So können sie z. B. bestimmen, daß der Ausschluß und/oder die Beschränkungen dieser Haftung zugunsten einzelner Gesellschafter nicht gelten oder daß gewisse Beschränkungen allgemein entfallen sollen. Auch ist die Regelung zulässig, daß ein (bestimmter) Gesellschafter als sog. Drittgläubiger während des Bestehens der Gesellschaft nur die Gesellschaft, nicht auch die Mitgesellschafter oder einzelne von ihnen in Anspruch nehmen oder daß er sie als Gesamtschuldner auf das Ganze ohne Abzug seines Verlustanteils belangen darf. Eine solche abweichende Vereinbarung kann im Einzelfall auch aus den Umständen entnommen werden. Hat z. B. ein zahlungskräftiger Gesellschafter die Gesellschaft durch ein Darlehn saniert, während die anderen Gesellschafter wegen ihrer angespannten Vermögenslage die Aufbringung entsprechender Beiträge abgelehnt hatten, so kann daraus gefolgert werden, daß diese Gesellschafter während des Bestehens der Gesellschaft nicht auf Zurückzahlung des Darlehns in Anspruch genommen werden sollen.

Von einer etwaigen Vereinbarung unter den Gesellschaftern ist es auch abhängig, ob ein Gesellschafter, der einen Gesellschaftsgläubiger aufgrund seiner persönlichen Haftung befriedigt, auch von dem Mitgesellschafter Erstattung eines entsprechenden Ausgleichs verlangen kann (vgl. dazu Anm. 39f.), der aufgrund einer persönlichen Einwendung (vgl. dazu § 129 Anm. 9) die Befriedigung des Gläubigers verweigern darf. Im allgemeinen wird man zu dieser Frage sagen können, daß dem Erstattungsanspruch eine solche persönliche Einwendung nicht entgegengehalten werden kann, wenn sie sich allein auf eine Abmachung oder auf die besonderen Rechtsbeziehungen zwischen dem einwendungsberechtigten Gesellschafter und dem Gesellschaftsgläubiger stützt, anders ist das dagegen unter Umständen, wenn diese persönliche Einwendung auch unter Billigung oder auf Veranlassung der übrigen Gesellschafter begründet worden ist. Maßgeblich ist danach in dieser Hinsicht, ob aus den Umständen, unter denen es zu dieser persönlichen Einwendung gekommen ist, der Schluß gezogen werden kann, daß die Freistellung des berechtigten Gesellschafters von seiner persönlichen Haftung nach dem Willen der übrigen Gesellschafter auch für das Verhältnis unter ihnen — entweder schlechthin oder wenigstens während des Bestehens der Gesellschaft — von rechtlicher Bedeutung sein soll.

III. Die Haftung des ausgeschiedenen Gesellschafters

Anm. 49 **1. Allgemeines.**

Die persönliche Haftung des Gesellschafters für die Gesellschaftsverbindlichkeiten bleibt bei seinem Ausscheiden aus der Gesellschaft bestehen (RG 125, 418; 140, 10;

BGH 36, 224; 48, 203; 50, 232). Dabei macht es keinen Unterschied, in welcher Weise das Ausscheiden des Gesellschafters sich rechtlich vollzieht, ob in der Form einer Vereinbarung mit den übrigen Gesellschaftern, ob durch Abtretung seines Anteils an einen Dritten mit Zustimmung der übrigen Gesellschafter oder ob durch Ausschließung aus der Gesellschaft. Es ist auch nicht notwendig, daß beim Ausscheiden des Gesellschafters die Gesellschaft als solche fortbesteht; die persönliche Haftung des bisherigen Gesellschafters bleibt auch dann unberührt, wenn sich sein Ausscheiden in der Weise vollzieht, daß der andere Gesellschafter aufgrund eines entsprechenden Urteils oder aufgrund einer entsprechenden Vereinbarung (§ 142) das Geschäft ohne Liquidation mit Aktiven und Passiven übernimmt (BGH 48, 203, 206/07).

Das Fortbestehen der persönlichen Haftung des ausgeschiedenen Gesellschafters entspricht einem allgemeinen Rechtsgrundsatz. Denn danach kann der Gesellschaftsgläubiger einen für seine Forderung haftenden Schuldner nicht ohne weiteres infolge eines Umstands verlieren, auf dessen Eintritt er keinerlei Einfluß hat. Dabei wird aber durch diesen allgemeinen Rechtsgrundsatz der Umfang der fortbestehenden persönlichen Haftung insofern beschränkt, als der ausgeschiedene Gesellschafter nur für die im Zeitpunkt seines Ausscheidens bereits begründeten Gesellschaftsverbindlichkeiten weiter zu haften hat, also nicht auch die Haftung für die erst nach diesem Zeitpunkt eingegangenen Verpflichtungen zu übernehmen braucht. Ferner folgt aus diesem allgemeinen Rechtsgrundsatz, daß die fortbestehende Haftung des ausgeschiedenen Gesellschafters jeweils ihrem Inhalt nach grundsätzlich die gleiche bleibt, wie sie es bis zu seinem Ausscheiden gewesen war. Man kann daher auch nicht die Ansicht vertreten, daß die Haftung zwar bis zum Ausscheiden im Verhältnis zu der Verpflichtung der Gesellschaft keine gesamtschuldnerische, aber mit dem Zeitpunkt des Ausscheidens eine solche gesamtschuldnerischer Art geworden ist (vgl. dazu Anm. 17, 3). Andererseits ist es mit dem Sinn und dem Zweck der persönlichen Haftung des ausgeschiedenen Gesellschafters unabweisbar verbunden, daß gewisse Veränderungen im Inhalt einer bestehenden Gesellschaftsverbindlichkeit, die erst nach dem Zeitpunkt des Ausscheidens eintreten, auch nicht ohne Einfluß auf den Inhalt der fortbestehenden persönlichen Haftung des ausgeschiedenen Gesellschafters sein können.

Für die Rechtspraxis bestehen die besonderen Schwierigkeiten bei der persönlichen Haftung des ausgeschiedenen Gesellschafters einmal in der Abgrenzung zwischen den im Zeitpunkt des Ausscheidens bereits begründeten und den erst nach diesem Zeitpunkt entstandenen Gesellschaftsverbindlichkeiten und sodann in der Bestimmung derjenigen inhaltlichen Veränderungen, die eine bereits bestehende Gesellschaftsverbindlichkeit nach dem Ausscheiden erfährt und die ihrerseits auch für den Inhalt der persönlichen Haftung des ausgeschiedenen Gesellschafters maßgeblich sind.

2. Die Haftung für die bestehenden Gesellschaftsverbindlichkeiten. **Anm. 50**

a) der maßgebliche Zeitpunkt: Der ausgeschiedene Gesellschafter hat nur für die Gesellschaftsverbindlichkeiten zu haften, die bereits im Zeitpunkt seines Ausscheidens begründet waren (RG 86, 60; 140, 12). Danach ist der maßgebliche Zeitpunkt für die Bestimmung der Gesellschaftsverbindlichkeiten, für die der ausgeschiedene Gesellschafter zu haften hat, der Zeitpunkt, in dem sein Ausscheiden wirksam geworden ist. Das ist bei einem von den Gesellschaftern vereinbarten Ausscheiden der Zeitpunkt, in dem der letzte der Gesellschafter der Vereinbarung wirksam zugestimmt hat, bei einer Abtretung des Gesellschaftsanteils der Zeitpunkt der vollzogenen Abtretung im Fall vorheriger oder nicht erforderlicher Zustimmung der übrigen Gesellschafter oder der Zeitpunkt der zuletzt erteilten nachträglichen Zustimmung eines Mitgesellschafters, bei gerichtlicher Ausschließung oder Übernahme der Zeitpunkt, in dem das Urteil rechtskräftig geworden ist, und bei Ausschließung durch Gesellschafterbeschluß der Zeitpunkt, in dem dieser Beschluß Wirksamkeit erlangt hat.

Mit Rücksicht auf die Rechtsscheinwirkung des § 15 kann sich dieser Zeitpunkt noch in der Weise verschieben, daß praktisch erst der Zeitpunkt in Betracht kommt, in dem das Ausscheiden des Gesellschafters in das Handelsregister eingetragen und bekanntgemacht worden ist. Das gilt freilich nur dann, wenn dem Gläubiger einer zwischenzeitlich begründeten Gesellschaftsverbindlichkeit das Ausscheiden des Gesellschafters nicht bekannt gewesen ist.

Nach § 740 BGB nimmt der ausgeschiedene Gesellschafter noch am Gewinn und Verlust aus den zur Zeit seines Ausscheidens schwebenden Geschäften teil. Diese Vorschrift hat nur Bedeutung für das Innenverhältnis. Ein Gesellschaftsgläubiger kann daraus nichts für sich herleiten. Diese Vorschrift begründet daher auch keine Haftung des ausgeschiedenen Gesellschafters für solche Gesellschaftsverbindlichkeiten, die nach dem Ausscheiden, aber während der Abwicklung solcher schwebenden Geschäfte begründet worden sind. In gleicher Weise vermag auch eine Vereinbarung, wonach der ausgeschiedene Gesellschafter noch für einige Zeit nach seinem Ausscheiden am Gewinn (und Verlust) beteiligt ist, nicht den maßgeblichen Zeitpunkt für die Bestimmung der Gesellschaftsverbindlichkeiten hinauszuschieben, für die der ausgeschiedene Gesellschafter zu haften hat.

Anm. 51 **b) Die bestehenden Gesellschaftsverbindlichkeiten:** Für die persönliche Haftung des ausgeschiedenen Gesellschafters ist es nicht erforderlich, daß die Gesellschaftsverbindlichkeit im Zeitpunkt seines Ausscheidens auch bereits fällig gewesen ist (BGH 36, 225). Die Fälligkeit des gegen die Gesellschaft gerichteten Anspruchs ist also in diesem Zsuammenhang ohne Bedeutung; bedeutsam ist die Fälligkeit dieses Anspruchs hingegen nach § 159 Abs. 3 für die Verjährung des Anspruchs gegen den ausgeschiedenen Gesellschafter aus seiner persönlichen Haftung (vgl. dazu BGH 50, 232).

Bei der Frage, ob im Zeitpunkt des Ausscheidens eine Gesellschaftsverbindlichkeit bereits besteht, ist allein auf die objektive Rechtslage in dem maßgeblichen Zeitpunkt abzustellen. Ohne Bedeutung ist es insbesondere, ob sich der Gesellschaftsgläubiger vor diesem Zeitpunkt, etwa durch ein bindendes Angebot, seinerseits bereits gebunden hatte, der Vertrag mit der Gesellschaft aber erst nach diesem Zeitpunkt durch Annahme des Angebots zustande gekommen ist. Daher ist in einem solchen Fall für die Annahme einer persönlichen Haftung des inzwischen ausgeschiedenen Gesellschafters auch kein Raum, da in dem maßgeblichen Zeitpunkt eine Verbindlichkeit der Gesellschaft aus dem erst später abgeschlossenen Vertrag noch nicht bestanden hat. Die schutzwerten Interessen des Gesellschaftsgläubigers, der ein Angebot unter Umständen gerade mit Rücksicht auf die persönliche Haftung des inzwischen ausgeschiedenen Gesellschafters abgegeben hat, werden ausreichend dadurch gewahrt, daß ihm das Recht zur Anfechtung des Vertrages wegen Irrtums über wesentliche persönliche Eigenschaften seine Vertragspartners zusteht (falls die Schutzvorschrift des § 15 Abs. 2 nicht zu seinen Gunsten eingreift). Denn sein schutzwertes Interesse ist hier nicht auf die Durchführung des Vertrages mit gleichzeitiger persönlicher Haftung des ausgeschiedenen Gesellschafters für die Erfüllung des Vertrages gerichtet, weil er einen solchen Anspruch niemals erlangt hat, sondern allein darauf, daß er sich von dem geschlossenen Vertrag wieder lösen kann, da der inzwischen ausgeschiedene Gesellschafter für die Erfüllung des Vertrages nicht persönlich zu haften braucht.

Anm. 52 **c) Die Verlängerung bestehender Verträge:** Der ausgeschiedene Gesellschafter haftet nur für Gesellschaftsverbindlichkeiten, die im Zeitpunkt seines Ausscheidens bereits bestehen. Laufen solche Verträge nur für eine bestimmte Zeit und werden sie nach dem Ausscheiden eines Gesellschafters durch Vereinbarung (auch stillschweigend) zwischen der Gesellschaft und ihrem Vertragspartner (Gesellschaftsgläubiger) verlängert, so haftet der ausgeschiedene Gesellschafter für die Verbindlichkeiten aus dem verlängerten Vertrag nicht (RG 86, 60; 125, 418; 140, 13). Das ergibt sich aus Sinn und Zweck der persönlichen Haftung des ausgeschiedenen Gesellschafters; denn bei der frei vereinbarten Verlängerung des Vertrages ist sich der Vertragspartner der Gesellschaft darüber im klaren, daß der ausgeschiedene Gesellschafter für die nunmehr neu begründete Gesellschaftsverbindlichkeit nicht mehr haftet, und es kann demgemäß auch nicht davon gesprochen werden, daß der Gesellschaftsgläubiger in einem solchen Fall ohne sein Zutun einen Haftungsschuldner für seine Forderung verlieren würde. Demgemäß haftet der ausgeschiedene Gesellschafter bei der Prolongation eines Wechsels auch nicht aus dem neu begebenen Wechsel (RG JW 1902, 445), während jedoch in einem solchen Fall seine Haftung aus dem zugrundeliegenden Rechtsgeschäft bestehen bleibt (RG JW 1913, 324). Anders ist das jedoch, wenn der Gesellschaft das Recht zur Verlängerung des Vertrages durch einseitige Erklärung besonders eingeräumt war und die Gesellschaft nach dem Ausscheiden eines Gesellschafters von diesem Recht Gebrauch macht. In einem solchen Fall handelt es sich um eine Verpflichtung aus dem ursprünglichen Vertrag, da es vom Standpunkt des Gläubigers und unter Berücksichtigung seines schutzwerten Interesses, seinen ursprünglichen Haftungsschuldner zu behalten, insoweit keinen Unterschied macht, ob der Vertrag von vornherein auf den nunmehr verlängerten Zeitraum oder, was nur dem Interesse der Gesellschaft dienlich war, auf den kürzeren Zeitraum mit dem Recht zur einseitigen Verlängerung durch die Gesellschaft geschlossen worden ist; denn in beiden Fällen liegt für den Vertragspartner der Gesellschaft eine vertragliche Bindung vor, die er mit Rücksicht auf den ihm zur Verfügung stehenden persönlichen Haftungsschuldner eingegangen ist. Es kann ihm daher in einem solchen Fall auch nicht ein solcher Haftungsschuldner ohne sein Zutun genommen werden. Ähnlich ist der Fall zu beurteilen, daß der Gesellschaft bindend ein Kredit zugesagt war, der Kredit aber erst nach dem Ausscheiden eines Gesellschafters der Gesellschaft gewährt worden ist; auch hier haftet der ausgeschiedene Gesellschafter für die Rückzahlung des Kredits, weil die vertragliche Bindung des Kreditgebers schon in einem Zeitpunkt vorlag, als der inzwischen ausgeschiedene Gesellschafter noch Mitglied der Gesellschaft war (vgl. Hueck § 29 Fußnote 44 m. w. N.).

d) Die Behandlung von Dauerschuldverhältnissen: Es ist im Geschäftswesen üblich, **Anm. 53**
daß Dauerschuldverhältnisse häufig nicht für eine bestimmte Zeit, sondern für eine unbestimmte Zeit geschlossen werden, mit dem Recht eines jeden Vertragsteils, diese Verträge unter Einhaltung gewisser Fristen zu näher bestimmten Zeitpunkten kündigen zu dürfen. Im Rechtssinn handelt es sich hierbei nicht um eine Verlängerung, sondern um den Fortbestand der ursprünglich geschlossenen Verträge, so daß ein Fortfall der Haftung eines inzwischen ausgeschiedenen Gesellschafters nicht unter dem rechtlichen Gesichtspunkt der in Anm. 52 erwähnten Art angenommen werden kann. Gleichwohl drängt sich hier die Annahme auf, daß der ausgeschiedene Gesellschafter nicht aus solchen von beiden Vertragspartnern fortgeführten Verträgen zu haften habe. Denn einmal liegt es bei einer natürlichen Betrachtung nahe, daß die Belastungen aus solchen Verträgen, wie etwa den Arbeits-, Energieversorgungs- und sonstigen laufenden Lieferungsverträgen von den jeweiligen Trägern des Gesellschaftsunternehmens zu tragen sind, zum weiteren würde ein ausgeschiedener Gesellschafter durch eine Haftung für solche Verbindlichkeiten in einer wirtschaftlich kaum erträglichen Weise mit dem Risiko eines ihm nunmehr fremden Unternehmens belastet werden. Schließlich lassen auch bei einer sachgerechten Berücksichtigung der hier in Betracht kommenden Gläubigerinteressen der Sinn und der Zweck der fortbestehenden Haftung des ausgeschiedenen Gesellschafters es nicht gerechtfertigt erscheinen, auch für diese Fälle eine persönliche Haftung des ausgeschiedenen Gesellschafters zu bejahen. Es ist daher sinnvoll und zutreffend, daß heute einige Vertreter im Schrifttum die für eine unbestimmte Zeit geschlossenen Verträge in diesem Zusammenhang ähnlich wie die für eine bestimmte Zeit geschlossenen Verträge behandeln, mit der Folge, daß der ausgeschiedene Gesellschafter aus solchen Verträgen nicht mehr persönlich in Anspruch genommen werden kann, wenn sie nicht zu dem nächst zulässigen Termin gekündigt worden sind (Hueck § 29 II 4; Westermann Handbuch der Personengesellschaften I 257; Rob. Fischer Anm. zu LM Nr. 10 zu § 128 HGB; a. M. Schlegelberger/Geßler Anm. 31; wohl auch Baumbach/Duden Anm. 5 B; abweichend zum Teil auch Rospatt BankA 30, 305ff.). Das gilt für alle Lieferungs- und Arbeitsverträge, ist aber auch für Miet- und Pachtverträge sowie für Verwahrungsverträge im weitesten Sinn zu beachten. Bei dem Depotvertrag, einem Verwahrungsvertrag besonderer Art (vgl. § 1 DepG) hat freilich der Bundesgerichtshof die Verpflichtung des Verwahrens (Bank) auf Herausgabe der Wertpapiere, auch bei einem nach dem Ausscheiden eines Gesellschafters fortgeführten Depotvertrag, als eine Verpflichtung angesehen, die bereits im Zeitpunkt des Ausscheidens begründet war und für die der ausgeschiedene Gesellschafter auch weiterhin persönlich zu haften hat (BGH 36, 224, 229). Ob das zutreffend ist, wenn man der hier vertretenen Ansicht folgt, von der der Bundesgerichtshof a. a. O. ebenfalls ausgeht, erscheint zweifelhaft. Man müßte dann folgerichtig auch bei einem auf diese Weise fortgeführten Miet- oder Pachtvertrag bei den Verpflichtungen des Mieters oder Pächters einen Unterschied machen, und zwar die Haftung des ausgeschiedenen Gesellschafters für die später anfallenden Miet- oder Pachtzinsen verneinen, die Haftung für die Rückgabe des Miet- oder Pachtgegenstandes dagegen bejahen. Das bedeutet, daß

damit der Ausgangspunkt der hier vertretenen Ansicht, daß nämlich der ausgeschiedene Gesellschafter nach unterbliebener Kündigung eines Vertrages aus der Fortführung dieses Vertrages nicht mehr zu haften brauche, zu einem Teil aufgegeben wird.

Anm. 54 Etwas Besonderes gilt für solche Verträge, in denen sich die Gesellschaft als Entgelt für eine erhaltene Leistung zur Entrichtung wiederkehrender Leistungen verpflichtet, also für Verträge, die vielfach auch als Dauerverträge bezeichnet werden. Hierher gehören namentlich Kaufverträge, bei denen der Kaufpreis in Form einer etwa monatlich zu zahlenden Rente (aber auch aufgrund eines selbständigen Leibrentenversprechens) zu zahlen ist, oder Vereinbarungen, die die Verpflichtung zur Leistung von Schadensersatz in regelmäßig wiederkehrenden Zahlungen festgelegt haben. Für solche Verpflichtungen hat der ausgeschiedene Gesellschafter, sofern sie vor seinem Ausscheiden begründet worden sind, zu haften, und zwar unabhängig von dem Zeitpunkt der jeweils fällig werdenden Einzelleistung (BGH 50, 232). Insoweit kann also der ausgeschiedene Gesellschafter mit seiner fortbestehenden Haftung außerordentlich lange belastet sein, namentlich auch über den für die Verjährung seiner Haftung maßgeblichen Zeitraum von 5 Jahren hinaus (vgl. dazu im einzelnen BGH a. a. O.).

Anm. 55 **e) Die Kontokorrentverträge:** Der ausgeschiedene Gesellschafter haftet auch für Verbindlichkeiten aus einem Kontokorrentverhältnis, das im Zeitpunkt seines Ausscheidens zwischen der Gesellschaft und einem Dritten besteht. In einem solchen Fall haftet der ausgeschiedene Gesellschafter nach allgemeiner Meinung für den Saldo, der im Zeitpunkt seines Ausscheidens zu Lasten der Gesellschaft bestanden hat. Es ist also zu diesem Zweck ein Zwischensaldo zu ziehen (vgl. v. Godin § 356 Anm. 2; ebenso Schlegelberger/Hefermehl § 356 Anm. 10). Dieser Zwischensaldo beschränkt der Höhe nach die Haftung des ausgeschiedenen Gesellschafters. Über den Betrag des Zwischensaldos hinaus haftet er in keinem Fall, auch wenn sich der Saldo in der Folgezeit zu Lasten der Gesellschaft erhöht. Dagegen kann sich der Betrag, bis zu dessen Höhe der ausgeschiedene Gesellschafter zu haften hat, ermäßigen, und zwar wenn sich in der Folgezeit der Saldo in einem periodischen Rechnungsabschluß vermindert. Das bedeutet, daß der ausgeschiedene Gesellschafter aus einem Kontokorrent nur in Höhe des niedrigsten Saldos zu Lasten der Gesellschaft seit seinem Ausscheiden zu haften hat, wobei von einem Zwischensaldo im Zeitpunkt seines Ausscheidens auszugehen ist (BGH 50, 277, 283; vgl. auch BGH 26, 150).

Anm. 56 **3. Zur Anwendung der §§ 421 ff. BGB.**

a) Allgemeines: Die früher herrschende Meinung ging davon aus, daß zwischen der persönlichen Haftungsverpflichtung des ausgeschiedenen Gesellschafters und der Verpflichtung der Gesellschaft ein gesamtschuldnerisches Verhältnis besteht (vgl. Lehmann ZHR 79, 57ff.; Düringer/Hachenburg Anm. 16; Ritter Anm. 8; Schlegelberger/Geßler Anm. 32; Voraufl. Anm. 29). Denn mit dem Ausscheiden des Gesellschafters würde dessen fortbestehende Haftungsverpflichtung zu einer selbständigen und erfülle nunmehr mit der Verpflichtung der Gesellschaft die in § 421 BGB gestellte Voraussetzung für das Vorliegen eines Gesamtschuldverhältnisses. Dabei setzt sich diese Meinung ohne weiteres über die von ihr selbst vertretene Annahme hinweg, daß bis zum Ausscheiden ein Gesamtschuldverhältnis zwischen der persönlichen Haftungsverpflichtung des einzelnen Gesellschafters und der Verpflichtung der Gesellschaft nicht bestanden habe (vgl. dazu Anm. 17), und verliert kein Wort darüber, wie sich die Änderung des rechtlichen Charakters der fortbestehenden Haftungsverpflichtung des ausgeschiedenen Gesellschafters und damit der Inhalt dieser Verpflichtung mit dem Sinn und Zweck der fortbestehenden Haftung des augseschiedenen Gesellschafters vereinbaren lasse.

Wie bereits in Anm. 17 im einzelnen dargelegt ist, kann mit Rücksicht auf den besonderen Interzessionscharakter der persönlichen Haftungsverpflichtung des einzelnen Gesellschafters das Verhältnis von Gesellschaftsverbindlichkeit zu Gesellschafterhaftung nicht als ein echtes Gesamtschuldverhältnis im Sinne der §§ 421 ff. BGB betrachtet werden. Andererseits ist aber auch nicht zu verkennen, daß dieses Verhältnis manche Ähnlichkeit mit einem echten Gesamtschuldverhältnis aufweist, indem auch hier der Gläubiger die ihm geschuldete Leistung nur einmal zu fordern berechtigt ist, und daß er durch die einmalige Leistung eines Schuldners völlig befriedigt wird. Das gleiche gilt für das Verhältnis von Gesellschaftsverbindlichkeit zu der persönlichen Haftungsverpflichtung des ausgeschiedenen Gesellschafters. Darin kommt auch zum Ausdruck, daß sich durch das Ausscheiden des Gesellschafters an dem Inhalt seiner persönlichen Haftungsverpflichtung im allgemeinen nichts ändert. Es ist jedoch bei dieser Haftung zu berücksichtigen, daß sie infolge des Ausscheidens des Gesellschafters nunmehr in ihrem Inhalt stärker festgelegt wird und insoweit nicht mehr die starke Abhängigkeit von dem Umfang der Gesellschaftsverbindlichkeit aufweist, die der persönlichen Haftung des Gesellschafters eigen ist (vgl. dazu Anm. 20). Auch tritt bei der Haftung des ausgeschiedenen Gesellschafters eine gewisse Änderung dadurch ein, daß nunmehr, und zwar wiederum infolge des Ausscheidens des Gesellschafters, die rechtlichen Verhältnisse beim Rückgriff auf die Gesellschaft und auf die Gesellschafter etwas abweichend zu beurteilen sind (vgl. dazu Anm. 21, 60).

Nach all dem ist also auch bei der persönlichen Haftung des ausgeschiedenen Gesellschafters in jedem Einzelfall zu prüfen, ob und inwieweit die Vorschriften der §§ 422ff. BGB auf das Verhältnis der Gesellschaftsverbindlichkeit zu der persönlichen Haftungsverpflichtung des ausgeschiedenen Gesellschafters anwendbar sind (so in ständiger Rechtsprechung BGH 36, 224, 226; 39, 319, 324; 44, 229, 233; 47, 376, 378; 48, 203, 204; Hueck § 29 II 4; Westermann I 259; Baumbach/Duden Anm. 5 A; a. M. RG JW 1928, 2612; Düringer/Hachenburg Anm. 16; Ritter Anm. 8; Voraufl. Anm. 29; Schlegelberger/Geßler Anm. 32).

b) Die Anwendung der §§ 422, 424 BGB: Für die Anwendung dieser Bestimmungen auf das Verhältnis von Gesellschaftsverbindlichkeit und persönlicher Haftungsverpflichtung des ausgeschiedenen Gesellschafters gegenüber dem Gesellschaftsgläubiger gelten die gleichen Grundsätze wie für das Verhältnis von Gesellschaftsverbindlichkeit und persönlicher Haftungsverbindlichkeit des einzelnen Gesellschafters. Denn das Ausscheiden des Gesellschafters aus der Gesellschaft ist insoweit ohne Belang. Es kann somit hier auf die Ausführungen in Anm. 18 verwiesen werden. **Anm. 57**

c) Erlaß der Gesellschaftsverbindlichkeit: Der Erlaß der Gesellschaftsverbindlichkeit, der sich nicht auf die persönliche Haftungsverpflichtung eines ausgeschiedenen Gesellschafters erstrecken soll, ist von einer ungleich größeren praktischen Bedeutung als der Erlaß der Gesellschaftsverbindlichkeit, der nicht auch die persönliche Haftungsverpflichtung eines einzelnen der Gesellschaft angehörigen Gesellschafters erfassen soll. Dabei tritt in einem solchen Fall das Fragwürdige eines derartigen Vorgehens von Gesellschaft und Gesellschaftsgläubiger noch stärker in Erscheinung und legt damit den Schluß vollends nahe, daß der Sinn eines solchen Vorgehens nur in einer Verstärkung der Position des Gesellschaftsgläubigers gegenüber dem ausgeschiedenen Gesellschafter und damit in einer einseitigen Benachteiligung dieses Haftungsschuldners liegen kann. Es gelten daher die Ausführungen in Anm. 19 in einem besonderen Maß für den vorliegenden Fall. Auch die dort zitierte Entscheidung BGH 47, 376 betrifft einen Fall, in dem die Haftung eines ausgeschiedenen Gesellschafters von dem Erlaß der Gesellschaftsverbindlichkeit ausgenommen worden war. **Anm. 58**

d) Die Änderung der Gesellschaftsverbindlichkeit: Der Meinungsstreit darüber, ob die Vorschriften der §§ 421ff. BGB auf das Verhältnis von Gesellschaftsverbindlichkeit und persönlicher Haftungsverpflichtung des ausgeschiedenen Gesellschafters angewendet werden können (vgl. Anm. 56), findet seine wesentliche praktische Bedeutung in der Frage nach einer Anwendung des § 425 BGB auf dieses Verhältnis. Nach § 425 BGB wirken, abgesehen von Erfüllung (sowie den Erfüllungssurrogaten), Erlaß und Gläubigerverzug, alle anderen Tatsachen wie Kündigung, Schuldnerverzug, Verschulden, Unmöglichkeit der Leistung, Verjährung, Vereinigung von Forderung und Schuld sowie Rechtskraft eines Urteils im Zweifel nur für und gegen den Gesamtschuldner, in dessen Person sie eintreten. **Anm. 59**

Für den Bundesgerichtshof und für die von ihm vertretene Ansicht (vgl. dazu Anm. 56) kann die Frage einer entsprechenden Anwendung des § 425 BGB auf das Verhältnis von Gesellschaftsverbindlichkeit und persönlicher Haftungsverpflichtung des ausgeschiedenen Gesellschafters nicht allgemein beantwortet werden. Vielmehr ist es erforderlich, für jeden dieser einzelnen Tatbestände zu prüfen, ob nach Sinn und Zweck der fortbestehenden persönlichen Haftung des ausgeschiedenen Gesellschafters eine Anwendung des Rechtsgedankens des § 425 BGB möglich ist oder nicht. Dabei ist namentlich der besondere Interzessionscharakter der persönlichen Haftung eines jeden Gesellschafters, auch des ausgeschiedenen Gesellschafters (Anm. 17), zu berücksichtigen, andererseits aber auch zu beachten, daß mit dem Ausscheiden des Gesellschafters sich seine persönliche Haftung in ihrem Umfang in gewisser Weise verfestigt und nicht mehr die gleiche Abhängigkeit wie die persönliche Haftung des der Gesellschaft angehörigen Gesellschafters von dem jeweiligen Umfang der Gesellschaftsverbindlichkeit hat (dazu Anm. 20), daß sie also, ähnlich wie die Haftung des Bürgen (vgl. § 768 Abs. 1 Satz 2 BGB) nicht mehr durch rechtsgeschäftliche Vereinbarungen zwischen Gesellschaft und Gesellschaftsgläubiger erweitert werden kann. Schließlich ist in diesem Zusammenhang auch noch zu berücksichtigen, daß die Lage des ausgeschiedenen Gesellschafters infolge seines Ausscheidens sich insofern zu seinem Nachteil wesentlich geändert hat, als er nunmehr in sehr viel geringerem Maß als vorher über die Geschehnisse innerhalb des Unternehmens unterrichtet ist und keinerlei Möglichkeiten zur Einwirkung auf die Gschäftsführung in diesem Unternehmen mehr hat (vgl. dazu BGH 36, 224, 227; 44, 229, 233/34).

Unter Berücksichtigung dieser rechtlichen Gesichtspunkte hat der Bundesgerichtshof eine entsprechende Anwendung des § 425 BGB verneint, wenn sich die Gesellschaft durch ein schuldhaftes Verhalten außer Stand gesetzt hat, die von ihr geschuldete Leistung zu erbringen, und wenn sie deshalb nach allgemeinen Grundsätzen zur Leistung von Schadensersatz verpflichtet ist. Denn anderenfalls wäre der Schutz, den die persönliche Haftungsverpflichtung des Gesellschafters, auch des ausgeschiedenen Gesellschafters, dem Gesellschaftsgläubiger verschaffen soll, nicht gewährleistet (BGH 36, 224; so zutreffend im Ergebnis bereits RG 140, 10, 17). Das gleiche gilt, wenn die Gesellschaft in Konkurs gefallen ist und sich der Erfüllungsanspruch eines Gesellschafters aus konkursrechtlichen Gründen (§ 17 KO) in einen Schadensersatzanspruch wegen Nichterfüllung umwandelt (BGH 48, 203). Zweifelhaft ist die Frage, wie bei einer Mahnung, Fristsetzung, Kündigung oder einer ähnlichen Erklärung zu verfahren ist, die der Gesellschaftsgläubiger gegenüber der Gesellschaft, nicht aber auch gegenüber dem ausgeschiedenen Gesellschafter zum Ausdruck gebracht hat (BGH 36, 224, 227 angesprochen, aber nicht entschieden). Man wird solchen Erklärungen auch gegenüber dem ausgeschiedenen Gesellschafter eine entsprechende Wirkung zusprechen müssen, wenn es sich bei der Forderung des Gesellschaftsgläubigers nicht um einen Geldanspruch handelt und sich der Gesellschaftsgläubiger daher zunächst auch nicht mit einer Geldleistung des ausgeschiedenen Gesellschafters abfinden zu lassen braucht (vgl. Anm. 57, 18). Denn in diesen Fällen ist die Wirkung einer Mahnung, Fristsetzung pp. (vgl. etwa § 326 BGB) gegenüber der Gesellschaft eine andere als gegenüber dem ausgeschiedenen Gesellschafter, der auch in diesen Fällen aufgrund seiner persönlichen Haftung von vornherein immer nur eine Geldleistung zu erbringen hat. Es muß daher dem Gesellschaftsgläubiger die Möglichkeit und das Recht gewährleistet bleiben, durch eine Mahnung, Fristsetzung pp. gegenüber der Gesellschaft die Wirkungen auszulösen, die damit nach allgemeinen Grundsätzen verbunden sind. Diese Wirkungen müssen dann aber auch gegen den ausgeschiedenen Gesellschafter gelten, weil das von dem Sinn und dem Zweck der fortbestehenden persönlichen Haftung des ausgeschiedenen Gesellschafters gefordert wird. Denn der Gesellschaftsgläubiger soll danach auch die Möglichkeit haben, auf die persönliche Haftung des ausgeschiedenen Gesellschafters zurückgreifen zu können, wenn sich etwa durch eine Fristsetzung gemäß § 326 BGB der Erfüllungsanspruch des Gläubigers in einen Schadensersatzanspruch umgewandelt hat. Anders wird man hingegen die Wirkung derartiger Erklärungen zu beurteilen haben, wenn der Anspruch des Gläubigers — wie bei einem Geldanspruch — gegen die Gesellschaft den gleichen Inhalt hat wie der Haftungsanspruch gegen den ausgeschiedenen Gesellschafter. Denn hier spricht vieles dafür, den ausgeschiedenen Gesellschafter, dessen Rechtsposition sich durch sein Ausscheiden verschlechtert hat (vgl. dazu BGH 36, 224, 227; 44, 229, 233/34), stärker zu schützen und von dem Gesellschaftsgläubiger zu verlangen, derartige Erklärungen gegenüber dem ausgeschiedenen Gesellschafter abzugeben, um die rechtliche Wirkung dieser Erklärungen auch ihm gegenüber herbeizuführen. Das bedeutet für den Gesellschaftsgläubiger kein unzumutbares Opfer und wird andererseits der Lage des ausgeschiedenen Gesellschafters in sinnvoller Weise gerecht, dem durch sein Ausscheiden die unmittelbare Verbindung und Einwirkungsmöglichkeit mit und auf die Gesellschaft verlorengegangen sind. Für diesen Fall stellt sich unter gerechter Abwägung der zu berücksichtigenden Belange die Interessenlage ähnlich dar wie für den Fall eines echten Gesamtschuldverhältnisses, für den die Regelung des § 425 BGB getroffen worden ist.

Die Vereinigung von Forderung und Schuld wirft in diesem Zusammenhang keine besondere Frage auf. Tritt eine solche Vereinigung bei der Gesellschaft ein, so erlischt damit im allgemeinen die persönliche Haftungsforderung gegen den ausgeschiedenen Gesellschafter; kommt es hingegen zu einer solchen Vereinigung in der Person des ausgeschiedenen Gesellschafters, so kann er von der Gesellschaft Erfüllung seiner Forderung verlangen. In dieser Regelung kommt zum Ausdruck, daß die persönliche Haftung des ausgeschiedenen Gesellschafters ihrem Sinn und Zweck entsprechend — im Unterschied zu einem echten Gesamtschuldverhältnis — lediglich Interzessionscharakter hat.

Für die Verjährung sowie ihre Unterbrechung und Hemmung gilt insoweit die Sondervorschrift des § 159. Für die Wirkung eines rechtskräftigen Urteils gegen die Gesellschaft auf den persönlichen Haftungsanspruch gegen den ausgeschiedenen Gesellschafter vgl. § 129 Anm. 15.

e) Die Anwendung des § 426 BGB: Befriedigt ein Gesellschafter aufgrund seiner persönlichen Haftung einen Gesellschaftsgläubiger, so findet auf die Erstattungsforderung dieses Gesellschafters nicht die Vorschrift des § 426 BGB, sondern die besondere gesellschaftsrechtliche Vorschrift des § 110 Anwendung (Anm. 22; § 110 Anm. 3). Anders ist es hingegen, wenn ein ausgeschiedener Gesellschafter einen Gesellschaftsgläubiger befriedigt. Denn hier ist für eine Anwendung des § 110 kein Raum, weil diese Vorschrift voraussetzt, daß die Aufwendung von einem der Gesellschaft angehörenden Gesellschafter erbracht wird, und weil der Erstattungsanspruch nach § 110 gesellschaftsrechtlichen Einschränkungen unterliegen kann, die gegenüber einem ausgeschiedenen Gesellschafter nicht angebracht sind. Bei dieser Sachlage hält es der Bundesgerichtshof für gerechtfertigt, dem ausgeschiedenen Gesellschafter, der einen Gesellschaftsgläubiger befriedigt, wie einem zahlenden Gesamtschuldner das Recht aus § 426 Abs. 2 BGB zuzubilligen (BGH 39, 319, 325). Das bedeutet, daß mit der Befriedigung des Gesellschaftsgläubigers seine Forderung gegen die Gesellschaft auf den ausgeschiedenen Gesellschafter übergeht und nunmehr von diesem gegen die Gesellschaft und auch gegen die Gesellschafter (§ 128) geltend gemacht werden kann. Dabei unterliegt der Anspruch des ausgeschiedenen Gesellschafters gegen die Gesellschafter nicht den Beschränkungen, die in einem solchen Fall dem Erstattungsanspruch eines der Gesellschaft angehörenden Gesellschafters gegen seine Mitgesellschafter anhaften (vgl. dazu Anm. 39f.); denn diese Beschränkungen haben ihren Grund allein darin, daß der erstattungsberechtigte Gesellschafter noch Gesellschafter ist und deshalb von seinen Mitgesellschaftern Erstattung nur unter diesen Beschränkungen verlangen kann. **Anm. 60**

Des weiteren **gehen** mit der Forderung gegen die Gesellschaft auch die **Sicherheiten über,** die zugunsten der Forderung von der Gesellschaft und ihren Gesellschaftern bestellt worden waren; ob das auch für Sicherheiten zu gelten hat, die ein Dritter für die Forderung des Gesellschaftsgläubigers bestellt hatte, wird eine Frage des Einzelfalles sein und namentlich von dem Inhalt der Vereinbarungen abhängen, die zwischen der Gesellschaft und dem Dritten bei der Bestellung der Sicherheit getroffen worden sind. So ist es denkbar, daß danach die Sicherheit zusätzlich zu der persönlichen Haftung der Gesellschafter gegeben wurde, aber ihrem Zweck nach nicht auch den Gesellschaftern oder einem inzwischen ausgeschiedenen Gesellschafter zugute kommen sollte, falls einer von ihnen aufgrund seiner persönlichen Haftung den Gesellschaftsgläubiger befriedigen werde.

Mit Rücksicht darauf, daß mit der Forderung des Gesellschaftsgläubigers gegen die Gesellschaft auch die Sicherheiten, die für diese Forderung bestellt worden sind, auf den ausgeschiedenen Gesellschafter übergehen, ist der Gläubiger gehalten, insoweit auch die schutzwerten Interessen des ausgeschiedenen Gesellschafters zu wahren. Er kann auch nicht ohne Vorliegen verständiger Gründe solche **Sicherheiten freigeben,** um sodann nach Freigabe dieser Sicherheiten von dem ausgeschiedenen Gesellschafter Befriedigung wegen seiner Gesellschaftsverbindlichkeit zu verlangen. Denn eine solche Freigabe würde im wesentlichen zu Lasten des ausgeschiedenen Gesellschafters gehen, sobald er **Anm. 61** wegen seiner fortbestehenden Haftung in Anspruch genommen wird. Für das Recht der Bürgschaft gibt insoweit die Bestimmung des § 776 BGB dem Bürgen einen sachgerechten Schutz, während es für das Recht der Gesamtschuldverhältnisse an einer entsprechenden Schutzvorschrift fehlt. Immerhin wird auch hier von dem Gläubiger eine Rücksichtnahme auf die schutzwerten Belange der übrigen Gesamtschuldner im Rahmen des Zumutbaren verlangt (vgl. BGB RGRK § 423 Anm. 3). Das muß in einem erhöhten Maß zugunsten des ausgeschiedenen Gesellschafters gelten, weil seine Verpflichtung der Sache nach eine Interzessionshaftung ist (Anm. 17), und weil er insoweit einem Bürgen noch näher als ein Gesamtschuldner steht.

Aus den gleichen Erwägungen wird man dem Gesellschaftsgläubiger auch nicht ohne weiteres das Recht zubilligen können, eine anderweitige Sicherung seines Anspruchs gegen die Gesellschaft aufzugeben, wenn sich das zum Nachteil des ausgeschiedenen Gesellschafters auswirkt. Steht z. B. einem Gläubiger aus einem gegenseitigen Lieferungsvertrag ein Anspruch auf Zahlung des Kaufpreises Zug um Zug gegen Lieferung der von ihm verkauften Sache zu, so darf er der Gesellschaft nicht ohne verständigen Grund nachher einen Kredit für die Zahlung des Kaufpreises einräumen und demgemäß die verkaufte Sache voraus liefern. Denn dadurch kann sich die wirtschaftliche Lage des ausgeschiedenen Gesellschafters, der nunmehr von dem Gesellschaftsgläubiger auf Zahlung in Anspruch genommen wird, entscheidend verschlechtern (vgl. dazu Rospatt BankA 30, 312).

Anm. 62 **4. Die Haftung beim Konkurs der Gesellschaft.**

Für den ausgeschiedenen Gesellschafter tritt im Konkurs der Gesellschaft oder in einem Vergleichsverfahren über das Vermögen der Gesellschaft keine Milderung seiner Haftung ein, wenn es in diesem Verfahren zum Abschluß eines Zwangsvergleichs kommt. Ein solcher Zwangsvergleich beschränkt zwar auch den Umfang der persönlichen Haftung des einzelnen Gesellschafters (§ 211 Abs. 2 KO; § 109 Nr. 3 Vergl.O), nicht aber auch die Haftung eines inzwischen ausgeschiedenen Gesellschafters (vgl. Anm. 34). Das ist für die ausgeschiedenen Gesellschafter hart, aber vom Gesetzgeber gewollt und deshalb auch hinzunehmen (vgl. RG 142, 206; BGH WM 1970, 967; Hueck § 26 VI; Jaeger/Weber Kom. KO 211 Anm. 5; a. M. Jürgen Blomeyer BB 1968, 1462 Fußnote 16).

Die Härte dieser Regelung wirkt sich für den ausgeschiedenen Gesellschafter deshalb so belastend aus, weil er danach auch nicht die Möglichkeit hat, von der Gesellschaft oder ihren Gesellschaftern in Höhe der von ihm erbrachten Leistung Erstattung zu verlangen. Denn mit dem Zweck, der mit dem Zwangsvergleich verfolgt wird, würde es nicht nur in Widerspruch stehen, wenn der Gesellschaftsgläubiger über die Vergleichsquote hinaus Befriedigung von den einzelnen Gesellschaftern verlangen könnte, sondern ebenso auch, wenn dieses Recht dem ausgeschiedenen Gesellschafter zustehen würde, der seinerseits den Gesellschaftsgläubiger über die Vergleichsquote hinaus aufgrund seiner eigenen persönlichen Haftung befriedigt hat. Die Gesellschaft und die Gesellschafter können daher auch dem Anspruch des ausgeschiedenen Gesellschafters die Beschränkung ihrer Haftung aufgrund des Zwangsvergleichs entgegenhalten (RG 142, 206, 208; Bley Vergl.O § 109 Anm. 23; Jaeger/Weber KO § 211 Anm. 5; Düringer/Hachenburg Anm. 16; Schlegelberger/Geßler Anm. 33; Westermann I S. 260). Unerfreulich ist diese Regelung für den ausgeschiedenen Gesellschafter auch deshalb, weil er auf die Herbeiführung des Zwangsvergleichs keinerlei Einfluß hat. Denn dieser wird auf Vorschlag der gegenwärtig persönlich haftenden Gesellschafter mit dem Gesellschaftsgläubiger beschlossen, ohne daß der ausgeschiedene Gesellschafter daran beteiligt ist. Angesichts dieser Rechtslage steht dem ausgeschiedenen Gesellschafter nur die Möglichkeit offen, bei seinem Ausscheiden mit den verbleibenden Gesellschaftern zu vereinbaren, daß sie ihn persönlich dafür einstehen, daß er nach seinem Ausscheiden auch im Fall eines Zwangsvergleichs von dem Gesellschaftsgläubiger nicht für den Ausfall in Anspruch genommen oder im Fall der Inanspruchnahme von ihnen schadlos gehalten wird. Eine solche Vereinbarung wird man für wirksam halten müssen, so wie die Gesellschafter auch eine Bürgschaft für eine Gesellschaftsschuld übernehmen können, aus der sie trotz des Zwangsvergleichs in voller Höhe haften (dazu RG 139, 252).

Zur Frage, welcher Zeitpunkt in diesem Zusammenhang maßgebend ist, um einen Gesellschafter als einen ausgeschiedenen Gesellschafter zu betrachten, vgl. Anm. 34.

Der ausgeschiedene Gesellschafter kann sich nicht darauf berufen, daß sein Ausscheiden aus der Gesellschaft erst nach dem insoweit maßgeblichen Zeitpunkt in das Handelsregister eingetragen worden ist. Er kann also mit dieser Begründung seine beschränkte Haftung gegenüber dem Gläubiger nicht mit Erfolg geltend machen, weil § 15 nicht zu seinem Schutz bestimmt ist.

Zur Frage, ob und inwieweit die Feststellung einer Gesellschaftsforderung zur Konkurstabelle auch Wirksamkeit gegenüber einem ausgeschiedenen Gesellschafter hat, vgl. § 129 Anm. 16.

Wandelt sich infolge der Konkurseröffnung ein Erfüllungsanspruch gegen die Gesellschaft in einen Schadensersatzanspruch (§ 17 KO), so ist diese Inhaltsänderung auch für den Haftungsanspruch gegen den ausgeschiedenen Gesellschafter von Bedeutung (vgl. dazu Anm. 59).

5. Die persönlichen Einwendungen. **Anm. 63**

Ein Gesellschafter kann gegenüber dem Gesellschaftsgläubiger besondere persönliche Einwendungen haben (§ 129 Anm. 9). Diese bleiben dem Gesellschafter auch dann erhalten, wenn er aus der Gesellschaft ausgeschieden ist und nunmehr von dem Gesellschaftsgläubiger aufgrund seiner fortbestehenden persönlichen Haftung in Anspruch genommen wird. Darüber hinaus kann der ausgeschiedene Gesellschafter auch weitere persönliche Einwendungen haben, die im Zusammenhang mit seinem Ausscheiden stehen (vgl. dazu Anm. 64) oder die erst nach seinem Ausscheiden für ihn entstanden sind (vgl. § 129 Anm. 14).

6. Die Haftungsbefreiung durch den Gesellschaftsgläubiger. **Anm. 64**

Ohne Mitwirkung des jeweiligen Gesellschaftsgläubigers kann ein ausgeschiedener Gesellschafter von seiner persönlichen Haftungsverpflichtung gegenüber diesem Gläubiger nicht freigestellt werden. Insbesondere wird der ausgeschiedene Gesellschafter von seiner Haftung gegenüber einem Gesellschaftsgläubiger nicht dadurch frei, daß bei seinem Ausscheiden mit den übrigen Gesellschaftern in Übereinstimmung mit § 738 Satz 2 BGB vereinbart wird, daß diese ihn von den gemeinschaftlichen Schulden befreien. Eine solche Befreiung hat nur Wirkung unter den Gesellschaftern.

Der Gesellschaftsgläubiger braucht seine Zustimmung zur Freistellung des ausgeschiedenen Gesellschafters von seiner persönlichen Haftung nicht ausdrücklich zu erteilen. Das kann auch stillschweigend (schlüssig) geschehen. Für eine solche Annahme müssen aber bestimmte Anhaltspunkte gegeben sein. Die Tatsache, daß der Gläubiger die Mitteilung von dem Ausscheiden des Gesellschafters einfach zur Kenntnis nimmt, reicht dafür nicht aus (RG 65, 26; LZ 1910, 618). Allgemeine Grundsätze lassen sich insoweit kaum aufstellen, da es sich hierbei um eine Tatfrage handelt, die nur aufgrund der Beurteilung des Einzelfalles entschieden werden kann (RG 125, 417, 419; BGH 36, 224, 226).

IV. Der zwingende Charakter des § 128

1. Die Bedeutung des Satzes 2. **Anm. 65**

Nach Satz 2 ist eine der gesetzlichen Haftung der Gesellschafter entgegenstehende Vereinbarung Dritten gegenüber unwirksam. Das bedeutet, daß die Gesellschafter ihre persönliche Haftung oder die Haftung einzelner Gesellschafter mit Wirksamkeit gegenüber den Gesellschaftsgläubigern nicht ausschließen können. Dabei macht es keinen Unterschied, ob ein solcher Ausschluß für einen bestimmten Einzelfall oder schlechthin vorgesehen wird. Die unbeschränkte persönliche Haftung aller Gesellschafter gegenüber allen Gesellschaftsgläubigern ist ein tragender und zwingender Grundsatz für eine jede OHG (§ 105 Anm. 20, 20a). Das alles schließt freilich nicht aus, daß die Gesellschaft mit ihren Gläubigern den Ausschluß oder eine Beschränkung der persönlichen Haftung ihrer Gesellschafter vereinbart (im einzelnen dazu § 105 Anm. 20b). Die Bedeutung des Satzes 2 geht lediglich dahin, daß ein solcher Ausschluß oder eine solche Beschränkung nicht von den Gesellschaftern allein mit Wirkung gegenüber den Gläubigern bestimmt werden kann. Demzufolge ist eine solche Bestimmung gegenüber den Gläubigern selbst dann ohne Wirkung, wenn sie diesen bekannt gewesen ist. Denn Kenntnis kann der Zustimmung insoweit nicht gleichgestellt werden.

Eine Vereinbarung unter den Gesellschaftern, daß einzelne Gesellschafter von ihrer persönlichen Haftung freigestellt werden, kann im Verhältnis unter den Gesellschaftern von rechtlicher Bedeutung sein. Ergibt sich nämlich im Wege der Auslegung aus einer dahingehenden Vereinbarung, daß damit dem begünstigten Gesellschafter im Fall seiner Inanspruchnahme durch einen bestimmten Gläubiger oder durch sämtliche Gläubiger von den übrigen Gesellschaftern ein voller Ausgleich zugesagt werden sollte, so ist das wirksam (vgl. dazu Anm. 48). Auch würde in diesem Fall eine solche Vereinbarung die Bedeutung haben, daß die insoweit in Betracht kommenden Gesellschaftsverbindlichkeiten bei der Berechnung des Auseinandersetzungsguthabens oder im Fall des Ausscheidens bei der Berechnung des Abfindungsguthabens des begünstigten Gesellschafters außer Ansatz zu bleiben haben.

Anm. 66 **2. Abweichende Vereinbarungen mit den Gläubigern.**

Satz 2 schließt nicht die Möglichkeit aus, daß die Gesellschaft mit den Gläubigern oder mit einzelnen Gläubigern abweichende Vereinbarungen über den Umfang der persönlichen Gesellschafterhaftung abschließt (vgl. dazu im einzelnen § 105 Anm. 20b). Auch ist es rechtlich zulässig, daß ein einzelner Gesellschafter mit einem Gläubiger Vereinbarungen über eine Beschränkung oder über einen Ausschluß seiner persönlichen Haftung trifft. Eine solche Vereinbarung gibt diesem Gesellschafter eine persönliche Einwendung gegen seine Inanspruchnahme durch den betreffenden Gläubiger (§ 129 Anm. 9). Allerdings kann eine solche besondere Abmachung keine Wirkung im Verhältnis unter den Gesellschaftern entfalten; sie würde also diesen Gesellschafter nicht davor schützen, daß er gegebenenfalls von einem Mitgesellschafter, der den Gläubiger aufgrund seiner persönlichen Haftung befriedigen mußte, auf Erstattung pro rata in Anspruch genommen wird (dazu Anm. 39, 40).

§ 129

Wird ein Gesellschafter wegen einer Verbindlichkeit der Gesellschaft in Anspruch genommen, so kann er Einwendungen, die nicht in seiner Person begründet sind, nur insoweit geltend machen, als sie von der Gesellschaft erhoben werden können.

Der Gesellschafter kann die Befriedigung des Gläubigers verweigern, solange der Gesellschaft das Recht zusteht, das ihrer Verbindlichkeit zugrundeliegende Rechtsgeschäft anzufechten.

Die gleiche Befugnis hat der Gesellschafter, solange sich der Gläubiger durch Aufrechnung gegen eine fällige Forderung der Gesellschaft befriedigen kann.

Aus einem gegen die Gesellschaft gerichteten vollstreckbaren Schuldtitel findet die Zwangsvollstreckung gegen die Gesellschafter nicht statt.

Inhaltsübersicht

Anm. 1 **Einleitung.** § 129 enthält Bestimmungen über die dem einzelnen Gesellschafter gegen seine Inanspruchnahme für die Gesellschaftsschulden zustehenden Einwendungen und über die Zwangsvollstreckung in das Privatvermögen der Gesellschafter. Das ADHGB enthält keine entsprechenden Vorschriften. Eine sachliche Änderung ist durch die Aufnahme der Vorschriften, abgesehen von den Vorschriften in Abs. 2 u. 3 (vgl. unten Anm. 10ff) nicht erfolgt. Die Absätze 1 und 4 dienen nur der Klarstellung.

I. Die Einwendungen des Gesellschafters gegen die Inanspruchnahme durch einen Gesellschaftsgläubiger

1. Allgemeines. Anm. 2

Wird ein Gesellschafter wegen einer Verbindlichkeit der Gesellschaft in Anspruch genommen, so kann er Einwendungen, die nicht in seiner Person begründet sind, nur insoweit geltend machen, als sie der Gesellschaft zustehen (Abs. 1). Die Vorschrift gilt, wie auch die grundsätzliche Vorschrift des § 128, nur für Ansprüche, die einem Dritten gegen die Gesellschaft zustehen, nicht für solche, die ein Mitgesellschafter gegen die Gesellschaft aus dem Gesellschaftsverhältnis hat, wohl aber für solche, die ein Gesellschafter aus einem anderen als dem Gesellschaftsverhältnis, einem Drittschuldverhältnis gegen die Gesellschaft hat.

Dem Gesellschafter stehen nach Abs. 1 zwei Arten von Einwendungen zu, 1. diejenigen, die von der Gesellschaft erhoben werden können, 2. diejenigen, die in seiner Person begründet sind. Andere Einwendungen sind nicht möglich und auch nicht denkbar. Einwendungen, die in der Person eines anderen als des Schuldners liegen („Einwendungen aus dem Rechte eines Dritten"), sind auch einer Einzelperson als Schuldner nicht gestattet. Wenn bei den Gesellschaftsschulden und der sich daraus ergebenden Haftung des Gesellschafters überhaupt eine Verschiedenheit der Einwendungen vorkommt, so erklärt sich das daraus, daß für die Gesellschaftsschuld eine doppelte Haftung besteht, einmal mit dem gesamthänderisch gebundenen Gesellschaftsvermögen und dann mit dem Privatvermögen der Gesellschafter. Daß die der Gesellschaft zustehenden Einwendungen von dem in Anspruch genommenen Gesellschafter geltend gemacht werden können, ist die natürliche Folge davon, daß die Gesellschaftsschuld nichts anderes ist als eine Schuld der gesamthänderisch verbundenen Gesellschafter.

2. Die Einwendungen der Gesellschaft. Anm. 3

a) Die gewöhnlichen Einwendungen: Einwendungen der Gesellschaft sind alle rechtlichen oder tatsächlichen Anführungen, durch die das Nichtbestehen des angeblichen Anspruchs gegen die Gesellschaft dargetan werden kann. Den Gegensatz dazu bilden die Verfügungen, durch die ein an sich bestehender Anspruch beseitigt oder umgestaltet werden kann. Zu den Einwendungen gehört die Geltendmachung des Fehlens eines Rechtsgeschäfts oder einer anderen rechtschaffenden Tatsache, auf die der Anspruch gestützt werden könnte oder der Sachbefugnis (der Passivlegitimation) der Gesellschaft oder der Nichtigkeit des zugrunde liegenden Rechtsgeschäfts wegen Formmangels, wegen mangelnder Vertretungsbefugnis oder Geschäftsfähigkeit der bei der Entstehung des Schuldverhältnisses als handelnd aufgetretenen Personen, oder wegen Verstoßes des Rechtsgeschäfts gegen das Gesetz (§ 134 BGB) oder die guten Sitten (§ 138 BGB). Eine der Gesellschaft und damit dem einzelnen Gesellschafter zustehende Einwendung ist auch der Hinweis darauf, daß die Forderung des Gläubigers durch eine von ihm begangene unerlaubte Handlung erworben sei. Eine Einwendung ist auch die Geltendmachung des Untergangs des Anspruchs durch Erfüllung oder Erfüllungsersatz (z. B. durch Hinterlegung) oder durch Unmöglichkeit der Leistung oder die Berufung auf Erlaß, mangelnde Fälligkeit oder Stundung der Gesellschaftsschuld. Wie der Gesellschaft steht dem Gesellschafter auch die Einrede des nicht erfüllten Vertrages zu, mit der Folge, daß er nur Zug um Zug gegen Bewirkung der Gegenleistung an die Gesellschaft verurteilt werden kann; ebenso die Einrede des Zurückbehaltungsrechts. Auch die Einrede der Verjährung des Anspruchs gegen die Gesellschaft ist eine Einwendung; sie hindert nur die Verurteilung, bringt aber keine Umgestaltung des Rechtsverhältnisses, ist also keine Verfügung über das Rechtsverhältnis oder ein daraus abgeleitetes Recht. Auch die Einwendung, daß die Klage gegen die Gesellschaft rechtskräftig abgewiesen sei, kann von dem einzelnen Gesellschafter erhoben werden (RG 49, 343; 102, 301).

b) Die Einwendungen die Verfügungscharakter haben: Führt die Geltendmachung einer Einwendung zur Änderung der bisherigen Rechtslage, hat sie also den rechtlichen Anm. 4

Charakter einer Verfügung über ein der Gesellschaft zustehendes Recht, so kann sie von dem einzelnen Gesellschafter in seiner bloßen Eigenschaft als Mitglied der Gesellschaft dem Gesellschaftsgläubiger nicht entgegengehalten werden. Denn dazu ist der einzelne Gesellschafter persönlich nicht legitimiert, weil das einen Eingriff in die der Gesellschaft vorbehaltene Gesellschaftssphäre darstellen würde. Der einzelne Gesellschafter ist nicht berechtigt, über Rechte, die zum Gesellschaftsvermögen gehören, zu verfügen (§ 719 BGB); dazu sind nur die vertretungsberechtigten Gesellschafter oder Personen, die eine Vollmacht der Gesellschaft haben, namens der Gesellschaft befugt.

Aus diesem Grund kann der einzelne Gesellschafter all die der Gesellschaft zustehenden Rechte nicht geltend machen, bei denen die Geltendmachung einen unmittelbar gestaltenden Einfluß auf die Rechtsbeziehungen der Gesellschaft zu ihrem Gläubiger ausübt. Das ist selbst dann nicht möglich, wenn der Gesellschafter auf diesem Wege Einwendungen gegen seine persönliche Inanspruchnahme durch einen Gesellschaftsgläubiger erheben will. So kann er nicht die Vertragserfüllung namens der Gesellschaft ablehnen oder einen Vertrag wegen Irrtums anfechten und dadurch die Umwandlung des ursprünglichen Anspruchs des Dritten in einen Schadensersatzanspruch des Dritten herbeiführen (vgl. §§ 122, 326 BGB); ebensowenig kann er namens der Gesellschaft den Rücktritt von einem Vertrage mit den sich daraus ergebenden Rechtsfolgen erklären; er kann auch nicht die Aufrechnung mit einer Gegenforderung der Gesellschaft erklären und damit das Erlöschen der Gegenforderung verursachen, um daraus das Erlöschen der Gesellschaftsschuld abzuleiten. Er kann sich nur auf die Wirkungen der von ihm oder einem anderen vertretungsberechtigten Gesellschafter oder einem Bevollmächtigten (Prokuristen) der Gesellschaft vorgenommenen Handlungen auf die Gesellschaftsschuld, z. B. auf das Erlöschen des Anspruchs durch eine vollzogene Aufrechnung — auch eine in zulässiger Weise durch einen Mitgesellschafter erklärte — berufen. Dann handelt es sich nur um die Geltendmachung von Einwendungen der Gesellschaft aus den von ihr oder mit Wirkung für sie vollzogenen, das Rechtsverhältnis umgestaltenden Handlungen. Eine solche Einwendung liegt auch nur vor, wenn der Gesellschafter aufgrund einer von der Gesellschaft dem Verkäufer einer Sache vor Verjährung des Wandelungs- oder Minderungsanspruchs zugegangenen oder an ihn abgesandten Mängelanzeige gemäß § 478 BGB auch nach Vollendung der Verjährung die Zahlung des Kaufpreises ganz oder teilweise verweigert.

Anm. 5 **c) Die nur der Gesellschaft zustehenden Einwendungen:** Aus der Natur einer Einwendung kann sich ergeben, daß sie nur der Gesellschaft und nicht dem einzelnen Gesellschafter zusteht. Dies gilt namentlich von Einwendungen auf dem Gebiete des Prozeßrechts. So wird der verklagte Gesellschafter sich nicht auf die Unzuständigkeit des Gerichts deshalb berufen können, weil es für eine Klage gegen die Gesellschaft nicht zuständig wäre, wenn es das Gericht seines allgemeinen Gerichtsstandes ist. Das gleiche gilt von der Einrede der Rechtshängigkeit, wenn sie auf eine gegen die Gesellschaft gerichtete Klage gestützt wird (ebenso Schlegelberger/Geßler Anm. 5). Diese Einrede soll eine Prozeßpartei nur gegen die mit einer mehrfachen Einklagung desselben Anspruchs gegen sie verbundenen Nachteile schützen, insbesondere den Erlass einander widersprechender Urteile zwischen den gleichen Prozeßparteien vermeiden. Prozeßrechtlich sind aber die Gesellschaft und der einzelne Gesellschafter zwei verschiedene Parteien. Ferner kann der einzelne Gesellschafter keine Einwendungen aus einem gegen die Gesellschaft eröffneten Konkurs- oder Vergleichsverfahren herleiten; das würde dem Sinn und Zweck seiner persönlichen Haftung widersprechen (BayObLG JW 1930, 1507).

Anm. 6 **d) Der Fortfall der Einwendungen:** Der Gesellschafter kann die Einwendungen nur in demselben Umfange geltend machen, in dem sie der Gesellschaft im Zeitpunkt ihrer Erhebung durch ihn zustehen. Er kann Einwendungen, die der Gesellschaft ursprünglich zustanden, somit nicht mehr geltend machen, wenn die Gesellschaft selbst das Recht darauf verloren hat. Dies ist z. B. dann der Fall, wenn die Gesellschaft auf eine einzelne Einwendung, wie die Einrede der Verjährung oder des nicht erfüllten Vertrages verzichtet hat, oder wenn sie die Einwendung durch ihr Verhalten nach den Grundsätzen von Treu und Glauben (§ 242 BGB) verwirkt hat. Ein Verzicht liegt auch in einem Vergleich über die Gesellschaftsschuld, soweit nach ihm die Gesellschaft zur Leistung verpflichtet ist. Auch ein vertragliches selbständiges Schuldversprechen oder Schuldanerkenntnis (§§ 780, 781 BGB) der Gesellschaft, die die streitige Leistung zum Gegenstand haben, schneidet ihr und damit dem einzelnen Gesellschafter die bis dahin bestehenden Einwendungen ab. Auch wenn darin die Übernahme einer neuen Verpflichtung gefunden wird, so haftet der Gesellschafter für diese aus § 128. Auch durch das Verhalten der Gesellschaft im Gesellschaftsprozeß können ihr und damit den Gesellschaftern Einwendungen verlorengehen. Dies gilt vor allem von einem Anerkenntnis. Durch die rechtskräftige Verurteilung der Gesellschaft im Prozeß fallen alle Einwendungen weg, die bis zur letzten mündlichen Verhandlung zugunsten der Gesellschaft bestanden, auch wenn die Gesellschaft sie nicht kannte. Da es für den Untergang der Einwendungen der Gesellschafter nur auf deren Verhalten und die Wirkung des Urteils gegen sie ankommt, ist es unerheblich, ob der in Anspruch genommene Gesellschafter am Prozeß teilgenommen und ob er der Stellungnahme der Gesellschaft widersprochen hat oder ob ihm die eine Einwendung begründenden Tatsachen bekannt waren. Er kann sich von den Wirkungen der Rechtskraft dadurch bis zu einem gewissen Grad schützen, daß er dem Rechtsstreit der Gesellschaft als Streitgehilfe beitritt, die bestehenden Einwendungen vorbringt und die gegebenen Rechtsmittel einlegt (vgl. § 124 Anm. 21). Bei Zweifelhaftigkeit eines Anspruchs, insbesondere bei erheblichem Umfang eines solchen, sind die geschäftsführenden und auch die vertretungsberechtigten Gesellschafter verpflichtet, den anderen Gesellschaftern von der Erhebung einer Klage Kenntnis zu geben, um ihre Belange zu wahren, namentlich wenn nach Lage des Falles eine Unterstützung des Standpunktes der Gesellschaft durch die übrigen Gesellschafter zu erwarten ist oder wenn mit Rücksicht auf die Vermögenslage der Gesellschaft mit einer Inanspruchnahme der Gesellschafter zu rechnen ist.

Nur das **rechtskräftige Urteil** oder eine Entscheidung, die die gleiche Wirkung hat, **Anm. 7**
schneidet die Einwendungen ab, nicht aber nur ein vorläufig vollstreckbares. Gleichgültig ist, wie das Urteil zustande gekommen ist, insbesondere, ob es auf einem Anerkenntnis oder einer Versäumnis der Gesellschaft beruht. Auch solche Urteile haben dieselben Wirkungen wie ein auf streitige Verhandlung ergangenes Urteil (abw. RG JW 1903, 241[17]). Zulässig ist, das Anerkenntnis auf die Schuld der Gesellschaft zu beschränken (Düringer-Hachenburg Anm. 2; Hueck § 21 Fußnote 39). Die Beschränkung muß dann aber auch im Urteil zum Ausdruck kommen; denn es wäre möglich, daß das Gericht ohne Rücksicht auf das beschränkte Anerkenntnis die Gesellschaftschuld schon aufgrund anderer Tatsachen und ohne Beschränkung für feststehend ansieht. Auch einen Vergleich kann die Gesellschaft unter dem Vorbehalt schließen, daß den Gesellschaftern oder einzelnen von ihnen die Geltendmachung der der Gesellschaft zustehenden Einwendungen vorbehalten wird.

Die Einwendungen, die der Gesellschaft trotz der Rechtskraft des gegen sie ergangenen Urteils zustehen, kann auch der einzelne Gesellschafter der gegen ihn erhobenen Klage entgegenhalten (RG 124, 146). Er ist dabei nicht auf die Vollstreckungsgegenklage nach § 767 ZPO beschränkt; denn er ist im Gesellschaftsprozeß nicht die verurteilte Partei. Die Einwendungen werden ihm auch nicht deshalb abgeschnitten, weil die Rechtskraft des Urteils gegen ihn wirkt, sondern weil die im Gesellschaftsprozeß vorzubringenden Einwendungen sachlichrechtlich der Gesellschaft und damit auch ihm verlorengehen. Er kann daher die nach Rechtskraft des Urteils der Gesellschaft noch zustehenden Einreden in dem gegen ihn anhängigen Prozeß vorbringen. Selbst nach seiner rechtskräftigen Verurteilung kann er Einwendungen, die der Gesellschaft nach Rechtskraft des gegen ihn ergangenen Urteils erwachsen sind, noch vorbringen, nunmehr aber nur noch im Wege der Vollstreckungsgegenklage nach § 767 (Schlegelberger/Geßler Anm. 4). Konnte er sie vor seiner Verurteilung vorbringen, so sind sie für ihn durch die Rechtskraft des gegen ihn erlassenen Urteils ausgeschlossen. Zu den nach Eintritt der Rechtskraft zulässigen Einwendungen gehört auch die, daß das Urteil im Gesellschaftsprozeß durch unerlaubtes Zusammenwirken der Vertreter der Gesellschaft mit dem Prozeßgegner (Kollusion) zustande gekommen sei, daß es somit auf einer unerlaubten Handlung (§ 826 BGB) beruhe.

Im **Konkurs der Gesellschaft** muß der einzelne Gesellschafter im Prüfungstermin gegebenenfalls Widerspruch gegen die angemeldete Forderung erheben (§ 144

KO), wenn er verhindern will, daß die Rechtskraft des Tabelleneintrags nach Abs. 1 gegen ihn wirkt (vgl. Mentzel/Kuhn KO § 209 Anm. 15; Jaeger KO § 209 Anm. 11).

Anm. 8 **e) Abweichende Vereinbarungen:** Die Vorschrift, wonach jeder Gesellschafter alle Einwendungen erheben kann, die von der Gesellschaft erhoben werden können, ist nicht zwingendes Recht. Die Beteiligten können insoweit andere Vereinbarungen treffen. So kann mit Zustimmung des betroffenen Gesellschafters vereinbart werden, daß eine der Gesellschaft gewährte Stundung nicht auch diesem Gesellschafter zugute kommen soll. Ohne Zustimmung des einzelnen Gesellschafters kann die Gesellschaft einen Dritten verpflichten, in erster Linie einen bestimmten Gesellschafter in Anspruch zu nehmen. Der einzelne Gesellschafter wird dadurch nicht zu mehr verpflichtet, als ihm schon aufgrund seiner Gesellschaftereigenschaft obliegt. Nur das Recht des Dritten wird mit seinem Willen eingeschränkt. Wird aber von vornherein vereinbart, daß die Gesellschaft überhaupt nicht in Anspruch genommen werden dürfe, sondern nur die Gesellschafter oder einige von ihnen, so würde ein solches Geschäft über die Vertretungsbefugnis der vertretungsberechtigten Gesellschafter hinausgehen; denn diese können nur die Gesellschaft verpflichten; die Verpflichtung der einzelnen Gesellschafter kann nur eine Folge des Entstehens einer Verpflichtung der Gesellschaft sein. Ein von vornherein auf eine Leistung lediglich aus dem Privatvermögen der Gesellschafter gerichtetes Rechtsgeschäft könnte nur mit Zustimmung der betroffenen Gesellschafter vorgenommen werden. Hat sich ein Gesellschafter im inneren Verhältnis der Gesellschafter zu einer solchen Leistung aus seinem Privatvermögen bereit erklärt, so liegt darin freilich regelmäßig auch die Erteilung der Vollmacht an die Vertreter der Gesellschaft, in seinem Namen die Verpflichtung gegenüber dem Dritten zu übernehmen.

Vereinbart die Gesellschaft mit den Gläubigern, daß zuerst ein bestimmter Gesellschafter in Anspruch genommen werden soll, so ist das keine Einwendung, die der Gesellschaft gegen ihre Verurteilung zusteht, wenn nicht nach der Vereinbarung der bestimmte Gesellschafter vor ihr in Anspruch genommen werden sollte. Ebenso wird man in einem solchen Fall auch nicht einem anderen Gesellschafter gegen seine Inanspruchnahme eine dahingehende Einwendung zubilligen können (RG JW 1928, 2613; Schlegelberger/Geßler Anm. 5; a. M. Voraufl. Anm. 5).

Darüber, daß die Gesellschaft in einem Erlaßvertrag zu ihren Gunsten dem Gläubiger die Geltendmachung des Anspruchs gegen die Gesellschafter nicht vorbehalten kann, vgl. § 128 Anm. 19, 58.

Anm. 9 **3. Die persönlichen Einwendungen des Gesellschafters.**

Die in der Person des einzelnen Gesellschafters begründeten Einwendungen kann der in Anspruch genommene Gesellschafter geltend machen, ohne Rücksicht darauf, ob die Einwendungen auch der Gesellschaft zustehen oder ob sie die ihr ursprünglich zustehenden nachträglich, z. B. durch ein Anerkenntnis, einen Verzicht, eine rechtskräftige Verurteilung verloren hat. Zu nennen ist hier z. B. die Einwendung, daß dem Gesellschafter persönlich Stundung gewährt, daß er nach dem Vertrag der Gesellschaft mit dem Dritten persönlich überhaupt nicht hafte oder daß er persönlich aus der Gesamthaft entlassen sei, daß ihm persönlich ein Zurückhaltungsrecht gegen die Forderung zustehe, weil nach dem Vertrag der Gesellschaft mit dem Gläubiger Zahlung nur Zug um Zug gegen eine an den Gesellschafter zu bewirkende Leistung zu erfolgen habe, daß der Anspruch gegen ihn verjährt sei (RG JW 1909, 226). Zu den persönlichen Einwendungen gehört auch die Berufung auf einen im Privatkonkurs- oder Vergleichsverfahren abgeschlossenen Zwangsvergleich. Eine persönliche Einwendung ist ferner das Leistungsverweigerungsrecht nach § 82 BVFG, wenn in der Person eines Gesellschafters die Voraussetzungen für die Anerkennung als Vertriebener oder Flüchtling gegeben sind (BGH LM Nr. 1 zu § 85 BVFG).

II. Das Leistungsverweigerungsrecht bei Anfechtungs- und Aufrechnungsbefugnis

Anm. 10 **1. Allgemeines.**

Das Bestehen von Tatsachen, die der Gesellschaft das Recht geben, ein dem Anspruch eines Gesellschaftsgläubigers zugrunde liegendes Rechtsgeschäft anzufechten oder die Gesellschaftsschuld zu tilgen, geben auch der Gesellschaft noch kein Recht, Einwendungen gegen den Anspruch mit dem Ziele der Klagabweisung zu erheben. Erst wenn die Gesellschaft von dem Anfechtungsrecht oder dem Aufrechnungsrecht Gebrauch gemacht hat, kann sie aus der dadurch erfolgten Umgestaltung des Rechtsverhältnisses eine Einwendung erheben. Deshalb hätte auch der einzelne Gesellschafter, dem das Verfügungsrecht nicht zusteht, kein Recht, eine solche Einwendung zu erheben. Die Absätze 2 und 3 geben ihm aber das Recht, die Befriedigung des Gläubigers zu verweigern, solange der Gesellschaft das Anfechtungsrecht oder die Befugnis zur Befriedigung des Gläubigers durch Aufrechnung zusteht. Das außerordentliche Einwendungsrecht der Abs. 2 und 3 für den einzelnen Gesellschafter läßt sich damit erklären, daß es unbillig erscheint, daß der einzelne Gesellschafter einen Anspruch erfüllen soll, solange noch nicht feststeht, ob er nicht durch der Gesellschaft zustehende Rechtsbehelfe zu Fall gebracht werden wird.

Das außerordentliche Einwendungsrecht des Gesellschafters besteht nur so lange, als der Schwebezustand dauert. Er erlischt, sobald die Gesellschaft das Anfechtungs- oder Aufrechnungsrecht ausgeübt hat — dann kann der Gesellschafter die Einwendungen aus der erfolgten Anfechtung oder Aufrechnung erheben — oder bis die Gesellschaft diese Befugnisse, etwa durch Bestätigung des anfechtbaren Geschäfts, Versäumung der Anfechtungsfrist oder Verwirkung oder durch Untergang der zur Aufrechnung geeigneten Gegenforderung verloren hat. Die Einwendungsbefugnis des Gesellschafters aus einem Anfechtungs- oder Aufrechnungsrecht der Gesellschaft entspricht der gleichen Befugnis des Bürgen bei Bestehen eines Anfechtungs- oder Aufrechnungsrechts des Hauptschuldners (§ 770 BGB).

Ob der einzelne Gesellschafter von seinem Leistungsverweigerungsrecht bei einer Inanspruchnahme durch einen Gesellschaftsgläubiger Gebrauch machen muß, richtet sich nach den Verhältnissen des Einzelfalles. Im allgemeinen wird der Gesellschafter bei der Gesellschaft Rückfrage halten und ihre Stellungnahme zu dieser Frage einholen müssen. Tut er dies nicht, so wird im allgemeinen das Unterbleiben der Geltendmachung eines bestehenden Leistungsverweigerungsrechts auf den Ersatzanspruch des Gesellschafters gegen die Gesellschaft (§ 110 Anm. 3) und auf den Erstattungsanspruch des Gesellschafters gegen seine Mitgesellschafter (§ 128 Anm. 39) nicht ohne Einfluß sein (vgl. dazu auch § 128 Anm. 41). Macht der Gesellschafter in einem solchen Fall von dem Leistungsverweigerungsrecht wegen der Möglichkeit einer Aufrechnungsbefugnis seitens der Gesellschaft keinen Gebrauch, dann ist immer die besondere Prüfung angebracht, ob der Gesellschaft dadurch ein Schaden entstanden ist. Das wird man grundsätzlich verneinen können, wenn die Forderung der Gesellschaft gegen den Gesellschaftsgläubiger ohne Schwierigkeiten realisiert werden kann.

2. Die Anfechtungsbefugnis der Gesellschaft. **Anm. 11**

Es kommt insoweit nur das Anfechtungsrecht der Gesellschaft gemäß §§ 119, 123 BGB in Betracht. Dabei ist das Anfechtungsrecht nach § 119 BGB (Anfechtung wegen Irrtums) hier ohne große praktische Bedeutung. Denn dieses Anfechtungsrecht muß gemäß § 121 BGB unverzüglich nach Kenntnis des wahren Sachverhalts ausgeübt werden. Bei dieser Sachlage ist kaum ein Fall denkbar, in dem ein Gesellschafter bei seiner Inanspruchnahme sich noch auf das Leistungsverweigerungsrecht wegen der Möglichkeit einer Irrtumsanfechtung durch die Gesellschaft berufen kann. Denn im allgemeinen wird auch die Frist für die Irrtumsanfechtung bereits verstrichen sein, so daß damit auch das Leistungsverweigerungsrecht des Gesellschafters in Fortfall gekommen ist (vgl. Anm. 10). Dagegen ist das Leistungsverweigerungsrecht mit der Begründung, der Gesellschaft stehe das Recht zur Anfechtung wegen widerrechtlicher Drohung oder arglistiger Täuschung zu, von einer unmittelbaren praktischen Bedeutung, weil hier die Anfechtungsfrist für die Gesellschaft ein Jahr beträgt (§ 124 BGB).

Das Anfechtungsrecht nach der Konkursordnung oder dem Anfechtungsgesetz kann von der Gesellschaft nur als Gläubigerin gegen Rechtshandlungen ihres Schuldners geltend gemacht werden; es kommt daher für eine Einwendung des Gesellschafters gegen den Gesellschaftsgläubiger nicht in Betracht (so jetzt allgemeine Ansicht; vgl. Hueck § 21 Fußnote 41 mit weiteren Nachweisen).

3. Die Aufrechnungsbefugnis der Gesellschaft. **Anm. 12**

Nach dem Wortlaut des Abs. 3 steht dem einzelnen Gesellschafter ein Leistungsverweigerungsrecht zu, solange sich der Gläubiger durch Aufrechnung gegen eine fällige

Forderung der Gesellschaft befriedigen kann. Diese Formulierung ist sachlich unrichtig Denn nach dem für den Abs. 3 maßgeblichen Grundgedanken kommt es für das Leistungsverweigerungsrecht des Gesellschafters allein auf die Aufrechnungsbefugnis der Gesellschaft an. Nach diesem Grundgedanken wäre es sinnlos, dem Gesellschafter ein Leistungsverweigerungsrecht zuzubilligen, wenn zwar dem Gläubiger die Aufrechnung möglich, sie aber der Gesellschaft mit Rücksicht auf § 387 BGB versagt wäre, weil die Forderung der Gesellschaft gegen den Gläubiger noch nicht fällig ist. Andererseits wäre es unverständig, dem Gesellschafter das Leistungsverweigerungsrecht zu verweigern, wenn zwar die Gesellschaft, nicht aber der Gläubiger aufrechnen könnte, etwa weil seiner Aufrechnung der Einwand aus § 393 BGB entgegengehalten werden kann. Das Leistungsverweigerungsrecht des Gesellschafters muß sich seinem Grundgedanken nach an die Aufrechnungsbefugnis der Gesellschaft anlehnen, weil es dem Gesellschafter bei einer Inanspruchnahme einen sachgerechten Ersatz dafür bieten soll, daß er von der Aufrechnungsbefugnis seiner Gesellschaft wegen mangelnder Sachlegitimation selbst nicht Gebrauch machen kann.

Dieser Beurteilung entspricht es, daß heute wohl allgemein (vgl. hingegen die noch sehr zwiespältige Stellungnahme im Schrifttum zu der gleichliegenden Frage bei der Anwendung des § 770 BGB im Bürgschaftsrecht: einerseits etwa BGB RGRK § 770 Anm. 5; Soergel/Schulze v. Lassaulx § 770 Anm. 4 und andererseits etwa RG 137, 35; Staudinger/Brändle § 770 Anm. 4; Palandt/Thomas § 770 Anm. 3) im Schrifttum in diesem Punkt nicht nach dem Wortlaut des Abs. 3 auf die Aufrechnungsbefugnis des Gläubigers, sondern auf die Aufrechnungsbefugnis der Gesellschaft abgestellt wird (vgl. Hueck § 21 zu Fußnote 42 auch mit abweichenden Meinungsäußerungen aus früherer Zeit; Schlegelberger/Geßler Anm. 11, 12; Baumbach/Duden Anm. 3 A; Westermann I S. 261/62). Auch der Bundesgerichtshof hat sich inzwischen dieser Auffassung angeschlossen (BGH 42, 396). Dabei hatte der Bundesgerichtshof allerdings nur den Fall zu entscheiden, in dem nur dem Gläubiger, nicht auch der Gesellschaft eine Aufrechnungsbefugnis zustand; für diesen Fall hat der Bundesgerichtshof dem Gesellschafter das Leistungsverweigerungsrecht aus Abs. 3 nicht zugesprochen.

Dem Gläubiger kann nur entgegengehalten werden, daß die Gesellschaft aufrechnungsbefugt ist, nicht aber daß ein anderer, ebenfalls persönlich haftender Gesellschafter gegenüber dem Gläubiger aufrechnen könnte, wenn er von diesem in Anspruch genommen wird (§ 124 Anm. 46). Ohne Einfluß ist die Regelung des Abs. 3 auf eine Aufrechnungsbefugnis, die dem in Anspruch genommenen Gesellschafter wegen einer aufrechenbaren Privatforderung gegen den Gesellschaftsgläubiger zusteht.

Ist die Gesellschaft rechtskräftig verurteilt, ohne daß sie von ihrer Aufrechnungsbefugnis Gebrauch gemacht hat, oder ist sie mit ihrer Aufrechnung nicht durchgedrungen, so hat damit auch der Gesellschafter sein Leistungsverweigerungsrecht verloren.

Anm. 13 **4. Die entsprechende Anwendung.**

Der Anfechtung und der Aufrechnung sind einige andere Gestaltungsrecht gleichzustellen, deren Ausübung ebenfalls Verfügungscharakter hat und die der einzelne Gesellschafter deshalb auch nicht selbständig gegenüber dem Gesellschaftsgläubiger geltend machen kann (Anm. 4). Hierzu gehört das Recht der Gesellschaft auf Wandlung, aber auch schon das Recht der Gesellschaft, zwischen Wandlung und Minderung zu wählen. Hat die Gesellschaft das Recht zur Wandlung verloren, so kann der Gesellschafter das Recht zur Minderung (als Einwendung der Gesellschaft, Anm. 3) selbständig geltend machen und in dem danach gegebenen Umfang die darüber hinausgehende Leistung verweigern (vgl. dazu RG 66, 335). Eine entsprechende Anwendung des Abs. 3 kommt ferner in Betracht, wenn der Gesellschaft ein Rücktrittsrecht zusteht (vgl. dazu Hueck § 21 zu Fußnote 47; Schlegelberger/Geßler Anm. 9; ferner das Schrifttum zu § 770 BGB).

III. Die Einwendungen des ausgeschiedenen Gesellschafters

Anm. 14 **1. Allgemeines.**

Dem ausgeschiedenen Gesellschafter stehen die Einwendungen der Gesellschaft in gleicher Weise zu wie dem der Gesellschaft angehörigen Gesellschafter. Er hat auch wie dieser das Leistungsverweigerungsrecht nach Abs. 2 und Abs. 3. Daneben spielen bei ihm die persönlichen Einwendungen eine besondere Rolle, da seine persönliche Haftung mit dem Zeitpunkt seines Ausscheidens nicht mehr die starke Abhängigkeit von dem Umfang der Gesellschaftsverbindlichkeit aufweist, die der persönlichen Haftung des Gesellschafters eigen ist (vgl. dazu § 128 Anm. 56ff.). Aus dieser abweichenden Gestaltung der persönlichen Haftung des ausgeschiedenen Gesellschafters gegenüber der Haftung der in der Gesellschaft verbliebenen Gesellschafter können sich persönliche Einwendungen der verschiedensten Art für den ausgeschiedenen Gesellschafter ergeben. Hinzu kommt noch die besondere Einrede der fünfjährigen Verjährung (§ 159) sowie solche Einwendungen, die sich auf besondere Vereinbarungen mit dem Gesellschaftsgläubiger anläßlich seines Ausscheidens stützen (vgl. dazu § 128 Anm. 64).

Es kann sich aber bei dem ausgeschiedenen Gesellschafter auch eine Erweiterung seiner Haftung gegenüber der Haftung der in der Gesellschaft verbleibenden Gesellschafter ergeben. Mit seinem Ausscheiden nimmt er nicht mehr an den Haftungserleichterungen teil, die der Gesellschaft und mit ihr auch den verbleibenden Gesellschaftern wegen einer Verschlechterung des Gesellschaftsvermögens, namentlich im Fall des Konkurs und Zwangsvergleichs (vgl. § 211 Abs. 2 KO, § 109 Nr. 3 Vergl.O), aber wohl auch in einem Vertragshilfeverfahren, zuteil werden (vgl. dazu § 128 Anm. 62). Es erscheint gerechtfertigt, insoweit die Durchbrechung des strengen Akzessorietätsprinzips, wie sie bei der Bürgschaft mit Rücksicht auf das Sicherungsinteresse des Gläubigers zugelassen wird, auch zu Lasten des ausgeschiedenen Gesellschafters eingreifen zu lassen (vgl. dazu Kühne ZHR 133, 175ff., 175).

2. Das rechtskräftige Urteil gegen die Gesellschaft. **Anm. 15**

Nach Abs. 1 schneidet ein gegen die Gesellschaft ergangenes rechtskräftiges Urteil auch dem einzelnen Gesellschafter alle Einwendungen der Gesellschaft ab; denn nach dieser Bestimmung kann er solche Einwendungen nur insoweit geltend machen, als sie von der Gesellschaft erhoben werden können (vgl. dazu im einzelnen Anm. 7). Diese Regelung ist nicht gegenüber dem ausgeschiedenen Gesellschafter anwendbar, weil insoweit die für die Regelung des Abs. 1 maßgeblichen Verhältnisse hier grundlegend anders sind.

Für die Vertreter der Meinung, das Verhältnis von Gesellschaftsverbindlichkeit und persönlicher Haftungsverpflichtung des ausgeschiedenen Gesellschafters sei ein Gesamtschuldverhältnis (vgl. dazu § 128 Anm. 56), ist die Beantwortung der Frage, welche Wirkung ein gegen die Gesellschaft ergangenes rechtskräftiges Urteil auf die persönliche Haftungsverpflichtung des ausgeschiedenen Gesellschafters habe, verhältnismäßig einfach. Denn ihnen gibt die Bestimmung des § 425 Abs. 2 BGB auf diese Frage eine klare Antwort, nämlich dahin, daß im Zweifel ein solches Urteil keine Wirkung auf die Haftungsverpflichtung des ausgeschiedenen Gesellschafters habe. Vom Standpunkt der hier vertretenen Meinung aus, wonach eine unmittelbare Anwendung der §§ 421ff. BGB auf das Verhältnis von Gesellschaftsverbindlichkeit und persönlicher Haftungsverpflichtung des ausgeschiedenen Gesellschafters nicht möglich ist (vgl. ebenfalls § 128 Anm. 56), ist die Beantwortung der Frage davon abhängig, ob unter umfassender Berücksichtigung der hier in Betracht kommenden verschiedenartigen Interessen der Beteiligten eine Anwendung des Rechtsgedankens des § 425 BGB auf diesen Fall gerechtfertigt ist.

Der Bundesgerichtshof hat diese Frage bejaht, wenn der Gesellschafter bei der Erhebung der Klage gegen die Gesellschaft bereits aus dieser ausgeschieden war (BGH 44, 229, 233). Er hat dabei ausgeführt, daß sich die Stellung des ausgeschiedenen Gesellschafters in diesem Fall infolge seines Ausscheidens wesentlich verschlechtert habe, weil er die Prozeßführung der Gesellschaft nicht mehr beeinflussen könne, von dem Rechtsstreit gegen die Gesellschaft häufig überhaupt nichts erfahre und sich zudem nicht darauf verlassen könne, daß die Gesellschaft schon im eigenen Interesse alle Einwendungen mit der erforderlichen Zielstrebigkeit und Umsicht geltend machen werde. Daraus folgert der Bundesgerichtshof ein schutzwertes Interesse dieses Gesellschafters daran, die nach seiner Meinung der Gesellschaft zustehenden Einwendungen selbst geltend machen zu können, während demgegenüber das entgegenstehende Interesse des Gesellschaftsgläubigers kein wesentliches Gewicht habe, zumal er zum Zweck der Vollstreckung den ausgeschiedenen Gesellschafter ohnehin verklagen müsse. Dieser Beurteilung ist uneingeschränkt beizutreten. Die weitere vom Bundesgerichtshof noch nicht entschiedene

Frage nach der Rechtslage, wenn der betreffende Gesellschafter erst im Laufe des Prozesses aus der Gesellschaft ausgeschieden ist, wird man nicht allgemein beantworten können. In diesem Fall ist bei objektiver Beurteilung das Schutzbedürfnis zugunsten des ausgeschiedenen Gesellschafters von vornherein geringer, während das Schutzbedürfnis zugunsten des Gesellschaftsgläubigers größer sein kann. Das tritt besonders zutage, wenn der ausgeschiedene Gesellschafter bis dahin vertretungsberechtigter Gesellschafter gewesen ist und namens der Gesellschaft den Prozeß selbst geführt hat. In einem solchen Fall wird man im allgemeinen erwarten können, daß er nach seinem Ausscheiden dem Rechtsstreit als Nebenintervenient beitritt, wenn er befürchtet, daß die verbleibenden Gesellschafter nach seiner Meinung den Rechtsstreit nicht sachgerecht zu Ende führen werden, oder wenn sogar Meinungsverschiedenheiten über diesen Rechtsstreit den Anlaß für sein Ausscheiden gebildet haben. Andererseits ist zu berücksichtigen, daß unter Umständen der Gesellschaftsgläubiger mit Rücksicht auf Abs. 1 bei der Einleitung des Rechtsstreits davon abgesehen hat, diesen Gesellschafter persönlich mit zu verklagen. Diese hier angeführten Gesichtspunkte sprechen entscheidend dafür, in einem solchen Fall die Anwendung des Rechtsgedankens des § 425 Abs. 2 zu verneinen. Das schließt jedoch nicht aus, daß die näheren Umstände eines Einzelfalles beim Ausscheiden eines Gesellschafters während eines Rechtsstreits so gelagert sind, daß bei einer umfassenden Berücksichtigung der hier in Betracht kommenden verschiedenartigen Interessen aller Beteiligten das Schutzbedürfnis für den ausgeschiedenen Gesellschafter im Ergebnis doch größer als das des Gesellschaftsgläubigers erscheint und daß deshalb die Anwendung des Rechtsgedankens des § 425 Abs. 2 BGB gerechtfertigt ist. Bei dieser Sachlage dürfte es daher richtig sein, bei einem Ausscheiden eines Gesellschafters während eines Rechtsstreits die Entscheidung der Frage nach der Wirkung eines gegen die Gesellschaft ergangenen rechtskräftigen Urteils auf die Haftungsverpflichtung des ausgeschiedenen Gesellschafters nicht allgemein zu beantworten, sondern ihre Beantwortung davon abhängig zu machen, wie sich die Umstände des jeweiligen Einzelfalles bei einer umfassenden Berücksichtigung der hier in Betracht kommenden Interessen darstellen.

Anm. 16 Wird im Konkurs der Gesellschaft eine **Forderung gegen die Gesellschaft zur Konkurstabelle festgestellt,** so hat das auch Wirkungen gegenüber den Gesellschaftern. Der Feststellungseintrag äußert, wie ein gegen die Gesellschaft ergangenes rechtskräftiges Urteil (Anm. 6; vgl. ferner § 124 Anm. 28), auch Rechtskraftwirkung gegenüber dem einzelnen Gesellschafter (so schon RG 36, 60; außerdem Jaeger/Weber KO § 164 Anm. 9; Düringer/Hachenburg § 144 Anm. 4), mit der Folge, daß er gegenüber einer solchen Forderung nur noch persönliche Einwendungen geltend machen kann (vgl. auch Anm. 7). Diese Erstreckung der Rechtskraftwirkung des Tabelleneintrags auf die einzelnen Gesellschafter ist gerechtfertigt, weil der persönlich haftende Gesellschafter Mitträger der Gemeinschuldner-Rolle ist, als solcher die angemeldete Forderung bestreiten kann und deshalb auch im Rahmen des § 164 Abs. 2 KO wie der Gemeinschuldner zu behandeln ist. Für den ausgeschiedenen Gesellschafter gilt das hingegen nicht. Er hat innerhalb des Konkurses der Gesellschaft keinerlei Rechte, namentlich ist er nicht Träger der Gemeinschuldner-Rolle und kann daher auch nicht die zur Tabelle angemeldete Forderung bestreiten. Damit entfällt der Rechtfertigungsgrund für eine Erstreckung der Rechtskraftwirkung des Tabelleneintrags auf ihn. Er kann somit bei seiner Inanspruchnahme auch noch nach der Feststellung einer Forderung gegen die Gesellschaft zur Konkurstabelle auf ursprüngliche Einwendungen der Gesellschaft zurückgreifen (insoweit unrichtig LG Arnsberg KTS 1967, 62).

IV. Die Zwangsvollstreckung gegen die Gesellschafter

Anm. 17 Die Zwangsvollstreckung gegen die Gesellschafter findet aus einem gegen die Gesellschaft gerichteten Vollstreckungstitel nicht statt; Abs. 4 bildet die Ergänzung zu § 124 Abs. 2, nach dem zur Zwangsvollstreckung in das Gesellschaftsvermögen ein gegen die Gesellschaft gerichteter vollstreckbarer Schuldtitel erforderlich ist. Beide Vorschriften ergeben sich aus der Selbständigkeit des Gesellschaftsvermögens und der prozeßrechtlichen Selbständigkeit der Gesellschaft. Im Gesellschaftsprozeß handelt es sich nur um das Bestehen der Gesellschaftsschuld, nicht um die Haftung der Gesellschafter mit ihrem Privatvermögen, da eine persönliche Einwendung entgegenstehen kann. Deshalb muß über diese Haftung besonders entschieden und zur Vollstreckung in das Privatvermögen der Gesellschafter ein besonderer Vollstreckungstitel erwirkt werden. Dies gilt auch für das schiedsrichterliche Verfahren. Solange die Gesellschaft, auch als Abwicklungsgesellschaft, besteht, kann der Gläubiger mit der Klage gegen die Gesellschaft die Klage gegen die Gesellschafter verbinden (vgl. § 124). Hervorzuheben ist noch, daß die Vollstreckungsklausel aus einem nur gegen die Gesellschaft ergangenen Urteil, auch nach Vollbeendigung der Gesellschaft während oder nach Abschluß des Rechtsstreits, nicht auf den einzelnen Gesellschafter umgestellt werden kann (vgl. § 124 Anm. 32, 33).

Gegen eine gegen die Vorschrift des Abs. 4 in das Privatvermögen des Gesellschafters erfolgte Zwangsvollstreckung steht diesem die Erinnerung nach § 766 ZPO, ausnahmsweise auch die Widerspruchsklage nach § 771 ZPO zu.

§ 130

Wer in eine bestehende Gesellschaft eintritt, haftet gleich den anderen Gesellschaftern nach Maßgabe der §§ 128, 129 für die vor seinem Eintritte begründeten Verbindlichkeiten der Gesellschaft, ohne Unterschied, ob die Firma eine Änderung erleidet oder nicht.

Eine entgegenstehende Vereinbarung ist Dritten gegenüber unwirksam.

Inhaltsübersicht

Einleitung: § 130 regelt die Haftung desjenigen, der in eine OHG eintritt, für die vor seinem Eintritt begründeten Verbindlichkeiten der Gesellschaft. Er stimmt seinem Inhalt nach mit Art. 113 ADHGB überein. Er ist das Gegenstück zu § 28, der die Haftung desjenigen ordnet, der in das Geschäft eines Einzelkaufmanns als persönlich haftender Gesellschafter eintritt. § 130 setzt das Bestehen einer Gesellschaft voraus, bei § 28 wird sie erst gegründet. In beiden Fällen ist die Haftung des neu Eintretenden unabhängig davon, ob die bisherige Firma fortgeführt wird. In dieser Hinsicht unterscheiden sich die Haftungsvorschriften der §§ 130, 28 von den Vorschriften der §§ 25, 27, die die Haftung desjenigen regeln, der durch Rechtsgeschäft unter Lebenden oder von Todes wegen ein Handelsgeschäft erwirbt und fortführt. Eine Besonderheit des § 130 gegenüber den drei Haftungsvorschriften der §§ 25, 27, 28 besteht darin, daß die Haftung im Fall des § 130 nicht durch eine Vereinbarung unter den Beteiligten mit Wirkung gegenüber Dritten ausgeschlossen werden kann, während das in den Fällen der §§ 25, 27, 28, etwa durch Eintragung der Vereinbarung ins Handelsregister und ihre Bekanntmachung, möglich **Anm. 1**

ist. — Die Vorschriften der §§ 25, 27, 28 fehlten im ADHGB; ihre Aufnahme in das HGB erfolgte nach dem Vorbild des Art. 113 ADHGB.

I. Der Anwendungsbereich der Vorschrift

Anm. 2 § 130 setzt den Eintritt eines Dritten in eine bestehende OHG voraus. Der neue Gesellschafter muß als persönlich haftender Gesellschafter, nicht als Kommanditist, eintreten. Das ergibt sich schon daraus, daß die Haftung nach Maßgabe der §§ 128, 129 eintritt, also nach Maßgabe von Vorschriften, die das Bestehen einer OHG voraussetzen und die Haftung der persönlich haftenden Gesellschafter einer OHG ordnen. Die Haftung eines Dritten, der als Kommanditist in eine Handelsgesellschaft (OHG oder KG) eintritt, ist in § 173 in Nachbildung des § 130 besonders geregelt. Für die Haftung desjenigen, der als persönlich haftender Gesellschafter in eine Kommanditgesellschaft eintritt, gilt § 130 aufgrund des § 161 Abs. 2.

Entsprechend anwendbar ist § 130, wenn ein Kommanditist, etwa durch Änderung des Gesellschaftsvertrages, persönlich haftender Gesellschafter wird (ebenso Hueck § 27 Anm. 11); eine unmittelbare Anwendung des § 130 (so Schlegelberger Geßler Anm. 2) dürfte dem rechtlichen Charakter bei dem Wandel dieser Mitgliedschaft nicht gerecht werden. Ferner findet § 130 entsprechende Anwendung, wenn jemand in eine Gesellschaft von Minderkaufleuten eintritt und wenn diese durch seinen Beitritt zur OHG wird, etwa weil sie mit Hilfe seiner Einlage ihren Betrieb zum Vollhandelsgewerbe erweitert. Ob eine solche entsprechende Anwendung freilich mit einem Hinweis auf § 28 und die dort vertretene Auffassung einer Anwendung des § 28 auch auf einen Minderkaufmann (vgl. RG 164, 115; BGH LM Nr. 5 zu § 28 HGB) begründet werden kann (so Voraufl. Anm. 2) erscheint zweifelhaft (vgl. dazu Rob. Fischer Anm. LM Nr. 3 zu § 28 HGB).

Nicht anwendbar ist § 130, wenn zwei oder mehrere Personen erst eine OHG errichten. Bringt dabei einer ein von ihm betriebenes Handelsgeschäft ein (RG Recht 1924, Nr. 404), so haften die Gesellschaft und die Gesellschafter, die bisher nicht Inhaber des Handelsgeschäfts waren, nur nach § 28 und mit der danach gegebenen Möglichkeit des Ausschlusses oder der Beschränkung der Haftung (vgl. Anm. 1). Erwerben die Gründer der OHG das Handelsgeschäft eines Dritten zum Zweck des Weiterbetriebs durch die OHG, so haften sie neben dem bisherigen Inhaber nach § 25, wenn dessen Voraussetzungen vorliegen. Tritt der Inhaber eines Handelsgeschäfts in eine bereits bestehende OHG ein und bringt er dabei sein Geschäft in die Gesellschaft ein, so haften die Gesellschaft und ihre bisherigen Gesellschafter nur unter den besonderen Voraussetzungen des § 25. Schließlich findet § 130 auch dann keine Anwendung, wenn die Gesellschafter einer OHG aus Anlaß des Eintritts eines neuen Gesellschafters ihre bisherige Gesellschaft auflösen und mit „dem neu Eintretenden" eine neue Gesellschaft errichten (dazu Anm. 19).

II. Der Eintritt in eine bestehende Gesellschaft

Anm. 3 **1. Allgemeines:**

§ 130 geht davon aus, daß der **Eintritt eines neuen Gesellschafters** in eine bestehende Gesellschaft möglich ist; er regelt indessen nicht, wie sich dieser Eintritt vollzieht und welche rechtlichen Gestaltungsformen für einen solchen Eintritt in Betracht kommen. Dabei bleibt insbesondere offen, wer auf Seiten der Gesellschaft oder der Gesellschafter an dem Eintritt eines neuen Gesellschafters in eine bestehende Gesellschaft mitwirken muß, um einem solchen Eintritt rechtliche Wirksamkeit zu verleihen. Diese Fragen müssen daher nach allgemeinen rechtlichen Gesichtspunkten beantwortet werden (dazu Anm. 4ff.); dabei wird sich ergeben, daß sich ein solcher Eintritt unter verschiedenen rechtlichen Voraussetzungen und damit in verschiedenen rechtlichen Gestaltungsformen vollziehen kann.

Für eine Anwendung des § 130 ist es immer erforderlich, daß ein Dritter in eine bestehende Gesellschaft eintritt. Das besagt, daß allein durch den Eintritt eines neuen Gesellschafters in eine Gesellschaft der Bestand dieser Gesellschaft nicht berührt wird. § 130 setzt die rechtliche Möglichkeit eines die Identität wahrenden Fortbestands der bisherigen Gesellschaft bei Eintritt eines neuen Gesellschafters voraus. Dabei ist es in diesem Zusammenhang von Bedeutung, daß der Eintritt eines neuen Gesellschafters in verschiedenen Gestaltungsformen vorkommen kann, ohne daß dadurch die Identität der fortbestehenden Gesellschaft in Frage gestellt wird. Das setzt freilich immer voraus, daß der Wille der Gesellschafter auf einen solchen Fortbestand gerichtet ist. Es steht in ihrer Disposition, ob sie anläßlich der Aufnahme eines neuen Gesellschafters ihre bisherige Gesellschaft fortsetzen wollen. Sie können aus diesem Anlaß auch ihre bisherige Gesellschaft auflösen und beenden und sodann mit dem neu Eintretenden eine neue Gesellschaft errichten. Das ist freilich sehr unpraktisch und unter Umständen sehr kostspielig (vgl. dazu Anm. 19). Tun die Gesellschafter das aber gleichwohl, so ist für eine Anwendung des § 130 kein Raum, weil in einem solchen Fall der Dritte nicht in eine bestehende Gesellschaft eintritt, sondern mit den Gesellschaftern der bisherigen Gesellschaft eine neue Gesellschaft errichtet.

2. Der Eintritt eines neuen Gesellschafters **Anm. 4**

§ 130 regelt nicht, in welcher rechtlichen Form sich der Eintritt eines neuen Gesellschafters vollzieht. Nach allgemeinen rechtlichen Gesichtspunkten kommen dafür verschiedene rechtliche Gestaltungsformen in Betracht. Diese stehen gleichwertig nebeneinander. Dabei ist es eine Frage des Einzelfalles, die unter Umständen im Wege der tatrichterlichen Auslegung ermittelt werden muß, welche dieser verschiedenen Gestaltungsformen die Beteiligten im jeweiligen Einzelfall für den Vollzug des Eintritts gewählt haben. Denn jedenfalls stehen diese verschiedenen Gestaltungsformen nicht in einem Verhältnis des Regel- und Ausnahmetatbestandes zueinander, so daß auch nicht gesagt werden kann, daß im Zweifel diese oder jene der in Betracht kommenden Gestaltungsformen zugrunde gelegt werden muß.

a) Der Eintritt durch Abschluß eines Aufnahmevertrages mit den übrigen Gesellschaftern: Lange Zeit stand der Eintritt eines neuen Gesellschafters durch Abschluß eines Aufnahmevertrages mit den übrigen Gesellschaftern im Vordergrund der Betrachtung, ja er wurde vielfach als die einzige Möglichkeit angesehen, in der sich der Eintritt eines neuen Gesellschafters in eine bestehende Gesellschaft vollziehen kann. **Anm. 5**

Für den Abschluß eines solchen **Aufnahmevertrages** ist es bedeutsam, daß er nur von den übrigen Gesellschaftern, nicht aber auch namens der Gesellschaft von dem vertretungsberechtigten Gesellschafter abgeschlossen werden kann (RG 128, 179; BGH 26, 333). Die Vertretungsbefugnis des vertretungsberechtigten Gesellschafters deckt den Abschluß eines Aufnahmevertrages mit einem neu eintretenden Gesellschafter nicht (§ 126 Anm. 4); denn der Vertrag wird nicht mit der Gesellschaft, sondern mit den übrigen Gesellschaftern geschlossen. Die Gesellschaft ist nicht Subjekt, vielmehr Objekt des Rechtsverhältnisses, das durch die Aufnahme eines neuen Gesellschafters begründet wird. An dem Vertragsabschluß müssen sämtliche Gesellschafter, also auch die von der Geschäftsführung und Vertretung ausgeschlossenen Gesellschafter mitwirken. Eine Mitwirkungspflicht besteht für sie dabei im allgemeinen nicht. Denn die Aufnahme eines neuen Gesellschafters stellt eine Änderung des Gesellschaftsvertrages dar, an der mitzuwirken die Gesellschafter nur unter ganz bestimmten Voraussetzungen, also nur in Ausnahmefällen, verpflichtet sind (vgl. dazu § 105 Anm. 31 c). Als Änderung des Gesellschaftsvertrages (nicht Abschluß eines neuen Gesellschaftsvertrages, wie Schlegelberger/Geßler Anm. 3 meinen, die insoweit nicht den identitätswahrenden Fortbestand der bisherigen Gesellschaft genügend berücksichtigen) unterliegt der Aufnahmevertrag auch all den Vorschriften, die bei der Änderung des Gesellschaftsvertrages zu beachten sind (vgl. dazu § 105 Anm. 60). Einzelne Gesellschafter können sich beim Abschluß des Aufnahmevertrages durch einen Gesellschafter vertreten lassen; hierzu bedarf es aber immer einer besonderen Vollmacht (auch Generalvollmacht), die Vertretungsbefugnis für die OHG reicht dazu nicht aus. Bestritten ist, inwieweit der Aufnahmevertrag der vormundschaftsgerichtlichen Genehmigung bedarf, soweit am Vertragsabschluß etwa ein Minderjähriger beteiligt ist. Zweifelsfrei ist eine solche Genehmigung erforderlich, wenn der neu aufzunehmende Gesellschafter selbst minderjährig ist (§ 1822 Nr. 3 BGB); dagegen ist eine solche Genehmigung nicht notwendig, wenn sich unter den bisherigen Gesellschaftern ein Minderjähriger befindet (vgl. dazu im einzelnen § 105 Anm. 60). Ist der gesetzliche Vertreter des Minderjährigen selbst Gesellschafter, so bedarf es beim Abschluß eines Aufnahmevertrages der Bestellung eines Pflegers für den Minderjährigen (BGH LM Nr. 8 zu § 138 HGB). Etwaige Formvorschriften (z. B. § 313 BGB, § 15

GmbHG) sind nur zu beachten, wenn der neue Gesellschafter formbedürftige Verpflichtungen übernimmt, etwa ein Grundstück in die Gesellschaft einbringen soll, nicht aber, wenn Grundstücke pp. zum Gesellschaftsvermögen gehören, weil bei Aufnahme eines neuen Gesellschafters in eine bestehende Gesellschaft eine Übertragung des Gesellschaftsvermögens nicht stattfindet.

Anm. 6 **b) Der Eintritt durch Aufnahme seitens eines Gesellschafters:** Der Gesellschaftsvertrag kann einem einzelnen Gesellschafter oder bestimmten Gesellschaftern das Recht einräumen, einen Dritten als Mitglied in die Gesellschaft aufzunehmen (RG 128, 176; BGH 35, 280). Das geschieht u. a. zu dem Zweck, einem Gesellschafter die Möglichkeit zu geben, noch zu seinen Lebzeiten seinen künftigen Nachfolger zu bestimmen und in die Gesellschaft aufzunehmen. Ein solches Präsentationsrecht wird heute im Schrifttum wohl allgemein anerkannt. Denn es ist nicht einzusehen, warum die Gesellschafter nicht schon vorher im Gesellschaftsvertrag ihre Zustimmung zur Aufnahme eines neuen Gesellschafters sollten geben können. Das gilt auch dann, wenn die Person des Aufzunehmenden nicht näher bestimmt, sondern die Auswahl dem präsentationsberechtigten Gesellschafter überlassen ist (vgl. dazu im einzelnen Hueck § 27 I 1 c). Etwaigen Mißbräuchen, die in einem solchen Fall bei der Ausübung des Präsentationsrechts auftreten könnten, kann mit dem Rechtsgedanken der mißbräuchlichen Rechtsausübung wirksam begegnet werden (vgl. dazu Anm. 7). Das Präsentationsrecht kann bestimmten Einschränkungen unterworfen werden, etwa dahin, daß es nur innerhalb einer bestimmten Frist oder nur unter bestimmten Umständen (Eintritt bestimmter Ereignisse) ausgeübt werden kann, oder daß nur eine Person aus einem bestimmten Personenkreis (Abkömmlinge, Verwandte) oder mit bestimmten Eigenschaften (besondere Vorbildung, gewisses Mindestalter) als Gesellschafter benannt werden kann. In Fällen dieser Art vollzieht sich der Eintritt des neuen Gesellschafters im allgemeinen dadurch, daß er von dem präsentationsberechtigten Gesellschafter benannt wird und er selbst seine Zustimmung zum Eintritt diesem gegenüber erklärt (Präsentationsrecht mit unmittelbarer Vollzugswirkung). Einer Mitwirkung der übrigen Gesellschafter zum Eintritt bedarf es nicht, auch nicht derart, daß ihnen der Eintritt des neuen Gesellschafters mitgeteilt werden muß. Voraussetzung ist dabei freilich immer, daß sich die Benennung des neuen Gesellschafters im Rahmen der gesellschaftsvertraglichen Bestimmung hält; unterliegt danach das Präsentationsrecht gewissen zeitlichen, sachlichen oder persönlichen Einschränkungen, so müssen diese Beschränkungen bei der Benennung des neuen Gesellschafters eingehalten sein, um den Vollzug des Eintritts wirksam zu machen. Das hat zur Folge, daß bei Streit unter den Gesellschaftern, ob in einem Einzelfall solchen Beschränkungen bei der Benennung des neuen Gesellschafters Genüge getan ist, darüber im Wege eines Feststellungsverfahrens (je nachdem positive oder negative Feststellungsklage, § 256 ZPO) entschieden werden muß. Es ist also in einem solchen Fall nicht zu verlangen, daß die übrigen Gesellschafter zur Durchsetzung ihres Standpunktes Ausschließungsklage gegen „den neuen Gesellschafter" erheben müßten; denn es soll in diesem Rechtsstreit erst einmal die Frage entschieden werden, ob der aufgenommene Gesellschafter überhaupt Gesellschafter geworden ist, ob also der bestimmungsberechtigte Gesellschafter überhaupt im Rahmen seines Präsentationsrechts gehandelt hat.

Das Präsentationsrecht kann aber auch so gestaltet sein, daß es zum Vollzug der Aufnahme noch einer besonderen Zustimmung der übrigen Gesellschafter bedarf, die zu erteilen die übrigen Gesellschafter verpflichtet sind, wenn die Voraussetzungen für die Ausübung des Präsentationsrechts erfüllt sind (Präsentationsrecht ohne unmittelbare Vollzugswirkung). In einem Fall dieser Art wird der neu aufzunehmende Gesellschafter erst Gesellschafter, wenn die Zustimmung auch des letzten der bisherigen Gesellschafter vorliegt. Bei Meinungsverschiedenheiten unter den Gesellschaftern darüber, ob die Voraussetzungen für die Ausübung des Präsentationsrechts gegeben sind, muß der präsentationsberechtigte Gesellschafter die dissentierenden Gesellschafter auf Erteilung der Zustimmung verklagen; dann wird erst mit Rechtskraft des der Klage stattgebenden Urteils (§ 894 ZPO) der Eintritt des neuen Gesellschafters wirksam (vgl. dazu Rob. Fischer ZHR 130, 361/62).

Auch bei der Ausübung eines Präsentationsrechts vollzieht sich der Eintritt des neuen Gesellschafters in die Gesellschaft im Rechtssinn durch Abschluß eines

Aufnahmevertrages mit den übrigen Gesellschaftern (Anm. 5). Dabei enthält das Präsentationsrecht mit unmittelbarer Vollzugswirkung zugleich die Bevollmächtigung oder die Ermächtigung des berechtigten Gesellschafters, mit Wirkung für die übrigen Gesellschafter den Aufnahmevertrag mit dem neu eintretenden Gesellschafter abzuschließen. Etwaige Einschränkungen des Präsentationsrechts bedeuten dabei zugleich entsprechende Beschränkungen der Vollmacht oder Ermächtigung mit der Folge, daß die Nichtbeachtung von Einschränkungen des Präsentationsrechts von der Bevollmächtigung oder Ermächtigung des berechtigten Gesellschafters nicht mehr gedeckt sind. Beim Präsentationsrecht ohne unmittelbare Vollzugswirkung verbleibt es bei der Notwendigkeit des Abschlusses eines besonderen Aufnahmevertrages durch die übrigen Gesellschafter, so daß auch erst dadurch der Eintritt des neuen Gesellschafters wirksam wird. Ein solches Präsentationsrecht gibt also dem berechtigten Gesellschafter nur einen Anspruch gegen die übrigen Gesellschafter auf Zustimmung zur Aufnahme des von ihm benannten Dritten.

Eine besondere Rolle spielt beim Präsentationsrecht **die mißbräuchliche Ausübung dieses Rechts.** Das Präsentationsrecht kann dem berechtigten Gesellschafter niemals einen Freibrief gewähren, bei der Ausübung dieses Rechts sich über die schutzwerten Belange der Gesellschaft und der übrigen Gesellschafter hinwegzusetzen. Wie bei der Ausübung eines jeden Gesellschafterrechts (vgl. dazu § 105 Anm. 31 b) ist auch gerade bei der Ausübung eines Präsentationsrechts die gesellschaftliche Treuepflicht zu beachten. Bei der Auswahl des neuen Gesellschafters hat der berechtigte Gesellschafter namentlich darauf Rücksicht zu nehmen, daß sich jener nach seinen persönlichen Eigenschaften und fachlichen Fähigkeiten in den Kreis der bisherigen Gesellschafter zum Zweck einer vertrauensvollen Zusammenarbeit einzufügen vermag. Danach wird man ganz allgemein sagen müssen, daß die übrigen Gesellschafter sich zu mindestens den Eintritt eines solchen Gesellschafters nicht gefallen zu lassen brauchen, mit dem sie in einer bestehenden Gesellschaft das Gesellschaftsverhältnis nach § 133 oder nach § 140 nicht fortsetzen müßten (BGH WM 1961, 303). Die Benennung eines solchen Gesellschafters wird von dem Präsentationsrecht nicht mehr gedeckt, sie stellt eine rechtsmißbräuchliche Ausübung des Präsentationsrechts dar und ist daher ohne rechtliche Wirkung. Anm. 7

Das hat zur Folge, daß bei einem Präsentationsrecht mit unmittelbarer Vollzugswirkung die übrigen Gesellschafter dem Eintritt des benannten Gesellschafters widersprechen können, weil die Ausübung des Präsentationsrechts rechtsmißbräuchlich sei. Notfalls muß darüber in einem Feststellungsverfahren entschieden werden. Stellt sich in diesem Verfahren heraus, daß die übrigen Gesellschafter einen wichtigen Grund haben, der sie berechtigen würde, ein bestehendes Gesellschaftsverhältnis mit dem benannten Dritten nicht fortzusetzen, dann ist durch Urteil auszusprechen, daß der Dritte nicht Gesellschafter geworden ist. Entsprechend ist die Rechtslage bei einem Präsentationsrecht ohne unmittelbare Vollzugswirkung. Hier entfällt beim Vorliegen eines wichtigen Grundes die sonst gegebene Verpflichtung der übrigen Gesellschafter, der Aufnahme des benannten Dritten ihre Zustimmung zu geben.

Etwas Besonderes gilt, wenn die übrigen Gesellschafter nach Ausübung des Präsentationsrechts zunächst nicht erkannt haben, daß der präsentationsberechtigte Gesellschafter die Schranken seines Präsentationsrechts überschritten oder dieses Recht mißbräuchlich ausgeübt hat, und der Eintritt des neuen Gesellschafters nach außen vollzogen worden ist. Darüber vgl. im einzelnen Anm. 29. Anm. 8

c) **Der Eintritt durch Ausübung eines Eintrittsrechts:** Die Gesellschafter einer OHG können einem Dritten das Recht zum Eintritt in die Gesellschaft einräumen. Das kann in der verschiedensten Weise geschehen. So können sie mit dem Dritten einen Vorvertrag über seine künftige Aufnahme abschließen, und zwar in der Weise, daß ihm der künftige Beitritt unter bestimmten Bedingungen freigestellt wird. Dabei bedarf ein solcher Vorvertrag der notwendigen Bestimmbarkeit, die für einen jeden Vorvertrag notwendig ist (vgl. dazu § 105 Anm. 61). Im Einzelfall können freilich die Bedingungen des Eintritts und die Rechtsstellung des neu Eintretenden in die Gesellschaft auch dem billigen Ermessen einer Vertragspartei oder eines Dritten überlassen werden (§ 315ff. BGB). Mit dem Abschluß eines solchen Vorvertrages erhält der Dritte einen Anspruch auf Aufnahme in die Gesellschaft, den er notfalls im Wege der Zustimmungsklage geltend Anm. 9

machen muß und der mit Rechtskraft des der Klage stattgebenden Urteils durchsetzbar ist (§ 894 ZPO). Es handelt sich also hierbei nicht um ein Eintrittsrecht im technischen Sinn, das ähnlich wie bei einem Gestaltungsrecht durch einseitige Ausübung (Erklärung) die Wirkungen des Eintritts in die Gesellschaft herbeiführt.

Ein Eintrittsrecht kann für einen Dritten auch in der Weise begründet werden, daß die Gesellschafter dem Dritten ein langfristiges Vertragsangebot zum Eintritt in die Gesellschaft machen und in diesem Vertragsangebot die näheren Einzelheiten festlegen, die im Fall der Annahme des Angebots für die Rechte und Pflichten des Dritten als Gesellschafter maßgeblich sein sollen (vgl. RG JW 1925, 2608). In diesem Fall vollzieht sich der Eintritt des Dritten in die Gesellschaft durch einseitige empfangsbedürftige Annahme des Vertragsangebots innerhalb der gesetzten Frist durch den Dritten. In dem Vertragsangebot kann aber auch festgelegt werden, daß die Annahme gegenüber einem bestimmten Gesellschafter, etwa einem geschäftsführungs- oder vertretungsberechtigten Gesellschafter ausreichend sein soll. In ähnlicher Weise können die Gesellschafter einem Dritten ein bedingtes Vertragsangebot zum Eintritt in die Gesellschaft machen, etwa dem Sohn eines Gesellschafters für den Fall, daß sein Vater vorzeitig aus der Gesellschaft ausscheidet.

Ferner können die Gesellschafter ein Eintrittsrecht in Gestalt eines Vertrages zugunsten Dritter begründen (RG JW 1925, 2608). Das geschieht vielfach bereits im Gesellschaftsvertrag zugunsten naher Angehöriger von Gesellschaftern, wobei dann auch meist die näheren Voraussetzungen für die Möglichkeit eines Eintritts (Erreichen eines bestimmten Lebensalters, Ausscheiden eines anderen Gesellschafters) bestimmt werden. In einem Fall dieser Art vollzieht sich der Eintritt des Begünstigten erst durch den Abschluß eines Aufnahmevertrages zwischen diesem und den übrigen Gesellschaftern, wobei freilich der Begünstigte gegebenenfalls einen durchsetzbaren Anspruch auf Abschluß eines solchen Aufnahmevertrages hat.

Den vorstehenden verschiedenen Gestaltungsformen eines Eintritts durch Ausübung eines Eintrittsrechts ist gemeinsam, daß für den Vollzug des Eintritts in irgendeiner Form immer der Abschluß eines Aufnahmevertrages mit den anderen Gesellschaftern notwendig ist. Es ist daher darauf zu achten, daß insoweit auch immer den Erfordernissen genügt wird, die für den Abschluß eines Aufnahmevertrages zu verlangen sind (Anm. 5).

Anm. 10 **d) Das Eintrittsrecht im Wege der Erbfolge:** Für den Eintritt eines Dritten in eine bestehende Gesellschaft haben die Fälle eine große praktische Bedeutung, bei denen der Dritte als Rechtsnachfolger beim Tod eines Gesellschafters in die Gesellschaft eintritt. Für Fälle dieser Art gibt § 139 eine besondere gesellschaftsrechtliche Regelung (vgl. dazu Erl. bei § 139). In diesem Zusammenhang ist lediglich hervorzuheben, daß auch für den Eintritt eines Dritten im Wege der Erbfolge oder aus Anlaß eines Erbfalles die Vorschrift des § 130 gilt. Auch der Dritte, der auf diese Weise oder aus diesem Anlaß in eine Gesellschaft eintritt, unterliegt der besonderen Haftung gemäß § 130.

Anm. 11 **3. Die Übertragung eines Gesellschaftsanteils.**

Ein praktisch besonders bedeutsamer Fall des Eintritts eines Dritten in eine bestehende Gesellschaft findet sich, wenn ein Gesellschafter seinen Gesellschaftsanteil auf einen Dritten (teilweise) überträgt. Eine solche Übertragung ist nur zulässig und daher nur wirksam, wenn die übrigen Gesellschafter der Übertragung zustimmen oder ihre Zustimmung schon vorher erteilt haben (vgl. § 109 Anm. 22). Über die Rechtsnatur dieser Übertragung ist im Schrifttum viel gestritten worden, und es besteht auch heute darüber wohl noch keine Übereinstimmung. Man hat früher den einheitlichen Lebensvorgang einer solchen Übertragung in zwei verschiedene, rechtlich selbständige Teilakte zerlegt, nämlich in das Ausscheiden des bisherigen Gesellschafters aus der Gesellschaft mit Zustimmung der übrigen Gesellschafter und in die Aufnahme des neuen Gesellschafters in die Gesellschaft mit den Rechten und Pflichten des bisherigen Gesellschafters, ebenfalls mit Zustimmung der übrigen Gesellschafter. Man sah sich zu dieser dem einheitlichen Lebensvorgang nicht gerecht werdenden konstruktiven Lösung genötigt, weil man glaubte, der neue Gesellschafter könne Vertragspartner der anderen Gesellschafter in dem einheitlichen Gesellschaftsverhältnis nur dadurch werden, daß diese ihn durch Abschluß eines Aufnahmevertrages in ihr Gesellschaftsverhältnis einbeziehen. Demzufolge wurde angenommen, daß der Gesellschafter, der befugterweise seinen Gesellschaftsanteil auf eine Dritten überträgt, mit diesem namens der übrigen Gesellschafter oder mit einer Ermächtigung der übrigen Gesellschafter einen Aufnahmevertrag mit dem Dritten für die übrigen Gesellschafter abschließe. Damit wurde die rechtliche Möglichkeit einer echten Übertragung der Mitgliedschaft verneint, weil bei dieser Konstruktion der Dritte nicht den Gesellschaftsanteil des bisherigen Gesellschafters derivativ erwirbt, sondern einen neuen Gesellschaftsanteil (freilich mit den Rechten und Pflichten des bisherigen Gesellschafters) durch Abschluß des Aufnahmevertrages mit den übrigen Gesellschaftern erhält. Diese Auffassung wird heute vielfach als überholt angesehen. Mit einem Teil des Schrifttums erkennt heute die Rechtsprechung die Möglichkeit einer echten derivativen Übertragung des Gesellschaftsanteils durch Rechtsgeschäft zwischen dem übertragenden Gesellschafter und dem Erwerber an (BGH 13, 187; 44, 231; vgl. auch Wiedemann, Die Übertragung und Vererbung von Mitgliedschaftsrechten bei Handelsgesellschaften, 1965 S. 58ff. mit eingehenden Schrifttumsnachweisen; ferner Westermann Rdz. 391). Es handelt sich dabei um eine Rechtsnachfolge in ein bestehendes Rechtsverhältnis, in das an die Stelle des bisherigen Vertragspartners ein Dritter eintritt und dieses Rechtsverhältnis mit den übrigen Vertragspartnern fortsetzt. Eine solche Nachfolge innerhalb eines fortbestehenden Rechtsverhältnisses ist unserem Recht auch sonst nicht fremd (BGH 44, 231; ferner Wiedemann a. a. O.; Rob. Fischer ZHR 130, 360). Das bedeutet, daß sich bei der Übertragung eines Gesellschaftsanteils der Eintritt des Dritten in die Gesellschaft durch Abschluß des Vertrages zwischen dem bisherigen Gesellschafter und dem Erwerber des Anteils vollzieht, wobei freilich notwendige Wirksamkeitsvoraussetzung für diese Abtretung die vorherige oder nachträgliche Zustimmung der übrigen Gesellschafter ist. Das hat zur Folge, daß vertragliche Ansprüche, auch etwaige Ersatzansprüche (wegen Verzuges, Schlechterfüllung, Nichterfüllung pp) lediglich zwischen den beiden Vertragschließenden, dem bisherigen Gesellschafter und dem Anteilerwerber, gegeben sind. Es kann sich daher der Erwerber wegen eines solchen Anspruchs namentlich nicht an die übrigen Gesellschafter oder an die Gesellschaft halten. — Daneben ist es freilich auch denkbar, daß die Beteiligten bei der Übertragung eines Gesellschaftsanteils nach dem Grundsatz der Vertragsfreiheit den Weg wählen, daß sie die übrigen Gesellschafter als Vertragspartner an diesem Vertrag beteiligen, und zwar im Sinn der früher herrschenden Meinung in der Weise, daß zunächst der bisherige Gesellschafter aus der Gesellschaft ausscheidet und der „Erwerber des Anteils" von den übrigen Gesellschaftern an Stelle des bisherigen Gesellschafters in die Gesellschaft aufgenommen wird. Dann vollzieht sich der Eintritt des Dritten in die Gesellschaft durch Abschluß eines Aufnahmevertrages (dazu Anm. 5), mit der Folge, daß er vertragliche Ersatzansprüche gegen die Gesellschafter geltend machen kann.

Mit Zustimmung der übrigen Gesellschafter kann ein Gesellschafter seinen Gesellschaftsanteil auf einen Dritten auch nur teilweise übertragen. Eine solche nur teilweise Übertragung des Gesellschaftsanteils führt ebenfalls dazu, daß im Sinn des § 130 ein neuer Gesellschafter in eine bestehende Gesellschaft eintritt. Für den rechtlichen Vorgang einer solchen nur teilweisen Übertragung gilt nichts besonderes gegenüber der Übertragung des vollständigen Gesellschaftsanteils. Über die Rechtsstellung, die bei einer nur teilweisen Übertragung der neue Gesellschafter erhält, vgl. Anm. 17.

Bei dem Gesellschafterwechsel in einer zweigliedrigen Gesellschaft ist bei der **Anm. 12**
Frage, ob hier der Erwerber des Anteils in eine bestehende (sc. fortbestehende) Gesellschaft eintritt, zu unterscheiden. Übernimmt der Erwerber den Gesellschafteranteil in Form einer derivativen Rechtsnachfolge durch echte Übertragung von dem bisherigen Gesellschafter, so wird der Fortbestand der Gesellschaft für keinen Augenblick in Frage gestellt, weil die Zahl der Mitglieder der Gesellschaft im Verlauf der Übertragung immer die Mindestzahl von zwei Gesellschaftern aufweist. Denn zugleich mit dem Ausscheiden des Veräußerers aus der Gesellschaft tritt der Erwerber — uno actu — in die Gesellschaft ein. Nehmen die Beteiligten hingegen die „Übertragung des Gesellschaftsanteils" in der Form vor, daß der bisherige Gesellschafter durch Vertrag mit dem anderer Gesellschafter zunächst aus der Gesellschaft ausscheidet und der „Erwerber des Anteils" sodann durch Vertrag mit dem verbleibenden Gesellschafter in die Gesellschaft eintritt, so tritt bei diesem Vorgang notwendigerweise eine Auflösung und Beendigung der Gesellschaft in

dem Augenblick ein, in dem der „Veräußerer" durch Vertrag mit seinem Mitgesellschafter aus der Gesellschaft ausscheidet, weil nur noch ein Gesellschafter zurückbleibt und eine Einmanngesellschaft bei einer OHG nicht möglich ist (§ 105 Anm. 21). Die „Aufnahme" des „Erwerbers" stellt sich sodann als Errichtung einer neuen Gesellschaft dar, so daß insoweit auch nicht von einem Eintritt eines neuen Gesellschafters in eine bestehende Gesellschaft gesprochen werden kann. Dieses für die Beteiligten häufig unerfreuliche Ergebnis — die Neugründung einer OHG ist meist umständlich und kostspielig — können diese nur dadurch umgehen, daß sie zunächst den Erwerber (als dritten Gesellschafter) in die Gesellschaft aufnehmen und anschließend das Ausscheiden des Veräußerers gemeinsam vereinbaren. Ein solches Vorgehen sollten die Beteiligten schon im eigenen Interesse klar und unzweideutig zum Ausdruck bringen, um insoweit keine unliebsamen Überraschungen erleben zu müssen.

Anm. 13 Auch bei der nur **treuhänderischen Übertragung eines Gesellschaftsanteils** tritt ein neuer Gesellschafter, nämlich der Treuhänder, in die Gesellschaft ein. Die Besonderheit einer solchen nur treuhänderischen Abtretung beschränkt sich lediglich auf die Rechtsbeziehungen im Innenverhältnis zwischen Treugeber und Treuhänder, an denen die übrigen Gesellschafter bei der offenen Treuhand beteiligt werden können. Sie ist hingegen auf den Vollzug der Übertragung des Gesellschaftsanteils auf den Treuhänder und damit auf die Rechtsbeziehungen im Außenverhältnis grundsätzlich ohne Einfluß (§ 105 Anm. 28b). Auch der Treuhänder-Gesellschafter ist nach außen Gesellschafter mit allen Rechten und Pflichten. Auf ihn findet daher die Haftungsvorschrift des § 130 Anwendung. Wird der Gesellschaftsanteil später, entsprechend der Treuhandabrede, wieder an den Treugeber zurückübertragen, so handelt es sich hierbei im Sinn des § 130 wiederum um den Eintritt eines neuen Gesellschafters in die bestehende Gesellschaft. Das hat zur Folge, daß der Treugeber als neu eintretender Gesellschafter auch für die während des Bestehens des Treuhandverhältnisses begründeten Verbindlichkeiten zu haften hat.

Die **Übertragung eines Gesellschaftsanteils** kann auch **zum Zweck einer Nießbrauchsbestellung** vorgenommen werden, nämlich dann, wenn der Nießbraucher nicht nur die Nutzung an den vermögensrechtlichen Leistungen, sondern auch die Ausübung der vollen Gesellschafterrechte erhalten soll (vgl. dazu Voraufl. Anm. 19; Hueck § 27, 8). Hierbei handelt es sich um einen besonderen Fall einer treuhänderischen Übertragung, für den im Anwendungsbereich des § 130 nichts Besonderes gilt. Die Haftungsvorschrift des § 130 kommt also auch bei einer solchen Übertragung zur Anwendung.

Anm. 14 **4. Die Rechtsstellung des neu eintretenden Gesellschafters.**

Grundsätzlich richten sich die Rechte und Pflichten des neu eintretenden Gesellschafters nach dem Gesellschaftsvertrag. Ergänzend sind zu den Bestimmungen des Gesellschaftsvertrages die Vorschriften der §§ 109ff. heranzuziehen. Es gilt also insoweit auch nichts anderes als für die Festlegung der Rechte und Pflichten der Gesellschafter in einer neu errichteten Gesellschaft. Gleichwohl können in dieser Hinsicht beim Eintritt eines neuen Gesellschafters sehr viel größere Zweifelsfragen auftreten, die sich aus den Besonderheiten eines Eintritts in eine bestehende Gesellschaft ergeben. Im einzelnen wird man insoweit zwischen dem Eintritt eines neuen Gesellschafters und dem Gesellschafterwechsel durch Übertragung eines Gesellschaftsanteils oder durch Rechtsnachfolge im Fall des Todes eines Gesellschafters unterscheiden müssen.

Anm. 15 **a) Tritt ein neuer Gesellschafter in eine bestehende Gesellschaft ein,** ohne daß aus diesem Anlaß einer der bisherigen Gesellschafter aus der Gesellschaft ausscheidet **(kein Gesellschafterwechsel),** so vollzieht sich dieser Eintritt — unbeschadet der insoweit in Betracht kommenden verschiedenen Gestaltungsformen (vgl. dazu Anm. 6—9) — durch Abschluß eines Aufnahmevertrages zwischen den bisherigen Gesellschaftern und dem neu eintretenden Gesellschafter. In diesen Aufnahmevertrag, der selbst eine Abänderung des Gesellschaftsvertrages darstellt und damit zu einem Bestandteil des Gesellschaftsvertrages wird, sollten alle Bestimmungen aufgenommen werden, die für die Rechtsstellung des neuen Gesellschafters, namentlich auch in seinem Verhältnis zu den bisherigen Gesellschaftern, von Bedeutung sind. Dabei wird es im Interesse der Rechtsklarheit im allgemeinen sachgerecht sein, die Einzelheiten dieses Aufnahmevertrages in den bisherigen Gesellschaftsvertrag einzuarbeiten und aufzunehmen. Denn erfahrungsgemäß werden sich dann Unebenheiten oder sogar Widersprüche zwischen dem Aufnahmevertrag und dem bisherigen Gesellschaftsvertrag am leichtesten vermeiden lassen. Immer ist jedoch bei der Abfassung des Aufnahmevertrages äußerste Sorgfalt und gegebenenfalls Einholen rechtskundigen Rates im weitesten Sinn dringend zu empfehlen. Lassen die Vorschriften des Aufnahmevertrages über die Rechtsstellung des neu eintretenden Gesellschafters in diesem oder in jenem Punkt Zweifel offen, so ist es im Streitfall Aufgabe tatrichterlicher Auslegung, ob sich aus dem Sinnzusammenhang des Vertrages und des bisherigen Gesellschaftsvertrages diese Zweifel klären lassen. Das setzt Erfahrungen mit den Gepflogenheiten gesellschaftsrechtlicher Vertragspraxis voraus, z. B. bei der Bewertung der Einlage des neu eintretenden Gesellschafters in eine Gesellschaft, in der der Nominalbetrag der Kapitalanteile der übrigen Gesellschafter erheblich unter dem Wert des Gesellschaftsvermögens liegt, bei der vielfach üblichen verschiedenartigen Festsetzung der Geschäftsführervergütung für jüngere und ältere Gesellschafter, bei der Gestaltung der Vertretungsbefugnis, namentlich in Familiengesellschaften, bei denen die verschiedenen Stämme durch einen Repräsentanten vertreten werden, bei der Rechtsnachfolge (Vorrang des Familienstammes, keine Anwachsung zugunsten der Angehörigen der übrigen Stämme) sowie bei der Festsetzung des Abfindungsguthabens usw. Erst wenn sich im Wege einer solchen umfassenden Auslegung unter Berücksichtigung der Besonderheiten der in Frage stehenden Gesellschaft nichts zur Ausräumung der aufgetretenen Meinungsverschiedenheiten ergibt, ist auf die dispositiven gesetzlichen Vorschriften zurückzugreifen. Dabei wird sich der Tatrichter im Einzelfall immer darüber im klaren sein müssen, daß diese dispositiven Bestimmungen bei den heutigen Verhältnissen zum Teil nur ein grobes Mittel für die nähere Konkretisierung der Rechte und Pflichten eines Gesellschafters, also auch des neu eintretenden Gesellschafters, darstellen. Es ist daher in diesem Zusammenhang vielfach die Prüfung angebracht, ob nach dem Sinn- und Sachzusammenhang des Aufnahmevertrages und des alten Gesellschaftsvertrages die Anwendung der Dispositivvorschriften in diesem oder in jenem Punkt nur in einer abgeänderten Form möglich ist. Diese Gesichtspunkte, die für die tatrichterliche Auslegung von Bedeutung sind, haben auch noch in der Revisionsinstanz Gewicht, weil hier Rechtsfehler bei der tatrichterlichen Auslegung (etwa unterbliebene Berücksichtigung von erheblichen Umständen) gerügt werden können.

b) Eintritt eines neuen Gesellschafters durch Übertragung eines Gesellschaftsanteils: Anm. 16
Hier ist die Rechtslage grundsätzlich anders als bei dem Eintritt eines neuen Gesellschafters durch Abschluß eines Aufnahmevertrages mit dem bisherigen Gesellschafter (Anm. 15). Denn hier fehlt es an einem Aufnahmevertrag, der dort die Grundlage für die Bestimmung der Rechte und Pflichten des neu eintretenden Gesellschafters bildet. Andererseits handelt es sich bei einem solchen Gesellschafterwechsel um eine Rechtsnachfolge, bei der der neue Gesellschafter (Anteilserwerber) an die Stelle des bisherigen Gesellschafters in das Rechtsverhältnis (Gesellschaftsverhältnis) zu den anderen Gesellschaftern tritt (Anm. 11). Das bedeutet, daß der neue Gesellschafter hier grundsätzlich die gleichen Rechte und Pflichten wie der bisherige Gesellschafter erhält. Darin kommt zum Ausdruck, daß er nunmehr an der Stelle des bisherigen Gesellschafters das Gesellschaftsverhältnis mit den übrigen Gesellschaftern fortsetzt. Im einzelnen können sich jedoch hiervon bestimmte Abweichungen ergeben. Das gilt namentlich für solche Rechte, die dem bisherigen Gesellschafter mit Rücksicht auf besondere persönliche Eigenschaften, Fähigkeiten oder Verdienste eingeräumt waren, die man also mit Rücksicht darauf als besondere höchstpersönliche Rechte bezeichnen kann. Diese besonderen Rechte gehen bei der Übertragung des Gesellschaftsanteils nicht auf den Erwerber des Anteils über, sie sind um ihres höchstpersönlichen Charakters willen nicht übertragbar und kommen mit dem Ausscheiden des bisherigen Gesellschafters im allgemeinen in Fortfall. Im einzelnen ist es eine Frage des jeweiligen Einzelfalles, ob bei der Übertragung eines Gesellschaftsanteils solche besonderen persönlichen Rechte mit dem Gesellschaftsanteil verbunden sind, die auf den Erwerber nicht übergehen. Eine allgemeine Regel läßt sich dafür nicht aufstellen. In Betracht kommen dabei etwa besondere Rechte bei der Gestaltung der Geschäftsführungs- und Vertretungsbefugnis, besondere Zustimmungs- und Widerspruchsbefugnisse, die Zubilligung einer besonderen Geschäftsführervergütung, die sich auch in einem erhöhten Gewinnanteil oder in einem Gewinn-

voraus niederschlagen kann, ein erhöhtes Stimmrecht u. a. In Fällen dieser Art wird sich der Erwerber eines Gesellschaftsanteils vor unliebsamen Überraschungen nur dadurch schützen können, daß er sich vor dem Erwerb durch Rücksprache bei den übrigen Gesellschaftern (nicht nur bei den vertretungsberechtigten Gesellschaftern) vergewissert, ob solche höchstpersönlichen Rechte mit dem Gesellschaftsanteil verbunden sind. — Entsteht nach dem Erwerb eines Gesellschaftsanteils zwischen dem Erwerber und den übrigen Gesellschaftern Streit darüber, ob ein bestimmtes Recht, das dem Veräußerer gesellschaftsvertraglich eingeräumt war, ein solches höchstpersönliches, also nicht übertragbares Recht ist, das demzufolge auch nicht dem Erwerber zusteht, dann ist es in einem Rechtsstreit Aufgabe der übrigen Gesellschafter, den Nachweis zu führen, daß das umstrittene Recht diesen Charakter besitzt. Zugunsten des Erwerbers ist also zunächst davon auszugehen, daß alle mit dem übertragenen Gesellschaftsanteil verbundenen Rechte auch auf ihn übergegangen sind. Diese Beweislastregel wird auch der Sache gerecht, weil die übrigen Gesellschafter mit dem Sachverhalt am besten vertraut sind und weil von ihnen überdies damit nicht der Nachweis eines Negativums verlangt wird.

Anm. 17 **c) Überträgt der Veräußerer seinen Gesellschaftsanteil auf** einen Dritten nur teilweise, so ergeben sich für die Rechtsstellung des Dritten als neuen Gesellschafter Besonderheiten. Denn seine Rechtsstellung als neuer Gesellschafter wird hier nicht ausschließlich durch eine derivative Rechtsnachfolge bestimmt. Die Eigenart dieses Rechtsvorgangs, einer nur teilweisen Übertragung des Gesellschaftsanteils, besteht darin, daß dem Veräußerer seine Verwaltungsrechte als Gesellschafter (z. B. Stimmrecht, Zustimmungsrecht nach § 116 Abs. 2, Kontrollrecht nach § 118 usw.) verbleiben, der Erwerber aber gleichwohl solche Rechte ebenfalls erhält. Auch erhält der Erwerber als Mitglied der Gesamthandsgemeinschaft einen Anteil am Gesellschaftsvermögen, während der Veräußerer, da er ebenfalls Mitglied der Gesamthandsgemeinschaft verbleibt, auch weiterhin einen Anteil am Gesellschaftsvermögen erhält (vgl. auch § 120 Anm. 21).

Aus dieser Besonderheit ergeben sich die Schwierigkeiten für die Rechtsstellung des neuen Gesellschafters, der von einem anderen Gesellschafter nur einen Teil von dessen Gesellschaftsanteil erwirbt. In jedem Fall erhält der neue Gesellschafter alle Rechte, die mit seiner Stellung als Gesellschafter verbunden sind. Steht nach dem Gesellschaftsvertrag jedem Gesellschafter, ohne Rücksicht auf seine kapitalmäßige Beteiligung, ein gleiches Stimmrecht zu, so erhält auch der neue Gesellschafter ein solches Stimmrecht. Ähnlich ist sein Recht auf eine eigene Geschäftsführungs- und Vertretungsbefugnis zu beurteilen. Haben hingegen in der Gesellschaft nicht alle Gesellschafter eine solche Befugnis, so kann aus der Tatsache, daß der Veräußerer eine solche Befugnis hat und auch weiter behält, im allgemeinen wohl nichts für oder gegen die Annahme einer solchen Befugnis in der Person des neuen Gesellschafters hergeleitet werden. Vielmehr müssen dann die Gründe erforscht werden, die in dem konkreten Fall zum Ausschluß der Geschäftsführungs- und Vertretungsbefugnis bei einem oder einigen der Gesellschafter geführt haben. Ergibt diese Prüfung, daß ein solcher Ausschluß mit Rücksicht auf besondere Gründe in der Person dieser Gesellschafter vorgenommen worden ist, so spricht das dafür, daß der Erwerber die Befugnis zur Geschäftsführung und Vertretung erhält, es sei denn, daß in seiner Person ähnliche Ausschlußgründe gegeben sind. Ergibt hingegen diese Prüfung, daß in der Gesellschaft nur bestimmten Gesellschaftern mit Rücksicht auf ihre besondere Vertrauenswürdigkeit und ihre besonderen Fähigkeiten die Geschäftsführungs- und Vertretungsbefugnis anvertraut worden ist, so spricht das im allgemeinen dagegen, daß der Erwerber mit seinem Eintritt in die Gesellschaft auch ohne weiteres die Geschäftsführungs- und Vertretungsbefugnis erhält. Bei einer Familiengesellschaft mit verschiedenen Stämmen sind insoweit die Besonderheiten zu berücksichtigen, die z. B. zur Repräsentanz nur jeweils eines Vertreters eines Stammes in der Geschäftsführung geführt haben. Im übrigen ist zu beachten, daß sich die teilweise Übertragung des Gesellschaftsanteils in den Büchern der Gesellschaft bei der Angabe des Kapitalanteils des Veräußerers niederschlägt, nämlich von seinem Kapitalanteil ein bestimmter Betrag abgebucht und auf den Namen des Erwerbers eingebucht wird. Das hat zur Folge, daß die Rechte, wie z. B. das Gewinnbezugsrecht, das Recht auf Beteiligung am Auseinandersetzungsguthaben, die sich nach der Höhe des Kapitalanteils des einzelnen Gesellschafters richten, nunmehr hinfort durch diese Umbuchung für den Veräußerer und Erwerber bestimmt werden.

Angesichts der möglichen Unklarheiten, die sich bei der teilweisen Übertragung eines Gesellschaftsanteils für die Rechtsstellung des neuen Gesellschafters ergeben, ist im Interesse der Rechtssicherheit dringend zu empfehlen, daß schon bei der Übertragung eine nähere Bestimmung und Konkretisierung seiner Rechtsstellung vorgenommen wird; an einer solchen näheren Bestimmung müssen auch die übrigen Gesellschafter beteiligt werden.

d) Bei dem Eintritt eines neuen Gesellschafters im Wege der Erbfolge gelten im Grundsatz die gleichen Gesichtspunkte wie zu Anm. 16/17. Im übrigen ist insoweit auf die Erl. zu § 139 zu verweisen. **Anm. 18**

5. Die Neugründung einer Gesellschaft. **Anm. 19**

Es ist möglich und zulässig, aber in den meisten Fällen unpraktisch und kostspielig daß die Beteiligten aus Anlaß des Eintritts eines neuen Gesellschafters ihre bisherige Gesellschaft nicht fortsetzen, sondern beenden und gemeinsam mit dem neu Eintretenden eine neue Gesellschaft errichten. In diesem Fall liegt ein notwendiges Erfordernis für die Anwendung des § 130, nämlich der Eintritt eines Dritten in eine bestehende Gesellschaft (Anm. 3), nicht vor; das hat zur Folge, daß der neu Eintretende auch nicht für die Verbindlichkeiten der früheren und nunmehr beendeten Gesellschaft zu haften braucht. Es käme in diesem Fall, bei Vorliegen der entsprechenden Voraussetzungen, eine Haftung der neu errichteten Gesellschaft nach § 25 in Betracht, für die dann auch der neu hinzukommende Gesellschafter einzustehen hätte. In der Möglichkeit, die sonst zwingende Haftungsfolge des § 130 (vgl. Anm. 25) auszuschließen, liegt im wesentlichen die einzige praktische Bedeutung einer solchen Auflösung und Beendigung der alten Gesellschaft und der sich daran anschließenden Errichtung einer neuen Gesellschaft. Im übrigen ist ein solches Vorgehen unpraktisch und kostspielig, weil in diesem Fall eine Übertragung des Gesellschaftsvermögens der alten Gesellschaft auf die neue Gesellschaft mit den damit verbundenen Kosten erforderlich ist. Auch kann die Notwendigkeit der Aufstellung einer neuen Eröffnungsbilanz mit zusätzlichen steuerlichen Belastungen verbunden sein.

Es liegt im freien Belieben der Beteiligten, ob sie aus Anlaß des Eintritts eines neuen Gesellschafters den Weg einer Neugründung ihrer Gesellschaft einschlagen wollen. Da es sich bei einem solchen Vorgehen aber immerhin um einen etwas ungewöhnlichen Vorgang handelt, ist im Zweifel anzunehmen, daß der Eintritt des Dritten in eine fortbestehende Gesellschaft erfolgen soll (RG JW 1926, 1432; Schlegelberger/Geßler Anm. 26). Die Beteiligten müssen also ihren Willen, eine Neugründung vorzunehmen, klar und deutlich zum Ausdruck bringen. Auch aus der Registereintragung muß das deutlich hervorgehen, weil sich sonst der Rechtsverkehr nach § 15 auf die Haftungsfolge gemäß § 130 zu Lasten des neu hinzugekommenen Gesellschafters berufen könnte.

In der Voraufl. Anm. 14 war angenommen worden, daß es sich um eine Neugründung der Gesellschaft handele, wenn ein **völliger Wechsel des Mitgliederbestandes** eintritt, wenn also die bisherigen Gesellschafter austreten und gleichzeitig neue Gesellschafter eintreten (ähnlich Schlegelberger/Geßler Anm. 2). Daraus ist sodann des weiteren gefolgert worden, daß in einem solchen Fall die Vorschrift des § 130 nicht angewendet werden könne. Dieser Auffassung kann nicht beigetreten werden, sofern die bisherigen Gesellschafter ihre Gesellschaftsanteile im Wege der derivativen Rechtsnachfolge (Anm. 11) auf dritte Personen übertragen und diese sodann unter Wahrung der Identität der Gesellschaft an die Stelle der bisherigen Gesellschafter treten. — Eine solche rechtliche Möglichkeit kann bei einer derivativen Rechtsnachfolge nicht zweifelhaft sein (BGH 44, 231; Wieland I S. 804; Hueck § 27 II; Wiedemann, Die Übertragung und Vererbung von Mitgliedschaftsrechten bei Handelsgesellschaften, 1965 S. 53 Fußnote 3). Daher kann in diesem Fall auch bei einem völligen Wechsel des Mitgliederbestandes die Vorschrift des § 130 mit der Haftungsfolge für die neuen Gesellschafter zur Anwendung gelangen. Das schließt freilich nicht aus, daß die Beteiligten eine andere Gestaltung ihres Rechtsverhältnisses wollen und vornehmen, also eine Neugründung der Gesellschaft herbeiführen (BGH a. a. O.). In diesem Fall ist für eine Anwendung des § 130 kein Raum (Anm. 3). **Anm. 20**

III. Die Haftung des neu eintretenden Gesellschafters

Anm. 21 Inhalt der Vorschrift des § 130 ist allein die Haftung des neu eintretenden Gesellschafters für die vor seinem Eintritt begründeten Verbindlichkeiten der Gesellschaft. Der Eintritt eines weiteren Gesellschafters in eine bestehende Gesellschaft ist in dieser Vorschrift nicht geregelt, sondern in der Vorschrift lediglich als rechtlich möglich vorausgesetzt (dazu Anm. 3—20).

Anm. 22 **1. Die Voraussetzung für die Haftung.**

Für den Eintritt der Haftung gemäß § 130 ist es nicht ausreichend, daß ein Dritter in eine bestehende Gesellschaft eingetreten ist und dieser Eintritt, z. B. durch Abschluß eines Aufnahmevertrages (Anm. 5), im Verhältnis unter den Gesellschaftern wirksam geworden ist. Dieser Abschluß ist zunächst nur ein innerer Vorgang, der nur das Verhältnis der Gesellschafter untereinander berührt (RG 89, 97; 93, 228). Um die Haftungsfolge des § 130 auszulösen, **muß der Eintritt des Dritten** in die bestehende Gesellschaft **nach außen wirksam geworden sein.** Diese Wirksamkeit tritt in sinngemäßer Anwendung des § 123 mit dem Zeitpunkt ein, in dem der Eintritt in das Handelsregister eingetragen ist, oder mit dem Zeitpunkt, in dem die Geschäfte der Gesellschaft nach dem Eintritt mit Zustimmung des neuen Gesellschafters fortgesetzt werden. Wie es im Fall des § 123 für den Eintritt der Gesamthaftung nach außen nicht erkennbar sein muß, wer im einzelnen die Gesellschafter der neu errichteten Gesellschaft sind, ist es auch für die Haftung des neu eintretenden Gesellschafters gemäß § 130 nicht erforderlich, daß der Eintritt des neuen Gesellschafters nach außen kenntlich oder dem Dritten bekannt geworden ist. Ausreichend, aber auch notwendig ist für den Eintritt der Haftung vor der Eintragung, daß der Geschäftsbetrieb mit Zustimmung des neuen Gesellschafters fortgesetzt wird, so wie auch nach § 123 die Haftung der ursprünglichen Gesellschafter nur eintritt, wenn vor der Eintragung die Geschäfte mit Zustimmung der übrigen Gesellschafter aufgenommen werden (§ 123 Anm. 10). Im Fall des § 130 kann die Zustimmung dahin erteilt werden, daß die Fortsetzung der Geschäfte erst nach der Eintragung oder nach deren Bekanntmachung erfolgen darf (RG 128, 181).

Der einmal nach außen wirksam gewordene Eintritt kann nicht mehr durch Vereinbarung der Gesellschafter rückgängig gemacht werden. Auch die Geltendmachung von Willensmängeln mit der Rechtsfolge einer rückwirkenden Vernichtung des Eintritts in die Gesellschaft steht den Beteiligten nicht mehr zu (dazu Anm. 28).

Anm. 23 Die Haftung des neuen Gesellschafters tritt auch ein, wenn die alte Firma nicht beibehalten und eine ganz neue Firma gewählt wird. Das ist in Abs. 1 ausdrücklich ausgesprochen. Entscheidend ist insoweit lediglich, daß die bisherige Gesellschaft fortgesetzt wird (Anm. 3).

Anm. 24 **2. Der Umfang der Haftung.**

Die Haftung erstreckt sich auf alle bisherigen Schulden der Gesellschaft, ohne Rücksicht auf den Grund ihrer Entstehung. Die Haftung nach § 130 geht damit weiter als die Haftung nach den §§ 25, 27, 28, die sich nur auf die im Betrieb des Geschäfts begründeten Verbindlichkeiten erstreckt. Die Haftung nach § 130 entspricht der Haftung der ursprünglichen Gesellschafter, die ebenfalls für alle Verbindlichkeiten haften. Unerheblich für die Haftung ist es, ob der neue Gesellschafter die Schulden gekannt oder ob sie ihm gar verschwiegen worden sind (RG 66, 323). Wegen arglistigen Verschweigens oder Verschuldens des Vertragspartners des Aufnahmevertrages kann sich der neue Gesellschafter nur an seine Vertragspartner halten. Dem Dritten gegenüber kann sich der neue Gesellschafter zu seiner Befreiung nur auf unerlaubte Handlung des Dritten (unerlaubtes Zusammenspiel mit den bisherigen Gesellschaftern) berufen.

Der eintretende Gesellschafter haftet nach Maßgabe der §§ 128, 129. Er hat also neben seinen persönlichen Einwendungen auch die Einwendungen der Gesellschaft, selbst wenn der Rechtsgrund dieser Einwendungen in die Zeit vor seinem Eintritt zurückgreift. Persönliche Einwendungen können auf Absprachen beruhen, die er anläßlich seines Eintritts in die Gesellschaft mit dem Gläubiger getroffen hat (vgl. dazu auch Anm. 25). Hingegen ist es für seine Haftung gleichgültig, welche Vereinbarungen er bei seinem Eintritt mit den anderen Gesellschaftern getroffen hat; diese Vereinbarungen haben nur für das Innenverhältnis Bedeutung. Für den Inhalt seiner Haftung gelten die Ausführungen zu § 128 Anm. 9ff.

Hat der neu eintretende Gesellschafter seinen Gesellschaftsanteil von einem anderen Gesellschafter erworben (vgl. Anm. 11), so haftet er für das vereinbarte Entgelt nicht nach § 130; vielmehr schuldet er dieses Entgelt unmittelbar aufgrund seiner vertraglichen Abmachung mit dem Veräußerer des Gesellschaftsanteils. Wird hingegen der Gesellschafterwechsel in der Form vollzogen, daß der bisherige Gesellschafter aufgrund einer Vereinbarung mit den übrigen Gesellschaftern ausscheidet, und der neue Gesellschafter durch Abschluß eines Aufnahmevertrages in die Gesellschaft eintritt (vgl. dazu ebenfalls Anm. 11), so ist Schuldner für die Zahlung des Abfindungsguthabens an den ausgeschiedenen Gesellschafter die Gesellschaft, mit der Folge, daß dann auch der neu eintretende Gesellschafter für diese Verbindlichkeit nach § 130 zu haften hat (RG 93, 228). Anders ist das nur, wenn in dem Vertrag mit dem ausscheidenden Gesellschafter bestimmt wird, daß für die Zahlung des Abfindungsguthabens nur die bisherigen Gesellschafter einstehen sollen.

3. Der zwingende Charakter der Haftung. **Anm. 25**

Durch eine Vereinbarung unter den Gesellschaftern kann die Haftung des neuen Gesellschafters gegenüber Dritten nicht ausgeschlossen werden (Abs. 2). Das kann auch nicht, wie in den Fällen der §§ 25, 28, durch Eintragung in das Handelsregister und Bekanntmachung oder durch eine besondere Mitteilung an einen Dritten geschehen. Derjenige, der in eine bestehende Gesellschaft als neuer persönlich haftender Gesellschafter eintritt, soll in jeder Beziehung den Gesellschaftsgläubigern so haften, wie die ursprünglichen Gesellschafter. Zulässig und wirksam ist eine Vereinbarung zwischen der Gesellschaft und einzelnen Gläubigern oder zwischen diesen und dem Neueintretenden, nach der dieser den Gläubigern z. B. dem Ausscheidenden für sein Abfindungsguthaben nicht oder erst nach den alten Gesellschaftern haftet, oder nach der die Haftung nur eintreten soll, wenn das Gesellschaftsvermögen unzureichend ist (RG LZ 1907, 500).

Soll die Haftung für die bisherigen Schulden der Gesellschaft allgemein ausgeschlossen werden, so kann dies nur durch Auflösung der alten Gesellschaft und Bildung einer neuen geschehen. Wird dabei die alte Firma nach Maßgabe des § 25 mit dem von der alten Gesellschaft übernommenen Geschäft fortgeführt, so kann dabei die Ausschließung der Haftung für die alten Schulden vereinbart und die Wirksamkeit dieser Vereinbarung gegenüber Dritten nach § 25 Abs. 2 (Eintragung und Bekanntmachung oder Mitteilung an den Dritten) herbeigeführt werden. Damit die Auflösung und Neubildung die beabsichtigte Ausschließung der Haftung des Neueintretenden hat, darf das Gebaren der Beteiligten nicht gegen die Ausschließung sprechen. Wird z. B. durch Beibehaltung der Firma und des Geschäftslokals und das sonstige Verhalten der Beteiligten der Anschein erweckt, als handle es sich um die Fortsetzung der alten Gesellschaft, so haftet die neue Gesellschaft und auch der neue Gesellschafter nach der Lehre vom Rechtsschein für die alten Schulden (dazu BGH 17, 13). **Anm. 26**

Im Innenverhältnis zwischen der Gesellschaft und ihren alten Gesellschaftern einerseits und dem Neueintretenden andererseits sind Beschränkungen der Haftung des Neueintretenden für die alten Gesellschaftsschulden zulässig. Insbesondere kann vereinbart werden, daß die alten Gesellschafter den Neueintretenden von der Haftung für die alten Schulden der Gesellschaft freizuhalten haben oder daß die Haftung nur für bestimmte Schulden oder bis zu einem Höchstbetrage übernommen wird. **Anm. 27**

IV. Der rechtlich fehlerhafte Eintritt eines Gesellschafters

Der Eintritt eines neuen Gesellschafters in eine bestehende Gesellschaft kann rechtlich fehlerhaft sein. So kann der Aufnahmevertrag oder der Vertrag über die Veräußerung eines Gesellschaftsanteils nach den allgemeinen Vorschriften des bürgerlichen Rechts nichtig (z. B. wegen Formmangels, Dissens u. a.) oder wegen eines Willensmangels (Täuschung, Drohung, Irrtum) anfechtbar sein. Über die Rechtsfolgen, die sich aus einem solchen rechtlich fehlerhaften Eintritt ergeben, wenn sich die Fehlerhaftigkeit erst herausstellt, nachdem der Eintritt des neuen Gesellschafters nach außen wirksam geworden ist (dazu Anm. 22), ist früher viel gestritten worden. Dabei stand im Mittelpunkt der Betrachtung die Haftung des neu eingetretenen Gesellschafters gegenüber **Anm. 28** den sog. Altgläubigern und den sog. Neugläubigern der Gesellschaft. Das Reichsgericht hat bei Entscheidung der sich hieraus ergebenden Zweifelsfragen die Haftung des neu eintretenden Gesellschafters zunächst auf die Schulden beschränkt, die nach der Eintragung seines Eintritts begründet worden sind (RG 51, 39 für den insoweit gleichliegenden Fall des § 28; Haftung aufgrund Rechtsscheins). In der Folgezeit hat es diese Haftung auch auf die sog. Altschulden ausgedehnt, sofern der Eintritt in das Handelsregister eingetragen worden ist, da in dieser Eintragung eine an die Öffentlichkeit gerichtete Erklärung, auch für die Altschulden haften zu wollen, erblickt werden müsse (RG 78, 441; 89, 97; 93, 229). Diese Rechtsprechung des Reichsgerichts verfing sich schließlich in einem unaufhebbaren Widerspruch, als das Reichsgericht in RG 142, 98 für den Fall, daß eine Eintragung in das Handelsregister nicht vorgenommen worden war, die Haftung des neu Eingetretenen wiederum auf eine Haftung kraft Rechtsscheins beschränkte und ausführte, daß eine allgemeine Haftung für alle Altschulden nicht in Betracht gezogen werden könne, sondern daß es darauf ankomme, ob der Eingetretene allgemein oder dem klagenden Gläubiger gegenüber in einer Weise als Gesellschafter aufgetreten sei, daß der Berufung auf die Nichtigkeit des Vertrages die Einrede der Arglist entgegenstände (kritisch hierzu Larenz JW 1934, 224; ferner Lobedanz, Einfluß von Willensmängeln auf Gründungs- und Beitrittsgeschäfte, 1938 S. 8, 64ff.).

Seitdem die Rechtsfigur der fehlerhaften Gesellschaft im Gesellschaftsrecht allgemein Anerkennung gefunden hat (vgl. dazu § 105 Anm. 68ff.), ist die vorstehend aufgeführte Rechtsprechung überholt und gegenstandslos geworden. Denn auch auf den fehlerhaften Eintritt eines Gesellschafters in eine OHG sind die Grundsätze einer fehlerhaften Gesellschaft anzuwenden (vgl. § 105 Anm. 84). Das bedeutet, daß ein solcher Eintritt, sobald er nach außen wirksam geworden (vollzogen) ist (Anm. 22), zunächst als rechtlich wirksam zu betrachten ist. So wie bei der fehlerhaften Gesellschaft die rückwirkende Nichtigkeitsfolge beseitigt ist und auf diese Gesellschaft, solange sie nicht aufgelöst und beendet ist, die Vorschriften der §§ 105ff., also auch die Haftungsvorschriften der §§ 128/29 angewendet werden müssen, muß das auch für die Haftungsvorschrift des § 130 gelten, sofern ein Dritter rechtlich fehlerhaft in eine OHG eintritt (BGH 44, 235; Hueck § 7 II; Schlegelberger/Geßler § 130 Anm. 27; Baumbach/Duden § 105 Anm. 8 A; Westermann Rdz. 391). Somit haftet auch bei einem rechtlich fehlerhaften Eintritt der neue Gesellschafter gemäß § 130 für die vor seinem Eintritt begründeten Verbindlichkeiten der Gesellschaft persönlich und unbeschränkt. Unter diesen Umständen bedarf es in diesem Zusammenhang nicht mehr einer Heranziehung des Vertrauensgrundsatzes, wie er etwa bei einem Auftreten im Verkehr als Gesellschafter einer OHG Anwendung findet (vgl. dazu BGH 17, 13).

Anm. 29 Die Grundsätze von der fehlerhaften Gesellschaft müssen auch dann Anwendung finden, wenn ein Gesellschafter von seinem Präsentationsrecht in rechtsmißbräuchlicher Weise Gebrauch gemacht hat und die Aufnahme des neuen Gesellschafters nach außen wirksam geworden ist, weil die übrigen Gesellschafter den Rechtsmißbrauch zunächst nicht erkannt und deshalb den Vollzug der Aufnahme nicht verhindert haben. In diesem Fall verbleibt den übrigen Gesellschaftern nur die Möglichkeit, die Ausschließung des aufgenommenen Gesellschafters im Wege der Klage zu betreiben und notfalls den präsentationsberechtigten Gesellschafter auf Zustimmung zu dieser Ausschließung zu belangen (vgl. dazu § 117 Anm. 15, 19).

Vierter Titel

Auflösung der Gesellschaft und Ausscheiden von Gesellschaftern

§ 131

Die offene Handelsgesellschaft wird aufgelöst:

1. durch den Ablauf der Zeit, für welche sie eingegangen ist;

2. durch Beschluß der Gesellschafter;

3. durch die Eröffnung des Konkurses über das Vermögen der Gesellschaft;

4. durch den Tod eines Gesellschafters, sofern nicht aus dem Gesellschaftsvertrage sich ein anderes ergibt;

5. durch die Eröffnung des Konkurses über das Vermögen eines Gesellschafters;

6. durch Kündigung und durch gerichtliche Entscheidung.

Inhaltsübersicht

Schrifttum: Geßler, Die Lebensdauer der Personalgesellschaften, Soz. Praxis 1938, 1173; Hintzen, Auflösung und Liquidation von Personalgesellschaften, 1965; Kaufmann, Die Rückgängigmachung der Auflösung bei Handelsgesellschaften und Genossenschaften, 1930; Steines, Die faktisch aufgelöste offene Handelsgesellschaft, 1964; Wimpfheimer, Die Gesellschaften des Handelsrechts und des bürgerlichen Rechts im Stadium der Liquidation, 1908.

Einleitung.

Der Vierte Titel enthält die Vorschriften über die Auflösung der Gesellschaft und das Ausscheiden von Gesellschaftern aus der fortbestehenden Gesellschaft. § 131 zählt die Auflösungsgründe auf. Die §§ 132—135 bringen nähere Vorschriften über die Auflösung durch Kündigung oder gerichtliche Entscheidung. § 136 enthält eine Schutzbestimmung zugunsten des geschäftsführenden Gesellschafters, dem die Auflösung nicht bekannt ist oder bekannt sein muß. § 137 regelt die Pflichten der Erben eines Gesellschafters, durch dessen Tod die Gesellschaft aufgelöst ist, und die vorläufige Fortführung der Geschäfte der Gesellschaft im Falle der Auflösung der Gesellschaft durch Tod oder Privatkonkurs eines Gesellschafters. Die §§ 138—141 ermöglichen die Fortsetzung der Gesellschaft bei Ausscheiden eines Gesellschafters, § 142 die Übernahme des Geschäfts durch einen Gesellschafter, wenn die Gesellschaft nur aus zwei Gesellschaftern besteht. § 143 schreibt die Anmeldung der Auflösung der Gesellschaft und des Ausscheidens eines Gesellschafters beim Handelsregister vor. § 144 schließlich regelt die Fortsetzung der Gesellschaft nach Aufhebung oder Einstellung des Gesellschaftskonkurses. Anm. 1

Gegenüber dem Recht des ADHGB, Artt. 123—129, 132, sind die Regelungen des HGB fortentwickelt. Insbesondere wird durch die Bestimmungen des § 139 die Rechtsstellung der Erben eines ausgeschiedenen Gesellschafters hinsichtlich der mit der unbeschränkten persönlichen Haftung verbundenen Gefahren verbessert. Eine wesentliche Verbesserung im Sinne der Erhaltung des Unternehmens enthält auch die Bestimmung des § 142. § 131 stimmt im wesentlichen mit Art. 123 ADHGB überein. Jedoch ist der Eintritt der rechtlichen Unfähigkeit eines Gesellschafters zur selbständigen Vermögensverwaltung (Art. 123 Nr. 3 ADHGB) als selbständiger Auflösungsgrund nicht übernommen worden. Anm. 2

I. Auflösung — Wesen und Bedeutung

1. Auflösung als Beginn des Abwicklungsstadiums. Anm. 3

a) Auflösung und Vollbeendigung: Im Gesellschaftsrecht ist zwischen der Auflösung der Gesellschaft und ihrer Vollbeendigung zu unterscheiden. Mit der Auflösung, dem Eintritt der Auflösungsursache, kommt die Gesellschaft als solche regelmäßig nicht schon in Wegfall. Sie erfährt vielmehr eine Umgestaltung des gemeinsamen Zwecks dahingehend, daß an die Stelle der werbenden Tätigkeit, der weiteren Förderung des vereinbarten Gesellschaftszwecks, nunmehr die **Abwicklung** der Gesellschaft tritt, mit dem Ziel, die Rechtsbeziehungen der Gesellschaft Dritten gegenüber zu lösen, das Gesamthandsvermögen zu liquidieren und den Überschuß unter den Gesellschaftern zu verteilen. Eine Identitätsänderung tritt dadurch nicht ein. Werbende Gesellschaft und Abwicklungsgesellschaft sind vielmehr eine einzige Gesellschaft, wenn auch mit unterschiedlichem Gesellschaftszweck. — Die Rechtslage bei den Personengesellschaften des Handelsrechts entspricht insofern derjenigen bei der bürgerlichrechtlichen Gesellschaft (§§ 727ff. BGB) bzw. bei den Gesellschaften mit eigener Rechtspersönlichkeit (§§ 262ff. AktG, 60ff. GmbHG, 78ff. GenG), die jeweils ebenso die Auflösung als Ende der werbenden Gesellschaft und Beginn des Abwicklungsstadiums kennen.

b) Begriff und Wirkungen der Auflösung: Die Auflösung der OHG ist somit zu bestimmen als Aufgabe des Erwerbszwecks und Umwandlung in eine Abwicklungsgesellschaft (Hueck § 23 I). Nach der gesetzlichen Regel wird sie bewirkt durch den Eintritt eines der Auflösungsgründe des § 131 (zum Eingreifen sonstiger Auflösungsgründe vgl. Anm. 111ff.). Dabei handelt es sich durchweg um Tatsachen, die nach der gesetzlichen Wertung der weiteren Verfolgung des Gesellschaftszwecks der offenen Handelsgesellschaft, dem Betriebe eines Handelsgewerbes unter gemeinschaftlicher Firma durch die in ihr verbundenen Personen, hinderlich sind oder sie unmöglich machen. Anm. 4

Anm. 5 Mit dem Eintritt der Auflösung entfallen regelmäßig noch nicht die Rechtsverhältnisse der Gesellschaft zu Dritten und das gesamthänderisch gebundene Vermögen. Diese Rechtsbeziehungen müssen vielmehr gelöst werden. Hierfür hat der Gesetzgeber die Liquidation (Abwicklung) nach §§ 145ff. vorgesehen. Sie dient einmal dazu, die Rechtsgeschäfte mit Dritten abzuwickeln. Die Schulden der Gesellschaft müssen bezahlt, Außenstände eingezogen, die Beziehungen zu den Arbeitnehmern unter Stilllegung des Geschäftsbetriebs gelöst werden. Sodann muß die vermögensmäßige Verbindung der Gesellschafter untereinander, die gesamthänderische Bindung des Gesellschaftsvermögens gelöst werden, da der Zweck der Bindung, die Erreichung des Gesellschaftszwecks durch den gemeinschaftlichen Geschäftsbetrieb, weggefallen ist. Hierzu dient die Auseinandersetzung unter den Gesellschaftern, § 730 BGB, an deren Ende die Verteilung des Überschusses an die Empfangsberechtigten und die Löschung der Firma im Handeslregister als äußeres Zeichen des Wegfalls der Gesellschaft stehen (§§ 155, 157).

Anm. 6 **c) Eintritt der Vollbeendigung:** Die Vollbeendigung der Gesellschaft tritt erst, aber auch schon dann ein, wenn das Gesamthandsvermögen liquidiert, d. h. zur Schuldentilgung verwandt bzw. unter den Gesellschaftern verteilt ist (§§ 155, 156, 158; RGZ 106, 63/66; 155, 75/80; RG HoldhMschr 1911, 29). Bis zu diesem Zeitpunkt besteht die Gesellschaft fort; der scheinbar entgegenstehenden Vorschrift des § 730 Abs. 2 S. 1 BGB („Für die Beendigung der schwebenden Geschäfte ... gilt die Gesellschaft als fortbestehend") kommt nach einhelliger Meinung keine Bedeutung zu (vgl. zu dieser heute gegenstandslosen Frage Voraufl. Anm. 2). Sobald das Gesamthandsvermögen jedoch liquidiert ist, entfällt auch die Gesellschaft, sie ist vollbeendet. Das gilt auch dann, wenn noch nicht alle Gesellschaftsschulden getilgt sind (vgl. §§ 128, 159). Ebenso ist für die Vollbeendigung unerheblich, ob die Ausgleichsansprüche unter den Gesellschaftern bereits sämtlich erledigt sind oder ob die „Auseinandersetzung im weiteren Sinn" (im Unterschied zur Auseinandersetzung des Gesellschaftsvermögens, § 145 Anm. 1) noch andauert (RGZ 40, 29/31; Ritter § 144 Anm. 2). Auch durch den nachträglichen Anfall und die Verwertung einzelner Vermögensstücke lebt die Gesellschaft nicht wieder auf. Eine Fortsetzung durch Rückumwandlung in eine werbende Gesellschaft (Anm. 146) ist in diesem Stadium, nach eingetretener Vollbeendigung, nicht mehr möglich.

Anm. 7 **2. Zusammenfallen von Auflösung und Beendigung als Ausnahme.**

Ausnahmsweise ist für eine Liquidation der Gesellschaft kein Raum, der Eintritt der Auflösungsursache führt unmittelbar zur Beendigung der Gesellschaft. Das ist dann der Fall, wenn aufgrund des Gesellschaftsvertrags oder einer späteren Absprache zwischen den Gesellschaftern mit dem Zeitpunkt der Auflösung auch bereits die gesamthänderische Berechtigung am Gesellschaftsvermögen endet (§ 158, vgl. RG HRR 1931, 1689, BGH WM 1958, 1105/1106, OLG Oldenburg DB 1955, 215; Hueck § 23 I; Geßler Anm. 3). Zu denken ist vor allem an eine Vereinbarung, nach der zugleich mit der Auflösung das gesamte Gesellschaftsvermögen mit Aktiven und Passiven auf einen Gesellschafter übergehen soll. Die Rechtsbeziehungen zu Dritten werden durch die Auflösung und den damit verbundenen Vermögensübergang nicht berührt. Die Notwendigkeit einer Abwicklung stellt sich insoweit nicht, freilich haften die ehemaligen Gesellschafter grundsätzlich weiter. Im Innenverhältnis treten nach Maßgabe der getroffenen Vereinbarungen an die Stelle der gesamthänderischen Berechtigungen Abfindungsansprüche gegen den übernehmenden Gesellschafter (vgl. Näheres bei § 142).

Anm. 8 **3. Wegfall der OHG ohne Auflösung.**

a) Wegfall eines der Begriffsmerkmale des § 105: Von der Beendigung der OHG infolge der Auflösung zu unterscheiden sind die Fälle, in denen eines der in § 105 HGB genannten Begriffsmerkmale der OHG entfällt. Hier besteht zwar die Gesellschaft, das vertragliche Band zwischen den Beteiligten und das ihnen gemeinsam zustehende Gesamthandsvermögen fort. Jedoch wandelt sich die Rechtsnatur der Gesellschaft; an die Stelle der offenen Handelsgesellschaft tritt die den geänderten Verhältnissen entsprechende Rechtsform.

Abgesehen von der Umwandlung in eine Kommanditgesellschaft durch Beschränkung der Haftung bei mindestens einem Gesellschafter (§ 161 I; RG JW 1926, 1432) ist hier insbesondere die Umwandlung der OHG in eine **Gesellschaft bürgerlichen Rechts** zu nennen. Sie tritt — auch ohne einen entsprechenden Änderungswillen der Gesellschafter — dann ein, wenn eine der Voraussetzungen entfällt, die § 105 I für das Vorliegen einer Handelsgesellschaft aufstellt: Betrieb eines vollkaufmännischen Handelsgewerbes unter gemeinschaftlicher Firma als Gesellschaftszweck. Stellt die Gesellschaft den Betrieb des Handelsgeschäfts nicht nur vorübergehend (dazu Anm. 11) ein (BGHZ 32, 307/310) oder verpachtet sie den Geschäftsbetrieb (BGH WM 1962, 10/12, vgl. § 22 Anm. 56), so fehlt es an dem auf den Betrieb eines Handelsgewerbes gerichteten Gesellschaftszweck und damit an einer OHG-Voraussetzung (§ 105 Anm. 11). Das gleiche gilt, wenn die Gesellschafter beschließen, unter Beibehaltung der Gesellschaft künftig nicht mehr unter gemeinschaftlicher Firma, sondern jeweils im eigenen Namen am Rechtsverkehr teilzunehmen. Sinkt schließlich der Geschäftsbetrieb der Gesellschaft auf ein minderkaufmännisches Gewerbe herab, so entfällt damit ebenfalls eine der OHG-Voraussetzungen (§ 4 II; vgl. § 105 Anm. 14); ihre Eintragung im Handelsregister muß gelöscht werden (RGZ 155, 82; BayObLGZ 1967, 458/464). Bis zur Löschung gilt die Gesellschaft hier allerdings sowohl Dritten gegenüber als auch im Innenverhältnis weiter als OHG (§ 5, vgl. § 105 Anm. 16).

Anm. 9 In all diesen Fällen kommt es nicht zur Auflösung der Gesellschaft. Diese besteht vielmehr mit unveränderter **Bildungswirkung** als Gesellschaft bürgerlichen Rechts weiter. Es ändert sich zwar die Rechtsform und damit grundsätzlich auch das auf die Beziehungen der Gesellschafter untereinander anwendbare dispositive Recht, nicht aber die Gesamthandsberechtigung der Gesellschafter und das gesamthänderisch gebundene Vermögen. Daher bedarf es weder einer Auseinandersetzung unter den Gesellschaftern noch einer Abwicklung gegenüber Dritten. Die Änderung der Rechtsform der Gesellschaft ist kein Auflösungsgrund. Entsprechend ist auch im Handelsregister nicht die Auflösung, sondern das Erlöschen der Firma (§ 157) einzutragen (heute einhellige Meinung, vgl. BGHZ 32, 307/310, BGH WM 1962, 10/12; RGZ 155, 75/82; Geßler § 131 Anm. 8; a. A. noch RG HoldhMschr 1911, 29). Auf die gesamthänderische Bindung des Gesellschaftsvermögens hat der Wandel der Rechtsform keinen Einfluß. Es findet nicht etwa eine Vermögensübertragung auf die Gesellschaft bürgerlichen Rechts statt. Daher ist auch bei zum Gesellschaftsvermögen gehörenden Grundstücken im Grundbuch lediglich der Eigentümereintrag in der Weise zu berichtigen, daß anstelle der Firma der OHG die einzelnen Gesellschafter mit dem Zusatz „als Gesellschafter einer Gesellschaft bürgerlichen Rechts“ eingetragen werden (RGZ 155, 75/85; § 105 Anm. 42b).

Anm. 10 **b) Vorübergehende Einstellung des Geschäftsbetriebs:** Besondere, in der Rechtsprechung wiederholt erörterte Probleme wirft die nur vorübergehende Einstellung des Geschäftsbetriebs der OHG auf. Die Beteiligten sind in diesen Fällen regelmäßig schon mit Rücksicht auf die Firma und den an ihr erworbenen good will lebhaft daran interessiert, daß die Gesellschaft auch während der Dauer der Geschäftseinstellung als OHG anerkannt bleibt.

Die in der Rechtsprechung hierzu aufgestellten Grundsätze gehen dahin, daß für das Weiterbestehen der OHG ein von ihr unterhaltener Gewerbebetrieb erforderlich ist; ein lediglich hierauf gerichteter Gesellschaftszweck soll nicht ausreichen (BGHZ 32, 307/311; RGZ 110, 422/425, 155, 75/83). Dem ist trotz des abweichenden Wortlauts des § 105 beizutreten, da die Kaufmannseigenschaft — und entsprechend die Eigenschaft der Gesellschaft als Handelsgesellschaft (§ 4 II) — mit der Einstellung des Gewerbebetriebs entfällt (§ 1 Anm. 22); der fortbestehende Handelsregistereintrag kann in diesem Fall mangels Gewerbebetrieb nicht einmal die Wirkung des § 5 (Kaufmann kraft Eintragung) hervorrufen. Daher muß bereits der vorübergehende Wegfall des Gewerbebetriebes zur Umwandlung der OHG in eine Gesellschaft bürgerlichen Rechts führen.

Anm. 11 Sehr großzügig verfährt die Rechtsprechung allerdings bei der Frage, ob trotz Einstellung des Geschäftsbetriebs noch ein Handelsgewerbe der Gesellschaft anzuerkennen ist. Auch bei länger dauernder Geschäftsunterbrechung ist die Frage regelmäßig bejaht worden, solange die Kundschaftsbeziehungen und der good will der Firma fortbestanden, die Unternehmensorganisation aufrechterhalten wurde und damit die Möglichkeit der Fortführung des eingestellten Geschäftsbetriebes gewahrt blieb (RGZ 110, 422/425; 170, 265/274; BayObLGZ 1967, 458/465). Einen Wegfall des Gewerbebetriebs und eine Umwandlung der OHG in eine Gesellschaft bürgerlichen Rechts hat der BGH (BGHZ 32, 307/312) dagegen in einem Fall angenommen, in dem der durch die Beschlagnahme der Besatzungsmacht unterbrochene Geschäftsbetrieb nicht alsbald nach Aufhebung der Beschlagnahme unter gemeinschaftlicher Firma fortgeführt wurde. Ebenso fehlt der Gesellschaft ein eigener Gewerbebetrieb, wenn und solange das Unternehmen verpachtet wird oder die Gesellschaft lediglich der Vermögensverwaltung dient (BGH WM 1962, 10/12; OLG Oldenburg DB 1955, 215). Die OHG wird zur Gesellschaft bürgerlichen Rechts, auch wenn die Gesellschafter beabsichtigen, den Betrieb eines Handelsgewerbes unter gemeinsamer Firma künftig wieder aufzunehmen. Fraglich kann hier nur sein, ob der Wille der Gesellschafter dahin auszulegen ist, im Innenverhältnis auch für die Zwischenzeit OHG-Recht auf ihre Beziehungen anzuwenden (zu der ähnlichen Frage für den Zeitraum vor Entstehung der OHG vgl. § 105 Anm. 62b m. weit. Nachw.).

Anm. 12 Von der Frage der Umwandlung der Gesellschaft wegen Wegfalls des Gewerbebetriebs zu trennen ist die Behandlung der **aufgelösten** Gesellschaft während des Abwicklungszeitraumes als OHG, auch soweit sie in dieser Zeit nicht mehr aktiv am Handelsverkehr teilnimmt (vgl. Anm. 129). Sie beruht auf besonderer gesetzlicher Regel (§ 156). Die Gefahr einer Verwirrung des Handelsverkehrs ist hier schon dadurch ausgeschlossen, daß der Firma der OHG in dieser Zeit ein Liquidationsvermerk beizufügen ist (§ 153).

Anm. 13 **4. Die Auflösung von fehlerhafter und Scheingesellschaft.**

Die **fehlerhafte,** auf einem mangelhaften (nichtigen oder anfechtbaren) Gesellschaftsvertrag beruhende **Gesellschaft** wird nach der heute in Literatur und Rechtsprechung h. M. bis zur Geltendmachung des Mangels grundsätzlich als vollgültige Gesellschaft behandelt (vgl. Näheres bei Fischer § 105 Anm. 73ff.). Daraus folgt zugleich, daß auf sie auch die Regeln über die Auflösung der Gesellschaft Anwendung finden. Der Nichtigkeitsgrund ist regelmäßig im Wege der Auflösungsklage (§ 133) geltend zu machen (§ 105 Anm. 91). Auch die übrigen Auflösungsgründe des § 131 greifen ein. Die Auflösung führt zur Liquidation der Gesellschaft nach den allgemeinen Grundsätzen.

Anm. 14 Anderes gilt für die **Scheingesellschaft** (§ 105 Anm. 107f.), bei der es an relevanten — sei es auch fehlerhaften — Rechtsbeziehungen zwischen den Scheingesellschaftern überhaupt fehlt. Eine rechtliche Anerkennung der Scheingesellschaft scheidet aus. Es kommt daher auch nicht zur Entstehung von Gesamthandsvermögen zwischen den Beteiligten. Nach außen, Dritten gegenüber, haften sie nach Rechtsscheingrundsätzen. Aus diesen Gründen ist auch für eine Auflösung und Liquidation der Scheingesellschaft kein Raum. Eine etwa im Handelsregister eingetragene Firma ist zu löschen, die Auseinandersetzung zwischen den Beteiligten vollzieht sich nach den allgemeinen Vorschriften des BGB.

II. Die Auflösungsgründe

Anm. 15 **1. Zeitablauf.**

a) Befristung als Höchst- und/oder Mindestdauer: Die Gesellschaft wird aufgelöst durch den **Ablauf der Zeit,** für welche sie eingegangen ist (§ 131 Nr. 1). Der Vereinbarung einer Befristung, einer bestimmten oder bestimmbaren Zeitdauer, im Gesellschaftsvertrag kommt dabei regelmäßig eine zweifache Bedeutung zu: sie führt zur automatischen Auflösung der Gesellschaft bei Fristablauf (Festlegung der Höchstdauer, § 131 Nr. 1) und schließt gleichzeitig eine ordentliche Kündigung während der vereinbarten Zeitdauer aus (Festlegung der Mindestdauer, vgl. § 132). Denkbar ist allerdings auch, daß mit der Zeitbestimmung nur eine der beiden Wirkungen gewollt ist (vgl. Hueck § 23 II 1). Höchst- und Mindestdauer bilden keine notwendige Einheit. Der Sinn der jeweiligen Zeitbestimmung ist im Wege der Auslegung zu ermitteln.

Anm. 16 **b) Voraussetzungen des Zeitablaufs:** Der Auflösungsgrund des § 131 Nr. 1 greift nur bei Vereinbarung einer Höchstdauer ein (zur Vereinbarung einer Mindestdauer vgl. § 132 Anm. 3, zu den zeitlichen Grenzen zulässiger Bindung § 134 Anm. 7).

Die Beteiligten wollen sich in diesem Fall nur für eine beschränkte Zeit an das Gesellschaftsverhältnis binden. Das ist insbesondere der Fall bei der Vereinbarung eines kalendermäßig bestimmten oder bestimmbaren (20 Jahre nach Vertragsschluß, nach Handelsregistereintragung usw.) Zeitpunkts für das Vertragsende.

Die Vereinbarung einer Höchstdauer im Sinn von § 131 Nr. 1 ist auch dann anzu- **Anm. 17**
nehmen, wenn der Endtermin sich nach dem **Eintritt eines bestimmten Ereignisses** richten soll. Im Unterschied zur Vereinbarung einer auflösenden Bedingung (dazu vgl. Anm. 118) muß der Eintritt zwar gewiß sein; er braucht aber zeitlich noch nicht festzustehen (RGZ 95, 147/150; RG JW 1906, 741; RG LZ 1911, 298; BGHZ 10, 91/98 [Mindestdauer], 50, 316/321 f.; Hueck § 23 II 1, Baumbach-Duden § 131 Anm. 2 A, Westermann Handb. I 604; für die BGB-Gesellschaft Fischer § 723 Anm. 4, Soergel-Schultze-v. Lasaulx § 723 Anm. 6, Staudinger-Keßler § 723 Anm. 16; Nachweise zum Aktien- und GmbH-Recht bei Hueck § 23 Fußn. 7). Zu denken ist an Fälle, in denen die Gesellschaftsdauer an die Dauer eines gewerblichen Schutzrechts, an die Durchführung eines bestimmten von der Gesellschaft übernommenen Projekts, an die Fortdauer bestimmter Zollpräferenzen u. a. m. gekoppelt ist; es muß sich allerdings jeweils um Umstände handeln, deren Eintritt absehbar ist, da nur so die den Gesellschaftern in §§ 105 Abs. 2 HGB, 723 Abs. 3 BGB gewährleistete Überschaubarkeit ihrer Bindung erhalten bleibt (BGHZ 50, 316/322). Abweichend hiervon will Geßler (§ 131 Anm. 10, ders. SozPr. 38 Sp. 1173; so für das Aktienrecht auch Brodmann § 292 Anm. 3a, Schlegelberger-Quassowski AktG § 203 Anm. 2) unter § 131 Nr. 1 nur solche Fälle bringen, in denen der Zeitpunkt der Auflösung zeitlich feststeht. Für diese von Geßler auf den Wortlaut des § 131 Nr. 1 gestützte, daneben mit Erwägungen der Rechtssicherheit begründete Einschränkung der Vertragsfreiheit der Beteiligten besteht indessen kein Anlaß. Praktisch geht es hier darum, daß die Beteiligten die Auflösung der Gesellschaft an den (feststehenden, wenn auch zeitlich nicht bestimmten) Wegfall eines für die Erreichung des Gesellschaftszwecks wesentlichen Umstands knüpfen. Ein Bedürfnis hierfür ist unschwer zu erkennen. Auch sollten die Gesellschafter nicht länger gebunden sein, als es ihrem klar erkennbaren Willen entspricht. Der Begriff der Eingehung der Gesellschaft „auf Zeit" ist daher nicht eng aufzufassen. Eine etwaige Rechtsunsicherheit bezüglich des Eintritts der Auflösung kann sich hieraus nur im Innenverhältnis ergeben, und auch das nur vorübergehend, bis zur Kenntnis aller Beteiligten vom Eintritt des Ereignisses. Setzen sie trotz Kenntnis die Gesellschaft stillschweigend fort, so führt das nach der Auslegungsregel des § 134 zur Umwandlung in eine unbefristete Gesellschaft (vgl. § 134 Anm. 10).

Die Vereinbarung eines bestimmten Auflösungszeitpunkts oder eines sonstigen, die **Anm. 18**
Auflösung herbeiführenden Ereignisses muß nicht ausdrücklich erfolgen, sondern kann sich auch aus den Umständen ergeben (RGZ 95, 147/150; RG JW 1906, 741; 1911, 322). Allerdings muß der hierauf gerichtete Wille der Parteien unzweideutig erkennbar sein. Der Wegfall der Geschäftsgrundlage führt nicht zur automatischen Auflösung, sondern gibt nur einen Grund für die gerichtliche Auflösung nach §§ 131 Nr. 6, 133 (vgl. § 133 Anm. 14, 84).

Zu den zeitlichen Grenzen zulässiger Befristung vgl. § 134 Anm. 7. Eine für **Anm. 19**
die Lebenszeit eines Gesellschafters eingegangene Gesellschaft gilt nach § 134 als unbefristete Gesellschaft. Sie ist damit nach § 132 kündbar; der Tod des betreffenden Gesellschafters führt zur Auflösung der Gesellschaft nur nach Maßgabe des § 131 Nr. 4. Ist eine Gesellschaft zunächst auf eine bestimmte Zeit eingegangen, aber vor Ablauf dieser Zeit auf die Lebenszeit der Gesellschafter verlängert, so wäre die Gesellschaft nach § 134 als auf unbestimmte Zeit eingegangen anzusehen. Im Wege der Vertragsauslegung ist aber zu prüfen, ob sie nach dem Willen der Gesellschafter nicht trotz der Vertragsänderung mindestens auf die ursprünglich bestimmte Zeit eingegangen sein sollte (ROHG 13, 418).

c) **Sonstige Befristungsfälle:** Nicht unter § 131 Nr. 1 fallen Verträge, die auf eine **Anm. 20**
bestimmte Zeit geschlossen sind mit der Maßgabe, daß sich die Gesellschaft entweder für eine jeweils bestimmte Periode (RGZ 82, 395/399; 136, 236/241; BGH WM 1966, 707) oder auf unbestimmte Zeit (RGZ 156, 129/134) **verlängert**, wenn der Vertrag nicht vor Ablauf der vereinbarten Frist von einem Gesellschafter gekündigt

wird. Unabhängig davon, ob man diese Verträge als befristete bezeichnet (so für den Fall periodischer Verlängerungen RGZ 82, 395/399; 136, 236/241; Geßler Anm. 11, Voraufl. Anm. 20), führt die Befristung jedenfalls nicht zur automatischen Auflösung bei Zeitablauf, sondern lediglich zur Beschränkung bzw. zum Ausschluß des ordentlichen Kündigungsrechts (vgl. § 132 Anm. 3). Sie hat damit nur die Bedeutung einer Mindestdauervereinbarung.

Anm. 21 **d) Die Wirkung des Zeitablaufs:** Mit Ablauf der vertragsmäßigen Gesellschaftsdauer tritt die Auflösung der Gesellschaft von selbst ein, ohne daß es noch eines Beschlusses der Gesellschafter bedarf. Die Gesellschafter können die Auflösung dadurch verhindern, daß sie vor dem Eintritt des maßgebenden Zeitpunktes den Gesellschaftsvertrag in der für derartige Änderungen durch das Gesetz oder den Vertrag vorgesehenen Weise, also in der Regel durch einstimmigen Beschluß (vgl. § 119), ändern. Sie können so insbesondere den Endtermin hinausschieben oder aufheben oder auch einen früheren Endtermin bestimmen. Der Gesellschaftsvertrag kann solche Änderungen auch durch Mehrheitsbeschluß zulassen (§ 119 Anm. 12). Das Recht der Mehrheit, die Gesellschaftsdauer zu verlängern, darf aber nicht zu einem Ausschluß der Kündigung oder einer unlöslichen Bindung führen oder dazu mißbraucht werden (vgl. § 132 Anm. 36).

Anm. 22 **2. Beschluß der Gesellschafter.**

a) Voraussetzungen, Verhältnis zu anderen Auflösungsgründen: Die Gesellschaft wird auch **durch Beschluß der Gesellschafter** aufgelöst (§ 131 Nr. 2). Wie zu anderen Beschlüssen ist grundsätzlich die Zustimmung aller Gesellschafter, auch der von der Geschäftsführung oder Vertretung ausgeschlossenen, nötig. Der Gesellschaftsvertrag kann aber auch die Auflösung durch Mehrheitsbeschluß zulassen (§ 119 Anm. 12; vgl. auch Wieland I 669; Hueck in Festschrift für Heymann 1931 S. 728).

Die Auflösung durch Beschluß der Gesellschafter ist bei jeder Gesellschaft möglich, auch bei der auf bestimmte Zeit eingegangenen vor Ablauf des Endtermins. Die Auflösungsgründe der Nr. 1 und 2 stehen wie auch die in Nr. 3—6 genannten selbständig nebeneinander, ohne daß der Tatbestand der einen Nummer den einer anderen ausschließt. Auch bei der auf bestimmte Zeit eingegangenen Gesellschaft kann ein Bedürfnis zur früheren Auflösung gegeben sein. Zwar kann die Auflösungsklage nach § 133 zu dem gleichen Ziel führen, wenn die Lage des Unternehmens oder sonstige Tatsachen einen wichtigen Grund im Sinne dieser Vorschrift abgeben. Aber die Gesellschafter sollen das Ziel nicht nur auf dem Prozeßwege, in dem sie sich als Parteien gegenübertreten müßten, mit erheblichen Kosten und erst mit der Rechtskraft des Urteils erreichen können. Zumal in den Fällen, in denen sie sich über die sofortige Auflösung einig sind oder die nach dem Gesellschaftsvertrag erforderliche Mehrheit vorliegt und sie so ein etwa unrentabel gewordenes Unternehmen sofort einstellen können, besteht für eine Auflösungsklage kein Anlaß. — Zur Unabdingbarkeit des Auflösungsgrundes des § 131 Nr. 2 vgl. Anm. 29.

Anm. 23 **b) Auflösung durch konkludente Vereinbarung:** Die Auflösung kann auch stillschweigend vereinbart werden, sich etwa aus bestimmten Handlungen der Gesellschaft ergeben, die im Einvernehmen aller der Gesellschafter, deren Zustimmung zur Auflösung erforderlich ist, vorgenommen werden. Zu denken ist an den Beschluß der Gesellschafter, das Geschäft mit Aktiven und Passiven und mit dem Recht der Firmenfortführung an einen Dritten zu veräußern (BGH WM 1958, 1105/1106; BGH NJW 1960, 434; vgl. auch BGHZ 26, 126/128: Übertragung im Wege des Liquidationsvergleichs). Eine Auflösung der Gesellschaft liegt hierin freilich nur, wenn die Gesellschafter damit auch das Gesellschaftsverhältnis beenden und das Gesamthandsvermögen liquidieren wollen (RG JW 1906, 477/478; vgl. auch RGZ 110, 422/425). Ist dagegen nur eine Vermögensumschichtung unter Aufgabe des Handelsgewerbes geplant, so bleibt die Gesellschaft als solche voll wirksam, freilich unter Umwandlung in eine Gesellschaft bürgerlichen Rechts (vgl. Anm. 8). Keine Auflösung, sondern Umwandlung ist insbesondere anzunehmen bei der Verpachtung des Handelsgeschäfts (BGH WM 1962, 10/12).

Anm. 24 Eine Auflösungsvereinbarung kann ferner darin gefunden werden, daß die Gesellschafter den gemeinsamen Betrieb einstellen, jede Zusammenarbeit aufgeben und jeder für sich auf eigene Rechnung ein Gewerbe betreibt (KG in DNotZ 1930, 138 Nr. 5c). Eine Auflösungsvereinbarung kann auch vorliegen, wenn ein Gesellschafter in unzulässiger Weise kündigt, die übrigen Gesellschafter aber damit einverstanden sind, sofern sich alle Gesellschafter über die Rechtsfolge — die Auflösung mit Abwicklung — einig sind. Daran fehlt es etwa, wenn der eine Gesellschafter aufgrund einer Bestimmung des Gesellschaftsvertrages für sich das Recht in Anspruch nimmt, das Geschäft mit Aktiven und Passiven und der Firma zu übernehmen und den anderen mit seinem buchmäßigen Kapitalanteil nach der letzten Bilanz abzufinden, während der andere Abwicklung verlangt oder das Übernahmerecht für sich geltend macht (vgl. auch BGH LM Nr. 1 zu § 131: Unterschied zwischen Übernahmeverlangen und Kündigung). In einer gegenseitigen Klage auf Auflösung der Gesellschaft kann eine Auflösungsvereinbarung liegen, sofern nicht eine Partei aus der Berechtigung ihrer Klage besondere Rechtsfolgen ableiten möchte, etwa das Recht auf Übernahme des Geschäfts oder auf Schadensersatz wegen Verschuldens des anderen Teils (OLG Hamburg in SeuffA 41 Nr. 206).

c) Auflösung bei vollständigem Gesellschafterwechsel? Der Austritt sämtlicher Gesellschafter unter gleichzeitigem Eintritt neuer Gesellschafter wurde früher überwiegend als vereinbarte Auflösung der bisherigen OHG, verbunden mit der Gründung einer neuen Gesellschaft, behandelt (so OLG Dresden in JW 1935, 2444; Weipert in Voraufl. § 130 Anm. 14, § 131 Anm. 22; für den Regelfall auch jetzt noch Geßler § 130 Anm. 2). Demgegenüber läßt die heute h. M. (BGHZ 44, 229/231, Huber, Vermögensanteil, Kapitalanteil und Gesellschaftsanteil an Personengesellschaften des Handelsrechts, 1970, S. 402ff., Hueck OHG § 27 II 5, Westermann Handb. I 395, Wiedemann S. 53 Fußn. 3; so auch schon OLG Karlsruhe OLGE 41, 200, Wieland I 804) den Beteiligten zu Recht die Wahl, ob sie den Weg der Auflösung und Neugründung oder denjenigen der Aufrechterhaltung der bisherigen Gesellschaft unter Wechsel der Mitgliedschaft gehen wollen (vgl. auch § 130 Anm. 20). Die zweite Gestaltung hat den Vorzug, daß es einer gesonderten Übertragung der einzelnen Unternehmensgegenstände auf die neuen Gesellschafter nicht bedarf. Insbesondere in den Fällen, in denen die bisherige Firma von den neuen Gesellschaftern fortgeführt werden soll und eine Schuldübernahme — vom Sonderfall des § 25 Abs. 2 HGB abgesehen — schon aus diesem Grund eingreifen würde, ist daher im Zweifel vom Fortbestand der Gesellschaft trotz vollständigen Gesellschafterwechsels auszugehen. **Anm. 25**

Die rechtliche Konstruktion des Fortbestandes bei gleichzeitigem Mitgliederwechsel bereitet dann keine Schwierigkeit, wenn man die Gesellschaftsbeteiligung als ein — vorbehaltlich der Zustimmung der übrigen Gesellschafter — abtretbares Recht ansieht (BGHZ 13, 179/182ff., vgl. § 109 Anm. 22f., Wiedemann S. 51ff., 59, sowie neuerdings Huber a. a. O. S. 349ff., 387f. mit eingehender Begründung und weiteren Nachweisen [S. 358f. Fußn. 35, 36]). Nach dieser Ansicht beruht der Übergang auf einem zweiseitigen Rechtsgeschäft zwischen Veräußerer und Erwerber. Eines Aufnahmevertrags zwischen dem Neueintretenden und den übrigen Gesellschaftern bedarf es nicht. — Diejenigen Ansichten, die demgegenüber an dem Erfordernis eines Aufnahmevertrags festhalten, müssen für eine logische Sekunde die gleichzeitige Mitgliedschaft der neu aufzunehmenden und der ausscheidenden Mitglieder annehmen (so ausdrücklich OLG Karlsruhe OLGE 41, 200, Geßler § 130 Anm. 2, Hueck § 27 II 5; nicht eindeutig BGHZ 44, 229/231, Westermann Handb. I 395). Problematisch erscheint nach dieser Ansicht vor allem das Bestehen einer Zweckgemeinschaft zwischen ausscheidenden und neueintretenden Gesellschaftern (so mit Recht Huber a. a. O. S. 403). **Anm. 26**

d) Zeitpunkt der Auflösung: Die Auflösung durch Beschluß der Gesellschafter wird regelmäßig sofort wirksam. Denkbar ist allerdings auch, daß die Auflösung auf einen künftigen Zeitpunkt vereinbart oder von einer Bedingung abhängig gemacht wird. Ob es sich bei diesem Beschluß um einen Auflösungsbeschluß im Sinne von § 131 Nr. 2 handelt oder um die Vereinbarung einer Befristung im Sinne von § 131 Nr. 1 bzw. einer auflösenden Bedingung (dazu Anm. 16f., 118), mag dabei im Einzelfall schwer zu entscheiden sein. Die Unterscheidung ist von Bedeutung, wenn der Gesellschaftsvertrag für Auflösung und sonstige Vertragsänderungen (auch der Beschluß über eine vorzeitige Auflösung ist eine Vertragsänderung, vgl. BGH NJW 1960, 434)verschiedene Mehrheits- bzw. Formerfordernisse aufstellt. **Anm. 27**

Steht der vereinbarte Auflösungszeitpunkt in engem zeitlichem Zusammenhang mit dem Gesellschafterbeschluß, soll insbesondere die verbleibende Zeitspanne der Vorbereitung oder Vereinfachung der Abwicklung dienen (Auflösung zum Geschäftsjahrsende), so wird es sich noch um einen Auflösungsbeschluß im Sinne von § 131 Nr. 2 handeln (RGZ 145, 99/101; Geßler Anm. 14, Hueck § 23 II 2). Anders, wenn die Auflösung für einen erheblich späteren Zeitpunkt oder den Eintritt eines künftigen ungewissen Ereignisses (RG JW 1929, 2174) vereinbart wird. — Zur Möglichkeit, die Abwicklung trotz bereits eingetretener Auflösung aufzuschieben, vgl. BGHZ 1, 324/328.

Anm. 28 **e) Grenzen des Auflösungsbeschlusses:** Die Auflösung kann solange beschlossen werden, als sie nicht bereits aus einem anderen Grund eingetreten ist. Die Auflösung kann auch beschlossen werden, um einer vielleicht unerwünschten, den Gesellschaftern persönlich nachteiligen Auflösung aus einem anderen Grunde, z. B. durch Konkurseröffnung vorzubeugen. Daher steht auch die Zahlungsunfähigkeit der Gesellschaft dem Auflösungsbeschluß nicht entgegen. Nicht ausgeschlossen ist freilich, daß eine Auflösungsvereinbarung nach den Vorschriften der Konkursordnung oder des Anfechtungsgesetzes wegen Benachteiligung von Privatgläubigern eines Gesellschafters anfechtbar ist, z. B. dann, wenn den Privatgläubigern durch die vorzeitige Auflösung der pfändbare Gewinnanspruch des Schuldners als Vollstreckungsgegenstand entzogen wurde. Anfechtungsbeklagte sind aber dann nicht die Gesellschaft, die die Vereinbarung nicht geschlossen hat, sondern die Gesellschafter. Mit der Klage kann auch nicht Rückgängigmachung der Auflösung verlangt werden, wohl aber Erstattung dessen, was dem Schuldner durch die Auflösung entzogen wurde. Hätte die Gesellschaft doch später in Konkurs gehen müssen, so beschränkt sich der Anspruch des Anfechtenden auf den ihm durch die verfrühte Auflösung entstandenen Schaden.

Anm. 29 **f) Unabdingbarkeit:** Der Gesellschaftsvertrag kann die Auflösung der Gesellschaft durch Beschluß der Gesellschafter nicht ausschließen oder sie so erschweren, daß dies einer Ausschließung gleichkäme. Es kann auch nicht vereinbart werden, daß die Auflösung nicht vor Ablauf einer bestimmten Zeit oder vor Eintritt eines bestimmten Ereignisses beschlossen werden dürfe. Derartige Vorschriften wären schon deshalb ohne Rechtswirkung, weil die Gesellschafter einstimmig den Gesellschaftsvertrag jederzeit ändern und sich damit auch über die von ihnen vereinbarte Bindung hinwegsetzen können. Auch das öffentliche Interesse würde einer solchen Bindung von oft größeren Vermögensmassen entgegenstehen, wenn das persönliche Vertrauen aller Gesellschafter auf einen gedeihlichen Betrieb des Unternehmens geschwunden ist. Die Bindung kann auch nicht auf dem Umwege erreicht werden, daß ein Auflösungsbeschluß zu seiner Wirksamkeit der Zustimmung eines Dritten oder eines stillen Gesellschafters bedarf. Auch durch einen Vertrag der Gesellschaft mit einem Dritten oder einem stillen Gesellschafter kann die Auflösung durch Gesellschafterbeschluß ohne Zustimmung des Dritten oder des stillen Gesellschafters nicht ausgeschlossen werden. Die Gesellschafter bleiben stets Herren der Gesellschaft und damit auch allein entscheidungsbefugt über das Schicksal der Gesellschaft; zur Auflösung genügt ihre erklärte Willensübereinstimmung im Zeitpunkt der Fassung des Auflösungsbeschlusses. Auch schuldrechtliche Verpflichtungen der Gesellschafter aus deren Verträgen mit Dritten oder einem stillen Gesellschafter können die Auflösung nicht hindern. Sie können nur Schadensersatzansprüche gegen die einzelnen Gesellschafter aus Vertragsverletzungen begründen, wenn die Verträge nicht etwa wegen Verstoßes gegen die guten Sitten nach Lage des Einzelfalls nichtig sind.

Anm. 30 **g) Auflösungsbeschluß und Treupflicht:** Die Verweigerung der Zustimmung zu einer von den anderen Gesellschaftern gewünschten Auflösung kann im Einzelfall als Treupflichtverstoß unbeachtlich sein (BGH NJW 1960, 434; Geßler Anm. 17). Der BGH hat dies für das Verhalten eines Kommanditisten gegenüber einer auf Dauer unrentabel gewordenen KG bejaht. Gegenüber einer Verallgemeinerung dieser Entscheidung ist freilich schon deshalb Vorsicht geboten, weil den übrigen Gesellschaftern für den Regelfall die Auflösungsklage (§ 133) zur Verfügung steht.

Anm. 31 **h) Genehmigung des Vormundschaftsgerichts, des Ehegatten:** Soweit an der Gesellschaft geschäftsunfähige oder in der Geschäftsfähigkeit beschränkte Gesellschafter beteiligt sind, ist streitig, ob der Auflösungsbeschluß zu seiner Wirksamkeit der **vormundschaftsgerichtlichen** Genehmigung bedarf. Das wird von einem Teil des Schrifttums unter Berufung auf § 1822 Nr. 3 BGB (Veräußerung eines Erwerbsgeschäfts) bejaht (Geßler Anm. 17, Ritter Anm. 4, Westermann Handb. I 619; wohl auch Wiedemann, Übertragung und Vererbung von Mitgliedschaftsrechten, 1965, S. 246). Die Gegenansicht (DürHach Anm. 3, Hueck § 23 II 2, Weipert in Voraufl. Anm. 22) hält demgegenüber die Sollvorschrift des § 1823 BGB (Auflösung eines bestehenden Erwerbsgeschäfts) für anwendbar, deren Nichtbeachtung die Wirksamkeit des betreffenden Geschäfts nicht berührt.

Mit dem BGH (BGHZ 38, 26/28; 52, 316/319) ist davon auszugehen, daß im Interesse der Rechtssicherheit die nach §§ 1821, 1822 BGB genehmigungspflichtigen Geschäfte nicht nach der ihnen jeweils zukommenden wirtschaftlichen Bedeutung, sondern möglichst eindeutig unter Abstellen auf den Wortlaut der Vorschriften auszulegen sind. Mit Rücksicht hierauf hat der BGH sowohl Änderungen des Gesellschaftsvertrags (BGHZ 38, 26/32) als auch die Zustimmung zum Ausscheiden eines anderen Gesellschafters (BGH LM Nr. 8 zu § 138 HGB) für **nicht genehmigungspflichtig** gehalten. Das gleiche muß für den Auflösungsbeschluß gelten (so für den Auflösungsbeschluß der GmbH auch BGHZ 52, 316/319); er unterscheidet sich deutlich von einem Vertrag über die „Veräußerung eines Erwerbsgeschäfts" (§ 1822 Nr. 3 BGB) und fällt vielmehr unter die (nicht für die Vertretung durch Eltern geltende, § 1643 BGB) Sollvorschrift des § 1823 BGB. Etwas **anderes** gilt für den Verkauf des Geschäfts der OHG mit Aktiven und Passiven. Die Zustimmung des Vormunds hierzu ist nach § 1822 Nr. 3 genehmigungspflichtig, und zwar unabhängig davon, ob er mit der Auflösung der OHG im Zusammenhang steht (so auch RGZ 122, 370/373 und RG JW 1929, 630 für einen Vertrag über das Ausscheiden eines minderjährigen Gesellschafters). Können andererseits der Gesellschafterbeschluß und die in seiner Ausführung getroffenen Maßnahmen auch ohne Mitwirkung des nicht voll geschäftsfähigen Gesellschafters ergehen, weil der Gesellschaftsvertrag auf Einstimmigkeit verzichtet, so bedarf es zu ihrer Wirksamkeit in keinem Fall der Genehmigung des Vormundschaftsgerichts (so auch Geßler § 105 Anm. 54, Knopp BB 1962, 939). Ihr Fehlen berührt nur die Vertretungsmacht des Vormunds (Erman-Hefermehl § 1821 Vorbem. 1). Für den Gesellschafterbeschluß oder das Rechtsgeschäft der Gesellschaft ist diese aber unerheblich, wenn es nicht auf die Stimme des vertretenen Gesellschafters ankommt. **Anm. 32**

Streitig ist auch die Zustimmungsbedürftigkeit des Auflösungsbeschlusses nach § 1365 BGB, wenn der Gesellschaftsanteil das gesamte Vermögen des im gesetzlichen Güterstand lebenden **Ehegatten** bildet. Die Einwilligung wird für erforderlich gehalten von Beitzke DB 1961, 21/24 und Wiedemann, Übertragung und Vererbung von Mitgliedschaftsrechten, 1965, S. 263; abgelehnt wird sie von Geßler § 105 Anm. 55c (zum Meinungsstand bei Kündigung und Auflösungsklage vgl. §§ 132 Anm. 7, 133 Anm. 46). Mit Wiedemann (a. a. O. S. 263) ist davon auszugehen, daß die Umwandlung der Mitgliedschaft in eine solche an einer Liquidationsgesellschaft wegen der dadurch bewirkten Rechtsänderungen als Verfügung über den Gesellschaftsanteil anzusehen ist (für den umgekehrten Fall des Fortsetzungsbeschlusses vgl. Anm. 164). Damit greift § 1365 BGB ein, sofern auch seine übrigen Voraussetzungen (Gesellschaftsanteil als gesamtes Vermögen, Kenntnis der übrigen Gesellschafter) gegeben sind. Daß die einverständliche Auflösung dadurch im Einzelfall an die Einwilligung eines Dritten gebunden ist, erscheint trotz der Risiken der Gesellschafter aus der persönlichen Haftung für die Gesellschaftsschulden vertretbar, da die ohne triftige Gründe verweigerte Einwilligung nach § 1365 II BGB durch Entscheidung des Vormundschaftsgerichts ersetzt werden kann (Wiedemann a. a. O. S. 264). **Anm. 33**

i) Rücktritt: Die Frage, ob ein Rücktritt vom Auflösungsbeschluß zulässig ist, ist in Rechtsprechung und Literatur lebhaft umstritten. Gegen die Zulässigkeit des Rücktritts wird geltend gemacht, ihm stehe der Dauerschuldcharakter des aufgelösten Gesellschaftsvertrags und die Unmöglichkeit der rückwirkenden Beseitigung der Auflösung nach Beginn der Liquidation entgegen. Die Ersetzung des Rücktritts durch Kündigung bzw. Auflösungsklage (§§ 723 BGB, 133 HGB) gelte nicht nur für die Gesellschaftsgründung, sondern entsprechend für die Auflösung (RG JW 1929, 2147; DürHach § 133 Anm. 1; im Grundsatz auch Höhn, Wiederaufleben der aufgelösten **Anm. 34**

offenen Handelsgesellschaft, Diss. Jena 1934, S. 29). Nach der Gegenmeinung (RG JW 1936, 1953; Hamburger JW 1929, 2147 [Anm.], Geßler Anm. 18, Weipert in Voraufl. Anm. 22) ist der Rücktritt nach § 326 BGB dagegen grundsätzlich zulässig, da er sich nicht auf das Dauerschuldverhältnis (den Gesellschaftsvertrag), sondern nur auf den Auflösungsbeschluß beziehe und eine Gefährdung der Rechte Dritter durch dessen rückwirkende Vernichtung nicht ersichtlich sei.

Anm. 35 Die **Stellungnahme** hat zwischen gesetzlichem und vertraglichem Rücktrittsrecht zu unterscheiden. Hinsichtlich des **gesetzlichen** Rücktrittsrechts erledigt sich der Streit schon dadurch, daß der Auflösungsbeschluß kein gegenseitiger Verpflichtungsvertrag im Sinne von § 326 BGB ist, so daß ein Rücktritt insoweit nicht in Betracht kommt (so mit Recht Steines S. 10f.). Soll der Rücktritt sich dagegen auf den (geänderten) Gesellschaftsvertrag als solchen beziehen, so greift hier die Sondervorschrift des § 133 HGB ein. — Anders ist es bei der Ausübung eines **vertraglich** im Auflösungsbeschluß vorbehaltenen Rücktrittsrechts. Gegen die Zulässigkeit einer derartigen Vereinbarung, etwa als Bedenkfrist für die Gesellschafter, bestehen keine rechtlichen Bedenken (a. A. offenbar Steines S. 10, wegen des nach seiner Meinung auch hier erforderlichen Verpflichtungsvertrags). Auch kann die rückwirkende Beseitigung des Auflösungsgrunds hier unbedenklich hingenommen werden, da die Gesellschafter während der vertraglichen Rücktrittsfrist regelmäßig noch keine Abwicklungsmaßnahmen einleiten werden.

Zu den Rechtsfolgen fehlerhafter (nichtiger, anfechtbarer oder formwidriger) Auflösungsbeschlüsse vgl. Anm. 122ff.

3. Konkurs der Gesellschaft.

Schrifttum: Jaeger, Konkurs der OHG (1897), ders., OHG im Zivilprozeß (Festgabe für Rud. Sohm, 1915), Freyher, Vergleichsverfahren über das Vermögen der OHG und der persönlich haftenden Gesellschafter (Diss. Greifswald 1932). Von den Erläuterungen der einschlägigen KO-Vorschriften vgl. besonders Jaeger-Weber, KO §§ 209—212 (8. Aufl. 1970).

Anm. 36 **a) Allgemeines:** Der Auflösungsgrund des Gesellschaftskonkurses ist **zwingender** Natur. Er beruht darauf, daß mit der Konkurseröffnung die Verfügungsbefugnis über das Gesellschaftsvermögen auf den Konkursverwalter übergeht. Seine Aufgabe besteht darin, das Vermögen im Interesse der Gesellschaftsgläubiger zu verwerten. Damit verträgt sich nicht die Weiterführung der OHG als werbende Gesellschaft durch die Gesellschafter. Sie kommt allenfalls nach Beendigung des Konkursverfahrens in Betracht, wenn in diesem Zeitpunkt noch Gesellschaftsvermögen vorhanden ist und die Gesellschafter die Fortsetzung beschließen (§ 144 Anm. 5ff.).

Anm. 37 Die Konkursfähigkeit der OHG (§ 209 Abs. 1 S. 1 KO) erklärt sich — trotz fehlender Rechtsfähigkeit der OHG — aus ihrer Parteifähigkeit und dem Vorhandensein eines besonderen Gesellschaftsvermögens, das dem unmittelbaren Haftungszugriff nur der Gesellschaftsgläubiger, nicht aber der Privatgläubiger unterliegt (§§ 124 II, 135). „Selbständig" (§ 209 I 1 KO) ist das Konkursverfahren der OHG insofern, als es von etwaigen Eigenkonkursverfahren der Gesellschafter (oder eines Teils von ihnen) unabhängig ist und ausschließlich das **Gesellschaftsvermögen** umfaßt. Demgegenüber läßt der Eigenkonkurs eines Gesellschafters die zum Gesellschaftsvermögen gehörenden Gegenstände unberührt (§ 16 KO). Er führt nur über §§ 131 Nr. 5, 145ff. HGB zur Liquidation der Gesellschaft, falls die übrigen Gesellschafter nicht die Fortsetzung beschließen (§ 141 II HGB).

Anm. 38 Die Auflösung der OHG durch Eröffnung des Gesellschaftskonkurses hat abweichend von §§ 145ff. die Liquidation im Rahmen des **Konkursverfahrens** zur Folge. Dadurch soll gesichert werden, daß das Gesellschaftsvermögen in erster Linie zur Befriedigung der Gesellschaftsgläubiger verwendet wird; nur ein etwa sich ergebender Überschuß wird an die Gesellschafter verteilt und unterliegt damit auch dem Zugriff der Privatgläubiger. Diesem Zweck entsprechend ist das gewöhnliche Abwicklungsverfahren während des Konkurses ausgeschaltet. Nur soweit neben der Konkursmasse konkursfreies Gesellschaftsvermögen vorhanden ist, bleibt für eine Abwicklung durch die Gesellschafter nach §§ 145ff. Raum (vgl. Anm. 75).

b) Voraussetzungen der Auflösung durch Gesellschaftskonkurs:

α) **Konkursfähigkeit:** Die Konkursfähigkeit von **OHG und KG** ist in § 209 I 1 KO ausdrücklich geregelt. Sie ist die logische Folge der Ausgestaltung des Gesellschaftsvermögens als ein dem direkten Zugriff der Gesellschaftsgläubiger — nicht aber der Privatgläubiger der Gesellschafter — unterliegendes Sondervermögen (§ 124 II). Die bloße Existenz eines Sondervermögens ohne dessen unmittelbare Verpflichtungsfähigkeit reicht demgegenüber zur Konkursfähigkeit nicht aus. Daher hat die KO die Konkursfähigkeit auch **nicht** auf die **Gesellschaft bürgerlichen Rechts** erstreckt, unabhängig davon, ob diese als Außengesellschaft mit eigenem Vermögen ausgestattet ist. Schuldner aus Rechtsgeschäften für die BGB-Gesellschaft — und dementsprechend konkursfähig — sind hier nur die (einzelnen) Gesellschafter, nicht dagegen die Gesellschaft als solche (dazu kritisch Jaeger-Weber KO § 207 Vorbem. 12). **Anm. 39**

Die Konkursfähigkeit der OHG **beginnt,** sobald diese im Verhältnis zu Dritten wirksam geworden ist (§ 123 II, vgl. Anm. 41). Sie **dauert fort,** solange noch Gesamthandsvermögen vorhanden ist (§§ 209 II, 207 II KO). Daher steht auch die bereits aus anderem Grunde eingetretene Auflösung der OHG und der Beginn der Abwicklung der Konkurseröffnung solange nicht entgegen, als das gemeinsame Vermögen noch nicht vollständig verteilt ist (Jaeger-Weber §§ 209, 210 Anm. 11). Hat ein Gesellschafter das Gesellschaftsvermögen unter Abfindung der übrigen rechtswirksam übernommen, so ist die OHG damit vollbeendet (Anm. 7) und die Konkursfähigkeit entfällt (RG JW 1897, 307, AG Oldenburg NJW 1949, 757f. m. Anm. Kisch, Jaeger-Weber §§ 209, 210 Anm. 11, Mentzel-Kuhn § 209 Anm. 5). **Anm. 40**

Die Beschränkung der Konkursfähigkeit auf OHG und KG unter Ausschluß sonstiger nichtrechtsfähiger Sondervermögen macht es erforderlich, für Sonderfälle den Anwendungsbereich des § 209 KO näher zu umreißen. Im einzelnen ist hierzu das Folgende festzustellen:

αα) Die **Gründervereinigung** als solche ist, vor ihrem Wirksamwerden nach außen (§ 123 HGB), **nicht konkursfähig.** Dabei kann offenbleiben, ob die Innenbeziehungen der Gesellschafter auch in den Fällen der §§ 2, 3 II schon vom Vertragsschluß an voll dem OHG-Recht unterstehen (vgl. zum Streitstand § 105 Anm. 62b). Auch wenn man diese Frage bejaht, fehlt es bis zum Wirksamwerden nach außen doch an der Verpflichtungsfähigkeit der OHG Dritten gegenüber (§ 124) und damit an einer logischen Voraussetzung für die Konkursfähigkeit (Anm. 39). **Anm. 41**

Entscheidend für die Konkursfähigkeit ist somit neben dem Vorliegen der Voraussetzungen des § 105 das **Wirksamwerden gegenüber Dritten** nach § 123 (Jaeger-Weber §§ 209, 210 Anm. 3, Baur DRZ 1950, 9; a. A. Skrotzki KTS 1962, 139f.). Danach beginnt die Konkursfähigkeit mit der Handelsregistereintragung (§ 123 I), bei Gesellschaften, die ein Grundhandelsgewerbe (§ 1 II) betreiben, auch schon mit der etwa vorausgehenden Geschäftsaufnahme (§ 123 II). Ob die Gesellschafter das Vorliegen der OHG-Voraussetzungen kennen, insbesondere ob sie eine OHG bilden wollen, ist für die Rechtsnatur der Gesellschaft als OHG und damit auch deren Konkursfähigkeit unerheblich (BGHZ 10, 91/97; 22, 240/245; 32, 307/310; Hueck § 1 II, Jaeger-Weber §§ 209, 210 Anm. 2). Auch die Bezeichnung als bürgerlichrechtliche Gesellschaft hindert die Konkursfähigkeit nicht (BGH WM 1958, 216); freilich müssen die Beteiligten unter gemeinsamer Firma am Handelsverkehr teilnehmen (§ 105).

ββ) Ist die Gesellschaft **ins Handelsregister eingetragen,** so ist sie solange konkursfähig, als sie überhaupt einen Gewerbebetrieb hat (vgl. § 5 Anm. 2—4). Unter diesen Voraussetzungen steht auch das Herabsinken des Handelsgewerbes auf einen **minderkaufmännischen** Geschäftsbetrieb der Konkursfähigkeit nicht entgegen (§ 5). Die Eintragung ist in diesem Fall freilich zu löschen (§§ 4, 31 II); damit entfällt auch die Konkursfähigkeit. Auf ein vor der Löschung zulässigerweise eröffnetes Konkursverfahren hat das jedoch keinen Einfluß. Zur Heilung des schon bei Konkurseröffnung vorliegenden Mangels der Konkursfähigkeit durch die Rechtskraft des Eröffnungsbeschlusses vgl. Anm. 45. **Anm. 42**

γγ) Die Regeln über die Konkursfähigkeit der OHG gelten grundsätzlich auch für die **fehlerhafte Gesellschaft.** Aus ihrer rechtlichen Anerkennung nach Invollzugset- **Anm. 43** zung trotz fehlerhaften Vertragsschlusses (vgl. § 105 Anm. 68ff., 81ff.) folgt auch die Anerkennung ihrer Konkursfähigkeit: sie hat Gesellschaftsvermögen, ist Schuldnerin der Gesellschaftsverbindlichkeiten und bedarf damit auch eines Konkursverfahrens zur Befriedigung ihrer Gläubiger im Fall der Zahlungsunfähigkeit (einhellige Meinung, vgl. statt aller Jaeger-Weber §§ 209, 210 Anm. 4 mit weit. Nachweisen; daselbst auch [a. a. O. Anm. 4—6] zur Frage der Konkursfähigkeit in den Fällen, in denen besondere Gründe der Anerkennung der fehlerhaften Gesellschaft ausnahmsweise entgegenstehen).

Anm. 44 Auch die konkursrechtliche Behandlung der **Scheingesellschaft** richtet sich nach den allgemein für sie geltenden Grundsätzen. Beim Fehlen eines als wirksam gewollten Gesellschaftsvertrags wird ihr im Unterschied zur fehlerhaften Gesellschaft die rechtliche Anerkennung versagt (vgl. § 105 Anm. 107f.); zur Entstehung von Gesamthandsvermögen kommt es nicht. Damit ist aber auch kein Raum für die Annahme ihrer Konkursfähigkeit (Geßler § 123 Anm. 14, Hueck § 5 III, Westermann Handb. I 106, Jaeger-Weber §§ 209, 210 Anm. 3, Kalter KTS 1958, 100f.; a. A. Richert MDR 1960, 976ff., unter unzutreffender Gleichsetzung von fehlerhafter und Scheingesellschaft). Die zum „Gesellschaftsvermögen" gehörenden Gegenstände unterliegen — gegebenenfalls als Bruchteilseigentum — dem Eigenkonkurs der Scheingesellschafter.

Anm. 45 $\delta\delta$) Ist über ein nicht selbst konkursfähiges Sondervermögen, etwa das Vermögen einer bürgerlichrechtlichen Gesellschaft, der Konkurs eröffnet worden, so wird der **Mangel der Konkursfähigkeit** durch die Rechtskraft des Eröffnungsbeschlusses **geheilt** (h. M., vgl. RGZ 129, 390/392, Jaeger-Weber § 109 Anm. 10a, §§ 209, 210 Anm. 8, Mentzel-Kuhn § 109 Anm. 11, Böhle-Stamschräder § 109 Anm. 6).

Anm. 46 β) **Konkursgrund:** Als Konkursgrund nennt § 209 I 1 KO nur die **Zahlungsunfähigkeit** der OHG oder KG (dazu vgl. § 102 KO). Auf die Überschuldung kommt es, anders als bei Kapitalgesellschaften (§ 207 KO), nicht an. Sie ist schon wegen der persönlichen Haftung der Gesellschafter ohne Bedeutung. — Aus der Selbständigkeit des Gesellschaftskonkurses (§ 209 I 1 KO) folgt andererseits, daß Umstände in der Person der Gesellschafter für die Eröffnung des Gesellschaftskonkurses ohne Bedeutung sind. Die Zahlungsfähigkeit eines Gesellschafters kann der Konkurseröffnung nicht entgegengehalten werden (RG LZ 1916, 308). Der liquide Gesellschafter hat allerdings die Möglichkeit, drängende Gläubiger zur Abwendung des Konkursantrags zu befriedigen. Umgekehrt bildet auch die Zahlungseinstellung eines Gesellschafters keinen Konkursgrund für die Gesellschaft (Jaeger-Weber §§ 209, 210 Anm. 13).

Anm. 47 γ) **Konkursantrag:** Zur Stellung des Konkursantrags berechtigt sind außer den Gesellschaftsgläubigern jeder persönlich haftende Gesellschafter sowie — wenn die Gesellschaft schon in Liquidation ist — jeder Liquidator (§§ 103 II, 210 I KO). Kommanditisten sowie ausgeschiedene Gesellschafter haben als solche kein Antragsrecht (Jaeger-Weber §§ 209, 210 Anm. 14). Sie können den Antrag gegebenenfalls aber als Gesellschaftsgläubiger (dazu Anm. 59ff., 64) stellen. Stellen alle Gesellschafter oder Liquidatoren den Antrag, so bedarf es in Abweichung von § 105 I KO nicht der Glaubhaftmachung der Zahlungsunfähigkeit (§ 210 II KO).

Anm. 48 Eine öffentlichrechtliche **Pflicht** der geschäftsführenden oder vertretungsberechtigten Gesellschafter bzw. der Abwickler zur Konkursanmeldung besteht im Gegensatz zu den Kapitalgesellschaften bei der OHG nicht (Jaeger-Weber §§ 209, 210 Anm. 16). Wohl aber können sie sich zivilrechtlich gegenüber den übrigen Gesellschaftern schadensersatzpflichtig machen, wenn sie schuldhaft die nach den Umständen gebotene Antragstellung versäumen. — Zuständiges **Konkursgericht** ist das Amtsgericht des Sitzes der Gesellschaft (§ 71 KO, vgl. Jaeger-Weber §§ 209, 210 Anm. 12). Auf den Wohnsitz der Gesellschafter kommt es nicht an.

Anm. 49 **c) Auflösungszeitpunkt:** Die Auflösung wird **wirksam** mit der (im Inland erfolgten) Konkurseröffnung, § 131 Nr. 3. Der **Zeitpunkt** der Konkurseröffnung bestimmt sich regelmäßig nach demjenigen der richterlichen Unterzeichnung des Eröffnungsbeschlusses; er ist daher im Eröffnungsbeschluß auch ausdrücklich anzugeben (§ 108 I KO). Wirksamkeit erlangt der Eröffnungsbeschluß freilich erst dann, wenn er aufhört, innere Angelegenheit des Gerichts zu sein. Zustellung an den Gemeinschuldner ist hierfür nicht erforderlich; es genügt bereits, daß der Beschluß von der Geschäftsstelle zur Bekanntgabe herausgegeben ist (Jaeger-Weber § 108 Anm. 1).

Auf die Rechtskraft des Eröffnungsbeschlusses kommt es demgegenüber nicht an. Wird er im Beschwerdeverfahren aufgehoben, so entfällt mit rechtskräftiger Aufhebung zugleich rückwirkend die Auflösung der Gesellschaft (vgl. Anm. 127). Die vom Konkursverwalter vorgenommenen Handlungen bleiben aber wirksam (RGZ 36, 93/94; BGHZ 30, 173/176); seine Verfügungen gehen widersprechenden Verfügungen des Gemeinschuldners vor (Jaeger-Weber § 109 Anm. 4). — Die Beendigung des Konkursverfahrens durch Aufhebung (§§ 163, 190 KO) oder Einstellung (§§ 202, 204 KO) läßt die Auflösung dagegen unberührt (Anm. 79).

d) Ablehnung der Konkurseröffnung mangels Masse, gerichtliches Vergleichsver- Anm. 50
fahren: Wird die Konkurseröffnung trotz Vorliegens der Konkursvoraussetzungen (Konkursfähigkeit, -grund, -antrag) **mangels** einer die Kosten des Verfahrens deckenden **Masse** abgelehnt (§ 107 KO), so liegt darin keine Auflösung der Gesellschaft. Für OHG und KG gibt es für diesen Fall auch keine Vorschriften über eine Auflösung von Amts wegen, wie sie für Aktiengesellschaften in §§ 262 I Ziff. 4, 289 II AktG i. V. m. § 1 des Gesetzes über die Auflösung und Löschung von Gesellschaften und Genossenschaften vom 9. 10. 1934 (RGBl. I 914) vorgesehen sind.

Ebenso bewirkt die Eröffnung des **gerichtlichen Vergleichsverfahrens** über das Ver- **Anm. 51**
mögen der OHG (§ 109 VglO) nicht die Auflösung der Gesellschaft. Zweck des Vergleichsverfahrens ist es vielmehr, den Konkurs abzuwenden und die Gesellschaft zu erhalten. Wird im Zuge des Vergleichsverfahrens das gesamte Vermögen der OHG übertragen, so liegt freilich hierin ein Auflösungsbeschluß (BGHZ 26, 126 = JZ 1958, 403 m. Anm. Hueck, Westermann Handb. I 608). — Zum Zwangsvergleich im Anschluß an den Gesellschaftskonkurs vgl. Anm. 79.

e) Gemeinschuldner:

α) **Personenkreis:** Da die OHG keine juristische Person ist, wird sie von der ganz **Anm. 52**
h. M. nicht selbst als Gemeinschuldner behandelt (abweichend früher nur Wolff KO^2 § 209 Anm. 4). Träger der Gemeinschuldnerrolle sind bei der OHG vielmehr **alle** Gesellschafter persönlich, auch die von der Geschäftsführung und Vertretung ausgeschlossenen (RGZ 16, 1/3; RGSt 46, 78; 69, 65; BGHZ 34, 293/297; Hueck § 26 III, Westermann Handb. I 710, Jaeger-Weber §§ 209, 210 Anm. 18 m. weit. Nachw., Robrecht DB 1968, 474). Erben der durch den Tod eines Gesellschafters aufgelösten (§ 131 Nr. 4 HGB) bzw. schon vorher in Konkurs gefallenen Gesellschaft werden entsprechend der Vererbung der Gesellschafterrechte Gemeinschuldner in ihrer Verbindung als Erbengemeinschaft (Anm. 93). Zur Ausübung der Gemeinschuldnerrechte vgl. Anm. 54.

Nicht zum Kreis der Gemeinschuldner zählen die bei Konkurseröffnung bereits **Anm. 53**
ausgeschiedenen Gesellschafter, unabhängig von der Eintragung ihres Ausscheidens und vom Fortbestand ihrer Haftung nach § 159 HGB (Jaeger-Weber §§ 209, 210 Anm. 27). Ebenso sind die **Abwickler** einer bei Konkurseröffnung bereits aufgelösten Gesellschaft als solche nicht Gemeinschuldner (RGSt 46, 78; Jaeger-Weber §§ 209, 210 Anm. 21): sie haften nicht für die Gesellschaftsschulden, sondern sind lediglich Vertreter der Gesellschaft, und auch das — außerhalb des konkursfreien Bereichs — nur bis zur Konkurseröffnung (Anm. 72). Nicht zu den Gemeinschuldnern werden bei einer KG schließlich auch die **Kommanditisten** gezählt, nachdem sie in §§ 210, 211 KO mit Rücksicht auf ihre beschränkte Haftung nicht mit den dort geregelten wesentlichen Gemeinschuldnerrechten ausgestattet sind (vgl. § 177 Anm. 6; Jaeger-Weber §§ 209, 210 Anm. 19 m. weit. Nachw.).

β) **Träger der Gemeinschuldnerrechte und -pflichten:** Die Ausübung der dem Gemein- **Anm. 54**
schuldner in der KO vorbehaltenen **Rechte** (vgl. z. B. §§ 86, 135, 144, 165, 202 KO) erfolgt durch die Gesellschafter im eigenen Namen, nicht etwa in Vertretung der Gesellschaft (anders nur im konkursfreien Bereich; vgl. Anm. 75). Die Frage, ob sie dabei nur gemeinschaftlich oder auch einzeln handeln können, läßt sich nicht einheitlich beantworten, wenn auch die Einzelbefugnisse deutlich überwiegen. Ausdrücklich als **Einzelbefugnis** hat die KO in § 210 das Konkursantragsrecht ausgestaltet; dementsprechend behandelt die h. M. auch das Beschwerderecht gegen eine

nicht vom beschwerdeführenden Gesellschafter erwirkte Konkurseröffnung als Einzelrecht (RG JW 1895, 454, OLG Frankfurt JW 1930, 2812, OLG Düsseldorf KTS 1959, 175, Jaeger-Weber §§ 209, 210 Anm. 22). Als weitere Einzelrechte werden wegen ihrer Bedeutung für die individuelle Rechtsstellung, insbesondere für die Haftung jedes Gesellschafters angeführt: die Geltendmachung von Einwendungen gegen die Schlußrechnung (§ 86 KO), das Bestreiten von Forderungen im Prüfungsverfahren und der Antrag auf Wiedereinsetzung bei Fristversäumung (§§ 144, 165 KO), sowie die Befugnisse nach § 135 KO (vgl. Einzelheiten bei Jaeger-Weber §§ 209, 210 Anm. 22 m. weit. Nachw.; zur fehlenden Rechtskraft festgestellter Forderungen gegenüber einem die Forderung bestreitenden Gesellschafter vgl. auch BGH WM 1961, 427/429). **Gemeinschaftlich** von allen Gesellschaftern muß nach § 211 KO der Vorschlag zum Abschluß eines Zwangsvergleichs gemacht werden. Ebenso erfordert nach h. M. der Antrag auf Einstellung des Konkursverfahrens (§ 202 KO) gemeinschaftliches Vorgehen aller Gesellschafter, da er die Geschicke der Gesellschaft betrifft (Westermann Handb. I 710, Jaeger-Weber §§ 209, 210 Anm. 22, Mentzel-Kuhn § 209 Anm. 11, Böhle-Stamschräder § 209 Anm. 4; abweichend OLG Dresden LZ 1925 Sp. 497).

Anm. 55 Die **Pflichten** des Gemeinschuldners treffen im Konkurs der OHG jeden **einzelnen** Gesellschafter. Jeder von ihnen ist — für seinen Wissensbereich (vgl. auch § 807 ZPO) — zur Auskunft (§ 100 KO) und zur Leistung des Offenbarungseids (§ 125 KO) verpflichtet, jeder den Zwangsmitteln des § 101 KO unterworfen (Dresden OLGR 35, 257, Hueck § 26 III, Westermann Handb. I 710, Jaeger-Weber §§ 209, 210 Anm. 23). Auch die Strafvorschriften (§§ 239—241 KO) gelten für jeden der Gesellschafter (wegen der Verantwortlichkeit für die Buchführung vgl. § 38 Anm. 10).

Anm. 56 γ) **Sonstige Folgen aus der Gemeinschuldnerrolle der Gesellschafter:** Die mit der Konkurseröffnung verbundenen **Rechtsminderungen** (z. B. § 1670 BGB Beendigung der elterlichen Vermögensverwaltung, §§ 1781 Nr. 3, 1886 BGB Untauglichkeit zum Vormund, §§ 32, 84 GVG Untauglichkeit zum Schöffen- und Geschworenenamt, § 121 KO Postsperre) treffen den einzelnen Gesellschafter (Jaeger-Lent § 1 Anm. 68). — Auch für den **Zwangsvergleich** der OHG kommt es, soweit die Person des Gemeinschuldners in Frage steht, auf die Gesellschafter an. So muß der Vergleichsvorschlag von allen Gesellschaftern ausgehen (§ 211 KO); die Willensübereinstimmung muß noch im Vergleichstermin fortdauern (Jaeger-Weber § 211 Anm. 1). Der Zwangsvergleich ist unzulässig, seine Verwerfung muß erfolgen oder der durch den Vergleich begründete Erlaß aufgehoben werden, wenn auch nur bei einem Gesellschafter die gesetzlichen Unzulässigkeitsgründe bestehen oder der Aufhebungsgrund eintritt (§§ 175, 188, 197 KO; Jaeger-Weber § 175 Anm. 3; zur entsprechenden Regelung für das gerichtliche Vergleichsverfahren vgl. § 109 Nr. 1, 2 VglO). Bei der Abstimmung über den Vergleichsvorschlag (§§ 182, 183 KO) können weder die Gesellschafter selbst noch auch ihre Ehegatten als Gläubiger der OHG für den Vergleich stimmen (Jaeger-Weber § 183 Anm. 3, 10). Die Ehegatten können den Zwangsvergleich jedoch durch ihre ablehnende Stimme zum Scheitern bringen; spricht sich ein Gesellschafter gegen den Vergleichsvorschlag aus, so fehlt es schon an der nach § 211 KO geforderten Willensübereinstimmung aller Gesellschafter als Vergleichsvoraussetzung (Jaeger-Weber § 211 Anm. 1).

Anm. 57 Für die **Anfechtung** von Rechtshandlungen des Gemeinschuldners vor Konkurseröffnung nach §§ 29ff. KO kommt es zwar auf Rechtshandlungen namens der Gesellschaft an, da nur diese für die Konkursmasse von Bedeutung sind (Jaeger-Lent § 29 Anm. 15; Jaeger-Weber §§ 209, 210 Anm. 24). Soweit für die Anfechtbarkeit von Rechtshandlungen jedoch auf den Familienstand des Gemeinschuldners abzustellen ist (vgl. §§ 31 Ziff. 2, 32 Ziff. 2 KO), genügt es, daß die Beziehungen bei einem Gesellschafter bestehen (RG 43, 104/105, BGH 34, 293/297, Jaeger-Lent § 31 Anm. 27, 30, Böhle-Stamschräder KO § 31 Anm. 3e, Lent KTS 58, 129).

f) Konkursgläubiger:

Anm. 58 α) **Allgemeines:** Konkursgläubiger sind die **Gläubiger der Gesellschaft,** deren Forderungen im Zeitpunkt der Konkurseröffnung begründet waren (§§ 3, 63 KO); Privatgläubiger der Gesellschafter nehmen am Gesellschaftskonkurs nicht teil (vgl. schon § 124 II HGB). Der Gesellschaftskonkurs führt dazu, daß die Gesellschaftsgläubiger sich aus dem Gesellschaftsvermögen jetzt nicht mehr im Wege der Einzelvollstreckung, sondern nur im Rahmen des Konkursverfahrens befriedigen können (§ 14 KO). Wegen der Selbständigkeit des Gesellschaftskonkurses sind sie allerdings nicht gehindert, ihre Forderungen nach § 128 HGB zugleich durch Vollstreckung in das Privatvermögen der Gesellschafter durchzusetzen, solange nicht auch hierüber besondere Konkursverfahren eröffnet sind (dazu und zum Zusammentreffen von Gesellschafts- und Gesellschafterkonkurs vgl. Anm. 76, 77). Zur Frage, welchen Einfluß die konkursbedingte inhaltliche Umgestaltung von Gesellschaftsschulden (§§ 17, 69 KO) auf die Haftung der Gesellschafter hat, vgl. BGHZ 48, 205 und die Auseinandersetzung zwischen Mohrbutter NJW 1968, 1125f., J. Blomeyer BB 1968, 1462 sowie Jaeger-Weber § 212 Anm. 1 einerseits und Kl. Müller NJW 1968, 225ff., 2230f. andererseits; dazu § 128 Anm. 30.

β) **Gesellschafter als Konkursgläubiger:** Soweit Gesellschafter aus nicht auf dem Gesellschaftsverhältnis beruhenden Rechtsgeschäften, wie sie auch mit Dritten hätten geschlossen werden können (Kauf, Miete, Darlehn u. a.), Ansprüche gegen die Gesellschaft erlangt haben, steht ihrer Anerkennung als Konkursgläubiger nichts entgegen. Mit diesen sog. **Individualansprüchen** nehmen sie wie sonstige Gesellschaftsgläubiger am Gesellschaftskonkurs teil (Hueck § 26 V, Westermann Handb. I 722, Jaeger-Weber §§ 209, 210 Anm. 26). **Anm. 59**

Schwieriger ist die Rechtslage bei den **Sozialansprüchen,** den mit dem Gesellschaftsverhältnis in Zusammenhang stehenden Forderungen der Gesellschafter (dazu § 128 Anm. 37, 38). Zwar besteht auch hier kein allgemeiner Grundsatz, daß derartige Ansprüche generell von der Anmeldung zur Konkurstabelle ausgeschlossen sind. Jedoch ist bei ihnen jeweils zu prüfen, ob die Anerkennung als Konkursforderung nicht der Beschlagnahme des Gesellschaftsvermögens zugunsten der Gläubiger zuwiderläuft. Eine Verminderung der Konkursmasse durch Rückzahlung von Gesellschaftereinlagen wäre mit dem Zweck des Konkursverfahrens nicht vereinbar. — Da die Gesellschafter den Gläubigern der OHG auch unbeschränkt persönlich haften (§ 128 HGB), sollte die Frage der Anerkennung von Gesellschafterforderungen im Konkurs der OHG zwar nicht überbewertet werden; immerhin kommt ihr Bedeutung zu für das Verhältnis zwischen Gesellschaftsgläubigern und Privatgläubigern der Gesellschafter, da letztere nur auf dasjenige zugreifen können, was den Gesellschaftern aus der Konkursmasse der Gesellschaft zusteht. **Anm. 60**

Nach den vorstehenden Grundsätzen (Erhaltung des Gesellschaftsvermögens zugunsten der Gläubiger) können die **Kapitaleinlagen** der Gesellschafter, die „aktiven Kapitalkonten", **nicht** als Konkursforderungen geltend gemacht werden. Das gilt auch für die Einlagen der vertragsmäßig vom Verlust befreiten Gesellschafter (DürHach § 144 Anm. 7, Jaeger-Weber §§ 209, 210 Anm. 26, abweich. Wieland I 710) sowie für Einlagen (nicht aber Darlehn), die der OHG nach dem Gesellschaftsvertrag nur für eine begrenzte Zeit überlassen werden sollten (Mentzel-Kuhn § 209 Anm. 17). Zur Behandlung von bei Konkurseröffnung noch ausstehenden Einlagen vgl. Anm. 69, 70. Waren die einzubringenden Gegenstände der OHG vereinbarungsgemäß lediglich zur Benutzung überlassen, so können sie im Gesellschaftskonkurs ausgesondert werden, da der Einbringungszweck durch die Auflösung der Gesellschaft entfallen ist (Westermann Handb. I 722, Jaeger-Weber §§ 209, 210 Anm. 26). Im Hinblick auf die Erhaltung des zur Gläubigerbefriedigung dienenden Gesellschaftskapitals enden auch gesetzliche (§ 122 HGB) oder vertragliche **Entnahmerechte,** selbst wenn sie vorher rechtshängig geworden waren, mit der Konkurseröffnung (für den Regelfall der Liquidation vgl. schon § 155 II 3 HGB). Auch nicht aufgeteilte Gewinne früherer Geschäftsjahre sowie noch nicht fällige Tätigkeitsvergütungen sind noch Teil des Gesellschaftsvermögens und dienen damit ausschließlich der Gläubigerbefriedigung (Hueck § 26 V, Westermann Handb. I 722, Jaeger-Weber §§ 209, 210 Anm. 26; zur Behandlung von auf die Gesellschafter aufgeteilten, aber einbehaltenen oder stehengelassenen Gewinnen vgl. Anm. 63). **Anm. 61**

Ansprüche der Gesellschafter aus **§ 110 HGB** auf Ersatz von Aufwendungen und Verlusten in Gesellschaftsangelegenheiten, insbesondere auf Erstattung von Zahlungen zur Befriedigung von Gesellschaftsgläubigern, können dagegen voll als Konkursforderungen geltend gemacht werden. Ihre Natur als Sozialansprüche steht nicht entgegen, da die Gesellschafter insoweit keine — den Gläubigern zustehenden — Ein- **Anm. 62** lagen geleistet, sondern Aufwendungen für die Gesellschaft erbracht haben. Da dieser die Aufwendungen zugute gekommen sind (etwa durch Tilgung einer Gesellschaftsschuld), wird das Gesellschaftsvermögen durch die Anerkennung dieser Ansprüche als Konkursforderungen auch nicht vermindert (h. M., vgl. Hueck § 26 V, Westermann Handb. I 722, Jaeger-Weber §§ 209, 210 Anm. 26, Mohrbutter NJW 1968, 1126f., J. Blomeyer BB 1968, 1462ff.; anders Kl. Müller NJW 1968, 229f., 2231, gegen ihn zu Recht Mohrbutter, Blomeyer und Weber a. a. O.). Aus diesem Grunde sind sogar Ersatzansprüche der Gesellschafter für **nach** Konkurseröffnung geleistete Zahlungen an Gesellschaftsgläubiger als Konkursforderungen anzuerkennen (so zu Recht J. Blomeyer BB 1968, 1464 und Jaeger-Weber § 212 Anm. 1 gegen Kl. Müller NJW 1968, 230, 2231).

Anm. 63 Bei festgestellten und auf die Gesellschafter aufgeteilten, aber nicht ausgezahlten **Gewinnen** früherer Geschäftsjahre und den ihnen gesellschaftsrechtlich gleichstehenden (vgl. Hueck § 17 II) **Tätigkeitsvergütungen** für die Zeit vor Konkurseröffnung ist entscheidend, ob sie nach den Gesellschafterabreden auf Dauer im Gesellschaftsvermögen verbleiben oder, gegebenenfalls auch nach vorherigem Abruf oder Kündigung, zur Disposition der Gesellschafter stehen sollten. Im ersten Fall handelt es sich um Einlageerhöhungen, für die die oben (Anm. 61) genannten Grundsätze gelten: ihre Geltendmachung als Konkursforderungen ist ausgeschlossen. Dagegen sollen die von einzelnen Gesellschaftern nur vorübergehend stehengelassenen Gewinne und Tätigkeitsvergütungen die Einlagen nicht erhöhen; sie können daher als Konkursforderungen geltend gemacht werden.

Die Abgrenzung wird in der Praxis häufig Schwierigkeiten bereiten, zumal die Vereinbarungen und Beschlüsse der Gesellschafter über die Behandlung einbehaltener Gewinne nicht immer eindeutig sind. Gegen eine Einlagenerhöhung und für das Vorliegen eines Darlehns spricht etwa die Verzinsung der stehengebliebenen Beträge, ihre Bezifferung in festen Forderungsbeträgen, die Einräumung eines Rechts zur jederzeitigen Abhebung oder zur Kündigung sowie die Nichteinräumung besonderer Gesellschafterrechte im Zusammenhang mit den stehengebliebenen Gewinnen (BGH BB 1952, 478; vgl. auch Westermann Handb. I 722, Schneider BB 1954, 246f.). Dagegen ist die Verbuchung auf von der Gesellschaft geführten „Privatkonten" der Gesellschafter nicht eindeutig; die Kontenbezeichnungen spiegeln nicht notwendig die rechtliche Ausgestaltung wider (vgl. § 120 Anm. 26, 27, Jaeger-Weber §§ 209, 210 Anm. 26; zur gesellschaftsrechtlichen Praxis bei Ausgestaltung der Gesellschafterkonten vgl. auch Klauss-Mittelbach, Kommanditgesellschaft, 2. Aufl. 1969, S. 105ff., Sudhoff, Gesellschaftsvertrag der Personengesellschaften[3], S. 196ff., Huber, Vermögensanteil, Kapitalanteil und Gesellschaftsanteil an Personalgesellschaften des Handelsrechts, 1970, S. 236ff.). Auch die für die Tätigkeitsvergütung verschiedentlich (Jaeger-Weber §§ 209, 210 Anm. 26 m. weit. Nachw.) vorgenommene Differenzierung danach, ob sie als fester oder als gewinnabhängiger Betrag (Tantieme) gewährt wird, kann allenfalls als Indiz für die konkursmäßige Behandlung rückständiger Vergütungsteile dienen: im Verhältnis zu Dritten sind beide Arten der Vergütung Gewinnbeteiligung der geschäftsführenden Gesellschafter. Schon deshalb scheidet auch die Geltendmachung von Vergütungsansprüchen für die Zeit nach Konkurseröffnung generell aus. Dagegen können rückständige Vergütungen, soweit sie als feste vereinbart oder im Rahmen der Gewinnermittlung festgestellt sind, wie sonstige Gewinne dann als Konkursforderungen angemeldet werden, wenn sie nicht nach der Gesellschafterabrede als Einlagenerhöhung einzubehalten waren.

Anm. 64 γ) **Ausgeschiedene Gesellschafter** können ihre Ansprüche gegen die Gesellschaft im Konkurs unbeschränkt geltend machen. Das gilt auch für den Abfindungsanspruch trotz der dadurch bewirkten Verminderung des Gesellschaftsvermögens. Die Gesellschaftsgläubiger müssen diese Wirkung des Ausscheidens gegen sich gelten lassen; im übrigen haftet der Ausgeschiedene den Altgläubigern nach § 159 HGB fort. Anderes gilt nur dann, wenn der Vertrag über das Ausscheiden des Gesellschafters nach §§ 29ff. KO anfechtbar ist: gegenüber dem sich auf das Anfechtungsrecht berufenden Konkursverwalter muß sich der Ausgeschiedene hier noch als Gesellschafter behandeln lassen und unterliegt damit den oben (Anm. 60ff.) genannten Beschränkungen. Den Grundsätzen über die fehlerhafte Gesellschaft entsprechend bleibt das Ausscheiden allerdings im übrigen — im Innenverhältnis und gegenüber späteren Gläubigern — wirksam (vgl.

BGH NJW 1969, 1483 für den Fall eines auf arglistiger Täuschung beruhenden Ausscheidens; für rückwirkende Nichtigkeit des Ausscheidens bei Konkursanfechtung aber Weipert in Vorauf1. Anm. 23). — Zu den Besonderheiten beim Ausscheiden von Kommanditisten vgl. § 172 Anm. 31, Jaeger-Weber §§ 209, 210 Anm. 27.

δ) **Aufrechnung:** Für die Ausübung eines nach § 387 BGB bestehenden Aufrechnungsrechts gelten im Gesellschaftskonkurs keine Besonderheiten; sie bleibt nach Maßgabe der §§ 53—56 KO zulässig. Das gilt auch für die als Konkursforderungen anzuerkennenden Ansprüche von Gesellschaftern. Insbesondere kann ein Gesellschafter gegen eine Einlageforderung mit ihm zustehenden Forderungen gegen die Gesellschaft, gleichgültig, ob diese auf dem Gesellschaftsverhältnis oder einem anderen Rechtsgrund beruhen, aufrechnen, wenn die allgemeinen Voraussetzungen hierfür gegeben sind (vgl. § 124 Anm. 43—50). Der erforderlichen Gleichartigkeit der Forderungen steht nicht entgegen, daß die Einlage der Förderung des Gesellschaftszwecks gewidmet ist, da es auf den Leistungsinhalt ankommt (RG 37, 82/87, Jaeger-Lent § 53 Anm. 16, Jaeger, Konkurs der OHG, S. 110). Bei der OHG ist auch nicht, wie bei der Kapitalgesellschaft, eine Gleichwertigkeit zwischen Einlageschuld und Gegenforderung notwendig. Anm. 65

Der Gesellschaftsschuldner kann nicht mit Ansprüchen gegen einzelne Gesellschafter aufrechnen, § 719 II BGB. Wohl aber kann ein Privatschuldner eines Gesellschafters — auch nach Eröffnung des Gesellschaftskonkurses — gegen seine Schuld mit einer ihm gegen die Gesellschaft zustehenden Forderung aufrechnen, da der Gesellschafter auch sein persönlicher Schuldner ist, § 128 HGB (RGZ 41, 25/27). Nicht aufgerechnet werden kann weiter mit Ansprüchen, die ein Gesellschafter im Konkurs der Gesellschaft nicht geltend machen kann (ROHG 25, 158/168, Jaeger a. a. O. S. 110). Dagegen ist die Berufung auf eine vor Konkurseröffnung rechtswirksam, insbesondere vertraglich erfolgte Aufrechnung auch im Konkurs zulässig. Anm. 66

ε) Zum Einfluß des Konkurses auf die **Verjährung** der Gesellschaftsschulden vgl. § 160 Anm. 3, Jaeger-Weber §§ 209, 210 Anm. 28: die Anmeldung zur Konkurstabelle unterbricht die Verjährung (§ 209 II 2 BGB), und zwar nicht nur gegenüber der Gesellschaft, sondern nach § 160 HGB auch gegenüber den Gesellschaftern. Anm. 67

g) Konkursmasse:

α) **Allgemeines:** In die Konkursmasse fallen alle beschlagsfähigen Vermögensgegenstände, die im Zeitpunkt der Konkurseröffnung zum Gesellschaftsvermögen der OHG gehören (§§ 1, 209 KO). Neben den im Gesamthandseigentum der Gesellschafter stehenden Gegenständen und den Ansprüchen der Gesellschaft gegen Dritte stehen der Konkursmasse daher auch die auf dem Gesellschaftsverhältnis beruhenden vermögenswerten Ansprüche der OHG gegen die Gesellschafter zu (Hueck § 26 IV, Jaeger-Weber §§ 209, 210 Anm. 37). Zu nennen sind insbesondere Ansprüche auf ausstehende Einlagen (dazu Anm. 69), auf Verzinsung unbefugter Entnahmen (§ 111), auf Schadensersatz oder Gewinnherausgabe bei Verletzung des Wettbewerbsverbots (§ 113), auf Schadensersatz wegen Verletzung der Sorgfaltspflicht (§ 708 BGB), auf Erstattung des aus der Geschäftsführung für die Gesellschaft Erlangten (§§ 713, 667 BGB). Zur Geltendmachung der Ansprüche aus § 113 HGB vgl. auch Anm. 74. Anm. 68

Zur Konkursmasse gehören weiter auch die Ansprüche aus namens der Gesellschaft vorgenommenen anfechtbaren Rechtshandlungen (§§ 29ff., 37 KO). Darunter fallen insbesondere auch Ansprüche auf Rückgewähr von Gesellschaftsvermögen, das zugunsten eines Gesellschafters veräußert worden ist, z. B. durch Rückgabe von Einlagen oder Begünstigung eines Gesellschafters bei Veräußerung des Gesellschaftsunternehmens (RG JW 1919, 34[1]).

β) Ansprüche auf **ausstehende Einlagen** fallen in die Konkursmasse und können, soweit ihre Erbringung erforderlich ist, trotz eingetretener Auflösung vom Konkursverwalter geltend gemacht werden. Daß sie nicht mehr zum Betrieb des Handelsunternehmens gebraucht werden, ist unerheblich, da das Gesellschaftsvermögen auch zur Befriedigung der Gläubiger bestimmt ist (RG DJZ 1919, 182, Jaeger-Weber §§ 209, 210 Anm. 30). Die Erforderlichkeit der Einlageleistung wird bei Zahlungsunfähigkeit der Gesellschaft vermutet. Sache der in Anspruch genommenen Gesellschafter ist es, den Gegenbeweis anzutreten; allerdings muß der Konkursverwalter über Anm. 69

den nur ihm genau bekannten Vermögensstand der Gesellschaft Auskunft erteilen (RGZ 46, 153; 76, 437; 79, 155; Hueck § 26 IV Fußn. 8; Jaeger-Weber §§ 209, 210 Anm. 30). Bei der Einforderung der Einlagen muß der Konkursverwalter den Grundsatz der Gleichbehandlung der Gesellschafter beachten (Hueck § 26 IV, Westermann Handb. I 716, Jaeger-Weber §§ 209, 210 Anm. 30; allgemein zum Gleichbehandlungsgrundsatz vgl. § 109 Anm. 3).

Anm. 70 **Im einzelnen** gehören zu den Einlagenforderungen auch solche, die vor Konkurseröffnung **noch nicht fällig** waren. Entsprechend dem Konkurszweck, die Gesellschaft zur Befriedigung der Gläubiger abzuwickeln, werden sie mit der Konkurseröffnung fällig (Jaeger-Weber §§ 209, 210 Anm. 30, Mentzel-Kuhn § 209 Anm. 14). Anderes gilt nur dann, wenn die Einlagen nur zu einem bestimmten, durch die Konkurseröffnung nicht mehr erreichbaren Zweck (etwa der Betriebserweiterung oder der Übernahme eines Unternehmens) versprochen sind: hier ist der Anspruch auf Leistung der Einlage noch nicht entstanden und fällt daher auch nicht in die Masse (ROHG 25, 158/165). Auch über im Gesellschaftsvertrag etwa vorgesehene, von einem Gesellschafterbeschluß abhängige **Nachschüsse** oder sonstige Beitragserhöhungen kann der Konkursverwalter nicht verfügen und sie zur Konkursmasse einziehen: ihre Geltendmachung setzt — als Beitragserhöhung — eine Vertragsänderung voraus, die auch nach Konkurseröffnung ausschließlich Sache der Gesellschafter bleibt (Anm. 75). — **Unbefugte Entnahmen** stehen noch nicht geleisteten Einlagen gleich und begründen wie diese einen Masseanspruch (vgl. § 111 Anm. 4, § 122 Anm. 22).

Keine Einlageverpflichtung ergibt sich dagegen aus dem **Passivsaldo** eines Gesellschafters als solchem, etwa auf seinem Kapital- oder Privatkonto. Es handelt sich vielmehr um eine durch Verlustverteilung oder zulässige Entnahmen entstandene Rechnungsziffer, der nur für die Auseinandersetzung unter den Gesellschaftern — gegebenenfalls auch für die Gewinnverteilung — Bedeutung zukommt (Hueck § 26 IV, Jaeger-Weber §§ 209, 210 Anm. 30). Ebenso kann der Konkursverwalter aus der unbeschränkten Haftung der Gesellschafter für Gesellschaftsschulden (§ 128 HGB) keine Rechte für die Konkursmasse ableiten; die Geltendmachung dieser Ansprüche gegen die Gesellschafter ist Sache der Gläubiger, die insoweit durch den — selbständigen — Gesellschaftskonkurs nicht an der Einzelvollstreckung gehindert sind.

Anm. 71 γ) Lebhaft umstritten ist schließlich die Behandlung der **Firma** im Gesellschaftskonkurs. Dabei geht es um die Frage, ob die Verfügung des Konkursverwalters über die Firma im Zuge der Veräußerung des Handelsgeschäfts (§ 22) mit Rücksicht auf das Namensrecht der Gesellschafter deren Einwilligung bedarf oder ob der Konkursverwalter — vorbehaltlich der aus §§ 134, 135 KO folgenden, nur intern wirkenden Beschränkungen — in der Verfügung frei ist. Der teilweise davon unterschiedenen Frage, ob die Firma in die Konkursmasse falle, kommt daneben nur begriffliche Bedeutung zu. Rechnet man zur Konkursmasse nur das, was der Alleinverfügungsbefugnis des Konkursverwalters unterliegt (so etwa Mentzel-Kuhn § 1 Anm. 80, Westermann Handb. I 718), so sind beide Fragen ohnehin identisch. Andererseits wird auch von denjenigen, die die Firma als reines Persönlichkeitsrecht behandeln und ihre Zugehörigkeit zur Konkursmasse nach §§ 1 KO, 857 I ZPO mangels vermögensrechtlicher, der Pfändung unterliegender Elemente ablehnen, nicht bestritten, daß jedenfalls insoweit eine Verstrickung der Firma durch die Konkurseröffnung eintritt, als der Gemeinschuldner dem Konkursverwalter weder den Gebrauch der Firma im Zuge der Liquidation untersagen noch die Firma vor Konkursbeendigung zur Löschung bringen kann (BayObLG JW 1933, 179).

Die unterschiedlichen **Ansichten** zur Frage des Einwilligungserfordernisses lassen sich im Grundsatz in **zwei Gruppen** einteilen. In teilweiser Einschränkung der Rechtsprechung des RG, die ein Alleinverfügungsrecht des Konkursverwalters bei jeder Art Firma verneinte (RGZ 9, 104/106; 58, 166/169; 69, 403; 70, 229; 74, 378/380; 158, 226/231; RG WarnRspr. 1931 Nr. 150), hält der überwiegende Teil des **handelsrechtlichen** Schrifttums die Einwilligung jedenfalls derjenigen Gesellschafter für erforderlich, deren Familienname in der — ursprünglichen oder abgeleiteten — Gesellschaftsfirma enthalten ist (Baumbach-Duden § 17 Bem. 5C, v. Gamm MDR 1955, 646, Leibkutsch NJW 1952, 693, E. Ulmer SJZ 1948, 674/682, und Urheberrecht², S. 103, so auch § 22

Anm. 34 [Würdinger], KG JW 1937, 2976). Dem hat sich auch der Bundesgerichtshof angeschlossen (BGHZ 32, 103/108); ob das gleiche auch bei einer Firma zu gelten habe, die den Namen keines der Gesellschafter enthält (so noch Bußmann in Raape-Festschrift, 1948, S. 134 und Weipert in Voraufl. Anm. 23), hat er dahingestellt gelassen. Die **Gegenansicht,** die dem Konkursverwalter in jedem Fall die Alleinverfügungsbefugnis über die Firma bei Veräußerung des Handelsgeschäfts zugesteht, wird in neuerer Zeit unter Betonung des primär vermögensrechtlichen Charakters der Firma vor allem im **konkursrechtlichen** Schrifttum vertreten (Jaeger-Lent § 1 Anm. 7, Jaeger-Weber §§ 209, 210 Anm. 29, Mentzel-Kuhn § 1 Anm. 80, Böhle-Stamschräder § 1 Bem. 3, Bernhardt NJW 1962, 2194, Jauernig JZ 1964, 39, Kuhn KTS 1961, 1ff., Zunft NJW 1960, 1843; so aus dem handelsrechtlichen Schrifttum auch Schlegelberger-Hildebrandt § 17 Anm. 13, § 22 Anm. 15, Westermann Handb. I 718, ebenso für die Personenfirma einer GmbH KG NJW 1961, 833f.). **Vermittelnde Meinungen** vertreten Baumbach-Hefermehl[9] (UWG § 16 Anm. 89), die eine Einwilligung des namensgleichen Gemeinschuldners nur bei ursprünglicher Firma für erforderlich halten, und Hubmann (in Lehmann-Festschrift 1956, S. 825f.), der im Wege der Interessenabwägung danach entscheiden will, ob im Einzelfall die persönlichkeitsrechtlichen (dann Einwilligung) oder die vermögensrechtlichen Elemente überwiegen (dagegen aus Rechtssicherheitsgründen zu Recht BGHZ 32, 103/110).

Stellungnahme: Die neuere (konkursrechtliche) Ansicht verdient entgegen der Voraufage (Anm. 23) und in Abweichung von der in § 22 Anm. 34 für die Firma des Einzelkaufmanns vertretenen Meinung den Vorzug. Sie rechtfertigt sich nicht nur aus dem berechtigten Interesse der Konkursgläubiger an der Verwertung möglichst aller vermögenswerten Rechte, sondern auch aus der zunehmenden Verselbständigung, die das Unternehmen — und damit auch die Firma — gegenüber seinem Inhaber in den letzten Jahrzehnten auch handelsrechtlich gefunden hat. Schon das HGB behandelt die Firma nicht nur als Name des Kaufmanns (§ 17), sondern durch Zulassung ihrer Veräußerung in Verbindung mit dem Handelsgeschäft (§ 22) zugleich als Unternehmensbestandteil. Dementsprechend wird sie von der h. M. auch als ein aus persönlichkeits- und vermögensrechtlichen Elementen gemischtes Rechtsgut angesehen (vgl. § 17 Anm. 8); auch der BGH geht im Grunde hiervon aus, wenn er — trotz ausschließlicher Betonung der Namenseigenschaft der Firma (BGHZ 32, 103/109) — zu einer Interessenabwägung zwischen Gemeinschuldner und Konkursgläubigern kommt. Berücksichtigt man weiter den einer gut eingeführten Firma zukommenden, oft erheblichen Vermögenswert (good will) und ihre Verwendung als Kreditgrundlage, so muß die Interessenabwägung entgegen der Ansicht des BGH zugunsten der Konkursgläubiger und damit für das **Alleinverfügungsrecht** des Konkursverwalters ausfallen. Hat der Gemeinschuldner auf seine Firma Kredit bekommen, so kann er sich, wie Mentzel-Kuhn (§ 1 Anm. 80, so auch Westermann Handb. I 718) mit Recht hervorheben, nach dem Zusammenbruch, bei Realisierung des Kredits, nicht auf die namensrechtliche Seite der Firma berufen (zur Umwandlung eines ursprünglich persönlichkeitsbezogenen Rechtsguts [Erfindung] in ein Vermögensrecht durch den Beginn seiner kommerziellen Verwertung vgl. auch BGHZ 16, 172/175). Auch das RG (RGZ 158, 226/232) hatte trotz einseitiger Betonung des namensrechtlichen Charakters der Firma immerhin schon die Möglichkeit einer — ausdrücklichen oder stillschweigenden — gesellschaftsrechtlichen Pflicht der Gesellschafter erwogen, in die Firmenveräußerung einzuwilligen. — Aus dem Persönlichkeitsrecht der Gesellschafter/Gemeinschuldner können Bedenken gegen diese Lösung nur in **Ausnahmefällen** in Betracht kommen, etwa bei der Verwendung einer ehemals renommierten, für die Herstellung hochwertiger Erzeugnisse bekannten Firma durch den Erwerber für ein — möglicherweise branchenfremdes — Unternehmen ganz anderen Zuschnitts. Hier kann mit **Unterlassungsansprüchen** gegen den Erwerber wegen Verletzung des Persönlichkeitsrechts (§§ 823 I, 1004 BGB) abgeholfen werden, ohne daß das Alleinverfügungsrecht des Konkursverwalters in Frage gestellt werden müßte. **Anm. 72**

Den Gesellschaftern bleibt es im übrigen auch im Fall der Veräußerung einer auf ihren Familiennamen lautenden Firma grundsätzlich unbenommen, künftig unter diesem Namen wieder ein Geschäft zu betreiben; wenn sie am gleichen Ort tätig werden wollen, müssen sie dem Namen nach § 30 allerdings einen unterscheidungskräftigen Zusatz beifügen (hierzu und zum Unterlassungsanspruch des Firmenerwerbers aus §§ 12 BGB, 16 UWG vgl. Baumbach-Hefermehl[9] UWG § 16 Anm. 32f., 93ff.). Auch kann der Konkursverwalter im Zuge der Firmenveräußerung mit Wirkung ihnen gegenüber weder eine weitergehende Unterlassungspflicht noch ein Wettbewerbsverbot vereinbaren (Westermann Handb. I 718).

Anm. 72a Für die Übertragung eines der OHG zustehenden **Warenzeichens** durch den Konkursverwalter im Zusammenhang mit der Veräußerung des Unternehmens (§ 8 Abs. 1 S. 2 WZG) gelten die vorstehend (Anm. 72) zur Firma entwickelten Grundsätze entsprechend. Beim Warenzeichen überwiegen in noch stärkerem Maß als bei der Firma die vermögensrechtlichen Elemente, selbst wenn der Name eines der Gesellschafter darin enthalten ist. Es unterliegt daher ebenso wie die Firma der Alleinverfügungsbefugnis des Konkursverwalters; ein Widerspruchs- oder Zustimmungsrecht der Gesellschafter ist nicht anzuerkennen (so allgemein auch Busse WZG[3] § 8 Anm. 3, Reimer-Trüstedt, Wettbewerbs- und Warenzeichenrecht[4] S. 568; abweichend für den Fall, daß Name oder Firma des Gemeinschuldners im Warenzeichen enthalten sind, RG MuW 1931, 430/431, BGHZ 32, 103/113, Baumbach-Hefermehl WZG[10] § 8 Anm. 16, E. Ulmer SJZ 1948, 674/682).

h) Rechte von Konkursverwalter und Gesellschaftern:

Anm. 73 α) Mit der Konkurseröffnung geht das Verwaltungs- und Verfügungsrecht hinsichtlich des zur Masse gehörenden Vermögens auf den **Konkursverwalter** über (§§ 6, 7 KO). Er tritt an die Stelle der geschäftsführenden und vertretungsbefugten Gesellschafter oder Abwickler; jede andere Art der Abwicklung ist — sofern nicht konkursfreies Vermögen vorhanden ist (Anm. 75) — ausgeschlossen. Der Verwalter hat von den zur Masse gehörenden Gegenständen Besitz zu ergreifen, das zur Masse gehörige Vermögen zu erfassen, wobei er unverwertbare Sachen freigeben darf (RGZ 60, 108/109; 79, 29; 94, 56), und die Masse im Interesse der Gläubiger möglichst günstig zu verwerten.

Zu den **ausschließlichen** Zuständigkeiten des Konkursverwalters gehört auch die Verfolgung der auf dem Gesellschaftsverhältnis beruhenden Ansprüche gegen die Gesellschafter. Daher erlischt durch die Konkurseröffnung auch die Befugnis der Gesellschafter, derartige Ansprüche im Wege der **actio pro socio** (vgl. § 124 Anm. 11) geltend zu machen; bereits anhängige Prozesse können vom Konkursverwalter nach § 10 KO aufgenommen werden (§ 113 Anm. 9 a. E.; Hueck § 26 IV; Jaeger-Weber §§ 209, 210 Anm. 37). Der Zweck des Konkursverfahrens **begrenzt** andererseits auch die Befugnisse des Konkursverwalters. Es ist ihm etwa verboten, Schenkungen vorzunehmen (RGZ 53, 190/193; 57, 195/199; 76, 244/250). Er darf ferner keine neuen Gesellschafter aufnehmen oder bisherige durch Vertrag entlassen bzw. ihre Ausschließung herbeiführen oder den Gesellschaftsvertrag in sonstiger Weise ändern; zu solchen Handlungen sind, soweit diese ohne Beeinträchtigung des Konkursverfahrens möglich sind, nur die Gesellschafter befugt (denkbar wäre z. B. eine Erhöhung der Beiträge, um den Konkurs durch Befriedigung der Gläubiger oder durch Zwangsvergleich zu beenden).

Anm. 74 Die Frage, ob bestimmte Maßnahmen des Konkursverwalters der **Mitwirkung der Gesellschafter** bedürfen, stellt sich neben der Firmenveräußerung (dazu Anm. 71, 72) insbesondere für die Geltendmachung der Ansprüche gegen einen Gesellschafter aus **Verletzung des Wettbewerbsverbots (§ 113).** Für sie ist dabei heute allgemein anerkannt, daß mit der Konkurseröffnung die in § 113 II den übrigen Gesellschaftern vorbehaltene Befugnis, über die Geltendmachung der Ansprüche zu entscheiden und zwischen Schadensersatz und Eintrittsrecht zu wählen, auf den Konkursverwalter übergeht (§ 113 Anm. 9 a. E., Geßler § 113 Anm. 18, Hueck § 13 II 6 Fußn. 31, Jaeger-Weber §§ 209, 210 Anm. 37; abweichend DürHach § 113 Anm. 3, Neufeld-Schwarz § 113 Anm. 2, Ritter § 113 Anm. 3). Dem ist zuzustimmen, da der Grund für die gemeinsame Beschlußfassung (die Rücksichtnahme auf das Verhältnis zwischen den Gesellschaftern) mit der Konkurseröffnung entfallen ist und die Ansprüche im Interesse der Gläubigerbefriedigung unabhängig vom Willen der übrigen Gesellschafter realisierbar sein müssen. Aus dem gleichen Grunde bedarf es auch nicht der etwa vertraglich vorgesehenen Mitwirkung der übrigen Gesellschafter bei Geltendmachung bestimmter gesellschaftsrechtlicher Ansprüche.

β) Den **Gesellschaftern** kommt im Gesellschaftskonkurs in erster Linie die Gemeinschuldnerrolle zu (Anm. 52). Jedoch bleiben sie außerhalb der dem Konkursverwalter durch die Zwecke des Konkursverfahrens gesetzten Grenzen auch während der Konkursdauer Herren der Gesellschaft. Sie bleiben insbesondere zuständig für **Änderungen des Gesellschaftsvertrags;** diese dürfen freilich nicht die Gläubigerrechte beeinträchtigen oder sonst dem Konkurszweck zuwiderlaufen. Auch die Verwaltungs- und Verfügungsrechte für das **konkursfreie Vermögen** verbleiben bei den Gesellschaftern (RG DNotZ 1932, 729, BGH NJW 1966, 51, Geßler Anm. 20, Jaeger-Weber §§ 209, 210 Anm. 18). Sie werden insofern freilich als Abwickler tätig (§§ 146, 150), da die Gesellschaft durch die Konkurseröffnung aufgelöst und eine Fortsetzung erst nach Beendigung des Konkursverfahrens möglich ist (vgl. Anm. 150 und § 144). **Anm. 75**

i) Zusammentreffen von Gesellschafts- und Gesellschafterkonkurs: Da das Konkursverfahren über das Gesellschaftsvermögen „selbständig" (§ 209 I KO), von einem etwaigen Eigenkonkursverfahren eines Gesellschafters unabhängig ist, können sich die Gesellschaftsgläubiger während des Gesellschaftskonkurses in vollem Umfang an die einzelnen Gesellschafter halten (BGH WM 1956, 1537; Böhle-Stamschräder § 209 Anm. 8, Frank KTS 1956, 85, Kuhn WM 1959, 103); die Regel des Art. 122 ADHGB, wonach die Gesellschafter im Gesellschaftskonkurs den Gesellschaftsgläubigern nur ersatzweise für den Ausfall haften, ist nicht in das HGB übernommen worden. Umgekehrt ist auch der Eigenkonkurs vom Gesellschaftskonkurs unabhängig und umfaßt seinerseits nicht das gesamthänderisch gebundene Vermögen des Gesellschafters (BGH WM 1958, 1105), wenn er auch nach § 131 Nr. 5 zur Auflösung der Gesellschaft führt. **Anm. 76**

Das Recht der Gläubiger zum ungehinderten Zugriff auf das Privatvermögen der Gesellschafter hat allerdings häufig zur Folge, daß der Gesellschaftskonkurs auch den Eigenkonkurs von Gesellschaftern nach sich zieht. Für den Fall des **Zusammentreffens** der beiden Konkursarten greift die **Sondervorschrift des § 212 KO** ein. Danach können Gesellschaftsgläubiger ihre Forderungen im Eigenkonkurs zwar vorsorglich in voller Höhe anmelden (§ 212 II KO; dazu Krantz BB 1952, 76); anteilige Befriedigung können sie jedoch nur für den Betrag finden, mit dem sie im Gesellschaftskonkurs ausgefallen sind (§§ 212 III, 64 KO, dazu § 128 Anm. 31, Jaeger-Weber § 212 Anm. 10, Schmitz-Beuting KTS 1957, 35ff.). Diese Regelung bildet einen Ausgleich dafür, daß die Privatgläubiger das Gesellschaftsvermögen vorrangig den Gesellschaftsgläubigern zur Befriedigung überlassen müssen. Verzichtet jedoch ein Gläubiger auf die Geltendmachung seiner Forderung im Gesellschaftskonkurs, so kann er sofort im vollen Umfang am Privatkonkurs teilnehmen (§§ 212 III, 64 KO; kritisch dazu Jaeger-Weber § 212 Anm. 12). In Höhe des Ausfalls im Gesellschaftskonkurs ist auch eine Aufrechnung des Gesellschaftsgläubigers gegen eine zur Konkursmasse des Eigenkonkurses gehörende Forderung zulässig (Jaeger-Weber § 212 Anm. 11). Bevorrechtigte Forderungen im Gesellschaftskonkurs sind nach h. M. auch im Eigenkonkurs bevorrechtigt, da das Vorrecht eine Eigenschaft der Forderung ist, die auf ihrem Rechtsgrund beruht (RAGE 11, 321, BGHZ 34, 293, OLG Karlsruhe MDR 1969, 152; Hueck § 26 VII, Westermann Handb. I 725, Mentzel-Kuhn § 212 Anm. 6; dagegen mit beachtlichen Gründen [Bezug des Vorrechts auf ein bestimmtes Konkursverfahren] Jaeger-Weber § 212 Anm. 8, so auch Bley VglO § 110 Anm. 4, Geßler § 144 Anm. 3). **Anm. 77**

Für den Konkurs bereits ausgeschiedener Gesellschafter greift § 212 KO nicht ein; der Grundgedanke der Vorschrift trifft hier nicht zu. Der Ausgeschiedene hat sein Abfindungsguthaben bereits empfangen oder kann es doch als Konkursforderung geltend machen (Anm. 64). Er ist nicht mehr am Gesellschaftsvermögen beteiligt. Daher stellen sich in seinem Fall auch keine Vorrangprobleme beim Zusammentreffen von Gesellschafts- und Eigenkonkurs (vgl. § 128 Anm. 62, Jaeger-Weber § 212 Anm. 16, Mentzel-Kuhn § 212 Anm. 3, m. weit. Nachw., auch zu abweichenden älteren Ansichten in Rspr. und Lit.). **Anm. 78**

k) Wirkungen der Beendigung des Konkursverfahrens: Die Beendigung des Konkursverfahrens ist möglich durch Aufhebung (nach Abhaltung des Schlußtermins, § 163 KO, bzw. nach rechtskräftiger Bestätigung des Zwangsvergleichs, § 190 KO) sowie durch Einstellung des Verfahrens (auf Schuldnerantrag mit Zustimmung der Konkursgläubiger, § 202 KO, bzw. mangels Masse, § 204 KO). Ist im Zeitpunkt der **Anm. 79**

rechtskräftigen Konkursbeendigung kein Gesamthandsvermögen mehr vorhanden, so ist die Gesellschaft damit erloschen (Anm. 6). Soweit dagegen noch verteilbares Vermögen existiert, schließt sich die **Abwicklung** der Gesellschaft nach den Vorschriften der §§ 145ff. HGB an (vgl. RG JW 1932, 1832/33 für GmbH). Es sind gegebenenfalls Abwickler zu bestellen (§ 146); schon vor Konkurseröffnung bestellte Abwickler treten wieder in ihre vollen Befugnisse ein.

Zur Möglichkeit der **Fortsetzung** einer bei Konkursbeendigung noch nicht restlos liquidierten Gesellschaft vgl. Anm. 150 und die Erläuterungen zu § 144. Ausdrücklich geregelt ist die Fortsetzungsmöglichkeit in § 144 für den Fall des Zwangsvergleichs (§§ 190, 211 KO) und der Konkurseinstellung auf Schuldnerantrag (§ 202 KO).

4. Tod eines Gesellschafters.

Anm. 80 **a) Anwendungsbereich, abweichende Vertragspraxis:** Die Auflösung der Gesellschaft durch den Tod eines Gesellschafters (§ 131 Nr. 4) stellt zwar die gesetzliche Regel dar. Sie tritt jedoch nur ein, „sofern nicht aus dem Gesellschaftsvertrag sich ein anderes ergibt". Der Gesetzgeber hat den Konflikt zwischen dem personenbezogenen, auf persönlicher Zusammenarbeit und persönlichem Vertrauen beruhenden Charakter der OHG und dem Interesse an der Erhaltung der Gesellschaft und des von ihr geführten Unternehmens im Grundsatz zugunsten des ersten entschieden und den Tod eines Gesellschafters als regelmäßigen Auflösungsgrund festgelegt. Die Vertragspraxis ist ihm darin nicht gefolgt, sondern sieht ganz überwiegend die Fortsetzung der Gesellschaft über den Tod der jeweiligen Gesellschafter hinaus vor (BGHZ 49, 364/365), freilich mit im einzelnen unterschiedlich ausgestalteter Fortsetzungsregelung (vgl. Erl. zu § 139). Ziel dieser Vereinbarungen ist es, das Gesellschaftsunternehmen als solches und dessen good will, den die Gesellschafter oft in jahrelanger Arbeit geschaffen haben, ihnen oder ihren Rechtsnachfolgern zu erhalten. Diesem Ziel trägt freilich auch das HGB Rechnung. Neben der ausdrücklich für abdingbar erklärten Regelung des § 131 Nr. 4 ermöglicht es auch bei anderen Auflösungsgründen den Fortbestand der Gesellschaft durch die Zulassung dahingehender Bestimmungen des Gesellschaftsvertrages oder durch Beschluß der Gesellschafter nach Eintritt der Auflösung: so bei der Kündigung oder dem Privatkonkurs eines Gesellschafters (§ 138), bei dem in der Person eines Gesellschafters liegenden wichtigen Grund (§ 140), sowie bei der Kündigung durch einen Privatgläubiger eines Gesellschafters (§ 141). Wo die Fortsetzung der Gesellschaft nach Ausscheiden eines Gesellschafters aus einem in seiner Person liegenden Grunde nicht möglich ist, weil die Gesellschaft nur aus zwei Gesellschaftern besteht, wird die Erhaltung des Unternehmens in der Hand des anderen Gesellschafters durch das Übernahmerecht des § 142 gesichert. Rechtslehre und Rechtsprechung haben auch über die gesetzlich geregelten Fälle hinaus entsprechend dem in diesen Vorschriften ausgesprochenen Grundgedanken die Erhaltung von Gesellschaft und Unternehmen zugelassen (vgl. auch Anm. 149).

Anm. 81 § 131 Nr. 4 läßt die Frage offen, was der Gesellschaftsvertrag in Abweichung von der gesetzlichen Folge des Todes eines Gesellschafters bestimmen kann. Das HGB hat nur zwei dieser Fortsetzungsvereinbarungen ausdrücklich geregelt: die Fortsetzung der Gesellschaft unter den übrigen Gesellschaftern (§ 138) bzw. mit den Erben des verstorbenen Gesellschafters (§ 139). Es sind aber auch noch andere Vereinbarungen denkbar und zulässig, z. B., daß die Gesellschaft nur zwischen einem Teil der übrigen oder nur mit einem oder mehreren Miterben fortgesetzt wird, daß gleichzeitig neue Gesellschafter eintreten oder daß die Gesellschaft unter Aufrechterhaltung ihrer Identität in eine Kommanditgesellschaft umgewandelt wird (vgl. im einzelnen die Erl. zu §§ 138, 139).

Anm. 82 **b) Voraussetzungen des § 131 Nr. 4:** Der Auflösungsgrund des § 131 Nr. 4 setzt nach dem gesetzlichen Wortlaut den Tod eines Gesellschafters voraus. Dem sind bei natürlichen Personen die Todeserklärung im Fall der Verschollenheit (Anm. 83), bei juristischen Personen und Personengesellschaften als Gesellschafter der OHG der Wegfall durch Beendigung, Verschmelzung oder Umwandlung gleichzusetzen (Anm. 85—89). Der im ADHGB als weiterer Auflösungsgrund enthaltene Verlust der Geschäftsfähigkeit hat nur für nach ADHGB gegründete, seither nicht dem neuen Recht angepaßte Gesellschaften Bedeutung (Anm. 91).

α) **Verschollenheit:** Dem Tod eines Gesellschafters steht als Auflösungsgrund i. S. von § 131 Nr. 4 gleich seine **Todeserklärung** oder die Feststellung des Todes und des Zeitpunktes des Todes durch gerichtliche Entscheidung nach dem Verschollenheitsgesetz (Gesetz über die Verschollenheit, die Todeserklärung und die Feststellung der Todeszeit vom 4. Juli 1939 in der Fassung der Bekanntmachung vom 15. 1. 1951, BGBl. I 63). Die Auflösung der Gesellschaft tritt mit dem Zeitpunkt ein, der in dem Beschluß über die Todeserklärung (§§ 9, 23 VerschG) bzw. über die Feststellung des Todes und des Todeszeitpunkts (§§ 39, 44 VerschG) als Zeitpunkt des Todes bestimmt ist. Die Anwendung dieses Gesetzes auf die offene Handelsgesellschaft ergibt sich sowohl aus seinem Zweck, die Rechtsverhältnisse eines Verschollenen oder zweifellos Verstorbenen zu ordnen, als auch aus dem Zweck des § 131 Nr. 4, bei Änderungen im Gesellschafterbestand die Beteiligten von ihrer Bindung zu befreien. Ist im Gesellschaftsvertrag bestimmt, daß durch den Tod eines Gesellschafters die Auflösung der Gesellschaft nicht eintritt, sondern die Fortsetzung der Gesellschaft mit oder ohne die Erben des Gesellschafters stattfindet, so treten auch diese Wirkungen mit dem festgestellten Zeitpunkt des Todes ein. So gut das übrige Vermögen des für tot Erklärten auf die Erben übergeht, müssen auch für das Gesellschaftsverhältnis diejenigen an seine Stelle treten, die im Falle des wirklichen Todes zu Gesellschaftern berufen wären. — Zur Rechtsstellung der Erben während der Schwebezeit vgl. Meyer-Lüerssen BB 1953, 848, der (für den Fall des § 139 HGB) den Erben den Gewinnanteil des Erblassers bis zur Rechtskraft des Beschlusses erhalten will; das dürfte auch den in §§ 136, 137 HGB für die Übergangszeit ausgesprochenen Grundsätzen entsprechen. **Anm. 83**

Schon vor dem Zeitpunkt, in dem eine Todeserklärung zulässig ist, kann in der längeren Abwesenheit eines Verschollenen **ein wichtiger Grund** zur Auflösung der Gesellschaft, zur Ausschließung des abwesenden Gesellschafters nach §§ 133, 140 oder zur Übernahme des Geschäftes durch den verbleibenden Gesellschafter nach § 142 gefunden werden. Das gilt insbesondere in den Fällen des § 3 des Gesetzes (Todeserklärung frühestens 10 Jahre nach Ablauf des Jahres, in dem der Verschollene nach den vorhandenen Nachrichten noch gelebt hat, bzw. 5 Jahre, wenn der Verschollene zur Zeit der Todeserklärung das achtzigste Lebensjahr vollendet hätte), zumal wenn inzwischen einer der in § 9 des Gesetzes als Todeszeitvermutung genannten Zeitpunkte eingetreten ist. Die Auflösungsklage kann gegen einen für den verschollenen Gesellschafter zu bestellenden Pfleger (§ 1911 BGB) gerichtet werden. Mit diesem kann auch die Auseinandersetzung vorgenommen werden. Auch für den Pfleger eines Verschollenen kann dessen Abwesenheit unter Umständen einen wichtigen Grund zur Erhebung der Auflösungsklage bilden, z. B. weil der Gesellschafter wegen seiner Abwesenheit der Gesellschaft nachteilige, das Ausmaß seiner persönlichen Haftung erhöhende Maßnahmen der geschäftsführenden Gesellschafter nicht verhindern kann. **Anm. 84**

β) **Wegfall einer juristischen Person:** Ist eine juristische Person Gesellschafter einer OHG, so muß das Merkmal des „Todes“ auf ihre besonderen Verhältnisse übertragen werden. Dabei kann nicht schon die Auflösung, sondern erst die **Vollbeendigung** dem Tod des Gesellschafters gleichgesetzt werden, da die juristische Person erst in dem letztgenannten Zeitpunkt aufhört, selbständiger Träger von Rechten und Pflichten zu sein (h. M., vgl. RGZ 122, 253/257 [anders allerdings für die Mitgliedschaft bei einer Genossenschaft], RGZ 123, 289/293, Geßler Anm. 25, Hueck § 23 II 4, a. M. Wieland I 833). Daraus folgt zugleich, daß der Auflösungsgrund des § 131 Nr. 4 im Fall der Auflösung einer juristischen Person als Gesellschafterin der OHG regelmäßig keine Bedeutung hat. Denn die Vollbeendigung der juristischen Person tritt solange nicht ein, als diese noch eigenes Vermögen hat. Das aber ist stets der Fall, solange sie ihrerseits an der OHG beteiligt bleibt (so auch Geßler Anm. 25, Hueck § 23 II 4). Hat sie andererseits ihre Beteiligung mit gesellschaftsvertraglicher Ermächtigung oder Zustimmung der übrigen Gesellschafter veräußert, so ist sie im Zeitpunkt der Vollbeendigung nicht mehr Gesellschafterin der OHG, so daß § 131 Nr. 4 aus diesem Grunde nicht eingreift. Abweichend hiervon will Westermann (Handb. I 614, unter Berufung auf die vom RG, RGZ 122, 253/257, vertretene, freilich auf das Genossenschaftsrecht beschränkte entsprechende Ansicht) für § 131 Nr. 4 bereits die Auflösung der juristischen Person genügen lassen, um deren Ausscheiden aus der OHG zu ermöglichen. Hierfür besteht **Anm. 85** jedoch keine Notwendigkeit, da die Auflösung der juristischen Person und die damit verbundene Beeinträchtigung ihrer gesellschaftsfördernden Tätigkeit einen wichtigen Grund im Sinne von §§ 133, 140, 142 HGB bilden, der die juristische Person zur Erhebung der Auflösungsklage, die übrigen Gesellschafter der OHG auch zur Ausschluß- bzw. Übernahmeklage gegen die aufgelöste juristische Person berechtigt, soweit eine einverständliche Regelung ihres Ausscheidens nicht möglich ist. — Die Auflösung der juristischen Person kann auch eine Verletzung ihrer Verpflichtungen als Gesellschafterin der offenen Handelsgesellschaft darstellen und Schadensersatzansprüche auslösen, insbesondere wenn die Auflösung beschlossen wird, um sich ihren gesellschaftsrechtlichen Verpflichtungen zu entziehen.

Anm. 86 Eine abweichende Rechtslage ergibt sich bei der **Verschmelzung** einer als Gesellschafterin der OHG beteiligten juristischen Person mit einer anderen. Hier greift der Auflösungsgrund des § 131 Nr. 4 regelmäßig nicht ein. Soweit die Gesellschafterin der OHG die übernehmende Gesellschaft ist, fehlt es schon an ihrem — dem Tod der natürlichen Person entsprechenden — Wegfall. Ist die juristische Person demgegenüber die übertragende Gesellschaft im Rahmen der Verschmelzung oder erfolgt die Verschmelzung durch Neubildung, so erlischt zwar die bisherige Gesellschafterin mit der Eintragung der Verschmelzung (§§ 346 Abs. 4, 353 Abs. 6 AktG). Ihr Vermögen — und damit auch die Gesellschaftsbeteiligung — geht im Wege der Universalsukzession auf die übernehmende bzw. neugebildete Gesellschaft über (§§ 346 Abs. 3, 353 Abs. 5 AktG). Insofern besteht weitgehende Ähnlichkeit mit dem Tod einer natürlichen Person. Die beiden Vorgänge unterscheiden sich jedoch einmal dadurch, daß die erloschene Gesellschaft in der übernehmenden bzw. der durch die Verschmelzung neugebildeten Gesellschaft wirtschaftlich fortlebt, die Veränderung in der Person des Gesellschafters der OHG also weniger einschneidend ist als beim Tod einer natürlichen Person. Zum anderen ist im Falle der Beteiligung einer juristischen Person an einer OHG deren personalistischer Charakter mit Rücksicht auf die bei der juristischen Person wechselnden Verwaltungsmitglieder in aller Regel weniger stark ausgeprägt als bei der typischen, auf natürliche Personen beschränkten OHG. Beide Umstände haben die h. M. mit Recht veranlaßt, im Fall der Verschmelzung eines Gesellschafters trotz des daraus folgenden Gesellschafterwechsels entgegen § 131 Nr. 4 eine Auflösung der OHG regelmäßig zu verneinen (RGZ 123, 289/294 [KG], Geßler Anm. 26, Hueck § 23 II 4 Anm. 24, Weipert in Voraufl. Anm. 26, Westermann Handb. I 615, Schilling AktG² § 240 Anm. 28). Bei der Beteiligung einer juristischen Person als Gesellschafterin wird demgemäß § 131 Nr. 4 für den Fall ihres Untergangs durch Verschmelzung regelmäßig stillschweigend als abbedungen anzusehen sein. Das schließt andererseits nicht aus, daß die Verschmelzung im Einzelfall ausdrücklich oder stillschweigend als Auflösungsgrund gewollt ist bzw. einen wichtigen Grund im Sinne der §§ 133, 140, 142 bildet (so auch Geßler Anm. 26).

Anm. 87 Für den Fall der **Umwandlung** einer als Gesellschafterin der OHG beteiligten juristischen Person schließlich ist zwischen formwechselnder und übertragender Umwandlung zu unterscheiden. Die **formwechselnde** Umwandlung (§§ 362ff. AktG, §§ 63ff. UmwG) betrifft nur den Wechsel der Rechtsform einer Kapitalgesellschaft. Die Identität der juristischen Person wird dadurch nicht berührt, es findet keine Auflösung und Neugründung statt. Für die OHG bedeutet dies, daß es nicht zu einem Wegfall des bisherigen Gesellschafters kommt. Der Auflösungsgrund des § 131 Nr. 4 greift schon deshalb nicht ein. Anders ist es bei der im Umwandlungsgesetz vom 12. 11. 1956 (i. d. F. vom 6. 11. 1969, BGBl. I 2081) geregelten **übertragenden** Umwandlung, der Umwandlung durch Vermögensübertragung (Universalsukzession) auf eine andere juristische Person, natürliche Person oder Personengesellschaft. Hier wird man unterscheiden müssen. Soweit eine Kapitalgesellschaft auf eine andere **juristische** Person oder eine Personenhandelsgesellschaft übertragen wird, spricht vieles dafür, § 131 Nr. 4 aus den oben für die Verschmelzung (Anm. 86) genannten Gründen trotz des mit der Umwandlung verbundenen Gesellschafterwechsels nicht zur Anwendung zu bringen; allenfalls mag die Umwandlung, bei Vorliegen besonderer Umstände, einen wichtigen Grund im Sinne von §§ 133, 140, 142 bilden. Anders kann die Umwandlung auf eine **natürliche** Person (§ 15 UmwG) zu beurteilen sein, da sie zu einem grundlegenderen Gesellschafterwechsel führen kann. Allerdings ist auch hier zu prüfen, ob nicht § 131 Nr. 4 von den Beteiligten stillschweigend abbedungen ist. Für diese Lösung spricht insbesondere, daß die Person, auf die die Kapitalgesellschaft nach § 15 UmwG umgewandelt wird, zu mindestens 90% an der umgewandelten Gesellschaft beteiligt gewesen sein muß und damit meist auch schon vor der Umwandlung kraft ihres beherrschenden Einflusses mittelbar Gesellschafter der OHG war. Erfolgt die Umwandlung schließlich auf eine **Gesellschaft bürgerlichen Rechts** (§§ 21, 22 UmwG), so scheidet ein Eintritt dieser Gesellschaft in die OHG schon deshalb aus, weil eine BGB-Gesellschaft nicht Gesellschafter der OHG sein kann (§ 105 Anm. 28 m. Nachw.). Hier führt die Umwandlung infolge Wegfalls der umgewandelten Gesellschafterin (§ 22 Abs. 2 i. V. m. § 5 UmwG) vielmehr zur Auflösung der OHG nach § 131 Nr. 4 (so auch Hueck § 23 II 4 Fußn. 24). Eine stillschweigende Abdingung dieser Vorschrift zugunsten des Eintritts der Gesellschafter der BGB-Gesellschaft als unmittelbare Gesellschafter auch der OHG dürfe dem Parteiwillen regelmäßig nicht zu entnehmen sein.

γ) **Wegfall einer Personenhandelsgesellschaft:** Für den Fall, daß eine Personenhandelsgesellschaft (OHG, KG; vgl. § 105 Anm. 27) an der OHG beteiligt ist, ergeben sich im Hinblick auf den Auflösungsgrund des § 131 Nr. 4 eine Reihe von Parallelen zur Beteiligung einer Kapitalgesellschaft. Wie dort steht dem Tod des Gesellschafters nicht die Auflösung, sondern die **Vollbeendigung** der Personengesellschaft gleich (vgl. Anm. 85). Und ebenso kann die aufgelöste Personengesellschaft, solange sie Gesellschafterin der OHG ist, nicht vollbeendet werden, da sie solange noch Gesamthandsvermögen hat; damit greift auch der Auflösungsgrund des § 131 Nr. 4 bei der OHG nicht ein, an der die Beteiligung besteht. Die rechtsgeschäftliche Übertragung der Beteiligung an der OHG ist wegen § 719 BGB wiederum nur mit gesellschaftsvertraglicher Ermächtigung oder Zustimmung der übrigen OHG-Gesellschafter möglich (a. A., aber nicht überzeugend, Engelhardt NJW 1962, 1489, für den Fall der rechtsgeschäftlichen Übertragung der Beteiligung an die Gesellschafter der Personengesellschaft im Zuge der Abwicklung; unzutreffend setzt er die rechtsgeschäftliche Übertragung einzelner Gesamthandsgegenstände an einen oder mehrere Gesamthänder gleich mit der Anwachsung von Gesamthandsvermögen beim Ausscheiden eines Gesellschafters; dagegen auch Hueck § 23 II 4 Fußn. 25). Ist die Übertragung der Beteiligung aber wirksam erfolgt und wird dadurch die Beendigung der aufgelösten Gesellschaft ermöglicht, so greift § 131 Nr. 4 gleichwohl nicht ein, weil die aufgelöste Gesellschaft in diesem Fall im Zeitpunkt ihrer Beendigung nicht mehr Gesellschafterin der OHG ist. **Anm. 88**

Auch für die **Umwandlung** der an der OHG beteiligten Personengesellschaft gelten die oben (Anm. 87) genannten Grundsätze entsprechend. Bei der — durch §§ 40ff. UmwG vom 6. 11. 1969 (BGBl. I 2081) neueingeführten — Umwandlung **in eine Kapitalgesellschaft** (vgl. § 145 Anm. 15a) ist jeweils zu prüfen, ob § 131 Nr. 4 für den umwandlungsbedingten Wegfall der Personengesellschaft nicht mit Rücksicht auf den gleichbleibenden Gesellschafterkreis (§ 41 I 1 UmwG) als stillschweigend abbedungen angesehen werden kann und die neuerrichtete AG oder GmbH an die Stelle der umgewandelten Personengesellschaft tritt. Die Umwandlung einer OHG **in eine KG** (oder umgekehrt) berührt nicht die Identität der Gesellschaft. Sie führt daher auch nicht zur Beendigung der umgewandelten Gesellschaft und zu einem Gesellschafterwechsel bei der OHG, an der die Beteiligung besteht. Wird die Personenhandelsgesellschaft dagegen durch Wegfall des Handelsgewerbes oder durch dessen Herabsinken auf einen minderkaufmännischen Geschäftsbetrieb zu einer Gesellschaft bürgerlichen Rechts, so steht dies ihrem Wegfall im Sinne von § 131 Nr. 4 gleich, da die BGB-Gesellschaft nicht Gesellschafterin einer OHG sein kann. **Anm. 89**

Streitig ist schließlich die Rechtslage in den Fällen, in denen die als Gesellschafterin an der OHG beteiligte Personengesellschaft dadurch beendet wird, daß alle bis auf einen Gesellschafter ausscheiden und der verbleibende das Geschäft übernimmt, sei es nach § 142 oder im Wege der Vereinbarung. Da sich die Übernahme hier im Wege der Anwachsung vollzieht, geht auch die Beteiligung an der OHG auf den Übernehmer über, ohne daß es der Zustimmung der übrigen Gesellschafter der OHG bedarf. Nach Geßler (Anm. 25) ist der Gesellschafterwechsel infolge Wegfalls der Personengesellschaft dabei als Auflösungsgrund im Sinne von § 131 Nr. 4 anzusehen, wäh- **Anm. 90** rend Hueck (§ 23 II 4 Fußn. 25, so auch Engelhardt NJW 1962, 1489) die Identität zwischen Personengesellschaft und übernehmendem Gesellschafter im wirtschaftlichen Sinn als gewahrt ansieht und eine Auflösung der OHG daher verneint. Für die letzte Lösung spricht der Vergleich zu den sonstigen Fällen eines Gesellschafterwechsels bei der an der OHG beteiligten Personengesellschaft, in denen eine Auflösung der OHG schon mangels Wegfalls der Personengesellschaft unbestritten nicht in Betracht kommt. Es liegt daher nahe, wie bei der Verschmelzung und der übertragenden Umwandlung von Kapitalgesellschaften (Anm. 87) auch für den Fall der Übernahme des Geschäfts (und der Beteiligung) durch den einzig verbleibenden Gesellschafter der Personengesellschaft trotz formalen Eingreifens des Auflösungsgrundes des § 131 Nr. 4 diesen regelmäßig als stillschweigend abbedungen anzusehen.

Anm. 91 δ) **Verlust der Geschäftsfähigkeit (ADHGB):** Nach Art. 123 Nr. 4 ADHGB wurde die Gesellschaft auch aufgelöst „durch die eingetretene rechtliche Unfähigkeit eines der Gesellschafter zur selbständigen Vermögensverwaltung". Sie tritt namentlich ein bei Geschäftsunfähigkeit wegen Geisteskrankheit oder bei Entmündigung. In das HGB ist dieser Auflösungsgrund nicht übernommen worden. Die Gründe, die zur Unfähigkeit zu selbständiger Vermögensverwaltung führen, können aber im Einzelfall für beide Teile einen wichtigen Grund zu einer Auflösungsklage, für die von der Unfähigkeit nicht selbst betroffenen Gesellschafter auch zu einer Ausschließungs- oder Übernahmeklage abgeben; §§ 133, 140, 142. Zulässig ist es, im Gesellschaftsvertrag den Eintritt der Geschäftsunfähigkeit oder der Beschränkung der Geschäftsfähigkeit eines Gesellschafters als Auflösungsgrund zu vereinbaren (vgl. Anm. 117).

Für die vor Inkrafttreten des HGB entstandenen deutschen Gesellschaften, deren Auflösung sich noch nach dem Recht des ADHGB richtet, gilt der Auflösungsgrund der rechtlichen Unfähigkeit zur selbständigen Vermögensverwaltung auch jetzt noch, wenn sie nicht nach Inkrafttreten des neuen HGB ihren Gesellschaftsvertrag dem neuen Recht angepaßt haben. Es bleibt dann den übrigen Gesellschaftern nur übrig, nach Eintritt der Auflösung mit dem gesetzlichen Vertreter des betroffenen Gesellschafters die Fortsetzung der Gesellschaft zu vereinbaren (DürHach Anm. 13).

Anm. 92 **c) Die Stellung der Rechtsnachfolger bei Auflösung nach § 131 Nr. 4:** Erfolgt die Auflösung durch den Tod eines Gesellschafters (bzw. den ihm gleichstehenden Wegfall einer juristischen Person oder Personengesellschaft als Gesellschafter), so endet damit automatisch die werbende Tätigkeit der Gesellschaft und es tritt die Abwicklung ein, unabhängig von der Kenntnis der Mitgesellschafter. Fraglich ist, wem in diesem Fall die — durch die Auflösung modifizierten — **Rechte des weggefallenen Gesellschafters** zustehen. Nach der Rechtsprechung des RG (RGZ 106, 63/65; RG DNotZ 36, 209; so auch DürHach Anm. 7, Weipert in Voraufl. Anm. 26) gehört die Rechtsstellung des weggefallenen Gesellschafters wegen ihrer Unübertragbarkeit nicht in ihrer Gesamtheit zum Nachlaß. Sie soll vielmehr nur in vermögensrechtlicher Beziehung auf den Rechtsnachfolger übergehen. Dieser Einschränkung ist im Schrifttum zu Recht widersprochen worden (Baumbach-Duden Anm. 3 B, Geßler Anm. 23, Hueck § 23 II 4, Liebisch ZHR 116 (1954), 178, Schilling § 146 Anm. 11, Siebert, Gesellschaftsvertrag und Erbrecht, S. 29 Anm. 28, Westermann Handb. I 612, Fischer BGB-RGRK § 727 Anm. 5; in diesem Sinne wohl auch BGHZ 1, 324/327; nicht eindeutig OGHZ 3, 208). Ihr stehen einmal die gesetzlichen Vorschriften (§§ 143 Abs. 3, 146, 148 Abs. 1 S. 3) entgegen, nach denen der Erbe auch Verwaltungsrechte in der aufgelösten OHG hat. Dementsprechend ist der Rechtsnachfolger grundsätzlich an der Liquidation zu beteiligen. Eine Fortsetzung der Gesellschaft — sei es mit oder ohne ihn — kann nur mit seiner Zustimmung beschlossen werden (KG HRR 1942, 477). Die grundsätzliche Unübertragbarkeit der Gesellschaftsbeteiligung (§ 719 BGB) hindert diese Rechtsfolge nicht. Ihr ist schon durch Auflösung der OHG nach § 131 Nr. 4 Rechnung getragen. Eines weitergehenden Schutzes bedürfen die verbliebenen Gesellschafter nicht.

Anm. 93 Soweit der Gesellschafter von **mehreren Erben** beerbt wird, stehen die Rechte an der Abwicklungsgesellschaft nach durchaus h. M. sämtlichen Erben zur gesamten Hand zu; diese Rechte bilden einen Teil des Nachlasses (RGZ 106, 63/65, Geßler Anm. 23, Hueck § 23 II 4, Lange, Erbrecht § 5 V 2a, Lehmann-Dietz § 22 II 1b, Rötelmann NJW 1956, 1618, Schilling § 146 Anm. 11, 33, Westermann Handb. I 612, Wiedemann S. 171).

Nicht zu überzeugen vermag die — scheinbar konsequentere — abweichende Ansicht von Liebisch (ZHR 116, 179; so auch schon Ritter Anm. 6), die ebenso wie im Fall der Fortsetzung der Gesellschaft mit den Erben (vgl. Erl. zu § 139) die Mitgliedschaft nicht in den Nachlaß fallen, sondern unmittelbar auf die Erben übergehen läßt. Abgesehen von der unbefriedigenden Folge der unbeschränkten Haftung der Erben für die nach dem Erbfall entstandenen Gesellschaftsschulden (dazu vgl. Anm. 94) beruht sie auf der ungeprüften, mit §§ 131 Nr. 4, 139 nur schwer zu vereinbarenden Prämisse, daß zwischen der Mitgliedschaft in einer werbenden und einer aufgelösten Gesellschaft rechtlich kein Unterschied bestehe (so Liebisch ZHR 116, 177).

Geht man mit der h. M. davon aus, daß die Mitgliedschaft an der aufgelösten OHG in den **Nachlaß** fällt und damit nicht den Erben in Person, sondern der Erbengemeinschaft zusteht, so folgt daraus einmal, daß die Mitgliedschaftsrechte (Stimmrecht, Kontrollrechte u. a.) bis zur Nachlaßteilung nur gemeinschaftlich ausgeübt werden können (vgl. auch § 146 Anm. 12, 33). Für die Bestellung eines Liquidators ist das in § 146 Abs. 1 S. 2 ausdrücklich geregelt. Entsprechende Konsequenzen ergeben sich für die Haftung: der oder die Erben haften für Gesellschaftsschulden nur nach Maßgabe der §§ 1967, 1975 BGB, d. h. mit der Möglichkeit der Beschränkung auf den Nachlaß bei Anordnung der Nachlaßverwaltung oder Eröffnung des Nachlaßkonkurses (RGZ 72, 119/121f.; 144, 206; Wieland I 582; Binder, Rechtsstellung des Erben II S. 217 Fußn. 42; Geßler Anm. 23). Die Beschränkung der Haftung gilt auch für die während der Abwicklung entstandenen Verbindlichkeiten der Gesellschaft (a. A. Liebisch ZHR 116, 180; dagegen mit Recht Geßler Anm. 23). Setzen hingegen die Erben des Gesellschafters aufgrund einer Bestimmung des Gesellschaftsvertrags (vgl. § 139) mit den übrigen Gesellschaftern die Gesellschaft fort, so ist jeder Erbe einzeln Gesellschafter und haftet gesamtschuldnerisch mit den übrigen für alle Gesellschaftsschulden (RGZ 16, 43; 72, 119/121f.). Vereinbaren die übrigen Gesellschafter mit den Erben des verstorbenen Gesellschafters nach dem Erbfall die Fortsetzung, so wird jeder Erbe persönlich haftender Gesellschafter und haftet nach § 130. Wird nach dem Tode eines Gesellschafters zwischen seinen Erben und den übrigen Gesellschaftern vereinbart, daß diese die Gesellschaft allein fortsetzen, so ist die Abwicklung beendigt und die Gesellschaft wieder in eine werbende umgewandelt worden. Die Erben des Verstorbenen haften dann wie ein ausgeschiedener Gesellschafter. Sie können die beschränkte Erbenhaftung auch dann geltend machen, wenn der Beschluß über die Fortsetzung der OHG und ihr Ausscheiden erst nach Ablauf von drei Monaten nach Kenntnis von der Erbschaft zustande kommt. § 139 Abs. 4 findet keine Anwendung, da — anders als im Fall des § 139 — die Beteiligung hier in den Nachlaß gefallen war. — Zur Fürsorgepflicht der Erben bei Auflösung nach § 131 Nr. 4 vgl. § 137 und Erl. daselbst. **Anm. 94**

d) Auflösung und letztwillige Verfügung: Eine letztwillige Verfügung des verstorbenen Gesellschafters ist für den Eintritt des Auflösungsgrundes des § 131 Nr. 4 grundsätzlich ohne Einfluß. Fehlt eine Fortsetzungsklausel im Gesellschaftsvertrag, so kann der verstorbene Gesellschafter ebensowenig letztwillig die Fortsetzung der Gesellschaft anordnen, wie er bei Lebzeiten ohne Zustimmung der anderen Gesellschafter eine entsprechende Vertragsänderung hätte vornehmen können. Zulässig ist freilich eine Regelung im Gesellschaftsvertrag, wonach die Fortsetzung der Gesellschaft beim Tod eines Gesellschafters davon abhängig gemacht wird, daß er letztwillig einen Nachfolger für seine Gesellschafterstellung benennt. Das kann vor allem beim Tod des einzigen Komplementärs einer KG von Bedeutung sein, da die KG in diesem Fall mangels Komplementär-Nachfolge ohne Vertretungsorgan wäre (vgl. § 170). Dadurch würde sie selbst dann aufgelöst, wenn im Gesellschaftsvertrag der Auflösungsgrund des § 131 Nr. 4 abbedungen ist (§ 162 Anm. 11, § 177 Anm. 28; BGHZ 8, 35/37; Rötelmann NJW 1956, 1620). **Anm. 95**

Zu den Fragen, die sich aus der Gesellschafter-Nachfolge im Todesfall ergeben, insbesondere zu den möglichen gesellschafts- und erbrechtlichen Gestaltungen und ihren Rechtswirkungen hinsichtlich des Übergangs der Beteiligung des verstorbenen Gesellschafters, vgl. die Erläuterungen zu § 139. Diese Fragen betreffen nicht den Eintritt des Auflösungsgrundes des § 131 Nr. 4, da sie nur für den Fall Bedeutung haben, daß der Tod eines Gesellschafters als Auflösungsgrund abbedungen und statt dessen die Fortsetzung der Gesellschaft vereinbart ist.

5. Konkurs eines Gesellschafters.

Anm. 96 **a) Grenzen der Abdingbarkeit:** Die **Eröffnung des Konkurses über das Vermögen eines Gesellschafters** („Eigenkonkurs" im Unterschied zum Gesellschaftskonkurs, § 131 Nr. 3) bewirkt ebenfalls die Auflösung der Gesellschaft (§ 131 Nr. 5). Die Vorschrift dient dazu, die Beteiligung des in Konkurs gefallenen Gesellschafters im Interesse seiner Gläubiger zu verflüssigen (vgl. auch § 145 Abs. 2). Sie ist daher insoweit **zwingenden** Rechts, als dieser Gesetzeszweck reicht. Eine Vereinbarung im Gesellschaftsvertrag, wonach auch im Fall des Konkurses über das Privatvermögen eines Gesellschafters die Gesellschaft mit diesem fortgesetzt wird, wäre unwirksam (Jaeger-Weber KO § 212 Anm. 6). Es kann aber vereinbart werden, daß im Falle des Konkurses eines Gesellschafters die Gesellschaft unter den übrigen Gesellschaftern fortgesetzt wird, § 138. Dann erhält die Konkursmasse sein Abfindungsguthaben. Nicht ausgeschlossen (oder übermäßig beschränkt) werden kann allerdings der Abfindungsanspruch des durch die Konkurseröffnung ausscheidenden Gesellschafters. Dies wäre als Gläubigerbenachteiligung ohne Rechtswirkungen (vgl. § 141 Anm. 23, 24). — Zur Zulässigkeit der vertraglichen Vereinbarung einer von den Vorschriften der §§ 145ff. abweichenden Art der Liquidation der Gesellschaft auch für den Fall der Auflösung nach § 131 Nr. 5 vgl. § 145 Anm. 27ff., 30.

Anm. 97 **b) Folgen der Konkurseröffnung:** Die Auflösung der Gesellschaft nach § 131 Nr. 5 tritt ein, sobald der Eröffnungsbeschluß wirksam geworden ist (vgl. Anm. 49). Wird der Eröffnungsbeschluß auf Beschwerde durch rechtskräftige Entscheidung aufgehoben, so ist auch die Auflösung als nicht erfolgt anzusehen, jedenfalls soweit mit der Abwicklung noch nicht begonnen ist (Steines S. 23; zur faktischen Auflösung vgl. Anm. 128). Die Beschwerde selbst schiebt aber die Wirkung des Eröffnungsbeschlusses nicht hinaus. Dagegen wird die Auflösung der Gesellschaft nicht dadurch beseitigt, daß der Eigenkonkurs nach Durchführung aufgehoben, durch Zwangsvergleich oder aus sonstigen Gründen eingestellt wird. Die Gesellschafter können aber die Fortsetzung der Gesellschaft beschließen, brauchen also eine neue Gesellschaft nicht zu errichten, solange noch Gesamthandsvermögen vorhanden ist (vgl. Anm. 99, 100). Bei der **Abwicklung** tritt der Konkursverwalter an die Stelle des im Konkurs befindlichen Gesellschafters (§ 146 Abs. 3). Bis zum Eingreifen der Abwickler besteht, wie beim Tode eines Gesellschafters, das Recht und die Pflicht der Geschäftsführer zur einstweiligen Fürsorge (§ 137 Abs. 2). Der Konkursverwalter hat sich nach Maßgabe der §§ 16 Abs. 1, 51 KO mit den übrigen Gesellschaftern auseinanderzusetzen. Diese können wegen ihrer auf dem Gesellschaftsverhältnis beruhenden Ansprüche gegen den Gemeinschuldner aus dessen Auseinandersetzungsguthaben abgesonderte Befriedigung beanspruchen, soweit diese Ansprüche nicht schon bei Ermittlung der Höhe des Auseinandersetzungsguthabens in Rechnung zu stellen sind (§ 51 KO; Jaeger-Lent KO § 51 Anm. 4, 5; Geßler Anm. 31).

Anm. 98 Der Gesellschafter, durch dessen Eigenkonkurs die Auflösung der Gesellschaft verursacht worden ist, ist zum Ersatz des durch die Auflösung entstehenden Schadens den anderen Gesellschaftern gegenüber nur dann verpflichtet, wenn die Konkurseröffnung auf ein Verhalten des Gesellschafters zurückzuführen ist, das zugleich eine schuldhafte Verletzung der Gesellschafterpflichten enthält, wie Beteiligung an gewagten Geschäften, übermäßiger Aufwand, Vornahme durch den Gesellschaftsvertrag ausdrücklich oder stillschweigend verbotener Geschäfte. — Zur Unabhängigkeit von Eigenkonkurs und Gesellschaftskonkurs und zu den konkursrechtlichen Folgen eines etwaigen Zusammentreffens der beiden Konkursarten für die Beteiligung der Gesellschaftsgläubiger am Eigenkonkurs vgl. Anm. 76, 77.

Anm. 99 **c) Fortsetzung der Gesellschaft:** Das Recht zur Fortsetzung der Gesellschaft ohne den in Konkurs gefallenen Gesellschafter bzw. — im Falle einer zweigliedrigen OHG — zur Übernahme des Handelsgeschäfts ist gesetzlich in §§ 141 Abs. 2, 142 Abs. 2 HGB vorgesehen. Seine Geltendmachung muß unverzüglich durch Erklärung gegenüber dem Konkursverwalter erfolgen (§ 141 Anm. 11). Wird die Fortsetzung bzw. die Übernahme erklärt, so findet eine Abwicklung der Gesellschaft nicht statt; der Abfindungsanspruch des ausscheidenden Gesellschafters fällt in die Konkursmasse. — Soweit die Fortsetzung bereits im Gesellschaftsvertrag vereinbart ist (vgl. Anm. 147), kommt es gar nicht erst zur Auflösung der OHG. Der Abfindungsanspruch des ausscheidenden Gesellschafters entsteht im Zeitpunkt der Konkurseröffnung.

Denkbar ist auch eine Fortsetzung der Gesellschaft **unter Einschluß** des in Konkurs gefallenen Gesellschafters. **Während** des Konkursverfahrens setzt sie mit Rücksicht auf den Zweck des § 131 Nr. 5 (vgl. Anm. 96) voraus, daß der Konkursverwalter die Gesellschaftsbeteiligung — gegebenenfalls gegen eine Vergütung seitens der Gesellschaft — aus der Konkursmasse freigibt (Geßler Anm. 4, Hueck § 23 V 1). Auch ohne Mitwirkung des Konkursverwalters läßt sich das gleiche Ergebnis dadurch erreichen, daß die übrigen Gesellschafter den Gemeinschuldner unbeschadet des der Konkursmasse zustehenden Abfindungsguthabens als neues Mitglied aufnehmen (Jaeger-Weber KO § 212 Anm. 6). In diesen Fällen stehen auch die aus der Konkurseröffnung folgenden Beschränkungen (§ 6 KO) des Gesellschafter/Gemeinschuldners seiner weiteren Beteiligung an einer werbenden Gesellschaft nicht entgegen (Böhle-Stamschräder KO § 6 Anm. 9). Ist **nach Abschluß** des Eigenkonkurses die Gesellschaft noch nicht völlig abgewickelt, so können die Gesellschafter ebenfalls die Fortsetzung mit dem ehemaligen Gemeinschuldner beschließen (Wieland I 672). **Anm. 100**

d) Konkurseröffnung vor Wirksamwerden der Gesellschaft: Eine Auflösung der Gesellschaft, d. h. ihre Umwandlung von der werbenden zur Abwicklungsgesellschaft, kommt nur in Betracht, wenn die Gesellschaft bereits als werbende entstanden war. Das ist aber nicht vor dem in § 123 geregelten Zeitpunkt ihres Wirksamwerdens nach außen der Fall. Tritt die Konkurseröffnung vor diesem Zeitpunkt ein, so soll nach RGZ 39, 166/169 (so auch Geßler Anm. 31) die Entstehung der Gesellschaft überhaupt ausgeschlossen sein, da sie sofort die Auflösung nach § 131 Nr. 5 zur Folge haben müßte. Für die dem Urteil des RG zugrunde liegende zweigliedrige Gesellschaft trifft das zwar zu. Bei einer mehrgliedrigen Gesellschaft können dagegen die übrigen Gesellschafter die OHG entsprechend § 326 BGB, § 141 Abs. 2 HGB ohne den in Konkurs gefallenen Gesellschafter zur Entstehung bringen. Es ist nicht ersichtlich, warum sie in diesem Fall von den untereinander eingegangenen Bindungen frei werden sollten, soweit nicht die Mitwirkung des Gemeinschuldners zur Erreichung des Gesellschaftszwecks wesentlich, sein Ausscheiden damit ein wichtiger Grund zur Kündigung ist. **Anm. 101**

e) Eröffnung des gerichtlichen Vergleichsverfahrens: Durch die Eröffnung des gerichtlichen Vergleichsverfahrens über das Vermögen eines Gesellschafters wird die Gesellschaft nicht aufgelöst. Das Vergleichsverfahren soll ihn sanieren und ihm dadurch u. a. ermöglichen, Gesellschafter zu bleiben. Der Gesellschafter kann aber nach den Vorschriften der Vergleichsordnung mit Ermächtigung des Vergleichsgerichts die Erfüllung der Verpflichtungen aus dem Gesellschaftsvertrag ablehnen. Auch wenn die Einlageverpflichtungen erfüllt sind, ergeben sich während der Dauer der Gesellschaft doch für alle Gesellschafter, auch die von der Geschäftsführung ausgeschlossenen, fortlaufend neue Verpflichtungen. Es handelt sich also um einen von keiner Seite vollständig erfüllten gegenseitigen Vertrag im Sinne von §§ 36, 50 VglO (h. M., vgl. RGZ 147, 340/342, RG JW 1938, 527; Bley-Mohrbutter VglO § 36 Anm. 5, Böhle-Stamschräder VglO § 36 Anm. 2; Geßler Anm. 32, Hueck § 23 II 5). **Anm. 102**

Für den Fall, daß der im Vergleich befindliche Gesellschafter aufgrund einer Ermächtigung des Vergleichsgerichts die **Erfüllung** des Gesellschaftsvertrags **ablehnt** (§ 50 VglO), ist umstritten, ob die Erfüllungsablehnung die Gesellschaft auflöst (so RGZ 147, 340/343, Baumbach-Duden Anm. 2 D, Geßler Anm. 32) oder ob sie nur einen wichtigen Grund zur Auflösungs- bzw. Ausschließungsklage nach §§ 133, 140, 142 HGB bildet (so Weipert in Voraufl. Anm. 28, DürHach § 131 Anm. 8, Hueck § 23 II 5, Westermann Handb. I 609, Bley-Mohrbutter VglO § 36 Anm. 5). Aus dem Gesetzeswortlaut läßt sich eine zwingende Folgerung weder für die eine noch für die andere Lösung ableiten. Richtig ist zwar, daß die Erfüllungsablehnung in § 131 HGB nicht als Auflösungsgrund angeführt ist. Das steht aber der Konstruktion des RG nicht entgegen, wonach das in § 50 VglO dem Vergleichsschuldner/Gesellschafter eingeräumte Recht der Erfüllungsablehnung als fristloses Kündigungsrecht anzusehen ist. Denn nach dieser Ansicht führt die Ausübung des Rechtes zur Auflösung der Gesellschaft, soweit nicht die Fortsetzung unter den übrigen Gesellschaftern vertraglich vorgesehen ist (zum Wesen der Erfüllungsablehnung als einem der außerordentlichen Kündi- **Anm. 103** gung entsprechenden Gestaltungsrecht vgl. Bley-Mohrbutter VglO § 50 Anm. 1). Damit erledigt sich auch das Argument Weiperts und Huecks (a. a. O.), der Gesetzgeber hätte in der VglO eine besondere Auflösungsregelung getroffen, wenn er der Erfüllungsablehnung nach § 50 VglO diese Wirkung hätte beilegen wollen.

Anm. 104 Die **Stellungnahme** muß daher von Zweck und Wirkungen der Erfüllungsablehnung ausgehen. Sie sprechen dafür, abweichend von der Vorauflage die Erfüllungsablehnung mit der Rechtsprechung des RG als **Auflösungsgrund im Sinne von § 131 Nr. 6** HGB (Kündigung) zu behandeln. Zweck der — von der gerichtlichen Ermächtigung abhängigen — Erfüllungsablehnung ist es, diejenigen Risiken, die dem Zustandekommen oder der Erfüllbarkeit des Vergleichs aus der unbeschränkten Geltendmachung von Forderungen aus beiderseits nicht voll erfüllten gegenseitigen Verträgen (§ 36 VglO) drohen, im Einzelfall durch Ablehnung der weiteren Vertragserfüllung zu begrenzen (vgl. § 50 Abs. 2 S. 5 VglO). Die Wirkung der Erfüllungsablehnung besteht darin, daß die beiderseitigen Erfüllungsansprüche erlöschen und dem Vertragsgegner nach § 52 VglO statt dessen ein — als Vergleichsforderung geltend zu machender — Schadensersatzanspruch erwächst (Bley-Mohrbutter VglO § 50 Anm. 29). Übertragen auf das Gesellschaftsverhältnis zeigt sich, daß die Erfüllungsablehnung nur dann zu den damit angestrebten Rechtsfolgen führt, wenn ihre Geltendmachung die automatische Auflösung der Gesellschaft zur Folge hat. Dem **Vergleichsschuldner** dient die Erfüllungsablehnung dazu, die dem Vergleich aus der künftigen Geschäftstätigkeit der OHG drohenden Gefahren auszuschalten. Hätte die Ablehnung nur die Wirkung, daß vermögensmäßige Erfüllungsansprüche der OHG aus dem Gesellschaftsverhältnis ihm gegenüber nicht mehr geltend gemacht werden könnten, er im übrigen aber die Gesellschafterstellung einschließlich der damit verbundenen Rechte und Pflichten behielte (so im Grundsatz Weipert, Hueck und Bley-Mohrbutter), so wäre er insbesondere nicht gegen die Inanspruchnahme durch Gesellschaftsgläubiger aus nach der Ablehnung entstandenen, auf der werbenden Tätigkeit der OHG beruhenden Forderungen geschützt. Denn daß die Erfüllungsablehnung eine Einrede gegenüber den Gesellschaftsgläubigern gewähren könnte, ist auch von den Vertretern der Gegenansicht nicht behauptet worden; eine solche Einrede wäre mit der Stellung des Vergleichsschuldners als Gesellschafter einer OHG und mit dem sich daran anknüpfenden Vertrauen des Rechtsverkehrs auf unbeschränkte Haftung sämtlicher Gesellschafter unvereinbar. Die Erfüllungsablehnung hat somit nur dann die beabsichtigte Wirkung, wenn sie unmittelbar zur Auflösung der OHG führt und den Vergleichsschuldner nicht etwa nötigt, nunmehr in einem zweiten Gerichtsverfahren nach § 133 HGB die Auflösung zu betreiben.

Anm. 105 Aber auch für die **übrigen Gesellschafter** ist die automatische Auflösung der OHG im Fall der Erfüllungsablehnung nicht unbillig. Einem Mißbrauch des Vergleichsschuldners mit dem Zweck, sich grundlos von seinen gesellschaftlichen Pflichten zu lösen, ist schon durch die in § 50 VglO vorgeschriebene Einschaltung des Vergleichsgerichts unter gleichzeitiger Festlegung der Erlaubnisvoraussetzungen (§ 50 Abs. 2 S. 5) vorgebeugt. Das Risiko, den Vergleichsschuldner auszahlen zu müssen, würden sie auch im Fall einer sich anschließenden Auflösungsklage laufen. Geht es dem Vergleichsschuldner dagegen nur um die Haftungsbegrenzung, ohne daß er im übrigen aus der Gesellschaft ausscheiden will, so steht nichts im Wege, daß die übrigen Gesellschafter sich mit ihm über seinen Übertritt in die Stellung eines Kommanditisten einigen. Dies gilt zumal für den von der Gegenansicht besonders hervorgehobenen Fall, daß der Vergleichsschuldner seine Einlageschuld bereits voll erbracht hat — hier kann das Interesse an der Erfüllungsablehnung doch wohl nur in der Begrenzung der künftigen Haftungsrisiken gegenüber den Gesellschaftsgläubigern liegen. Schließlich können die übrigen Gesellschafter auch nicht gegen ihren Willen zur Abwicklung der OHG gezwungen werden. Vielmehr steht ihnen, entsprechend der Rechtslage bei der vergleichbaren Auflösung infolge Kündigung eines Privatgläubigers oder Gesellschafterkonkurses (§§ 141, 142 Abs. 2), das Recht zur **Fortsetzung der Gesellschaft** ohne den Vergleichsschuldner bzw. zur Übernahme des Handelsgeschäfts zu.

Anm. 106 Auch der von Weipert (Voraufl. Anm. 28) gezogene Vergleich zwischen § 50 VglO und § 17 KO spricht entgegen seiner Ansicht für die hier vertretene Lösung. Der Umstand, daß der Gesetzgeber im Fall des Gesellschafterkonkurses entgegen dem nach § 17

KO für gegenseitige Dauerschuldverträge sonst vorgesehenen Schwebezustand die Auflösung der Gesellschaft bestimmt hat, beruht nicht zuletzt darauf, daß eine weitere Mitgliedschaft des Gemeinschuldners in einer werbenden OHG angesichts der durch die Konkurseröffnung eingetretenen Veränderung seiner Rechtsstellung ausgeschlossen erschien. Die gesetzliche Lösung des Interessenkonflikts zwischen Gemeinschuldner und übrigen Gesellschaftern — Auflösung mit Fortsetzungsbefugnis der übrigen unter Ausscheiden des Gemeinschuldners — wird auch der Lage bei Erfüllungsablehnung des Vergleichsschuldners am besten gerecht. Dessen weitere Beteiligung an einer werbenden OHG würde dagegen schon im Hinblick auf die dann erforderliche Anpassung der internen Rechte und Pflichten zu unübersehbaren Schwierigkeiten führen.

6. Kündigung und gerichtliche Entscheidung.

a) Kündigung: Die Kündigung bildet nach § 131 Nr. 6 einen gesetzlichen Auflösungsgrund. Das gilt für alle Arten gesetzlich oder vertraglich zugelassener Kündigungen, insbesondere die **ordentliche Kündigung** nach § 132 und die **Kündigung durch einen Privatgläubiger** nach § 135. Die Auflösung tritt in diesen Fällen erst zum Geschäftsjahresende ein, nicht schon im Zeitpunkt des Ausspruchs der Kündigung (§§ 132, 135). Näheres zur ordentlichen Kündigung vgl. bei § 132, zur Kündigung durch einen Privatgläubiger bei § 135. **Anm. 107**

Eine **fristlose Kündigung** des Gesellschaftsvertrages aus wichtigem Grund kennt das HGB in Abweichung von § 723 Abs. 1 BGB **nicht.** Es sieht statt dessen bei Vorliegen eines wichtigen Grundes die Erhebung der Auflösungs-, Ausschluß- oder Übernahmeklage nach §§ 133, 140, 142 HGB vor. Nicht ausgeschlossen ist aber die vertragliche Vereinbarung eines außerordentlichen Kündigungsrechts in Abweichung von diesen Vorschriften (vgl. § 133 Anm. 74). Schließlich findet sich ein gesetzlich geregelter Fall fristloser Kündigung in § 50 VglO (bestr., vgl. Anm. 103f.).

Zur Fortsetzung einer durch Kündigung eines Privatgläubigers nach § 135 aufgelösten Gesellschaft aufgrund eines Beschlusses der übrigen Gesellschafter bzw. zur Übernahme des Geschäfts durch den einzigen Mitgesellschafter vgl. §§ 141 Abs. 1, 142 Abs. 2 HGB. — Auch für die sonstigen Kündigungsfälle ist eine entsprechende vertragliche Vereinbarung zulässig, wonach die übrigen Gesellschafter die Fortsetzung der Gesellschaft ohne den Kündigenden beschließen können (BGH WM 1968, 697). — Zur Zulässigkeit einer Vertragsklausel über die automatische Fortsetzung der Gesellschaft bei Eintritt eines Auflösungsgrundes in der Person eines Gesellschafters (sog. Fortsetzungsklausel) vgl. Anm. 147, 149. **Anm. 108**

b) Gerichtliche Entscheidung: Der in § 131 Nr. 6 weiter angeführte Auflösungsgrund der gerichtlichen Entscheidung bezieht sich neben dem Auflösungsurteil nach § 133 auch auf das Übernahmeurteil nach § 142, das ebenfalls zum Untergang der Gesellschaft (allerdings ohne Abwicklung) führt. Das dritte im Vierten Titel vorgesehene Gestaltungsurteil, das Ausschlußurteil des § 140 HGB, berührt den Fortbestand der OHG dagegen nicht, sondern hat nur das Ausscheiden des oder der beklagten Gesellschafter zur Folge. Die Wirkungen treten jeweils mit Rechtskraft des Urteils ein (§ 133 Anm. 64). Zur Rechtslage im Fall der Aufhebung rechtskräftiger Urteile nach Wiederaufnahme bzw. Einsetzung in den vorigen Stand vgl. Anm. 126. **Anm. 109**

7. Abdingbarkeit.

Die gesetzlichen Auflösungsgründe des § 131 sind teils zwingender Natur, teils abdingbar bzw. greifen überhaupt nur bei entsprechender Vertragsgestaltung ein (so Nr. 1, der die Vereinbarung einer Höchstdauer im Gesellschaftsvertrag voraussetzt, vgl. Anm. 16). Zu den **zwingenden** Auflösungsgründen gehören der Beschluß der Gesellschafter (Nr. 2, vgl. Anm. 29), ferner der Konkurs der Gesellschaft (Nr. 3) und die gerichtliche Entscheidung (Nr. 6, zweiter Fall). Nur in den Grenzen des Gesetzeszwecks zwingend, d. h. grundsätzlich das **Ausscheiden** des betroffenen Gesellschafters aus der werbenden Gesellschaft sicherstellend, sind die Auflösungsgründe der Nr. 5 (Konkurs eines Gesellschafters) und der Nr. 6, erster Fall (Kündigung durch einen Gesellschafter oder einen Privatgläubiger): sie stehen der Fortsetzung der Gesellschaft unter den übrigen Gesellschaftern nicht entgegen (vgl. Anm. 150). Voll **abdingbar** ist als Auflösungsgrund schließlich der Tod eines Gesell- **Anm. 110** schafters (Nr. 4) sowie — durch Unterlassung einer zeitlichen Höchstbegrenzung — der Zeitablauf (Nr. 1).

8. Sonstige Auflösungsgründe.

Anm. 111 **a) Gesetzliche Auflösungsgründe des Privatrechts:** Die Frage, ob die in § 131 genannten gesetzlichen Auflösungsgründe erschöpfend gemeint sind, wird heute durchweg bejaht (BayObLGZ 67, 458/464; Baumbach-Duden Anm. 1 D, Geßler Anm. 35, Hueck § 23 III 1 a, Weipert in Voraufl. Anm. 31 b; im älteren Schrifttum abweichend DürHach Anm. 10, Ritter Anm. 10, Teichmann-Koehler Anm. 2, Wieland I 676). Die Fragestellung bezieht sich regelmäßig nur auf die Vorschriften des BGB, darunter insbesondere den Auflösungsgrund des § 726 BGB (Erreichung oder Unmöglichkeit des Gesellschaftszwecks). Die Möglichkeit des Eingreifens besonderer öffentlichrechtlicher Auflösungsgründe (dazu Anm. 115f.) ist unbestritten.

Anm. 112 Die Anwendbarkeit des Auflösungsgrundes des § 726 BGB wird von der h. M. zu Recht abgelehnt. Neben einem Hinweis in der Gesetzesbegründung zu § 131 HGB (die Denkschrift zum HGB I S. 97 spricht von einer „zusammenfassenden Aufzählung der Tatsachen, durch welche die offene Handelsgesellschaft aufgelöst wird") ergibt sich dies aus der systematischen Erwägung, daß alle sonstigen Auflösungsgründe des BGB-Gesellschaftsrechts in § 131 HGB übernommen sind. Soweit die Dauer der Gesellschaft nicht durch gesellschaftsvertragliche Vereinbarung an den Gesellschaftszweck gebunden ist (dazu vgl. Anm. 17, 118), sind **Unmöglichkeit** oder **Zweckerreichung** nur als wichtiger Grund im Sinne von § 133 HGB anzusehen (vgl. § 133 Anm. 37). Aus Gründen der Rechtssicherheit soll Fortbestand oder Auflösung der Gesellschaft in diesen Fällen, ebenso wie beim Vorliegen sonstiger (nach § 723 Abs. 1 BGB zur fristlosen Kündigung berechtigender) wichtiger Gründe von einer gerichtlichen Entscheidung abhängen, da es sich hier im Unterschied zu den in § 131 genannten Fällen nicht um fest umrissene, ohne weiteres in Erscheinung tretende Tatbestände handelt, deren Feststellung keine Schwierigkeiten macht. Dieser Grund steht auch der Ansicht Ritters (Anm. 10) entgegen, der im Fall der Zweckerreichung die Auflösung der OHG wegen Wegfalls einer der in § 105 HGB genannten OHG-Voraussetzungen annimmt. Soweit Ritter (a. a. O.) in diesen Fällen schließlich die Umwandlung der OHG in eine BGB-Gesellschaft mit anschließender Anwendung von § 726 BGB bejaht, übersieht er, daß die Einstellung des bisherigen Geschäftsbetriebs nach ständiger Rechtsprechung (Anm. 11) nicht schon zum Wegfall des Handelsgewerbes und damit zur Umwandlung der OHG führt. Das gilt jedenfalls solange, als noch eine Unternehmensorganisation vorhanden ist und die Gesellschafter daher die Möglichkeit haben, sich auf einen anderen Gesellschaftszweck im Sinne von § 105 HGB zu einigen.

Anm. 113 Nicht durch § 131 HGB ausgeschlossen ist die Auflösung der OHG dagegen aus **sonstigen** gesellschaftsrechtlichen Gründen. Dabei ist einmal das in § 131 nicht besonders erwähnte Ausscheiden eines von zwei Gesellschaftern unter Übernahme des Handelsgeschäfts durch den verbleibenden zu nennen (dazu Rötelmann NJW 1956, 1617). Sie kann nicht nur in den Fällen des § 142 eintreten, sondern ebenso bei vereinbarter Übernahme bzw. beim Ausscheiden des Gesellschafter-Erben nach § 139 Abs. 2 (dazu vgl. Hintzen S. 35). Einen weiteren Auflösungsgrund bildet das Ausscheiden des einzigen Komplementärs einer KG, unabhängig von der Zahl der Kommanditisten (BGHZ 8, 35/37; § 162 Anm. 11, § 177 Anm. 28).

Anm. 114 **Keinen** besonderen Auflösungsgrund stellt, auch nach der hier vertretenen Meinung (Anm. 104), die Erfüllungsverweigerung nach § 50 VglO dar; als Sonderfall der Kündigung fällt sie unter § 131 Nr. 6. Als Auflösungsgründe scheiden weiter alle die Umstände aus, die zur Umwandlung der OHG in eine bürgerlichrechtliche Gesellschaft führen. Sie lassen den Fortbestand der Gesellschaft, ihre Identität, unberührt und bewirken nur eine Änderung der Rechtsform. Keinen Auflösungsgrund bildet daher insbesondere auch die Aufgabe des Handelsgewerbes durch endgültige Einstellung des Geschäftsbetriebs; nicht ausgeschlossen ist freilich, daß in dem Einstellungsbeschluß der Gesellschafter zugleich ein Auflösungsbeschluß im Sinne von § 131 Nr. 2 liegt. Keinen Auflösungsgrund enthält schließlich auch der Wegfall der Geschäftsgrundlage (BGHZ 10, 44/51); er wird jedoch regelmäßig einen wichtigen Grund für die Auflösungsklage nach § 133 gewähren (§ 133 Anm. 14).

b) Öffentlichrechtliche Auflösungsgründe: § 131 HGB schließt nicht aus, daß die Auflösung der Gesellschaft durch Spezialvorschriften, insbesondere solche des öffentlichen Rechts, angeordnet oder zugelassen wird. Den wichtigsten Fall bildet dabei **§ 38 des Gesetzes über das Kreditwesen** vom 10. 7. 1961 (BGBl. I 881). Danach kann das Bundesaufsichtsamt für das Kreditwesen gegenüber einer Personengesellschaft, die Bankgeschäfte betreibt, unter den Voraussetzungen des § 35 Abs. 2 KWG die Erlaubnis zurücknehmen und zugleich die Abwicklung der Gesellschaft anordnen. Die Entscheidung wirkt nach § 38 Abs. 1 S. 2 KWG wie ein Auflösungsbeschluß. Zweck der im Ermessen der Aufsichtsbehörde stehenden Entscheidung ist es, das Weiterbestehen von Mänteln früherer Kreditinstitute zu verhindern. Sie kommt daher regelmäßig nur in Betracht, wenn die Gesellschaft nicht zugleich bankfremde Geschäfte betreibt (Szagunn-Neumann KWG 2. Aufl. § 38 Anm. 3). Solange die Abwicklungsanordnung besteht, ist es den Gesellschaftern auch verwehrt, die Fortsetzung der Gesellschaft zu beschließen oder sich auf eine von §§ 145 ff. HGB abweichende Liquidation unter Aufrechterhaltung des Kreditinstituts zu einigen (Szagunn-Neumann § 38 Anm. 9, Consbruch-Möller KWG § 38 Anm. 2). **Anm. 115**

Die **sonstigen** in der Voraufl. (Anm. 31) angeführten öffentlichrechtlichen Auflösungsgründe sind durch § 63 KWG außer Kraft gesetzt worden. Einen weiteren Auflösungsgrund bildet dagegen die in § 12 Abs. 2 Nr. 3 GWB enthaltene Befugnis der **Kartellbehörde,** die vom Kartellverbot freigestellten Verträge oder Beschlüsse wegen Mißbrauchs der Erlaubnis zu untersagen. Soweit ein freigestelltes Kartell in der Rechtsform einer OHG oder KG organisiert ist, wird ihm durch die Mißbrauchsentscheidung die Rechtsgrundlage entzogen; die Fortsetzung des für unwirksam erklärten Kartells enthält nach § 38 Abs. 1 Ziff. 2 GWB eine Ordnungswidrigkeit. Mit Rücksicht hierauf führt die Unwirksamkeitserklärung nicht etwa — nach Art der fehlerhaften Gesellschaft — nur zu einem Auflösungsgrund im Sinne von § 133, sondern zur unmittelbaren Auflösung der Gesellschaft (vgl. jedoch OLG Stuttgart WuW/E OLG 1083/1087, das bei Verstoß eines Gesellschaftsvertrages gegen § 1 GWB die Grundsätze der fehlerhaften Gesellschaft anwendet). **Anm. 116**

Die bloße Entscheidung einer Behörde, daß die erforderliche Erlaubnis zum Gewerbebetrieb zurückgenommen oder die Fortsetzung des Gewerbebetriebs untersagt wird, bewirkt dagegen noch nicht die Auflösung der das Handelsgewerbe betreibenden Gesellschaft (RG in SeuffA 37 Nr. 55). Wohl aber kann diese Tatsache Anlaß zu einem Auflösungsbeschluß der Gesellschafter oder zu einer Auflösungsklage nach § 133 sein.

c) Vertraglich vereinbarte Auflösungsgründe: Die Vereinbarung gesetzlich nicht geregelter Auflösungsgründe im Gesellschaftsvertrag ist grundsätzlich zulässig (RGZ 65, 264/267; Hueck § 23 III 1c; einschränkend § 105 Anm. 50 [Fischer] für die auflösende Bedingung). Sie mag zwar im Einzelfall, beim Streit über das Vorliegen der Auflösungsvoraussetzungen, zu Rechtsunsicherheit führen; dies jedoch nur im Innenverhältnis, da die Auflösung nur die Umgestaltung, nicht aber den Wegfall der Gesellschaft zur Folge hat und die Öffentlichkeit jedenfalls durch §§ 143, 15 HGB geschützt ist. Die Interessenlage ist hier die gleiche wie bei der — ebenfalls zulässigen — Vereinbarung eines außerordentlichen Kündigungsrechts in Abweichung von § 133 (dazu § 133 Anm. 74). **Anm. 117**

Neben dem bereits gesetzlich vorgesehenen Auflösungsgrund einer Befristung (§ 131 Nr. 1) bildet den wichtigsten Fall die Vereinbarung einer **auflösenden Bedingung** (§ 158 Abs. 2 BGB), d. h. die Vereinbarung der automatischen Auflösung beim Eintritt eines künftigen ungewissen Ereignisses. Sie dient vor allem dazu, die Gesellschaftsdauer an den Gesellschaftszweck zu knüpfen und die Auflösung für den Fall der Zweckerreichung bzw. seiner Unmöglichkeit sicherzustellen. Insoweit entspricht sie dem auf die OHG unanwendbaren Auflösungsgrund des § 726 BGB. **Anm. 118**

Die Abgrenzung zwischen Bedingung und Befristung mag im Einzelfall Schwierigkeiten bereiten (vgl. Anm. 17). Entgegen einer im neueren Schrifttum (Hueck § 23 II 1 Fußn. 8, Westermann Handb. I 604) anzutreffenden Meinung besteht jedoch keine Notwendigkeit, den grundsätzlichen Unterschied zwischen den beiden Instituten (beachte vor allem den Ausschluß der ordentlichen Kündigung im Fall befristeter, nicht aber im

Fall auflösend bedingter Verträge) zu verwischen und die auflösende Bedingung unter den Auflösungsgrund des § 131 Nr. 1 zu bringen, mögen sich die Rechtsfolgen auch teilweise entsprechen (vgl. § 163 BGB). Insbesondere macht auch der von Hueck (a. a. O.) angeführte Umstand, daß mit Rücksicht auf die Invollzugsetzung der Gesellschaft die auflösende Bedingung stets nur Wirkung für die Zukunft entfalten kann (vgl. § 105 Anm. 50) und daß ihr Eintritt die Gesellschaft nicht schon völlig entfallen läßt, die Bedingung nicht zur Befristung. Vielmehr kommt der auflösenden Bedingung auch sonst Wirkung regelmäßig nur ex nunc zu (vgl. § 159 BGB). Auch macht ihr Eintritt häufig eine besondere Abwicklung der während der Schwebezeit vollzogenen Geschäfte erforderlich (Flume, Rechtsgeschäft § 40 2d).

9. Die „fehlerhafte" Auflösung.

Anm. 119 **a) Auflösungsmängel:** Die Auflösung der Gesellschaft setzt nach § 131 HGB grundsätzlich einen wirksamen Auflösungsgrund voraus. Diese Wirksamkeit kann bei den einzelnen in § 131 genannten Auflösungsgründen jedoch aus einer Reihe von Gründen fehlen (vgl. die Zusammenstellung bei Steines, Die faktisch aufgelöste OHG, 1964, S. 6ff.). Von dem Sonderfall des Rücktritts vom Auflösungsbeschluß abgesehen (dazu vgl. oben Anm. 34f.), lassen sich im Grundsatz drei Arten von Auflösungsmängeln unterscheiden. Der Auflösungsgrund kann erstens, entgegen der irrigen Annahme der Gesellschafter, überhaupt fehlen (irrige Annahme des Zeitablaufs bzw. des Todes eines Mitgesellschafters, Anm. 124). Er kann zweitens auf der fehlerhaften Willenserklärung eines der Beteiligten beruhen (Nichtigkeit oder Anfechtbarkeit des Auflösungsbeschlusses, der Kündigung, Anm. 123). Und drittens kann er seine Ursache schließlich im Wegfall eines hoheitlichen Gestaltungsakts haben (Aufhebung des Auflösungsurteils bzw. des Konkurseröffnungsbeschlusses, Anm. 125ff.).

Anm. 120 **b) Meinungsstand und Lösungsgrundlage:** Die Rechtsfolgen beim Vorliegen von Auflösungsmängeln sind bisher meist nur für fehlerhafte Auflösungsbeschlüsse behandelt worden. Insoweit läßt die überwiegende Meinung (DürHach § 131 Vorbem. 3, Höhn, Wiederaufleben der aufgelösten offenen Handelsgesellschaft, Diss. Jena 1934, S. 38f., Geßler Anm. 18, Hueck § 23 II 2 Fußn. 16, Weipert in Voraufl. Anm. 22; so auch RG JW 1929, 2147 [obiter dictum]) die Geltendmachung von Anfechtungs- bzw. Nichtigkeitsgründen grundsätzlich unbeschränkt zu, jedenfalls solange die Gesellschaft noch nicht voll abgewickelt ist. Anfechtung oder Nichtigkeit sollen zum Wegfall des Auflösungsbeschlusses und zum Fortbestand der OHG als werbende Gesellschaft führen. Gegen diese Ansicht hat sich vor allem Steines (Die faktisch aufgelöste OHG, 1964) gewandt, der die Lehre von der fehlerhaften Gesellschaft entsprechend auf das Vorliegen von Auflösungsmängeln anwenden will (so auch Reinhardt, Zeitschrift des Bernischen Juristenvereins 103 (1967), 329/333ff., Soergel-Schultze-v. Lasaulx BGB § 705 Anm. 99, sowie BGH NJW 1969, 1483 für den Fall einer fehlerhaften Vereinbarung über das Ausscheiden eines Gesellschafters). Eine faktische Auflösung liege immer dann vor, wenn mit der Abwicklung der Gesellschaft aufgrund eines irrtümlich angenommenen oder sonst fehlerhaften Auflösungsgrundes begonnen worden sei. Zur Fortsetzung der Gesellschaft — bzw. ihrer Wiedererrichtung nach vollständiger Abwicklung — sei grundsätzlich ein Gestaltungsurteil entsprechend § 133 erforderlich (a. a. O. S. 27ff.).

Anm. 121 Der Übernahme der zur fehlerhaften Gesellschaft entwickelten Rechtsgrundsätze für die Auflösungsmängel ist im Grundsatz zuzustimmen. Sie findet ihre Rechtfertigung darin, daß das Eingreifen eines der in § 131 genannten Auflösungsgründe zu einer Änderung des Gesellschaftsvertrags durch Umwandlung des bis dahin auf den gemeinsamen Betrieb eines Handelsgewerbes gerichteten Gesellschaftszwecks führt (vgl. auch oben Anm. 27). Daß fehlerhafte Vertragsänderungen, jedenfalls soweit sie die Grundstrukturen der Gesellschaft betreffen und ihre rückwirkende Beseitigung nicht möglich ist, nach den gleichen Grundsätzen wie der fehlerhafte Vertragsschluß zu behandeln sind, ist heute bereits allgemein anerkannt (§ 105 Anm. 99; vgl. BGHZ 26, 330/335, BGH DB 1956, 65, BGH WM 1968, 892, BGH NJW 1969, 1483, Hueck § 7 III 7c, Ganssmüller NJW 1956, 698f.; noch weitergehend Erman, Personalgesellschaften auf mangelhafter Vertragsgrundlage, 1947, S. 38, Geßler § 105 Anm. 62p). Zu diesen grundlegenden Änderungen (BGH DB 1956, 65: „den Status der Gesellschaft betreffende Abänderungen") gehört aber auch die Umwandlung der Gesellschaft von einer werbenden in eine Abwicklungsgesellschaft. Neben der damit verbundenen Zweckänderung ergibt sich das aus der Sonderregelung des § 146 HGB für die Geschäftsführung im Stadium der Liquidation.

c) **Rechtsfolgen bei den verschiedenen Auflösungsmängeln:** Die Übernahme der zur fehlerhaften Gesellschaft entwickelten Grundsätze auf die Auflösungsmängel macht es allerdings zugleich erforderlich, zwischen den verschiedenen denkbaren Auflösungsmängeln zu differenzieren. Nur soweit im Einzelfall die Voraussetzungen der fehlerhaften Gesellschaft (fehlerhafte Vertragsänderung und Invollzugsetzung) vorliegen, kommt die Anwendbarkeit dieser Grundsätze in Betracht. Fehlt es an einer oder beiden Voraussetzungen, so bleibt die Gesellschaft als werbende bestehen und ist nach Entdeckung des Mangels als solche fortzuführen. **Anm. 122**

α) Für Auflösungsgründe, deren Fehlerhaftigkeit auf **Mängeln der ihnen zugrunde liegenden Willenserklärungen** beruht (Nichtigkeit oder Anfechtbarkeit bzw. Formverstoß des Auflösungsbeschlusses, der Kündigung u. a.), sind die Grundsätze der fehlerhaften Gesellschaft nach den vorstehend dargelegten Zusammenhängen voll zu übernehmen. Der die Vertragsänderung herbeiführende Auflösungsgrund ist — ebenso wie bei der fehlerhaften Gesellschaftserrichtung — zwar vorhanden, leidet aber unter einem Rechtsmangel. Mit dem Beginn der Abwicklung (der Invollzugsetzung der fehlerhaften Vertragsänderung) gilt die Auflösung der Gesellschaft damit grundsätzlich als eingetreten. Im Unterschied zur ordnungsmäßigen Auflösung wird die Gesellschaft hier allerdings sine causa, ohne einen die Auflösung innerlich rechtfertigenden Grund, in eine Abwicklungsgesellschaft umgewandelt. Die Gesellschafter haben daher einen Anspruch auf Fortsetzung, den sie entsprechend der Lage bei der fehlerhaft errichteten Gesellschaft analog § 133 HGB durch Gestaltungsklage durchsetzen müssen (so zutreffend Steines S. 33ff. unter Hinweis auf das Interesse an Rechtssicherheit). Nach Vollbeendigung der Gesellschaft kommt eine solche Fortsetzungsklage allerdings nicht mehr in Betracht (a. A. Steines S. 34f.). Das folgt bereits daraus, daß die richterliche Gestaltungsbefugnis in § 133 und den sonstigen Fällen gesellschaftsrechtlicher Gestaltungsklagen sich stets nur auf eine Vertragsänderung (bzw. -beendigung, § 142 HGB) bezieht, nicht aber das Recht umfaßt, ein nicht existentes Vertragsverhältnis herbeizuführen. Im übrigen besteht für eine Fortsetzungsklage in diesem Stadium auch deshalb kein Bedürfnis, weil mit der vollständigen Abwicklung des Gesellschaftsvermögens regelmäßig auch die Grundlagen für eine weitere Zusammenarbeit der Gesellschafter entfallen sein werden. **Anm. 123**

β) Anders ist die Rechtslage bei der **irrtümlichen Annahme des Vorliegens eines Auflösungsgrundes** durch die Beteiligten. Im Unterschied zum vorhergehenden Fall ist der Auflösungsgrund hier nicht etwa fehlerhaft, sondern überhaupt nicht eingetreten. Einer rechtlichen Anerkennung der durch Beginn der Abwicklung vollzogenen Auflösung stehen hier die gleichen Einwände entgegen wie der Anerkennung der Gesellschaft beim Fehlen eines Vertragsschlusses (h. M., vgl. § 105 Anm. 81). Die irrige Annahme des Zeitablaufs bzw. des Todes eines Gesellschafters führt daher entgegen Steines (a. a. O. S. 49ff.) nicht schon zur fehlerhaften Auflösung. Soweit das Verhalten der Gesellschafter nicht als stillschweigender Auflösungsbeschluß gewertet werden kann, besteht die Gesellschaft vielmehr bis zur vollständigen Liquidation als werbende fort. Fraglich kann hier nur sein, ob die begonnene bzw. fortgeschrittene Abwicklung bei Entdeckung des Irrtums nicht einen wichtigen Grund zur Auflösung der Gesellschaft nach § 133 HGB bildet. Dritten gegenüber bleiben die Rechtshandlungen der Abwickler nach §§ 143, 148, 15 HGB bzw. — soweit Handelsregistereintragung und Bekanntmachung noch nicht erfolgt waren — nach allgemeinen kaufmännischen Rechtsscheingrundsätzen gültig. **Anm. 124**

γ) Zu erörtern bleibt schließlich der Wegfall des Auflösungsgrundes durch **Aufhebung eines die Auflösung herbeiführenden hoheitlichen Gestaltungsakts** (Aufhebung des rechtskräftigen Auflösungsurteils im Wege des Wiederaufnahmeverfahrens, § 578 ZPO, bzw. der Wiedereinsetzung in den vorigen Stand, § 233 ZPO, bzw. Aufhebung des Konkurseröffnungsbeschlusses; vgl. dazu auch Steines S. 56ff.). Die Rechtslage ist hier besonders problematisch, weil der Aufhebung verfahrensrechtlich stets rückwirkende Kraft zukommt, sie also den Auflösungsgrund ex tunc beseitigt (vgl. BGHZ 18, 350/357; **Anm. 125**

Rosenberg-Schwab § 162 IV 2, Jaeger-Weber § 109 Anm. 4). Eine Modifikation dieser verfahrensrechtlichen Folgen mit Rücksicht auf die Lehre von der fehlerhaften Gesellschaft erscheint, im Unterschied zur Behandlung der materiellrechtlichen Folgen von Anfechtbarkeit und Nichtigkeit, nicht möglich. Auch hier ist weiter nach dem jeweiligen Auflösungsgrund zu differenzieren:

Anm. 126 αα) Ist die Auflösung durch ein — später aufgehobenes — **rechtskräftiges Auflösungsurteil** herbeigeführt, so werden sich die Probleme meist schon dadurch lösen, daß das Gericht, soweit es in eine erneute Sachprüfung eintritt, die in der Zwischenzeit erfolgten Entwicklungen zu berücksichtigen hat. Dabei werden die durch die Abwicklung eingetretenen Änderungen vielfach ausreichen, um die Auflösung unter Aufhebung des früheren Urteils nunmehr hierauf zu stützen (so richtig Steines S. 56ff.). Kommt das Gericht demgegenüber zur Abweisung der Auflösungsklage, so liegt hierin zugleich die Bestätigung, daß die Gesellschaft als werbende fortbesteht (so für die Aufhebung eines rechtskräftigen Ausschlußurteils auch BGHZ 18, 350/357f.). Einer Gestaltungsklage entsprechend § 133 bedarf es nicht. — Eine Fortsetzung der Gesellschaft entfällt allerdings trotz Aufhebung des Auflösungsurteils, wenn die Abwicklung bereits vorher erfolgt und die Gesellschaft voll beendet ist (so mit Recht Friedrichs ZZP 58 (1934), 219/222; Rosenberg-Schwab § 162 IV 2).

Anm. 127 ββ) Ist Auflösungsgrund die **Eröffnung des Konkursverfahrens über das Vermögen der Gesellschaft** (§ 131 Nr. 3), so tritt die Auflösung bereits mit dem Bekanntwerden des Eröffnungsbeschlusses ein, nicht erst mit seiner Rechtskraft (Anm. 49). Das Risiko der rückwirkenden Beseitigung durch Beschwerde der OHG (§§ 109, 116 KO) ist hier besonders groß. Eine weitere Besonderheit ergibt sich daraus, daß es im Fall des Gesellschaftskonkurses regelmäßig an der mit der Auflösung sonst verbundenen Umwandlung der internen Gesellschaftsstruktur fehlen wird, da anders als bei sonstigen Auflösungsgründen die Geschäftsführungsbefugnisse hier auf den Konkursverwalter übergehen und die in §§ 145ff. vorgesehenen regelmäßigen Liquidationsmaßnahmen unterbleiben. Mit Rücksicht auf diese Besonderheiten bestehen keine Bedenken, dem Aufhebungsbeschluß die ihm zukommende rückwirkende Kraft auch hinsichtlich der Auflösung zu belassen und die Gesellschaft nach Aufhebung des Konkurses wiederum als werbende zu behandeln (so auch Jaeger-Weber KO § 109 Anm. 4). Gleiches gilt, wenn der Eröffnungsbeschluß inzwischen rechtskräftig geworden war, im Fall seiner Aufhebung nach Wiedereinsetzung (§ 233 ZPO) bzw. — soweit diesem Fall überhaupt Bedeutung zukommt — im Wiederaufnahmeverfahren (a. A. Steines S. 62f., der in allen Fällen fortbestehende „faktische" Auflösung annimmt).

Anm. 128 γγ) Ist Auflösungsgrund schließlich der **Konkurs über das Vermögen eines Gesellschafters** (§ 131 Nr. 5), so tritt bis zur Beschlußfassung der übrigen Gesellschafter über die Fortsetzung der Gesellschaft unter ihnen (§ 141 Abs. 2 HGB) ohnedies ein Schwebezustand ein. Entfällt der Auflösungsgrund vor der Beschlußfassung, so fehlt auch die Grundlage für den Fortsetzungsbeschluß, die Gesellschaft besteht als werbende mit dem vorübergehend in Konkurs gefallenen Gesellschafter fort (a. A. Steines S. 62). Anders ist es, wenn der Eröffnungsbeschluß nach der Beschlußfassung aufgehoben wird: hier liegt ein Beschluß der übrigen Gesellschafter über das künftige Schicksal der Gesellschaft vor, mag er auch durch rückwirkenden Wegfall der Voraussetzungen des § 141 Abs. 2 fehlerhaft geworden sein. In diesem Fall kann der durch den Fortsetzungsbeschluß ausgeschlossene Gesellschafter entsprechend § 140 HGB Wiederaufnahme verlangen. Haben die Gesellschafter dagegen die Fortsetzung abgelehnt, damit zugleich die Auflösung bestätigt und mit der Liquidation auch schon begonnen, so ist dadurch die faktische Auflösung eingetreten. Nunmehr kann jeder von ihnen die Fortsetzungsklage entsprechend § 133 HGB erheben (so im Ergebnis auch Steines S. 62f.).

III. Rechtsfolgen der Auflösung

1. Rechtsnatur der Abwicklungsgesellschaft.

Anm. 129 Durch die Auflösung kommt die Gesellschaft regelmäßig nicht schon in Wegfall, sondern wandelt sich in eine **Abwicklungsgesellschaft** um. Diese ist mit der werbenden

Gesellschaft hinsichtlich Mitgliederkreis und Vermögensbestand identisch, sie besteht bis zur völligen Liquidation des Gesellschaftsvermögens fort (vgl. Näheres Anm. 3—6). Die Abwicklungsgesellschaft bleibt auch bis zur Vollbeendigung **Handelsgesellschaft,** ihre Gesellschafter insoweit Kaufleute. Ob und in welchem Umfang das Handelsgewerbe während der Liquidation fortbetrieben wird, ist hierfür nicht entscheidend (ganz h. M., vgl. ROHG 23, 143/144, RGZ 155, 75/82; RG JW 1930, 3743, Geßler Anm. 1, 8, Hueck § 23 I, Westermann Handb. I 589; a. A. nur Staub § 156 Anm. 3). Die Rechtslage ist hier eine andere als bei der Aufgabe des Handelsgewerbes durch eine fortbestehende Gesellschaft: diese wandelt sich durch den Wegfall des Handelsgewerbes in eine bürgerlichrechtliche Gesellschaft um (Anm. 8), während die Liquidationsgesellschaft kraft gesetzlicher Vorschrift (§ 156 HGB) ihren Charakter als Handelsgesellschaft beibehält. Zur Vermeidung einer Irreführung des Verkehrs hat sie ihrer Firma allerdings einen Liquidationszusatz beizufügen (§ 153).

Aus der fortbestehenden Kaufmannseigenschaft folgt, daß die von der Gesellschaft **Anm. 130** nach der Auflösung vorgenommenen Geschäfte Handelsgeschäfte im Sinne der §§ 343, 344 HGB sind (RG JW 1903, 64). Sie hat auch die kaufmännische Buchführungspflicht. Ihre kaufmännischen Angestellten haben die Eigenschaft von Handlungsgehilfen. Sie kann auch Handlungsbevollmächtigte bestellen, solange sie den Handelsbetrieb, wenn auch zu Abwicklungszwecken, tatsächlich fortsetzt. Die Bestellung von Prokuristen ist dagegen ausgeschlossen, da sich die beschränkten Aufgaben der Abwicklungsgesellschaft und der Abwickler (§ 149) nicht mit dem Umfang der Prokura (§ 49) vereinbaren lassen (§ 149 Anm. 40; RGZ 72, 119/123; Hueck § 32 IV 5f.; a. A. offenbar Würdinger § 53 Anm. 7). Zum Erlöschen bestehender Prokura durch die Auflösung vgl. Anm. 134.

2. Rechtsfolgen der Auflösung für das Innenverhältnis.

Die Rechte und Pflichten der **Gesellschafter** aus dem Gesellschaftsverhältnis **Anm. 131** fallen durch die Auflösung der Gesellschaft zwar nicht weg, aber sie erfahren — bedingt durch den geänderten Gesellschaftszweck — eine Reihe von Änderungen. Das gilt insbesondere für die übernommenen **Pflichten.** Die Verpflichtungen zur Förderung des ursprünglichen Gesellschaftszwecks entfallen. Beiträge sind nur noch insoweit zu leisten, als es der geänderte Gesellschaftszweck, z. B. die Zahlung von Gesellschaftsschulden, erfordert. Daß sie nicht nötig sind, muß zwar der in Anspruch genommene Gesellschafter beweisen. Der Abwickler muß aber die Auskünfte über die vorhandenen Mittel geben, die nur ihm, nicht dem einzelnen Gesellschafter möglich sind (RGZ 45, 153/154; 51, 33/38). Nach dem Grundsatz der Gleichberechtigung der Gesellschafter können die Leistungen nur von allen Gesellschaftern in gleicher Weise im Verhältnis ihrer Beteiligung verlangt werden, soweit der Gesellschaftsvertrag nicht etwas anderes bestimmt. Zur Fortgeltung des Wettbewerbsverbots des § 112 HGB, solange das Handelsgeschäft von den Abwicklern weitergeführt wird, vgl. § 112 Anm. 3.

Auch die **Rechte** der Gesellschafter werden durch die Auflösung teilweise modifiziert. **Anm. 132** So treten an die Stelle der nach gesetzlicher oder vertraglicher Regelung zur Geschäftsführung der werbenden Gesellschaft berufenen Gesellschafter die Liquidatoren nach Maßgabe des § 146 HGB bzw. besonderer vertraglicher Regelung. Ansprüche der Gesellschafter gegen die Gesellschaft können nicht mehr selbständig geltend gemacht werden, sondern bilden regelmäßig einen unselbständigen Rechnungsposten der Auseinandersetzungsbilanz (BGH WM 1964, 740/741, 1968, 697/699; zum Ausschluß des Entnahmerechts vgl. § 155 Anm. 9).

Die Gesellschafter bleiben allerdings, soweit die Auflösung nicht durch Konkurs **Anm. 133** der Gesellschaft erfolgt ist (Anm. 72ff.), auch während der Abwicklung Herren der Gesellschaft. Ihre Befugnisse zu **Änderungen des Gesellschaftsvertrags** bleiben grundsätzlich unberührt. Sie können die Firma ändern, den Sitz der Gesellschaft verlegen, Bestimmungen über das Abwicklungsverfahren treffen, die Erhöhung der Beiträge, insbesondere zu Sanierungszwecken, beschließen, über die Geltendmachung der sich aus einem Verstoß gegen das Wettbewerbsverbot ergebenden Ansprüche (§ 113 Abs. 2), über die Fortsetzung der Gesellschaft beschließen, ebenso über andere Verfügungen, die über die Befugnisse der Abwickler hinausgehen. Die vom RG (RGZ 107, 31/33; 121, 247/250; so auch KGJ 15, 35/36, KG HRR 1928, 240) bei Satzungsänderungen aufgelöster **Kapital**gesellschaften ausgesprochenen Vorbehalte sind auf die Personenhandelsgesellschaften schon wegen der Zulässigkeit jederzeitiger Rückumwandlung (Anm. 148 ff.) nicht zu übertragen.

Anm. 134 Für die **Prokura** führt die Auflösung der Gesellschaft zum Erlöschen, soweit nicht ihr Fortbestand als Handlungsvollmacht in Frage kommt (§ 53 Anm. 7; RGZ 72, 119/123; zur Unzulässigkeit der Neubestellung vgl. Anm. 130). Das Erlöschen der Prokura ist zum Handelsregister anzumelden und einzutragen. Die bestehenden **Handlungsvollmachten** erlöschen, soweit sie sich auf den Betrieb des Handelsgewerbes beziehen und dieses im Abwicklungsstadium nicht fortgesetzt wird.

3. Rechtsfolgen der Auflösung gegenüber Dritten.

Anm. 135 **a) Allgemeines:** Die zwischen der OHG **und Dritten** bestehenden Rechtsverhältnisse werden durch die Auflösung der Gesellschaft grundsätzlich nicht berührt. Rechte und Pflichten der Gesellschaft, auch die persönliche Haftung der Gesellschafter dauern fort. Die Auflösung der offenen Handelsgesellschaft begründet kein außerordentliches Recht zur Umgestaltung von Vertragsverhältnissen, wie es in § 346 Abs. 3 Satz 2 AktG ausnahmsweise im Falle der Verschmelzung einer Aktiengesellschaft mit einer anderen Gesellschaft gegeben ist. Von den Käuferpflichten aus einem Kaufvertrag wird die OHG durch die Auflösung nicht befreit (OLG Stuttgart NJW 1954, 233). Auch betagte und bedingte Ansprüche und Verpflichtungen sowie Dauerschuldverträge werden durch die Tatsache der Auflösung allein nicht geändert. Ebenso hat der Vertragspartner der Gesellschaft nicht ohne weiteres ein Lösungsrecht (RGZ 5, 7; 9, 11; 123, 155; RG JW 1929, 1359). Dauerschuldverträge können nach der Rechtsprechung aber stets aus wichtigem Grunde gelöst werden (RGZ 128, 1). Ein solcher Grund kann nach Lage des Einzelfalls auch in der Auflösung der Gesellschaft liegen. Ist diese allerdings aus freier Entschließung der Gesellschafter erfolgt, so kann sich die Gesellschaft regelmäßig nicht auf diese Tatsache als wichtigen Grund berufen, wohl aber der Vertragspartner. Ein wichtiger Grund für den anderen kann auch darin liegen, daß durch die Auflösung der Inhalt des Schuldverhältnisses geändert wird (vgl. RGZ 60, 58; 72, 15) oder daß durch die tatsächliche Einstellung oder Beschränkung des Betriebs die Leistungsfähigkeit der Gesellschaft beeinträchtigt wird oder regelmäßig nötige Reparaturen nicht mehr ausgeführt werden können (RG LZ 1913, 556). Die fortbestehende Erfüllungspflicht aus einem Dauerschuldvertrag, etwa einem langjährigen Liefervertrag, kann die Abwicklung verzögern oder sogar auf absehbare Zeit ausschließen, wenn es nicht durch Verhandlungen mit dem Vertragspartner gelingt, die Gesellschaft von der bestehenden Verpflichtung zu befreien. Unter Umständen bleibt dann nur eine andere Art der Auseinandersetzung als die Liquidation des Unternehmens übrig, etwa durch dessen Veräußerung an einen Gesellschafter oder einen Dritten, der, gegebenenfalls mit Zustimmung des anderen Vertragsteils, die Verpflichtung zur Vertragserfüllung übernimmt.

Anm. 136 Die Auflösung der Gesellschaft rechtfertigt für den anderen Teil noch nicht die Verweigerung einer Vorleistung aus einem gegenseitigen Vertrage nach § 321 BGB (RGZ 5, 7; RG JW 1927, 1689). Im einzelnen Fall kann sie aber begründet sein, so wenn mit dem Aufhören des werbenden Betriebes die Quelle für die Gegenleistung versiegt. Die Auflösung allein bildet auch noch keinen Arrestgrund. Dieser kann aber z. B. gegeben sein, wenn der Abwickler vor Befriedigung oder Sicherstellung der Gläubiger zur Verteilung des Vermögens an die Gesellschafter schreitet.

Anm. 137 **b) Einzelne Schuldverhältnisse: Miet-, Pacht- und Dienstverträge** bestehen weiter (RGZ 24, 70/72; Hamburg OLGR 16, 92/93), wenn sich nicht aus den Umständen etwas anderes ergibt, z. B. wenn die Anstellung unzweideutig nur für die Dauer des tatsächlichen Geschäftsbetriebes erfolgt war. Die mit der Auflösung verbundene Betriebsstilllegung kann, insbesondere bei langfristigen Verträgen ohne ordentliche Kündigungsmöglichkeit, nach Lage des Einzelfalls einen wichtigen Grund zur außerordentlichen Kündigung darstellen (§ 626 BGB; vgl. RAGE 18, 257). Für die dem Kündigungsschutz unterliegenden Arbeitsverhältnisse stellt die auflösungsbedingte Betriebsstillegung ein die Kündigung rechtfertigendes dringendes betriebliches Erfordernis dar (§§ 1 II, 13 II KSchG); auf den Auflösungsgrund kommt es dabei nicht an (Hueck KSchG[6] § 13 Anm. 24 m. weit. Nachw.). Für den Arbeitnehmer kann die Unmöglichkeit seiner

Weiterbeschäftigung in einer seiner bisherigen Beschäftigung entsprechenden Weise einen außerordentlichen Kündigungsgrund bilden (RGZ 81, 153/155).

Ob **Forderungen** ausnahmsweise durch die Auflösung der Gesellschaft oder durch **Anm. 138**
die Abwicklung des Unternehmens fällig werden, ist durch Vertragsauslegung festzustellen. Die Fälligkeit kann eintreten, wenn die Stundung gerade im Interesse des werbenden Betriebes, etwa im Interesse der Fortführung der Gesellschaft beim Ausscheiden eines Gesellschafters, oder wegen der im werbenden Betrieb liegenden Aussicht auf regelmäßige Abzahlungen gewährt worden ist (RGZ 5, 7/8; 9, 11/14f.; ROHG 10, 64f.; München OLGR 32, 106/107). Ob und wann die bezeichneten Wirkungen eintreten, kann auch von dem Fortschreiten der Abwicklung des Unternehmens und davon abhängen, ob noch mit der Möglichkeit der Fortsetzung der Gesellschaft zu rechnen ist.

Eine **Preisbindungsvereinbarung** ist regelmäßig dahin auszulegen, daß sie nicht schon mit der Auflösung der Gesellschaft und dem Beginn der Abwicklung des Unternehmens, sondern erst dann erlischt, wenn der regelmäßige Verkauf der preisgebundenen Ware beendet ist.

Das **Wettbewerbsverbot** eines früheren Gesellschafters oder Angestellten verliert **Anm. 139**
jedenfalls mit der Einstellung des Geschäftsbetriebs seine Wirksamkeit, soweit sich nicht durch Vertragsauslegung bereits die Auflösung als Endtermin ergibt. Für die Fortdauer des Wettbewerbsverbots über den Auflösungszeitpunkt hinaus kann insbesondere sprechen, daß die Abwicklung die Fortsetzung des Geschäftsbetriebes erfordert, etwa wegen der Erfüllung länger dauernder Lieferungsverträge. Dem mit dem Wettbewerbsverbot belasteten früheren Gesellschafter oder Angestellten wird dessen Einhaltung aber nicht bis zur letzten Abwicklungshandlung zugemutet werden können. Die Abwägung der beiderseitigen Belange führt zu seiner Befreiung, sobald die Abwicklung des Betriebes so weit vorgeschritten ist, daß sein Interesse an der Konkurrenztätigkeit nach Treu und Glauben den Vorzug verdient (OLG Jena in SeuffA 68 Nr. 131).

c) Absolute Rechte: Dingliche Rechte werden durch die Auflösung in ihrem Be- **Anm. 140**
stand grundsätzlich nicht berührt (RGZ 16, 1/2). Für **Nießbrauch** und **persönliche Dienstbarkeiten** kann sich aus dem zugrundeliegenden Rechtsverhältnis etwas anderes ergeben, so wenn das Recht nur für die Dauer des Bestehens des Gewerbebetriebs der Gesellschaft eingeräumt ist oder dessen Zwecken dienen soll und mit der Wiederaufnahme des Betriebs durch Fortsetzung der Gesellschaft nicht zu rechnen ist (vgl. auch § 1091 BGB, nach dem sich der Umfang der beschränkt persönlichen Dienstbarkeit im Zweifel nach dem persönlichen Bedürfnis des Berechtigten richtet). Für das grundsätzliche Bestehenbleiben dieser Rechte auch im Fall der Auflösung der Gesellschaft sprechen die Vorschriften der §§ 1059a, 1091 Abs. 2 BGB, die auch auf Personenhandelsgesellschaften anwendbar sind (BGHZ 50, 307/310; Soergel-Baur § 1059a Anm. 2, Hueck § 19 II). In Abweichung von § 1059 BGB lassen sie im Zusammenhang mit der Unternehmensübertragung auch die Übertragung von Nießbrauch und persönlichen Dienstbarkeiten im Interesse der Sicherung der Unternehmenssubstanz grundsätzlich zu. Wenn im Zuge der Abwicklung das Unternehmen als ganzes auf einen Dritten übertragen wird, können die genannten Rechte danach trotz ihres höchstpersönlichen Charakters sogar bei Vollbeendigung der Gesellschaft bestehen bleiben.

Urheberrechte und gewerbliche Schutzrechte bleiben trotz Auflösung bestehen und **Anm. 141**
sind bei der Abwicklung zu verwerten. Eine Lizenz wird regelmäßig nur für die Dauer des Geschäftsbetriebes gelten. Ein Warenzeichen ist auf Antrag zu löschen, wenn der Geschäftsbetrieb, zu dem es gehört, nicht weitergeführt wird (§ 11 Nr. 2 WZG, vgl. Baumbach-Hefermehl WZG § 11 Anm. 26).

d) Mitgliedschaftsrechte: Die Mitgliedschaft der Gesellschaft bei einer ein- **Anm. 142**
getragenen **Genossenschaft** erlischt durch ihre Auflösung in gleicher Weise wie die Mitgliedschaft einer natürlichen Person durch ihren Tod. Denn durch die Einstellung der auf Erwerb gerichteten Tätigkeit wird der Zweck der Beteiligung an der Genossenschaft, die „die Förderung des Erwerbes und der Wirtschaft ihrer Mitglieder“ zum Ziele hat, hinfällig (§§ 1, 77 GenG; vgl. RGZ 87, 408/409; 122, 253/257; 123, 289/294). Das RG hat diese Rechtsprechung ausdrücklich auf die Mitgliedschaft bei einer Genossenschaft beschränkt. Für die Mitgliedschaft in einem Kartell oder einer Interessen-

gemeinschaft mag sie wegen der gleichen Interessenlage entsprechend herangezogen werden. Im übrigen führt die Auflösung einer OHG, die Gesellschafterin einer **Kapital- oder Personenhandelsgesellschaft** ist, jedoch weder automatisch zum Ausscheiden aus dieser Gesellschaft noch zu deren Auflösung (vgl. Anm. 88). Sie kann aber einen wichtigen Grund zur Auflösungsklage bezüglich der Personengesellschaft, an der die Beteiligung besteht, oder zum Ausschluß der aufgelösten OHG nach §§ 133, 140 HGB bilden.

Anm. 143 **e) Schwebende Prozesse:** Durch die Auflösung und die sich daran anschließende Abwicklung verliert die Gesellschaft nicht ihre Parteifähigkeit. Ihre prozeßrechtliche Stellung in den schwebenden Prozessen bleibt unberührt (RGZ 141, 277/280, RG JW 1926, 1432; OLG Köln BB 1959, 463; Noack DB 1970, 1817). Allerdings entfällt die Vertretungsbefugnis der bisher vertretungsberechtigten Gesellschafter; an ihre Stelle treten die Abwickler (§§ 146, 149). Eine Unterbrechung des Rechtsstreits nach § 241 ZPO tritt dadurch jedoch nicht ein, außer wenn die Gesellschaft — etwa wegen der im Gesellschaftsvertrag vorgesehenen Bestellung von Liquidatoren durch Gesellschafterbeschluß — vorübergehend ohne gesetzlichen Vertreter ist und die ratio legis des § 241 ZPO damit ausnahmsweise sein Eingreifen erfordert (h. M., vgl. § 124 Anm. 31; abweichend Weipert in Vorausl. § 131 Anm. 11). — Zu den Rechtsfolgen der Beendigung der Gesellschaft während des Prozesses vgl. § 124 Anm. 32—34.

Anm. 144 **f) Gerichtliches Vergleichsverfahren:** Seine Einleitung ist auch nach Auflösung der Gesellschaft zulässig. Die anderslautende Vorschrift des § 89 Nr. 1 der alten Vergleichsordnung von 1927 ist in die neue Vergleichsordnung von 1935 nicht übernommen. Ein im Vergleichsverfahren abgeschlossener Vergleich kann zur Sanierung der Gesellschaft führen und damit die Grundlage für die Fortsetzung der Gesellschaft bilden.

4. Anmeldung zum Handelsregister.

Anm. 145 Die Auflösung der Gesellschaft ist nach § 143 **von allen Gesellschaftern** beim Handelsregister anzumelden (vgl. Erl. zu § 143). Ausnahmen bestehen nach §§ 6, 32 HGB, 112 KO für den Gesellschaftskonkurs, nach § 38 Abs. 1 Satz 3 KWG für die Abwicklungsentscheidung des Bundesaufsichtsamts für das Kreditwesen (vgl. Anm. 115); in diesen Fällen ist die Auflösung von Amts wegen einzutragen. Im Fall der Auflösung durch den Tod eines Gesellschafters kann das Gericht nach § 143 Abs. 3 von der Mitwirkung der Erben absehen, wenn ihr besondere Hindernisse entgegenstehen.

Die Eintragung wirkt nach § 15 HGB nicht konstitutiv, der Eintritt der Auflösung ist also nicht von ihr abhängig. Solange die Auflösung jedoch nicht eingetragen und bekanntgemacht ist, kann sie nach § 15 Abs. 1 HGB gutgläubigen Dritten nicht entgegengesetzt werden. Dies hat vor allem Bedeutung für die Wirksamkeit von Rechtshandlungen der bisherigen gesetzlichen Vertreter der Gesellschaft (§§ 146, 149).

IV. Die Fortsetzung der aufgelösten Gesellschaft

1. Allgemeines.

Anm. 146 Die **Fortsetzung** der aufgelösten Gesellschaft ist der actus contrarius zur Auflösung, die **Rückumwandlung** der Gesellschaft vom Abwicklungsstadium in den werbenden Zustand. Sie setzt grundsätzlich einen Gesellschafterbeschluß voraus (zum Sonderfall bei fehlerhafter Auflösung vgl. Anm. 172); mit Rücksicht auf die dadurch bewirkte Umgestaltung des Gesellschaftszwecks handelt es sich dabei — ebenso wie im Fall der Auflösung (Anm. 27) — um eine Änderung des Gesellschaftsvertrags.

Die Fortsetzung kommt sowohl mit sämtlichen als auch mit einem Teil der Gesellschafter der aufgelösten Gesellschaft in Betracht. Das Gesetz kennt beide Möglichkeiten (§§ 141, 144 Abs. 1). Die Identität der Gesellschaft bleibt in beiden Fällen erhalten. Dementsprechend findet auch eine Vermögensübertragung auf die rückumgewandelte Gesellschaft nicht statt (Anm. 167).

Anm. 147 Von der Fortsetzung der aufgelösten Gesellschaft zu unterscheiden sind die Fälle, in denen die Fortsetzungsvereinbarung den Eintritt der Auflösung verhindert. Hierher gehört etwa die den Auflösungsgrund des § 131 Nr. 4 (Tod eines Gesellschafters) abdingende Fortsetzungsklausel im Gesellschaftsvertrag, ferner der — vor dem Wirksamwerden der Kündigung durch den Privatgläubiger eines Gesellschafters gefaßte — Fortsetzungsbeschluß der übrigen Gesellschafter nach § 141 Abs. 1. — Keine Fortsetzung liegt schließlich vor bei der Wiederaufnahme eines Handelsgewerbes durch eine zwischenzeitlich in eine bürgerlichrechtliche Gesellschaft umgewandelte ehemalige OHG, etwa bei Fortführung des zwischenzeitlich verpachteten Unternehmens der Gesellschaft in eigener Regie: im Unterschied zu den Fällen des § 131 HGB wurde die Gesellschaft hier durch den Wechsel der Rechtsform nicht aufgelöst, sondern bestand mit vollen Rechten und Pflichten im Innenverhältnis fort. Dementsprechend betrifft auch die Rückumwandlung nicht ihren werbenden Charakter, sondern ihre Stellung als Handelsgesellschaft.

2. Zulässigkeit und Grenzen des Fortsetzungsbeschlusses.

a) Gesetzlich geregelte Fälle: Das HGB hat die Fortsetzung der aufgelösten OHG in **vier** Fällen ausdrücklich behandelt. So führt die stillschweigende Fortsetzung einer durch Zeitablauf aufgelösten Gesellschaft nach § 134 HGB zu ihrem Fortbestehen als unbefristete werbende Gesellschaft. Nach § 144 können die Gesellschafter einer durch Gesellschaftskonkurs aufgelösten Gesellschaft deren Fortsetzung beschließen, wenn das Konkursverfahren nach §§ 190, 202 KO beendet worden ist (Näheres bei § 144). Wird die Gesellschaft schließlich durch Kündigung eines Privatgläubigers oder Gesellschafterkonkurs aufgelöst, so steht das Recht zur Fortsetzung nach § 141 den übrigen Gesellschaftern zu (zum Sondercharakter der „Fortsetzung“ im Fall des § 141 Abs. 1 — Verhinderung, nicht Beseitigung der Auflösung — vgl. Anm. 147). **Anm. 148**

Die Zulassung der Fortsetzung dient der Bestandserhaltung der Gesellschaft und dem Schutz der durch die Gesellschafter gemeinschaftlich geschaffenen, im Gesellschaftsunternehmen verkörperten Werte. Ihr entsprechen funktionell eine Reihe weiterer, auf das gleiche Ziel gerichteter Vorschriften wie die Zulassung der Ausschließungs- bzw. Übernahmeklage (§§ 140, 142) anstelle der Auflösungsklage, das dem § 141 nachgebildete Übernahmerecht im Rahmen einer zweigliedrigen OHG bei Kündigung durch einen Privatgläubiger oder Gesellschafterkonkurs (§ 142 Abs. 2) sowie die Regelungen über die Fortsetzung der Gesellschaft beim Tod eines Gesellschafters (§§ 138, 139) im Falle einer entsprechenden vertraglichen Fortsetzungsklausel.

b) Die Fortsetzung in sonstigen Fällen: Nach heute einhelliger Ansicht in Rechtsprechung und Literatur (RGZ 106, 64/68; 118, 337/339; BGHZ 8, 35/39; BGH WM 1964, 152; Geßler Anm. 4, Hueck § 23 V 1, Westermann Handb. I 596; abweichend früher Wimpfheimer, Die Gesellschaften des Handelsrechts und des bürgerlichen Rechts im Stadium der Liquidation, 1908, S. 120ff.; für § 144 HGB vgl. auch Weipert in Voraufl. § 144 Anm. 3) haben die gesetzlich geregelten Fortsetzungsfälle **keinen ausschließlichen Charakter.** Ihre ausdrückliche Regelung ist vielmehr, wie schon die Denkschrift (I S. 170) hervorhob, technisch bedingt. Sie steht der Vereinbarung der Fortsetzung in sonstigen Fällen nicht entgegen. Soweit durch die Fortsetzung nicht ausnahmsweise Rechte Dritter oder öffentliche Interessen tangiert werden (dazu vgl. Anm. 150), sind die Gesellschafter frei, die Fortsetzung der Gesellschaft zu beschließen, unabhängig von dem zur Auflösung führenden Grund (vgl. den Überblick bei Kaufmann a. a. O. S. 4ff.). Dies entspricht dem oben (Anm. 80) gekennzeichneten Bestreben des HGB, die Erhaltung einer einmal ins Leben getretenen Gesellschaft zu fördern und auch im volkswirtschaftlichen Interesse das oft durch langjährige Tätigkeit der Gründer geschaffene Unternehmen und die darin steckenden Vermögenswerte, insbesondere die Organisation, den Firmenwert, die Kundschaft zu erhalten. Dementsprechend ist die Fortsetzung auch aktienrechtlich unter den in § 274 AktG genannten Voraussetzungen in weitem Umfang zugelassen. Entsprechendes wird in Rechtsprechung und Literatur zum GmbH-Recht über den gesetzlich geregelten Fortsetzungstatbestand des § 60 Abs. 1 Nr. 4 GmbHG hinaus anerkannt (vgl. Schmidt-Goerdeler in Hachenburg GmbHG § 60 Anm. 4f. m. Nachw.). Der für die Zulässigkeit der Fortsetzung einer Kapitalgesellschaft gemachte Vorbehalt, daß mit der Verteilung des Gesellschaftsvermögens noch nicht begonnen sein darf (§ 274 Abs. 1 Satz 1 AktG, Schmidt-Goerdeler a. a. O. § 60 Anm. 5), hat allerdings für die Personengesellschaften mit Rücksicht auf die unmittelbare Haftung der Gesellschafter keine Bedeutung. Die Fortsetzung ist bei ihnen vielmehr solange zulässig, als überhaupt noch Gesellschaftsvermögen vorhanden, die Gesellschaft also nicht beendet ist (vgl. auch Anm. 6). **Anm. 149**

Anm. 150 c) **Zulässigkeitsgrenzen:** Da die Gesellschafter in der Regelung der Geschicke der OHG grundsätzlich frei sind, kommen Grenzen für einen einstimmigen Fortsetzungsbeschluß nur insoweit in Betracht, als Rechte Dritter oder öffentliche Interessen entgegenstehen (zum Mehrheitsbeschluß vgl. Anm. 154). Aus Gründen des **öffentlichen Interesses** scheidet eine Fortsetzung nur dann aus, wenn die Auflösung aus öffentlichrechtlichen Gründen angeordnet ist (Anm. 115f.). Ein Fortsetzungsbeschluß würde hier der Anordnung zuwiderlaufen, es sei denn, daß die zuständige Behörde der Fortsetzung ausdrücklich zustimmt. **Rechte Dritter** sind zu beachten, soweit die Auflösung durch Konkurseröffnung oder durch Kündigung seitens des Privatgläubigers verursacht wurde. Die Grenzen der Fortsetzung ergeben sich hier zum Teil bereits aus der gesetzlichen Regelung: so kommt beim Gesellschaftskonkurs eine Fortsetzung nach § 144 erst nach Beendigung des Konkursverfahrens in Betracht, soweit in diesem Zeitpunkt überhaupt noch Gesellschaftsvermögen vorhanden ist (vgl. Anm. 79). Beim Gesellschafterkonkurs und bei der Kündigung durch einen Privatgläubiger ist die Fortsetzung nach § 141 auf die übrigen Gesellschafter beschränkt, um die Verflüssigung der Gesellschaftsbeteiligung des Schuldners im Interesse seiner Privatgläubiger nicht zu gefährden. Zur Fortsetzung unter Einschluß des Gesellschafter/Schuldners vgl. für den Fall des Gesellschafterkonkurses Anm. 100. Das dort Ausgeführte gilt entsprechend für die Fortsetzung bei Kündigung durch einen Privatgläubiger.

Anm. 151 Im Unterschied zur Kündigung durch den Privatgläubiger und zur Eröffnung des Gesellschaftskonkurses führt die Abtretung des Anspruchs auf das Auseinandersetzungsguthaben nicht zu einem Mitspracherecht des Zessionars (a. A. Weipert in Voraufl. Anm. 13): dieser wird durch die Abtretung weder Gesellschafter noch erwirbt er die mit dem Gesellschaftsanteil verbundenen persönlichen Rechte. Die Vereitelung der Auseinandersetzung durch den Fortsetzungsbeschluß kann allerdings einen Schadensersatzanspruch des Zessionars gegen den abtretenden Gesellschafter begründen (Hueck § 23 V 1 Fußn. 41, Westermann Handb. I 599).

3. Die Voraussetzungen des Fortsetzungsbeschlusses.

Anm. 152 a) **Allgemeines:** Hinsichtlich der Voraussetzungen des Fortsetzungsbeschlusses ist danach zu unterscheiden, ob die Gesellschaft durch sämtliche oder nur durch einen Teil der an der aufgelösten Gesellschaft beteiligten Gesellschafter bzw. ihrer Erben fortgesetzt werden soll (vgl. Anm. 153ff., 160). Gemeinsam ist beiden Fällen, daß die Fortsetzung nur so lange beschlossen werden kann, als die Gesellschaft noch **nicht vollbeendet** ist (KG JW 1929, 2157; OLG Oldenburg DB 1955, 215). Ist das Vermögen der Gesellschaft bereits vollständig liquidiert bzw. das Handelsgeschäft anstelle der Liquidation von einem der Gesellschafter übernommen worden, so fehlt es an einer Gesellschaft, die fortgesetzt werden könnte (vgl. Anm. 6). Auch eine Fortsetzung unter Rücktritt vom Übertragungsvertrag kommt nach eingetretener Beendigung nicht in Betracht (RG LZ 1929, 1046). Ebenso reichen etwa fortbestehende interne Ausgleichsansprüche zwischen den Gesellschaftern als Grundlage der Fortsetzung nicht aus (OLG Oldenburg DB 1955, 215); die Einigung über eine erneute gemeinsame Zweckverfolgung führt hier zur **Neuerrichtung** der Gesellschaft, auch wenn sie zwischen den gleichen Gesellschaftern und unter der gleichen Firma zustande kommt. Der Beginn der Vermögensverteilung an die Gesellschafter schließt die Fortsetzung dagegen, anders als im Recht der Kapitalgesellschaften, nicht aus (Anm. 149). Gleiches gilt für die Zerschlagung des gemeinschaftlichen Unternehmens bzw. die Löschung der Firma. Fraglich kann hier nur sein, ob der Fortsetzungsbeschluß zur Rückumwandlung in eine Handelsgesellschaft oder — mangels Gewerbebetrieb — zur Fortsetzung als Gesellschaft des bürgerlichen Rechts führt.

Anm. 153 b) **Fortsetzung durch alle Beteiligten:** Die Fortsetzung durch alle Gesellschafter (bzw. die Erben eines durch Tod ausgeschiedenen Gesellschafters im Fall der Auflösung nach § 131 Nr. 4) bildet den Regelfall. Sie setzt grundsätzlich Einstimmigkeit der Beteiligten voraus. Wenn die Gesellschaft durch den Tod eines Gesellschafters aufgelöst ist, kann die Fortsetzung mangels abweichender vertraglicher Regelung daher auch nicht gegen den Willen der Erben (in ihrer Verbindung als Erbengemeinschaft, Anm. 93) erfolgen. Der Gesellschaftsvertrag kann allerdings Erleichterungen bzw. Erschwerungen für den Fortsetzungsbeschluß vorsehen.

Erleichtert wird die Fortsetzung durch Vereinbarung eines **Mehrheitsbeschlusses.** Sie ist grundsätzlich zulässig, obwohl sie dazu führen kann, daß ein Gesellschafter (oder dessen Erben) gegen seinen Willen zur Fortsetzung der Gesellschaft gezwungen wird (BGHZ 8, 35/38ff.; Geßler Anm. 3; Hueck § 23 V 1; enger aber Weipert in Voraufl. Anm. 13, der zusätzlich die inhaltliche Konkretisierung des Fortsetzungsbeschlusses im Gesellschaftsvertrag verlangte). Mit Rücksicht auf die einschneidenden Folgen des Fortsetzungsbeschlusses muß die Zulassung eines Mehrheitsbeschlusses aus dem Gesellschaftsvertrag allerdings klar hervorgehen. Eine allgemeine Mehrheitsvereinbarung oder auch eine solche für Änderungen des Gesellschaftsvertrags reicht hierfür nicht aus (BGHZ 8, 35/43; Geßler Anm. 3; Hueck § 23 V 1; vgl. auch § 119 Anm. 12). Entgegen BGHZ 8, 35/43f. erscheint es auch bedenklich, einen hierauf gerichteten Willen der Gesellschafter bereits aus der Zulassung des Mehrheitsbeschlusses für die Auflösung der Gesellschaft bzw. aus Vertragsklauseln abzuleiten, die der Bestandserhaltung dienen. **Anm. 154**

Unzulässig ist ein Mehrheitsbeschluß über die Fortsetzung mit allen Gesellschaftern allerdings dann, wenn ein Gesellschafter einseitig die Auflösung herbeigeführt hat. Der Mehrheitsbeschluß würde hier dazu führen, das unentziehbare Auflösungsrecht leerlaufen zu lassen. Dementsprechend ist für den Fall eines rechtskräftigen **Auflösungsurteils** anerkannt, daß die Auflösung nicht gegen den Willen des obsiegenden Gesellschafters rückgängig gemacht werden kann (Hueck § 23 V 1 Fußn. 46, Kaufmann a. a. O. S. 5f.). Gleiches gilt für den Fall einer durch **Kündigung** nach §§ 131 Nr. 6, 132 bewirkten Auflösung, und zwar auch dann, wenn der Auflösungszeitpunkt noch nicht eingetreten ist (BGHZ 48, 251/256; vgl. § 132 Anm. 36). In beiden Fällen kann freilich ein Mehrheitsbeschluß über die Fortsetzung der Gesellschaft unter den übrigen Gesellschaftern vorgesehen oder diesen das Recht eingeräumt werden, die Fortsetzung unter Abfindung des die Auflösung herbeiführenden Gesellschafters zu beschließen (§§ 132 Anm. 32, 133 Anm. 81). Fehlt es an einer derartigen Vertragsklausel, so bleibt den übrigen Gesellschaftern, wenn sie die Gesellschaft unter sich fortsetzen wollen, doch die Möglichkeit, im Auflösungsprozeß widerklagend die Ausschließung des klagenden Gesellschafters nach § 140 zu begehren. Die Ausschlußklage kann auch noch nach eingetretener Auflösung erhoben werden (§ 140 Anm. 25). **Anm. 155**

Eine **Erschwerung** des Fortsetzungsbeschlusses ist denkbar durch Erschwerung der Beschlußfassung (Form-, Fristanforderungen; vgl. aber BGHZ 49, 364/366) oder dadurch, daß die Fortsetzung von der Zustimmung eines Dritten abhängig gemacht wird. Dagegen kommt ein genereller Ausschluß der Fortsetzung schon wegen der Möglichkeit der einstimmigen Aufhebung solcher Vertragsklauseln nicht in Betracht. **Anm. 156**

Der Fortsetzungsbeschluß bedarf grundsätzlich keiner besonderen Form. Er kann sich auch aus schlüssigen Handlungen ergeben, z. B. aus der Fortsetzung des werbenden Betriebs mit Zustimmung aller Gesellschafter (vgl. § 134). Ein übergangener Gesellschafter kann seine Zustimmung nach § 184 BGB auch nachträglich erteilen; dadurch wird die Fehlerhaftigkeit der fortgesetzten Gesellschaft geheilt (BGH LM Nr. 19 zu § 105 HGB). **Anm. 157**

Inhaltlich muß der Beschluß auf Fortsetzung der Gesellschaft, d. h. auf Fortsetzung des Handelsgewerbes durch die Gesellschafter lauten. Diesem Erfordernis ist nicht genügt, wenn die Gesellschafter vereinbaren, daß das Geschäft von einem von ihnen fortgeführt wird. Dagegen können die Gesellschafter, nachdem sie zunächst die Fortsetzung auf gemeinsame Rechnung beschlossen haben, das Unternehmen einem von ihnen mit der Firma übertragen und dadurch die fortgesetzte Gesellschaft beendigen (BGHZ 51, 84/89; KG JW 1929, 2157). **Anm. 158**

Eine **Verpflichtung** der Gesellschafter, für die Fortsetzung zu stimmen, besteht regelmäßig nicht. Ein Gesellschafter kann aber aus einem besonderen Rechtsgrund, insbesondere aufgrund eines Vertrages mit einem oder mehreren Gesellschaftern, zu einer solchen Stimmabgabe verpflichtet sein (vgl. auch Anm. 30 für den Auflösungsbeschluß). Zur Fortsetzungspflicht im Fall der Kündigung durch einen Privatgläubiger, wenn dieser vor Ablauf der Kündigungsfrist befriedigt ist, vgl. RGZ 169, 155/156; BGHZ 30, 195/201; BGH LM Nr. 7 zu § 142 HGB, Hueck § 24 II 3. Allgemein zum Einfluß der Treupflicht auf die Stimmrechtsausübung vgl. § 105 Anm. 31c, § 119 Anm. 31. **Anm. 159**

Anm. 160 **c) Fortsetzung durch einen Teil der Gesellschafter:** Denkbar ist auch eine Fortsetzung der Gesellschaft durch einen Teil der Gesellschafter. Abgesehen von den gesetzlich geregelten Fällen des § 141 kommt sie vor allem bei der Auflösung durch Tod eines Gesellschafters in Betracht. Soweit der Gesellschaftsvertrag für diesen Fall nicht einen Fortsetzungsbeschluß durch die übrigen Gesellschafter zuläßt, bedarf die Fortsetzung der Zustimmung der an der Abwicklungsgesellschaft beteiligten Erben (Anm. 93), die durch die Fortsetzung ausscheiden.

Gegen den Willen des oder der bei der Fortsetzung ausscheidenden Gesellschafter ist eine Fortsetzung mangels gesellschaftsvertraglicher Vereinbarung grundsätzlich ausgeschlossen. Die Verweigerung ihrer Zustimmung ist auch dann nicht rechtsmißbräuchlich, wenn sie selbst kein Interesse an der Fortsetzung haben. Sie können sich vielmehr auf das in § 145 Abs. 1 verankerte Recht auf Durchführung der Liquidation berufen. Es sichert ihnen den vollen Anteil am Auseinandersetzungserlös und die Befreiung von den im Zuge der Liquidation zu tilgenden Gesellschaftsschulden. Eine Ausnahme ergibt sich unter dem Gesichtspunkt der gesellschaftlichen Treupflicht nur dann, wenn die Interessen des widersprechenden Gesellschafters auch für den Fall der Fortsetzung der Gesellschaft unter den übrigen Gesellschaftern voll gewahrt sind und diese ein beachtliches Interesse an der Fortsetzung haben, etwa um die in gemeinsamer Arbeit geschaffenen wesentlichen Werte zu erhalten oder um sich vor drohenden Verlusten aus der Liquidation zu schützen (vgl. auch Hueck § 23 V 2, Westermann Handb. I 601).

4. Notwendige Mitwirkung Dritter.

Anm. 161 **a) Vormundschaftsgerichtliche Genehmigung:** Ob der Fortsetzungsbeschluß im Fall der Beteiligung Minderjähriger nach § 1822 Nr. 3 der vormundschaftsgerichtlichen Genehmigung bedarf, ist ebenso wie für den Auflösungsbeschluß (Anm. 31) umstritten (für Genehmigungspflicht: Geßler Anm. 4, Weipert in Voraufl. Anm. 13, Wiedemann, Übertragung und Vererbung von Mitgliedschaftsrechten, 1965, S. 249, wohl auch Westermann Handb. I 599; dagegen Hueck § 23 V 1 Fußn. 42). Im Einklang mit den in BGHZ 38, 26/28ff. entwickelten Grundsätzen zur Entbehrlichkeit der Genehmigung bei Änderungen des Gesellschaftsvertrags (dazu Anm. 32) ist die Genehmigungsbedürftigkeit auch für den Fortsetzungsbeschluß im Regelfall zu **verneinen.** War der Minderjährige bereits vor der Auflösung Gesellschafter der OHG, so hatte das Vormundschaftsgericht seine Beteiligung bereits früher, bei seinem Eintritt in die Gesellschaft, nach § 1822 Nr. 3 BGB genehmigt. Eine erneute Genehmigung erscheint in diesem Fall, ebenso wie bei sonstigen wichtigen Vertragsänderungen (dazu Wiedemann a. a. O. S. 251), mit Rücksicht auf die Rechtssicherheit entbehrlich. Anders ist es freilich, wenn der Minderjährige durch Erbfall, im Zusammenhang mit (bzw. nach) der Auflösung, Gesellschafter wurde. Nur auf diesen Fall beziehen sich die für die Genehmigungsbedürftigkeit angeführten höchstrichterlichen Entscheidungen (RGZ 127, 153/157; RG HRR 1932 Nr. 1754; RG JW 1935, 3154 (Anm. Crisolli); KGJ 44 (1913), 128/131). Da das Vormundschaftsgericht hier die Beteiligung noch nicht genehmigt hatte, bedarf die Zustimmung des gesetzlichen Vertreters zum Fortsetzungsbeschluß in diesem Fall der Genehmigung nach § 1822 Nr. 3, um wirksam zu werden (so auch Hueck § 23 V 1 Fußn. 42).

Anm. 162 **b) Mitwirkung sonstiger Personen:** Auf die Notwendigkeit der Zustimmung des Privatgläubigers bzw. des (Privat-)Konkursverwalters bei Fortsetzung der Gesellschaft mit dem Gesellschafter/Schuldner wurde oben (Anm. 100) schon hingewiesen.

Anm. 163 Fraglich ist, ob der Fortsetzungsbeschluß im Fall der Beteiligung eines im **gesetzlichen Güterstand** lebenden Ehegatten ein Verpflichtungs- oder Verfügungsgeschäft im Sinn von § 1365 BGB enthält und daher der Zustimmung des anderen Ehegatten bedarf, sofern die weitere Voraussetzung des § 1365 BGB (Gesellschaftsanteil als gesamtes Vermögen des Ehegatten) gegeben ist (vgl. dazu Fischer § 105 Anm. 25aff., Westermann Handb. I 96 m. weit. Nachw.). Während die Rechtsprechung hierzu, soweit ersichtlich, noch nicht Stellung genommen hat, sind die Ansichten in der Literatur geteilt. Die Anwendbarkeit von § 1365 wird bejaht von Westermann Handb. I 96 und Tubbesing BB 1966, 829/831; abgelehnt wird sie von Fischer NJW 1960, 942, Eiselt

JZ 1960, 562/563 und Beitzke DB 1961, 21/24 (zum Meinungsstreit für den umgekehrten Fall der Auflösung durch einen Ehegatten/Gesellschafter vgl. Anm. 33). Die Begründungen der Gegner des Zustimmungserfordernisses differieren: während es nach Ansicht von Eiselt und Beitzke an einem Verpflichtungs- bzw. Verfügungsgeschäft fehlt, lehnt Fischer (a. a. O.) das Eingreifen von § 1365 beim Fortsetzungsbeschluß deshalb ab, weil bereits der *Vertragsabschluß* lediglich eine Vermögensumschichtung mit sich bringe, die in keinem Fall der Zustimmung bedürfe (so auch Boesebeck DB 1958, 1147). Diese Begründung hat allerdings mit Recht überwiegend Widerspruch gefunden, da § 1365 BGB *nicht* auf den für die Vermögensverfügung eingehandelten Gegenwert abstellt (vgl. nur Geßler § 105 Anm. 55a, Rittner FamRZ 1961, 1/17, Westermann Handb. I 96, Wiedemann, Übertragung und Vererbung von Mitgliedschaftsrechten, 1965, S. 258ff.).

Daß das Mitstimmen des im gesetzlichen Güterstand lebenden Gesellschafter/Ehe- **Anm. 164**
gatten beim Fortsetzungsbeschluß *begrifflich* unter § 1365 BGB fallen kann, wenn der Gesellschaftsanteil sein wesentliches Vermögen ausmacht, steht außer Zweifel. Der Fortsetzungsbeschluß führt dazu, daß die vollen Gesellschaftspflichten der Beteiligten, darunter auch die Beitragspflicht, wieder aufleben und der durch die Auflösung entstandene Anspruch auf das Auseinandersetzungsguthaben sich wieder zu einem künftigen Anspruch reduziert. Er vereinigt in sich somit *sowohl Verpflichtungs- als auch Verfügungselemente*, die beide das Vermögen der Gesellschafter unmittelbar berühren (für seine Behandlung als Verfügung Tubbesing BB 1966, 829, 831; ebenso schon allgemein für den Auflösungsbeschluß RGZ 127, 110/115; zur Zustimmungsbedürftigkeit eines Erbauseinandersetzungsvertrags nach § 1365 BGB vgl. auch BGHZ 35, 135/144). Ebenso wie der Abschluß des Gesellschaftsvertrags bedarf daher grundsätzlich auch der Fortsetzungsbeschluß der Zustimmung des anderen Ehegatten, sofern die übrigen Voraussetzungen des § 1365 BGB vorliegen. Im Hinblick auf den *Zweck* des § 1365, grundlegende Vermögenstransaktionen im Interesse der Sicherung der wirtschaftlichen Grundlage der Ehe und des Anspruchs auf Zugewinnausgleich an die Zustimmung des anderen Ehegatten zu binden, erscheint eine *Ausnahme* vom Zustimmungserfordernis allerdings für den Fall geboten, daß der Ehegatte *bereits früher* der Gesellschaftsbeteiligung zugestimmt (bzw. diese vor der Eheschließung schon bestanden, Wiedemann S. 261) hatte: hier wird durch den Fortsetzungsbeschluß nur der frühere — mit § 1365 im Einklang stehende — Zustand wieder hergestellt. Beruht die Beteiligung des Gesellschafter/Ehegatten dagegen auf einem Erbfall, so führt der Fortsetzungsbeschluß zur erstmaligen Mitgliedschaft in der werbenden Gesellschaft; er unterliegt damit uneingeschränkt der Regelung des § 1365 (zur entsprechenden Problematik im Rahmen von § 1822 Nr. 3 BGB, bei der Beteiligung Minderjähriger, vgl. Anm. 161).

Zur Rechtslage bei **vertraglichem** Ehegüterrecht vgl. § 105 Anm. 25f. Im Fall der Vereinbarung von *Gütergemeinschaft* fällt die Gesellschaftsbeteiligung schon wegen § 1417 BGB regelmäßig nicht in das Gesamtgut.

5. Die Rechtswirkungen des Fortsetzungsbeschlusses.

a) Zeitpunkt der Rückumwandlung: Die Rückumwandlung in eine werbende Ge- **Anm. 165**
sellschaft tritt *unmittelbar mit dem Fortsetzungsbeschluß* ein, ohne Rücksicht auf den Zeitpunkt der tatsächlichen Wiederaufnahme der werbenden Tätigkeit oder der — nach § 144 Abs. 2 vorgeschriebenen — Eintragung im Handelsregister. Entgegen der Voraufl. (Anm. 14; so auch Westermann Handb. I 602) kommt es auch dann, wenn die Gesellschaft ein Gewerbe im Sinne von §§ 2, 3 HGB betreibt, für die Rückumwandlung *nicht* auf den Zeitpunkt der Eintragung an, da die — während der Abwicklung fortbestehende (Anm. 129) — Eigenschaft als *Handels*gesellschaft in diesem Fall bereits durch die ursprüngliche Eintragung der Firma erlangt worden war und diese Eintragung nach der Auflösung nicht gelöscht, sondern (§§ 143, 153) nur modifiziert werden muß.

Die Vereinbarung *rückwirkender* Fortsetzung der Gesellschaft, etwa vom Zeit- **Anm. 166**
punkt der Auflösung an, *scheidet* nach den allgemein für Dauerschuldverhältnisse geltenden Grundsätzen *aus*. Insbesondere bleiben die Handlungen der Abwickler zwischen Auflösung und Fortsetzungsbeschluß gültig und für die fortgesetzte Gesellschaft verbindlich (RGZ 28, 130/133). Die Gesellschafter können allerdings vereinbaren, daß die Abwicklungsmaßnahmen — insbesondere die etwa schon begonnene Verteilung des

Gesellschaftsvermögens — rückgängig gemacht werden. — Keine Bedenken bestehen demgegenüber gegen die Vereinbarung eines künftigen Fortsetzungszeitpunkts. Hierfür mag sich insbesondere mit Rücksicht auf die durch den Fortsetzungsbeschluß erforderlichen organisatorischen Umstellungen, die Ablösung der Abwickler durch die Geschäftsführer der werbenden Gesellschaft und die Notwendigkeit einer Eröffnungsbilanz (dazu Anm. 170) ein Bedürfnis ergeben.

Anm. 167 **b) Rechtsfolgen im Innenverhältnis:** Durch den Fortsetzungsbeschluß tritt der Gesellschaftsvertrag grundsätzlich mit seinen bis zur Auflösung geltenden Bestimmungen wieder in Kraft. Die Gesellschafter haben wieder den Gesellschaftszweck der werbenden Gesellschaft zu fördern, ihre Beiträge zu zahlen, Wettbewerb zu unterlassen. Sie haben auch wieder dieselben allgemeinen oder im Gesellschaftsvertrag besonders festgelegten Rechte wie vor der Auflösung (RGZ 106, 64/66). Auch die im Gesellschaftsvertrag bestellten Organe, die geschäftsführenden und vertretungsberechtigten Gesellschafter treten unter Ausschluß der übrigen wieder in Tätigkeit (Hueck § 23 V 1). Die Gesellschaft tritt wieder unter der früheren Firma (ohne Liquidationszusatz) auf. Auch hinsichtlich des Gesellschaftsvermögens ergeben sich durch die Fortsetzung der — identischen — Gesellschaft keine Änderungen.

Anm. 168 Nicht ausgeschlossen ist freilich, daß mit dem Fortsetzungsbeschluß weitere **Änderungen des Gesellschaftsvertrags** verbunden werden. So kann vereinbart werden, daß Gesellschafter ausscheiden und neue eintreten (RGZ 106, 64/66; Warneyer 15 Nr. 154), daß statt des bisherigen ein anderes Handelsgewerbe betrieben wird, daß höhere oder geringere Beiträge zu leisten sind, bereits geleistetete zurückgezahlt werden, daß die einmal eingetretenen Folgen der Auflösung im Verhältnis der Gesellschafter untereinander beseitigt werden, daß die Geschäftsführungs- und Vertretungsbefugnis neu geordnet wird, daß die Gesellschaft künftig auf bestimmte oder unbestimmte Zeit bestehen soll. War die Auflösung wegen Zeitablaufs eingetreten, so besteht die Gesellschaft künftig auf unbestimmte Zeit, wenn die Fortsetzungsvereinbarung nicht ausdrücklich oder nach den Umständen etwas anderes bestimmt (§ 134 Anm. 11).

Anm. 169 **c) Rechtsfolgen im Außenverhältnis:** In den Rechtsverhältnissen zu Dritten, die durch die Auflösung, insbesondere durch die Konkurseröffnung geändert wurden, z. B. Wettbewerbsvereinbarungen, Miet- und Dienstverhältnisse, Mitgliedschaftsrechte u. a. (vgl. Anm. 135ff.), tritt mit der Fortsetzung der Gesellschaft nicht ohne weiteres wieder der frühere Rechtszustand ein. Die Entscheidung kann nur nach Lage des Einzelfalls unter Berücksichtigung des jeweiligen Rechtsverhältnisses erfolgen. Ist ein Rechtsverhältnis auf Verlangen der Gesellschaft mit Rücksicht auf die Auflösung geändert worden, so kann sich aus der Fortsetzung eine Pflicht der Gesellschaft ergeben, in die Wiederherstellung der ursprünglichen Vereinbarung einzuwilligen.

Auf **schwebende Prozesse** ist der Fortsetzungsbeschluß — ebenso wie die Auflösung der Gesellschaft — ohne Einfluß; die Identität der Gesellschaft und ihre Prozeßstellung ändert sich nicht. Entgegen der Vorauflage (Anm. 14) tritt auch eine Unterbrechung des Verfahrens nach § 241 ZPO nicht schon dadurch ein, daß die Vertretungsbefugnis für die Gesellschaft wieder von den Liquidatoren auf die Geschäftsführer übergeht (vgl. Anm. 143).

Anm. 170 **d) Eröffnungsbilanz:** Da der Fortsetzungsbeschluß zum Wiederinkrafttreten der Vorschriften über die Gewinn- und Verlustverteilung führt, macht er die Aufstellung einer Eröffnungsbilanz auf den Stichtag der Fortsetzung erforderlich, auf der künftige Jahresabschlüsse basieren können. Die letzte Jahresbilanz vor der Auflösung kann nicht als Grundlage künftiger Gewinnverteilungen dienen. Während des Auflösungszustandes kommt es wegen Fehlens eines werbenden Betriebes nicht zur Verteilung von Gewinn oder Verlust. Für die künftige Gewinn- bzw. Verlustverteilung kommt nur die Veränderung des Vermögensstandes vom Zeitpunkt des Fortsetzungsbeschlusses bis zum Ablauf des laufenden und der darauffolgenden Geschäftsjahre in Betracht. Nur für die Bewertung des noch vorhandenen Vermögens kann an die Bewertung der letzten Jahresbilanz angeknüpft werden unter Berücksichtigung der später eingetretenen Veränderungen und Abschreibungen. Die von den Abwicklern aufzustellenden Eröffnungs- und Schlußbilanzen (§ 154) können nicht verwertet werden, da sie den Wert des Vermögens für die Abwicklung wiedergeben (vgl. § 154 Anm. 4).

e) Anmeldepflicht: Die Fortsetzung ist von sämtlichen Gesellschaftern zur Eintragung im Handelsregister anzumelden, da es sich um eine die Grundlagen der Gesellschaft berührende meldepflichtige Tatsache handelt (vgl. § 144 Anm. 4). Für den Fall der Fortsetzung nach Beendigung des Gesellschaftskonkurses ist das in § 144 Abs. 2 ausdrücklich klargestellt. **Anm. 171**

6. Fortsetzung der fehlerhaft aufgelösten Gesellschaft.

Beruht die Auflösung auf einem nichtigen oder anfechtbaren Auflösungsgrund und ist mit der Abwicklung vor Feststellung des Mangels begonnen worden, so ist die Umwandlung in eine Abwicklungsgesellschaft trotz des Auflösungsmangels eingetreten. Es gelten die Grundsätze zur fehlerhaften Gesellschaft. Daraus folgt entgegen der Vorauflage (Anm. 16) zugleich, daß die Fortsetzung nicht bereits durch Feststellung des Mangels eintritt. Es bedarf vielmehr eines Fortsetzungsbeschlusses bzw. — wenn eine Einigung der Gesellschafter nicht zu erzielen ist — einer Klage auf Fortsetzung entsprechend § 133 HGB unter Berufung auf die rechtsgrundlos erfolgte Auflösung (vgl. Näheres Anm. 123). Fehlt es dagegen überhaupt an einem Auflösungsgrund und nehmen die Gesellschafter sein Vorliegen nur irrtümlich an, so besteht die Gesellschaft grundsätzlich als werbende fort; einer Rückumwandlung bedarf es in diesem Fall nicht (Anm. 124). **Anm. 172**

V. Zwischenstaatliches Recht

Die Vorschriften des 4. Titels finden keine Anwendung auf **ausländische Gesellschaften**; ihre Rechtsverhältnisse richten sich nach dem an ihrem Sitz geltenden Recht (Allg. Einleitung, Anm. 47). Durch die **Sitzverlegung** einer inländischen Gesellschaft ins Ausland wird sie nicht aufgelöst, sondern verliert nur die Eigenschaft einer inländischen Gesellschaft. Zu den Sonderfragen des **interzonalen** Rechts vgl. Allg. Einleitung, Anm. 76ff. (Wirkungen der Ostenteignung), Anm. 79ff. (Sitzverlegung). **Anm. 173**

§ 132

Die Kündigung eines Gesellschafters kann, wenn die Gesellschaft für unbestimmte Zeit eingegangen ist, nur für den Schluß eines Geschäftsjahrs erfolgen; sie muß mindestens sechs Monate vor diesem Zeitpunkt stattfinden.

Inhaltsübersicht

Schrifttum: Barz, Vertraglicher Kündigungsausschluß bei Personalgesellschaften, JW 1938, 490; Siebel, Erschwerte Kündigung bei der OHG und KG, DNotZ 1954, 71; Simon, Gesellschaftsrechtliche Bindungen auf Lebenszeit?, DB 1961, 1679; Andörfer, Ausschluß und Beschränkung des Kündigungsrechts bei Personengesellschaften, Diss. Köln 1967.

Anm. 1 **Einleitung.** § 132 regelt nur Kündigungsfrist und -termin bei unbefristeten Gesellschaftsverträgen; das Kündigungsrecht als solches folgt bereits aus § 723 I 1 BGB. Die Vorschrift stimmt inhaltlich mit Art. 124 ADHGB überein. Dieser sah darüber hinaus ausdrücklich vor, daß die gesetzliche Kündigungsfrist nur gilt, soweit nichts anderes vereinbart ist. Abweichungen gegenüber der Regelung des § 723 Abs. 1 S. 1, Abs. 2 BGB bestehen insofern, als dort für die unbefristete bürgerlichrechtliche Gesellschaft die jederzeitige Kündigung mit sofortiger Wirkung zugelassen und eine Einschränkung nur für die Kündigung zur Unzeit vorgesehen ist, sofern nicht ein wichtiger Grund für die unzeitige Kündigung vorliegt. Bei der offenen Handelsgesellschaft ist mit Rücksicht auf ihren auf eine gewisse Dauer gerichteten Zweck, die persönliche Stellung der Gesellschafter und das meist in ihr angelegte Kapital die jederzeitige Kündigung unzweckmäßig. Das Gesetz nimmt deshalb als Regel an, daß die Gesellschaft mindestens auf die Dauer eines Geschäftsjahres bestehen soll und daß den Gesellschaftern durch Festsetzung einer Kündigungsfrist von sechs Monaten die Vorbereitung auf die Auflösung der Gesellschaft und die damit verbundene Umgestaltung ihrer persönlichen Verhältnisse (Schaffung einer neuen Daseinsgrundlage) ermöglicht werden soll.

Außer dieser Bestimmung sowie der allgemeinen Vorschrift des § 131 Nr. 6 über die Kündigung als Auflösungsgrund und des § 134 über die auf Lebenszeit eines Gesellschafters eingegangene und die nach Ablauf der Vertragszeit stillschweigend fortgesetzte Gesellschaft enthält das HGB keine weiteren Bestimmungen über die Kündigung einer Gesellschaft. Nach § 105 Abs. 2 sind daher die allgemeinen Vorschriften des bürgerlichen Rechts über die Kündigung und besonders über die Kündigung einer Gesellschaft anzuwenden, soweit sich nicht aus dem Wesen der offenen Handelsgesellschaft oder besonderen Bestimmungen des HGB (vgl. § 133) etwas anderes ergibt.

I. Voraussetzungen

1. Anwendungsbereich.

Anm. 2 **a)** Das Kündigungsrecht nach § 132 besteht nur bei **Gesellschaften,** die **auf unbestimmte Zeit**, das heißt **ohne vertragliche Höchstdauer,** eingegangen sind. Ist die Gesellschaftsdauer im Vertrag selbst festgelegt, so würde es dem Sinn dieser Vereinbarung widersprechen, wenn während der Vertragszeit ein Gesellschafter einseitig das Gesellschaftsverhältnis zu Ende bringen könnte. Nur wenn eine vertragliche Begrenzung der Gesellschaftsdauer fehlt, gewährt das Gesetz das Kündigungsrecht, um den einzelnen Gesellschafter vor unbegrenzter Dauer der Bindung zu schützen. Die Kündigung bildet für die unbefristeten Gesellschaften somit den dem Zeitablauf bei befristeten Gesellschaften (§ 131 Nr. 1) entsprechenden Auflösungsgrund. Die Anwendungsbereiche von §§ 131 Nr. 1, 132 schließen sich gegenseitig aus. Soweit ein Gesellschaftsvertrag eine bestimmte oder — durch Abstellen auf ein künftiges, zeitlich ungewisses aber absehbares Ereignis — bestimmbare Höchstdauer hat (vgl. Näheres § 131 Anm. 17), liegt eine befristete Gesellschaft vor, auf die § 132 keine Anwendung findet. — Als unbefristete Gesellschaften im Sinne von § 132 gelten auch solche, die auf **Lebenszeit** eines Gesellschafters oder auf eine (unzulässige) **überlange Dauer** eingegangen sind (vgl. dazu § 134 Anm. 4, 7).

Anm. 3 **b)** Die Vereinbarung einer **Mindestdauer** (§ 131 Anm. 15) macht die Gesellschaft nicht zur befristeten. Sie schließt das Kündigungsrecht des § 132 aber für die Mindestdauer aus. Mit Rücksicht auf die zwingende gesetzliche Gewährleistung des Kündigungsrechts bei unbefristeten Gesellschaften (§ 723 III BGB) ist sie nur für einen bestimmten oder bestimmbaren Zeitraum möglich (Anm. 25). Eine Mindestdauer kann auch **stillschweigend** vereinbart sein und sich insbesondere aus dem Gesellschaftszweck ergeben. Vor allem während der Anlaufzeit, beim Aufbau des gemeinsamen Unternehmens, ist eine ordentliche Kündigung regelmäßig bis zu dem Zeitpunkt als stillschweigend abbedungen anzusehen, zu dem die gemeinsamen Investitionen voraussichtlich den angestrebten Ertrag abwerfen (BGHZ 10, 91/98: stillschweigender Ausschluß bis zum Erscheinen der geplanten Adreßbücher; vgl. auch BGHZ 50, 316/323: Unterbeteiligung der Miterben am Anteil des Gesellschafter/Erben für eine durch Auslegung zu ermittelnde Mindestzeit).

c) § 132 regelt nur das sog. ordentliche Kündigungsrecht, das heißt die Befugnis eines Gesellschafters, durch eine einseitige Erklärung, ohne Berufung auf einen Kündigungsgrund, das Gesellschaftsverhältnis aufzulösen (zur Frage der Mißbräuchlichkeit einer grundlosen Kündigung vgl. Anm. 21). Den Gegensatz dazu bildet das **außerordentliche Kündigungsrecht,** das nur aus wichtigem Grund gegeben ist, und seiner Natur nach die Gesellschaft mit sofortiger Wirkung zur Auflösung bringt. Es ist für die bürgerlichrechtliche Gesellschaft in § 723 Abs. 1 S. 2 BGB festgelegt. Für die Personengesellschaften des Handelsrechts ist es durch die Auflösung der Gesellschaft aus wichtigem Grunde aufgrund **richterlichen Urteils** ersetzt (§ 133). **Anm. 4**

2. Das Kündigungsrecht.

a) Berechtigte: Die Kündigung betrifft als ein die Auflösung der OHG herbeiführendes Gestaltungsrecht die Grundlagen der Gesellschaft. Das Kündigungsrecht ist daher ein **persönliches und unentziehbares Recht jedes Gesellschafters** (§ 105 Abs. 2 HGB i. V. m. § 723 Abs. 1 S. 1, Abs. 3 BGB, dazu Anm. 26). Es besteht unabhängig von der Geschäftsführungs- und Vertretungsbefugnis. Der Gesellschaft selbst steht ein Kündigungsrecht ebensowenig zu wie ein Recht zur Vertragsänderung oder sonstige, die Gesellschaftsgrundlage betreffende Befugnisse. **Anm. 5**

Denkbar ist allerdings eine **vertragliche** Regelung, die das Kündigungsrecht der Gesellschafter **unterschiedlich** ausgestaltet. Neben der Vereinbarung unterschiedlicher Fristen (Anm. 23) kommt etwa auch eine Mindestdauervereinbarung in Betracht, die nur für einen Teil der Gesellschafter bindend ist, während für die übrigen das Kündigungsrecht nicht beschränkt ist (RGZ 156, 129/135; BGHZ 34, 80/83; BGH WM 1968, 532; vgl. auch § 177 Anm. 26). Die Regelung muß freilich mit dem Gleichbehandlungsgrundsatz (§ 109 Anm. 3) vereinbar sein. — Zur Rechtslage bei Gesellschaften, die auf die Lebenszeit eines Gesellschafters eingegangen sind, vgl. § 134 Anm. 5.

b) Zustimmung Dritter: Für einen **nicht voll geschäftsfähigen Gesellschafter** wird die Kündigung durch den gesetzlichen Vertreter vorgenommen. Sie wird auch ohne Genehmigung des Vormundschaftsgerichts wirksam (vgl. für den entsprechenden Fall des Auflösungsbeschlusses § 131 Anm. 32). Da die Auflösung der Gesellschaft aber regelmäßig auch die Auflösung des Erwerbsgeschäfts, an dem der Mündel beteiligt ist, zur Folge hat, soll der Vormund — nicht der Inhaber der elterlichen Gewalt (§ 1643 Abs. 1 BGB) — die Kündigung nicht ohne Genehmigung des Vormundschaftsgerichts vornehmen (§ 1823 BGB). Die Nichtbeachtung dieser Ordnungsvorschrift hat auf die Wirksamkeit der Kündigung keinen Einfluß. Auch als Erklärungsempfänger wird der Mündel durch den gesetzlichen Vertreter vertreten. **Anm. 6**

Für Gesellschafter, die im Güterstand der **Zugewinngemeinschaft** leben und deren einziges Vermögen die Gesellschaftsbeteiligung bildet, ist umstritten, ob ihre Kündigung nach § 1365 BGB der Einwilligung des Ehegatten bedarf. Die Frage wird bejaht von Beitzke DB 1961, 21/24f., und Wiedemann, Übertragung und Vererbung von Mitgliedschaftsrechten, S. 263; verneint wird sie von Geßler § 105 Anm. 55c. Eine vermittelnde Ansicht vertritt R. Fischer (NJW 1960, 937/942f.), der eine Einwilligung des Ehegatten nur dann für erforderlich hält, wenn die Kündigung nach dem Gesellschaftsvertrag nicht zur Auflösung der Gesellschaft, sondern zum Ausscheiden des Kündigenden führt. **Anm. 7**

Die Erforderlichkeit der Einwilligung zur Kündigung ist mit Beitzke und Wiedemann (a. a. O.) zu bejahen (für den entsprechenden Fall des Auflösungsbeschlusses vgl. Näheres bei § 131 Anm. 33). Auch wenn Rechtsfolge der Kündigung nicht das einseitige Ausscheiden des Kündigenden, sondern die Auflösung der Gesellschaft ist, liegt hierin doch eine Verfügung i. S. von § 1365 BGB über den Gesellschaftsanteil: er wird durch das Ende der werbenden Tätigkeit und den Übergang zur Abwicklung inhaltlich umgestaltet. Wie Wiedemann (a. a. O. S. 264 unter Berufung auf BGHZ 35, 135/144 [Erbauseinandersetzung]) mit Recht hervorhebt, müßte die Gegenansicht folgerichtig die Verwertung der einzelnen Gegenstände des Gesellschaftsvermögens zustimmungsbedürftig machen; das hätte eine unverhältnismäßige Erschwerung der Abwicklung zur Folge. Die Bedenken, die sich bei der hier vertretenen Lösung aus der Gefahr einer gegen den Willen des Gesellschafter/Ehegatten fortbestehenden Bindung an die OHG ergeben, werden weitgehend dadurch entkräftet, daß das Vormundschaftsgericht nach § 1365 Abs. 2 BGB die grundlos verweigerte Einwilligung des Ehegatten ersetzen kann.

3. Die Kündigungserklärung.

Anm. 8 **a) Allgemeines:** Die Kündigung ist als Gestaltungsrecht eine **einseitige empfangsbedürftige Willenserklärung;** es gelten die Vorschriften der §§ 130ff. BGB. Sie wird grundsätzlich nur wirksam, wenn sie allen übrigen Gesellschaftern gegenüber erklärt wird. Eine an die Gesellschaft, vertreten durch ihre vertretungsberechtigten Gesellschafter, oder an die geschäftsführenden Gesellschafter gerichtete Erklärung genügt nicht, denn weder die Gesellschaft noch deren Organe sind zur Vertretung der einzelnen Gesellschafter in Gesellschaftsangelegenheiten berufen (RGZ 21, 93/95; BGH LM Nr. 7 zu § 142 HGB). Die Erklärung erlangt jedoch Wirksamkeit, wenn die geschäftsführenden Gesellschafter die an die Gesellschaft gerichtete Kündigungserklärung vor Fristablauf an die übrigen Gesellschafter zur Kenntnisnahme weiterleiten (Geßler Anm. 8, Hueck § 24 I 2, Westermann Handb. I 635, a. A. Geiler in DürHach II Allg. Einl. Anm. 231 für den Fall, daß der Geschäftsführer die übrigen Gesellschafter über die — von ihm für unwirksam gehaltene — Kündigung nur informieren will). Die Entgegennahme der Kündigung namens der Gesellschaft ohne Hinweis auf deren Unzuständigkeit bzw. Weiterleitung an die übrigen Gesellschafter kann zu Schadensersatzansprüchen des Kündigenden gegen den geschäftsführenden Gesellschafter wegen Treupflichtverletzung führen (Hueck § 24 I 2). — Der Gesellschaftsvertrag kann bestimmen, daß die Kündigung nicht erst wirksam wird, wenn sie den Gesellschaftern gegenüber erklärt oder ihnen zugegangen ist, sondern daß schon die Aufgabe des Kündigungsschreibens zur Post an die letztbekannte Anschrift des Empfängers genügt. Damit soll der Verzögerung der Kündigung gegenüber schwer zu erreichenden, z. B. im Ausland oder häufig auf Reisen befindlichen Gesellschaftern vorgebeugt werden. Es kann auch vereinbart werden, daß die Erklärung der Kündigung gegenüber der Gesellschaft oder den Geschäftsführern, die damit zur Empfangnahme für die übrigen Gesellschafter ermächtigt werden, ausreicht (Geiler a. a. O. Anm. 231).

Anm. 9 Die Kündigung kann auch durch einen **Bevollmächtigten** erfolgen (RG JW 1929, 368/369). Legt der Bevollmächtigte eine Vollmachtsurkunde nicht vor, so ist die Kündigung dennoch wirksam, wenn der Erklärungsempfänger sie nicht unverzüglich wegen dieses Mangels zurückweist (§ 174 BGB). Die durch einen Gesellschafter wegen Nichtvorlage der Vollmachtsurkunde erklärte Zurückweisung der Kündigung bewirkt die Unwirksamkeit der Kündigung für alle. Der Zurückweisende kann die Zurückweisung nur mit Zustimmung aller übrigen Gesellschafter zurücknehmen (Geiler in DürHach II Anm. 231). Erfolgt die Kündigung unbeanstandet durch einen Vertreter ohne Vertretungsmacht, so wird sie wirksam, wenn der Gesellschafter sie nachträglich genehmigt (§§ 180 S. 2, 177 BGB).

Anm. 10 **b) Form:** Nach der gesetzlichen Regel ist die Kündigung **formlos** wirksam. Der Gesellschaftsvertrag kann aber eine bestimmte Form, z. B. schriftliche Form oder eingeschriebenen Brief, vorschreiben; dann ist die Wirksamkeit der Kündigung von der Einhaltung der Form abhängig (zur Heilung des Mangels der „eingeschriebenen" Form durch tatsächlichen Zugang des Kündigungsbriefs beim Empfänger vgl. RGZ 77, 70). Das Schweigen auf eine nicht formgerechte Kündigung bedeutet noch nicht Genehmigung der formlosen Kündigung. Die Vorschrift einer Form soll unbedachte Kündigungen ausschließen und zugleich möglichste Deutlichkeit gewährleisten. Deshalb können die Mitgesellschafter die formlose Kündigung unbeachtet lassen. Geben sie aber durch ihr Verhalten ihr Einverständnis mit der Kündigung zu erkennen, z. B. dadurch, daß sie die Errichtung eines eigenen Geschäftes vorbereiten oder den Betrieb des Gesellschaftsunternehmens abbauen, so müssen sie dies als Genehmigung der formlosen Kündigung nach Treu und Glauben gelten lassen (allgemein zur Bedeutung von Formvorschriften in Gesellschaftsverträgen vgl. BGHZ 49, 364/366).

c) Inhalt: Der Inhalt der Erklärung muß den Willen des Kündigenden, die Kündigungsfolgen für den nächstzulässigen oder einen in der Erklärung genannten Zeitpunkt herbeizuführen, **unzweideutig** erkennen lassen. Der Begriff „Kündigung" braucht dazu nicht ausdrücklich verwendet zu werden. Nach Lage des Einzelfalls genügt auch eine sonstige Erklärung, die — wie „Austreten", „Rücktritt" u. a. — den Willen des Kündigenden eindeutig zum Ausdruck bringt (RGZ 89, 398/400; RG LZ 1917, 457). Auch die Erhebung einer auf die Feststellung der Auflösung gerichteten Klage ist als Kündigung anzusehen, wenn die Wirkungen von Kündigung und Auflösungsbeschluß die gleichen sind (BGH WM 1958, 1335). **Keine** wirksame Kündigung enthält dagegen die bloße Androhung einer Kündigung; hierunter fallen auch Kündigungserklärungen mit einem die Bestimmtheit aufhebenden Zusatz wie „wenn die Verhältnisse sich nicht bessern" oder „wenn keine besseren Betriebsergebnisse erzielt werden". Auch das Verlangen nach Abschluß einer Übernahmevereinbarung kann jedenfalls dann nicht als Kündigung aufgefaßt werden, wenn diese — wie regelmäßig — zu von der Übernahme abweichenden Rechtsfolgen führt (BGH LM Nr. 1 zu § 131 HGB). **Anm. 11**

Die **Kündigung unter einer Bedingung** ist wegen des Bestimmtheitserfordernisses nur in engen Grenzen zulässig. Zwar ist unter Hinweis auf § 643 BGB heute allgemein anerkannt, daß die Kündigung nicht schon wegen ihrer Rechtsnatur als Gestaltungsrecht schlechthin bedingungsfeindlich ist (RGZ 91, 307/309, Enneccerus-Nipperdey[15] § 195 II 2, Erman-Hefermehl[4] § 158 Anm. 6, Flume, Rechtsgeschäft § 38 5 S. 697f., Staudinger-Coing[11] § 158 Vorbem. 6e). Die Beifügung einer Bedingung darf aber, wenn sich der Empfänger nicht ausdrücklich damit einverstanden erklärt hat, nicht dazu führen, daß noch nach dem für die Fristwahrung entscheidenden Stichtag über die Wirksamkeit der Kündigung Ungewißheit herrscht. Eine solche Ungewißheit wäre für den Empfänger unzumutbar und würde zu einer Verkürzung des ihm über die Kündigungsfrist gesetzlich eingeräumten Rechtsschutzes führen. **Anm. 12**

Keine Bedenken gegen eine bedingte Kündigung bestehen nach diesen Grundsätzen einmal dann, wenn der Eintritt der Bedingung vom Willen des Empfängers abhängt (sog. Potestativbedingung). Bei der Gesellschaftskündigung kommt diesem Fall regelmäßig nur im Rahmen einer zweigliedrigen OHG Bedeutung zu (Hueck § 24 I 2, Westermann Handb. I 637). Zu denken ist etwa an eine Kündigung, deren Wirksamkeit von der Nichtvornahme einer Handlung des Empfängers oder von der Ablehnung einer vorgeschlagenen Vertragsänderung abhängig gemacht wird; dabei wird es sich regelmäßig um eine aufschiebende, bis zum nächsten Kündigungsstichtag oder zu einem davon abweichenden, ausdrücklich genannten Termin befristete Bedingung handeln. Erfolgt die Kündigung „vorbehaltlich" einer vom Kündigenden begehrten Vertragsänderung im Rahmen einer mehrgliedrigen OHG, so kommt ihre Umdeutung in eine Änderungskündigung (unbedingte Kündigung mit Angebot zum Abschluß des geänderten Gesellschaftsvertrags) in Betracht (Hueck § 24 I 2, ähnlich R. Fischer in RGRK BGB[11] § 723 Anm. 10). Grundsätzlich zulässig ist weiter eine Bedingung, deren allen Kündigungsempfängern bekannter Eintritt erst die Kündigungsfrist in Lauf setzen soll. Die Lage ist hier nicht anders, als wenn die Kündigung erst im Zeitpunkt des Bedingungseintritts erklärt worden wäre (Geßler Anm. 8, Hueck § 24 I 2). Freilich muß es sich in solchen Fällen um ein naheliegendes, wahrscheinliches und mit Sicherheit feststellbares Ereignis handeln. Zu denken ist etwa an eine Kündigung unter der Bedingung, daß ein die Geschäftstätigkeit des Unternehmens hemmendes Ausfuhrverbot nicht vor Ablauf einer bestimmten Zeit aufgehoben wird oder daß der Börsenpreis der von der Gesellschaft hergestellten Ware bis zum Beginn der Kündigungsfrist eine bestimmte Höhe nicht erreicht; die sechsmonatige Frist würde dann mit dem Ablauf des für die Bedingung gesetzten Zeitpunkts beginnen. Die Kündigung eines übervorsichtigen Gesellschafters für den Fall des Eintritts aller denkbaren künftigen Gefahren brauchen die übrigen Gesellschafter dagegen auch dann nicht zu beachten, wenn die Kündigungsfrist erst vom Bedingungseintritt an laufen soll.

d) Rücknahme, Anfechtung: Die Kündigung bewirkt als Gestaltungsrecht mit ihrer Wirksamkeit eine einseitige Vertragsänderung, die Auflösung der Gesellschaft. Ihre **Rücknahme** ist nur solange möglich, als die Erklärung nicht allen Gesellschaftern zugegangen und damit wirksam geworden ist. Nach diesem Zeitpunkt bedarf die Beseiti- **Anm. 13**

gung der Kündigungsfolgen der Zustimmung aller Gesellschafter. Das gilt auch dann, wenn die Kündigungsfrist noch läuft und die Gesellschaft daher noch nicht aufgelöst ist, da die Gesellschafter aufgrund der wirksamen Kündigungserklärung hier doch schon einen Anspruch auf Abwicklung nach dem Auflösungszeitpunkt haben. Eine einverständliche Rücknahme nach Ablauf der Kündigungsfrist ist ein Fortsetzungsbeschluß (vgl. § 131 Anm. 146ff.); er setzt voraus, daß die Gesellschaft noch nicht voll beendet ist.

Anm. 14 Die Kündigung ist nach den allgemeinen Vorschriften des bürgerlichen Rechts, insbesondere wegen Willensmängeln (§§ 119ff. BGB), **anfechtbar** oder **nichtig.** Im Falle der Nichtigkeit oder wirksamen Anfechtung ist die Kündigung unwirksam; die in § 131 Nr. 6 vorgesehene Auflösung tritt nicht ein. Ist dagegen aufgrund der anfechtbaren oder nichtigen Kündigung bereits mit der Abwicklung begonnen worden, so liegt ein Fall der fehlerhaften Auflösung vor. Die Fortsetzung der Gesellschaft ist hier mangels Fortsetzungsbeschlusses grundsätzlich nur aufgrund einer Gestaltungsklage entsprechend § 133 möglich (§ 131 Anm. 123).

4. Kündigungsfrist und -termin.

Anm. 15 **a)** Die gesetzliche **Kündigungsfrist** beträgt **sechs Monate.** Ihre Berechnung richtet sich nach §§ 187ff. BGB. Die Kündigung kann auch schon längere Zeit vor Beginn der Kündigungsfrist ausgesprochen werden, auch vor dem Beginn des Geschäftsjahres, auf dessen Ende sie wirken soll. Die Mitgesellschafter erleiden dadurch keinen Nachteil. Wird z. B. auf das Ende des nächsten Geschäftsjahres gekündigt, so können die übrigen Gesellschafter, wenn sie damit nicht einverstanden sind, auf das Ende des laufenden Geschäftsjahres kündigen, wenn die Frist hierfür noch nicht abgelaufen ist.

Anm. 16 Eine **verspätete,** erst nach Fristbeginn zugegangene Kündigung ist jedenfalls für den nächsten Kündigungstermin (das Ende des laufenden Geschäftsjahrs) grundsätzlich ohne Rechtswirkungen. Einer besonderen Zurückweisung bedarf es daher regelmäßig nicht (ROHG 12, 98/102); doch kann sich aus der Treupflicht eine Aufklärungspflicht gegenüber dem Kündigenden ergeben, um ihn vor Schaden zu bewahren, wenn er sich über die Rechtzeitigkeit der Kündigung erkennbar im Irrtum befindet (DürHach Anm. 3; vgl. auch § 149 BGB). Die übrigen Gesellschafter können aber auch auf die Einhaltung der Frist verzichten, indem sie der Auflösung zu dem vom Kündigenden gewünschten Zeitpunkt nach Art eines Auflösungsbeschlusses zustimmen. Ein solcher Beschluß kann auch konkludent gefaßt werden, etwa dadurch, daß die Gesellschafter für den Kündigungstermin bereits Auflösungsvorbereitungen treffen oder in sonstiger Weise ihr Einverständnis mit der gewünschten Auflösung erkennen lassen (ROHG a. a. O.). — Zur Vereinbarung abweichender Kündigungsfristen vgl. Anm. 24f.

Scheitert die Kündigung zum Geschäftsjahresende wegen Fristablauf, so bleibt zu prüfen, ob sie zum **nächstzulässigen** Termin Wirksamkeit erlangt. Soweit nicht schon im Wege der Auslegung die Kündigungserklärung dahin aufzufassen ist, bietet sich eine Umdeutung nach § 140 BGB an (vgl. auch § 66 Anm. 8). Dagegen könnte je nach den Umständen des Einzelfalles sprechen, daß der Kündigende an einem späteren Zeitpunkt kein Interesse hat, weil er etwa eine günstige Gelegenheit zum Erwerb eines anderen Geschäfts nur zu dem in seiner Erklärung angegebenen Termin nutzen kann.

Anm. 17 **b)** Als **Kündigungstermin,** zu dem die Auflösung wirksam werden soll, sieht § 132 das **Geschäftsjahresende** vor; es muß nicht mit dem Kalenderjahr zusammenfallen. Abweichende Vereinbarungen im Gesellschaftsvertrag sind zulässig.

5. Kündigung und Rechtsmißbrauch.

Anm. 18 **a) Grundlagen und Meinungsstand:** Die Ausübung von Rechten im Rahmen eines Vertragsverhältnisses steht nach einhelliger Ansicht unter dem Vorbehalt von Treu und Glauben (§ 242 BGB). Die Pflicht zur gegenseitigen Rücksichtnahme ist dabei um so stärker, je mehr das Vertragsverhältnis auf beiderseitigem Vertrauen aufbaut und je größeres Gewicht der Treupflicht in den Beziehungen zwischen den Beteiligten zukommt. Gerade im Gesellschaftsvertrag wird die gegenseitige Treupflicht deshalb mit Recht besonders betont (vgl. § 105 Anm. 31ff. mit Nachweisen). Dementsprechend wird etwa auch die Klage auf Auflösung, Ausschließung oder Übernahme (§§ 133, 140, 142) nur als äußerstes Mittel angesehen, das nur dann eingreifen soll, wenn andere Möglichkeiten zur Beilegung des Streits nicht erkennbar sind (vgl. § 133 Anm. 41).

Für die **Kündigung** von Gesellschaftsverträgen ist eine Treupflichtverletzung von der Rechtsprechung bisher jedoch nur ganz vereinzelt anerkannt worden: so bei der Kündigung einer zweigliedrigen OHG während des Kriegsdienstes des anderen Gesellschafters (RG DR 1943, 1220) oder bei der Kündigung gegenüber einer Kriegerwitwe, die noch in Ungewißheit über das Schicksal ihres Mannes war (OGH NJW 1950, 503/504). Auch der BGH (BGHZ 23, 10/16f.; BGH JZ 1954, 194 mit zust. Anm. Koehler) hat wiederholt betont, daß eine Unwirksamkeit der Kündigung wegen Treupflichtverstoßes nur ganz ausnahmsweise in Betracht komme (so auch Geßler Anm. 7, Hueck § 24 I 4 und Fußn. 14; zum ganzen auch Soergel-Siebert-Knopp BGB[11] § 242 Anm. 263). Insbesondere könne der Mißbrauchseinwand nicht durchgreifen, wenn seine Anerkennung die einseitige Auflösung der Gesellschaft auf Dauer verhindern würde. Soweit einem Gesellschafter ein Sonderrecht auf jederzeitige käufliche Übernahme der Anteile der anderen Gesellschafter eingeräumt sei, könne es ohnehin ohne Rücksicht auf deren Interessen ausgeübt werden (BGHZ 34, 80/83).

b) Stellungnahme: Die deutliche Zurückhaltung von Rechtsprechung und Schrift- **Anm. 19**
tum bei der Anerkennung von Kündigungsschranken aus § 242 BGB beruht auf der Befürchtung, durch den Mißbrauchseinwand zu einer weitgehenden Unauflöslichkeit der Gesellschaft entgegen § 723 Abs. 3 BGB zu kommen (vgl. etwa Staudinger-Werner BGB[11] § 242 Anm. A 682f., Soergel-Siebert-Knopp BGB[10] § 242 Anm. 262f.). Diese Befürchtung ist indessen unzutreffend. Ein Verstoß gegen § 242 BGB führt nämlich keineswegs notwendig zur Unwirksamkeit der Kündigung. Dem flexiblen Grundsatz von Treu und Glauben entsprechend sind die **Rechtsfolgen** einer treuwidrigen Kündigung vielmehr je nach Art und Schwere der Treupflichtverletzung abzustufen. Wie schon die Regelung des § 723 Abs. 2 BGB über die Kündigung zur Unzeit zeigt, kann das mißbräuchliche Vorgehen die Wirksamkeit der Kündigung auch unberührt lassen und lediglich zu Ersatzansprüchen der anderen Gesellschafter wegen des ihnen treuwidrig zugefügten Schadens führen (vgl. zu dieser vor allem im Arbeitsrecht betonten Lehre von den „schuldrechtlichen" [im Unterschied zu den „dinglichen", zur Unwirksamkeit führenden] Kündigungsbeschränkungen Molitor, Kündigung[2], S. 149ff., ders., Heymann-Festschrift, 1931, S. 364ff.; Schiefer, Kündigungsbeschränkungen mit schuldrechtlicher Wirkung, Diss. Köln 1962; Ulmer, Vertragshändler, 1969, S. 464f. m. weit. Nachw.; so für das Gesellschaftsrecht auch Koehler JZ 1954, 196). Bezogen auf das Gesellschaftsrecht folgt daraus, daß schon mit Rücksicht auf das in § 723 Abs. 3 BGB garantierte Recht, sich einseitig von der unbefristeten Gesellschaft zu lösen, die regelmäßige Rechtsfolge eines Treuverstoßes nicht die Unwirksamkeit der Kündigung ist, sondern die Entstehung von Schadensersatzansprüchen (so auch BGH WM 1963, 282/283 für die Geltendmachung eines den anderen Teil ungleich schädigenden Auflösungsanspruchs nach § 133). Nur wenn der Mißbrauchsvorwurf sich auf die Auflösung der Gesellschaft als solche (und nicht auf Begleitumstände oder Auseinandersetzungsfolgen) bezieht und ihre Fortsetzung unter Abwägung aller Umstände, einschließlich des Interesses des Kündigenden an der Wiedererlangung seiner Handlungsfreiheit, das einzige Mittel darstellt, zu einer der Billigkeit entsprechenden Lösung zu kommen, wird man die Unwirksamkeit der Kündigung annehmen können.

c) Fallgruppen: Die **Voraussetzungen des Mißbrauchsvorwurfs** lassen sich abschlie- **Anm. 20**
ßend nur unter Berücksichtigung der Besonderheiten des jeweiligen Falles klären. Immerhin bietet sich eine Aufteilung in typische Fallgruppen an (vgl. dazu auch Soergel-Siebert-Knopp BGB[10] § 242 Anm. 34ff.). So kann die Treuwidrigkeit der Kündigung einmal in der **Schädigungsabsicht** oder doch in der **rücksichtslosen Verfolgung eigener Interessen** liegen (vgl. etwa RG DR 1943, 1220; RGZ 164, 257/258); wegen des insoweit bestehenden nahen Zusammenhangs mit den Verboten der §§ 138, 226, 826 BGB wird hier vielfach auch die Unwirksamkeitsfolge der Kündigung naheliegen. Die Kündigung kann zweitens wegen der zu mißbilligenden **Begleitumstände** treuwidrig erscheinen, etwa bei gröblicher Verletzung der zwischen Gesellschaftern üblichen Verfahrensregeln oder des Gebots der gegenseitigen Rücksichtnahme. Neben den Fällen der Kündigung zur Unzeit (dazu Anm. 22) und der Kündigung in einer dem Ansehen des anderen Teils abträglichen Weise ist hierher etwa auch der vom OGH (NJW 1950, 503)

entschiedene Fall der Kündigung gegenüber einer Kriegerwitwe unter Mißachtung ihrer besonderen Lage zu rechnen. Weiter kann die Kündigung sich als ein Fall **widersprüchlichen Verhaltens** erweisen, etwa wenn ein Gesellschafter von seinem Kündigungsrecht Gebrauch macht, nachdem er kurz zuvor Mitgesellschafter zur Erhöhung ihrer Einlagen oder zum Verzicht auf eine günstige Gelegenheit, aus der Gesellschaft auszuscheiden, bewogen hatte.

Anm. 21 Ob auch das bloße **Fehlen eines Kündigungsgrundes** für den Mißbrauchseinwand ausreicht (so etwa Merkel NJW 1961, 2004/2005, Siebel DNotZ 1954, 71/73; a. A. Weipert in Voraufl. Anm. 13, Geßler Anm. 18), läßt sich nicht allgemein beantworten. Auszugehen ist von der gesetzlichen Regelung, die das Recht zur ordentlichen Kündigung — im Unterschied zur Auflösungsklage nach § 133 — jedenfalls nicht vom Vorliegen eines wichtigen Grundes abhängig machen will. Im übrigen muß sich die Frage, ob und gegebenenfalls welche Anforderungen an die Motive des Kündigenden zu stellen sind, nach den Umständen des Einzelfalls richten; je schwerwiegender die Folgen und Nachteile der Kündigung für die übrigen Gesellschafter sind, desto stärker ist der Kündigende im Rahmen seiner Treupflicht gehalten, diese Folgen bei seinem Kündigungsentschluß zu berücksichtigen. Der Umstand, daß das Kündigungsrecht des § 132 keinen wichtigen Grund voraussetzt, schließt es nicht aus, daß eine willkürliche, die gemeinsam geschaffenen Werte beeinträchtigende und die übrigen Gesellschafter schädigende Kündigung zu Schadensersatzansprüchen gegen den Kündigenden führen kann (zum entsprechenden Fall bei Kündigung eines Geschäftsbesorgungsvertrags vgl. Ulmer, Vertragshändler, S. 466f.).

Anm. 22 **d) Kündigung zur Unzeit:** Nach den vorstehend (Anm. 19, 20) entwickelten Grundsätzen läßt sich auch die umstrittene Frage entscheiden, ob die Vorschrift des § 723 Abs. 2 BGB, die dem zur Unzeit Kündigenden eine Schadensersatzpflicht auferlegt, im Recht der OHG und KG anwendbar ist. Mit Rücksicht auf die in § 132 geregelten Kündigungsfristen und -termine wird die Frage von der überwiegenden Meinung verneint (DürHach Anm. 5, Geßler Anm. 7, Hueck § 24 I 4, Staudinger-Keßler BGB[11] § 723 Anm. 35, so auch Voraufl. Anm. 12). Bejaht wird sie von Koehler JZ 1954, 195, Baumbach-Duden Anm. 2 C, Westermann Handb. I 639 und Andörfer a. a. O. S. 30f.

Das Verbot der unzeitigen Kündigung in § 723 Abs. 2 (und entsprechend in §§ 627 Abs. 2, 671 Abs. 2, 712 Abs. 2, 2226) BGB ist indessen nichts anderes als die gesetzliche Betonung der Treupflicht angesichts der besonderen Gefahren, die sich für den anderen Teil aus dem jederzeit fristlos zulässigen Kündigungsrecht ergeben (vgl. schon Motive zum BGB Bd. II S. 619). Der Schadensersatzanspruch wegen unzeitiger Kündigung einer OHG oder KG richtet sich daher nach den gleichen Grundsätzen, die für sonstige Fälle mißbräuchlicher Rechtsausübung gelten. Die gesetzliche Kündigungsfrist wird zwar für den Regelfall ausreichen, um den Vorwurf unzeitiger Kündigung auszuschließen. Damit ist aber nicht gesagt, daß dem anderen Teil der Einwand der Unzeit schlechthin, ohne Rücksicht auf die besondere Fallgestaltung verwehrt wäre. Vielmehr muß der kündigende Gesellschafter im Rahmen seiner Treupflicht auch prüfen, ob er die Kündigung nicht mit Rücksicht auf den anderen Teil schon zu einem früheren als dem gesetzlich vorgeschriebenen Zeitpunkt aussprechen muß, zumal wenn er ohnehin zur Kündigung entschlossen ist und die frühere Erklärung für ihn keine unzumutbaren Nachteile begründet. Die gleichen Grundsätze gelten schließlich für den Fall, daß im Gesellschaftsvertrag eine von § 132 abweichende, **kürzere** Frist vereinbart ist (vgl. Anm. 24).

II. Abweichende Vereinbarungen

1. Frist- und Terminvereinbarungen.

Anm. 23 Die Regelungen des § 132 über Kündigungsfrist und -termin sind **nicht zwingend.** Durch den Gesellschaftsvertrag können die **zeitlichen** Voraussetzungen für die Kündigung sowohl erleichtert als auch erschwert werden (zu den Grenzen der Erschwerung der sachlichen Voraussetzungen vgl. Anm. 31ff.). Das Kündigungsrecht kann auch für die einzelnen Gesellschafter **verschieden** gestaltet werden. Es besteht weder, wie etwa für das Dienstverhältnis der Handlungsgehilfen (§ 67), eine unabdingbare

Mindestfrist, noch muß die vereinbarte Frist für alle Gesellschafter gleich sein. So kann einem Gesellschafter das Recht eingeräumt werden, jederzeit oder bei Eintritt eines bestimmten Ereignisses oder mit kürzerer Frist als die anderen zu kündigen.

Erleichtert wird die Kündigung, wenn vertraglich eine kürzere Kündigungsfrist vorgesehen, die Zahl der Kündigungstermine vermehrt bzw. auf Frist und Termin wie im Fall der bürgerlichrechtlichen Gesellschaft (§ 723 I 1 BGB) ganz verzichtet wird. Auch und gerade in derartigen Fällen darf die Ausübung des Kündigungsrechts freilich nicht treuwidrig erfolgen, wenn Schadensersatzansprüche wegen unzeitiger Kündigung vermieden werden sollen. Ist das fristlose Kündigungsrecht an den Eintritt eines bestimmten Ereignisses, z. B. die Aufhebung eines Einfuhrverbots, geknüpft, so handelt es sich um die Einräumung eines — in Abweichung von § 133 zulässigen (vgl. § 133 Anm. 74) — außerordentlichen Kündigungsrechts. **Anm. 24**

Wesentlich häufiger als Erleichterungen finden sich in den Gesellschaftsverträgen allerdings **Erschwerungen** des Kündigungsrechts. Sie beruhen darauf, daß im Vermögen der OHG meist erhebliche, durch die Auflösung gefährdete Mittel gebunden sind und die gemeinsame Unternehmenstätigkeit den Gesellschaftern vielfach als Haupteinnahmequelle dient. Diese haben daher ein berechtigtes Interesse an möglichst weitgehender Bestandssicherung des gemeinsamen Unternehmens. Neben sonstigen Kündigungserschwerungen (vgl. Anm. 31ff.) können sie zu diesem Zweck auch über § 132 hinausgehende zeitliche Schranken des Kündigungsrechts einführen. So ist nach ständiger Rechtsprechung der vorübergehende Ausschluß des ordentlichen Kündigungsrechts in der Weise zulässig, daß die Gesellschaft für eine bestimmte oder bestimmbare Mindestzeit (vgl. § 131 Anm. 15, 17) fest eingegangen wird und sich nach Ablauf dieser Zeit unbefristet fortsetzen soll (RGZ 82, 399; 95, 151; 156, 134; RG DR 1939, 1521; RG SeuffA 94 Nr. 56; BGHZ 10, 91/98; 23, 10/16; BGH WM 1966, 707; Geßler Anm. 14, Hueck § 24 I 5, Westermann Handb. I 629; einschränkend jedoch Nitschke, Die körperschaftlich strukturierte Personengesellschaft, 1970, S. 369f., unter Hinweis auf § 624 BGB — dazu vgl. § 134 Anm. 7). Das Verbot des § 723 Abs. 3 BGB, das über § 105 II auch auf die OHG Anwendung findet (Anm. 26), steht nicht entgegen, da es die Gesellschafter nur vor zeitlich unbegrenzter Bindung schützen will; allerdings wird die Zulässigkeit solcher Mindestdauervereinbarungen ebenso wie im Fall der Höchstdauer durch § 134 begrenzt (vgl. § 134 Anm. 4, 7). Denkbar ist weiter die Vereinbarung längerer Fristen und die Reduzierung der Kündigungstermine auf bestimmte, lang auseinanderliegende Zeitpunkte. **Anm. 25**

2. Kündigungsausschluß.

a) Allgemeines: Nach § 723 Abs. 3 BGB ist das ordentliche Kündigungsrecht der Gesellschafter einer unbefristeten bürgerlichrechtlichen Gesellschaft als **zwingendes** Recht gewährleistet. Da das HGB in § 132 nur Kündigungsfrist und -termin abweichend von § 723 BGB regelt, gilt die Vorschrift des § 723 Abs. 3 BGB über § 105 II grundsätzlich auch für die Personengesellschaften des Handelsrechts. Diese Frage war früher zweifelhaft, nachdem das RG (RGZ 156, 129/134f.) den Ausschluß des ordentlichen Kündigungsrechts eines stillen Gesellschafters für zulässig angesehen hatte. Unter Berufung hierauf war vertreten worden, daß zumindest für Kommanditisten wegen ihrer nur beschränkten persönlichen Bindung ein Kündigungsausschluß zulässig sein müsse (Boesebeck, Betrachtungen zur Umwandlung von Kapitalgesellschaften, 1937, S. 38; ders. SozPr. 1938 Sp. 715/717; ähnlich auch Barz JW 1938, 490/491, Siebel DNotZ 1954, 71/73ff.). Der Bundesgerichtshof (BGHZ 23, 10/15; 50, 316/320f.; LM Nr. 2 zu § 132 HGB; WM 1958, 1335) ist der Ansicht des RG jedoch nicht gefolgt, sondern hat die ordentliche Kündigung bei unbefristeten Personengesellschaften zu Recht als notwendiges und unverzichtbares Element in dem strukturellen Aufbau dieser Gesellschaften bezeichnet; dementsprechend hat er es auch abgelehnt, zwischen personalistisch und kapitalistisch strukturierten Gesellschaften bei Anwendung von § 723 Abs. 3 BGB zu unterscheiden (BGHZ 23, 10/15). Auch im Schrifttum wird ein völliger Kündigungsausschluß bei unbefristeten Personengesellschaften heute durchweg abgelehnt (Geßler Anm. 13, Hueck § 24 I, Simon DB 1961, 1679/1680, Westermann Handb. I 627, Andörfer S. 23ff., H. P. Westermann, Vertragsfreiheit und Typengesetzlichkeit im Recht der Personengesellschaften, 1970, S. 234ff.; Nitschke, **Anm. 26**

Körperschaftlich strukturierte Personengesellschaft, S. 366ff.; so auch schon DürHach Anm. 7, Wieland I 670).

Anm. 27 **b) Einzelfälle:** Besteht über die Unzulässigkeit eines völligen Kündigungsausschlusses somit zwar kein Zweifel, so ist doch umstritten, ob ein solcher Ausschluß nicht in bestimmten Grenzen im Interesse der Bestandserhaltung der Gesellschaft wirksam vereinbart werden kann (zur Beschränkung des Kündigungsrechts oder seiner Folgen vgl. demgegenüber Anm. 31ff.). Diskutiert werden vor allem drei Fälle.

Anm. 28 Unter Berufung auf die gesellschaftliche Treupflicht wird die Ansicht vertreten, zulässig sei jedenfalls derAusschluß einer **grundlosen Kündigung,** da diese mißbräuchlich sei und daher ohnehin nicht anerkannt werden könne (Barz JW 1938, 490/491, Siebel DNotZ 1954, 71/73f., Merkel NJW 1961, 2004/2005, vgl. dazu auch Anm. 21). Auch wenn man diese Ansicht dahin versteht, daß an den für die „ordentliche" Kündigung erforderlichen Grund geringere Anforderungen zu stellen sind als an den wichtigen Grund im Sinn von § 133, kann ihr doch nicht gefolgt werden. Sie geht von einer unzutreffenden Rechtsfolge bei treuwidrigen Kündigungen aus. Diese sind nicht etwa generell unwirksam, sondern führen im Regelfall nur zur Ersatzpflicht des treuwidrig Kündigenden für die durch sein Vorgehen entstandenen Schäden (vgl. Anm. 19). Der Ausschluß grundloser Kündigungen verträgt sich nicht mit dem in § 723 III BGB garantierten Recht der Gesellschafter, sich einseitig von unbefristeten Gesellschaftsverträgen zu lösen.

Anm. 29 Fraglich ist weiter, ob das Kündigungsrecht durch die Zulassung der **Übertragung des Gesellschaftsanteils** ersetzt werden kann (so Barz JW 1938, 490/491, Siebel DNotZ 1954, 71/73; für den Fall „konkreter" Übertragungsmöglichkeit auch Nitschke a. a. O. S. 371); der BGH (BGHZ 23, 10/15) hat die fehlende Übertragbarkeit des Anteils immerhin als zusätzliche Hilfserwägung für die Unzulässigkeit des Kündigungsausschlusses angeführt. Mit Rücksicht auf die persönliche Ausgestaltung der Beteilgung an einer OHG oder KG und die damit verbundene, häufig erhebliche Schwierigkeit, einen Interessenten für den Anteil zu finden, ist das Übertragungsrecht indessen kein vollwertiger Ersatz des Kündigungsrechts und rechtfertigt daher **nicht** den Kündigungsausschluß (so auch Geßler Anm. 13, Simon DB 1961, 1679/1682, Andörfer S. 34). Dem Gesellschafter kann nicht zugemutet werden, gegen seinen Willen auf unabsehbare Zeit in der Gesellschaft zu verbleiben, wenn er keinen Nachfolger findet. Die Dinge liegen auch anders als bei Kapitalgesellschaften, bei denen das Fehlen eines Kündigungsrechts wegen ihrer körperschaftlichen Struktur auch dann weniger schwerwiegend ist, wenn die Verwertung des Anteils im Einzelfall Schwierigkeiten bereitet. — **Anderes** gilt nur dann, wenn dem Gesellschafter vertraglich ein **Übertragungsanspruch** gegen die OHG oder die Mitgesellschafter eingeräumt ist (Geßler Anm. 13, Simon DB 1961, 1679/1682, Andörfer S. 34f., H. P. Westermann, Vertragsfreiheit S. 239f.): ein solches Recht kommt im wirtschaftlichen Ergebnis einer Vereinbarung nahe, nach der der Kündigende gegen eine Abfindung aus der Gesellschaft ausscheidet; es ist daher unter den gleichen Voraussetzungen (vgl. Anm. 32—34) zuzulassen.

Anm. 30 Eine letzte Möglichkeit besteht darin, das Kündigungsrecht zugunsten eines Anspruchs auf **Umwandlung in eine Kapitalgesellschaft** auszuschließen. Diese Gestaltung wird im Anschluß an RGZ 156, 129/136f. überwiegend für zulässig gehalten (Hueck § 24 I 5, Simon DB 1961, 1679/1682, grundsätzlich auch Andörfer S. 79ff.; a. A. Geßler Anm. 17, H. P. Westermann, Vertragsfreiheit S. 240f.). Dem ist trotz der daraus möglicherweise folgenden dauernden Vermögensbindung zuzustimmen. Ebenso wie ein Gesellschafter sich von vornherein ohne Kündigungsrecht an einer unbefristeten Kapitalgesellschaft beteiligen kann, muß er eine solche Bindung auch im Rahmen einer zunächst als OHG oder KG ausgestalteten Gesellschaft übernehmen können. Der für § 723 Abs. 3 BGB entscheidende Gesichtspunkt, daß niemand sich unbefristet und ohne Lösungsmöglichkeit den persönlichen Bindungen eines Gesellschaftsvertrags soll unterwerfen können, steht einer Umwandlung in eine Kapitalgesellschaft anstelle der Auflösung regelmäßig nicht entgegen. Dabei ist auch unerheblich, ob die Anteile an der Kapitalgesellschaft frei oder nur mit Zustimmung der Gesellschaft übertragbar sind (a. A. Andörfer S. 82), da bei Kapitalgesellschaften auch im letzteren Fall kein zwingendes Kündigungs- oder Austrittsrecht besteht (für die GmbH vgl. statt aller Hachenburg[6] § 3 Anm. 20b [Schilling], § 60 Anm. 36 [Schmidt-Goerdeler]). Nur wenn die Rechtsverhältnisse der Gesellschafter trotz geänderter Rechtsform praktisch unverändert fortbestehen sollen (so insbesondere bei der personalistischen GmbH mit Tätigkeitspflicht, Wettbewerbsverbot u. a.), kann die Umwandlungsklausel den Ausschluß des gesetzlichen Kündigungsrechts nicht rechtfertigen.

3. Beschränkungen des Kündigungsrechts.

a) Allgemeines: § 723 Abs. 3 BGB untersagt neben dem Ausschluß des Kündigungsrechts auch dessen über § 723 Abs. 1, 2 hinausgehende Beschränkung (zur Anwendung dieser Vorschrift auf Personenhandelsgesellschaften vgl. Anm. 26). Zeitlichen Beschränkungen (dazu Anm. 25) steht die Vorschrift nach h. M. schon deshalb nicht entgegen, weil bereits § 723 Abs. 1 S. 2 (für die OHG und KG auch § 132 HGB) zeitliche Kündigungsschranken vorsieht. Aber auch sonstige Beschränkungen sind nach der ratio legis solange mit § 723 Abs. 3 BGB vereinbar, als dadurch die Ausübung des Kündigungsrechts nicht derart erschwert wird, daß dies wirtschaftlich seiner Ausschließung gleichkommt (RG JW 1926, 2897/2898, DürHach Anm. 7, Geßler Anm. 16; enger Hueck § 24 I 5 Fußn. 18, H. P. Westermann, Vertragsfreiheit S. 240). Angesichts der erheblichen für den Gesellschaftszweck erbrachten Beiträge und der oft zentralen Bedeutung der Gesellschaft als Lebensgrundlage der Gesellschafter haben diese ein berechtigtes Interesse, den Fortbestand der Gesellschaft auch gegen den Willen eines von ihnen zu sichern. Das HGB hat dem durch Anerkennung vertraglicher Fortsetzungsklauseln bei Kündigung eines Gesellschafters in § 138 Rechnung getragen. Welche sachlichen Kündigungsbeschränkungen im Interesse des Gesellschaftsbestands danach zugelassen werden können und wo die Schranke des § 723 III BGB eingreift, bedarf freilich näherer Prüfung (zur „Beschränkung" der Kündigung durch das Erfordernis eines Kündigungsgrundes vgl. oben Anm. 28). **Anm. 31**

b) Fortbestand der Gesellschaft unter Ausscheiden des Kündigenden:

α) **Allgemeines:** Verbreitet findet sich in Gesellschaftsverträgen eine schon in § 138 erwähnte **Fortsetzungsklausel,** nach der die Kündigung in Abweichung von § 131 Nr. 6 nicht zur Auflösung der Gesellschaft, sondern zum Ausscheiden des Kündigenden im Auflösungszeitpunkt führt. Aus der Sicht des Kündigenden steht ihr die Vereinbarung eines **Übernahmerechts** zugunsten des anderen Gesellschafters einer zweigliedrigen Gesellschaft oder zugunsten eines namentlich bestimmten Gesellschafters im Fall der Kündigung gleich. Denkbar ist auch ein vertragliches Recht der übrigen Gesellschafter, im Fall der Kündigung über die Fortsetzung der Gesellschaft ohne den Kündigenden oder über die Übernahme des Geschäfts zu beschließen. Für die Rechtsstellung des Kündigenden sind derartige Klauseln insoweit von Bedeutung, als mit ihnen Vereinbarungen über die Höhe und den Auszahlungszeitpunkt des Abfindungsanspruchs verbunden sind. **Anm. 32**

β) **Höhe des Abfindungsanspruchs:** Nach der gesetzlichen Regel führt die Kündigung zur Auflösung und Liquidation der Gesellschaft nach §§ 145ff., an deren Ende die Verteilung des Liquidationserlöses unter den Gesellschaftern (§ 155) steht. Dadurch ist sichergestellt, daß jeder Gesellschafter den ihm zustehenden Anteil am Gesellschaftsvermögen erhält. Sieht der Gesellschaftsvertrag die Fortsetzung der Gesellschaft oder die Übernahme des Geschäfts durch einen Gesellschafter vor, so enthält er regelmäßig auch Vereinbarungen über die Höhe des Abfindungsanspruchs des Ausscheidenden. Je ungünstiger sie den Ausscheidenden im Vergleich zum gesetzlichen Abfindungsanspruch (dazu Erläut. zu § 138) stellen, desto näher liegt es, darin eine unzulässige **Umgehung** des nach § 723 Abs. 3 BGB i. V. m. § 105 Abs. 2 HGB verbotenen Kündigungsausschlusses zu sehen. Abfindungsvereinbarungen sind danach insbesondere dann unwirksam, wenn sie dazu bestimmt sind, einen solchen wirtschaftlichen Druck auf den Gesellschafter auszuüben, daß er auf die beabsichtigte Kündigung verzichtet (zur Sittenwidrigkeit der Vereinbarung einer auf den Buchwert der Beteiligung beschränkten Abfindung des durch Kündigung eines Mitgesellschafters Ausgeshclossenen vgl. BGH WM 1962, 462/463). Umgekehrt spricht der Umstand, daß in allen Fällen des Ausscheidens eines Gesellschafters die Abfindung nach den gleichen Maßstäben berechnet wird, für die Vereinbarkeit der Klausel mit § 723 Abs. 3 BGB (RG LZ 1924, 821; **Anm. 33**

1931, 1256; zur Annahme einer unzulässigen Vertragsstrafe bei unterschiedlichen Maßstäben vgl. Anm. 37).

Anm. 84 Ob die Voraussetzungen für die Umgehung von § 723 Abs. 3 BGB im Einzelfall vorliegen, richtet sich mit Rücksicht auf die erforderliche Abschreckungswirkung derartiger Abfindungsklauseln nicht nach ihren Auswirkungen im jeweiligen Kündigungszeitpunkt, sondern ist aufgrund ihrer voraussichtlichen Folgen für die Anspruchshöhe festzustellen (RG LZ 1931 Sp. 1256/1257, DürHach Anm. 7, Andörfer S. 66). Generell **unzulässig** ist etwa der Ausschluß jedes Abfindungsanspruchs ohne Rücksicht auf die Lage der Gesellschaft (Geßler § 138 Anm. 27, Knöchlein DNotZ 1960, 452/455, Andörfer S. 72; einschränkend Kiel OLGE 18, 32/33, und Weipert in Voraufl. Anm. 15); hier greift regelmäßig schon der Nichtigkeitsgrund des § 138 Abs. 1 BGB ein. Gleiches gilt für erhebliche, nicht durch die Besonderheiten des Gesellschaftsunternehmens bedingte Kürzungen des auf den Kündigenden entfallenden Kapitalanteils (Geßler § 138 Anm. 27b, Andörfer S. 72).

Gegen eine Beschränkung des Abfindungsanspruchs auf den **Buchwert** bestehen demgegenüber regelmäßig keine Bedenken (DürHach Anm. 7, Geßler § 138 Anm. 27b, Hueck § 24 I 5, Andörfer S. 68). Sie bietet sich schon deshalb an, um den meist sehr erheblichen Bewertungsschwierigkeiten bei Berechnung des Abfindungsguthabens nach § 738 I 2 BGB (vgl. dazu Knöchlein DNotZ 1960, 452ff.) zu entgehen. Auch haben die verbleibenden Gesellschafter ein legitimes Interesse, der Gesellschaft die Aufbringung der Abfindungszahlung zu erleichtern. Eine Beteiligung an dem — nur beim Fortbestand des Unternehmens realisierbaren — good will kann schon deshalb vertraglich abbedungen werden, weil der Kündigende an der Fortsetzung nicht interessiert ist und auch die Risiken der Fortsetzung nicht trägt (a. A. für die Einziehung eines GmbH-Anteils, die nur gegen angemessenes Entgelt erfolgen dürfe, Bokelmann BB 1970, 1235/1237; auf die von ihm angeführte Entscheidung BGHZ 32, 151 läßt sich diese Ansicht jedoch nicht stützen).

Schärfere Anforderungen sind an die Abfindungsvereinbarung allerdings in solchen Fällen zu stellen, in denen die Kündigung zum Ausscheiden nicht des Kündigenden, sondern der übrigen Gesellschafter führen soll und jener das Recht zur Übernahme des Geschäfts hat. Unbedenklich sind derartige Klauseln zwar dann, wenn die Abfindung der Ausscheidenden zum vollen Wert ihrer Anteile nach dem Vermögensstand der Gesellschaft am Tag der Kündigung oder am Schluß des laufenden Geschäftsjahrs errechnet wird. Eine Beschränkung des Abfindungsguthabens auf die Buchwerte der Beteiligung der gegen ihren Willen ausscheidenden Gesellschafter kann jedoch zur Sittenwidrigkeit der Vereinbarung führen (BGH WM 1962, 462/463; a. A. für die Ausschließung eines Kommanditisten Geßler § 177 Anm. 17; vgl. auch § 140 Anm. 55, § 177 Anm. 26). Auch in sonstigen Fällen kann es ausnahmsweise nach Treu und Glauben geboten sein, dem durch Kündigung Ausscheidenden abweichend von der Abfindungsvereinbarung einen Anteil an den stillen Reserven zuzubilligen (Hueck § 24 I 5, Andörfer S. 69). Zu denken ist insbesondere an Fälle, in denen der Ausscheidende durch seine Tätigkeit in ganz besonderem, bei Vertragsschluß nicht vorhersehbarem Maß zur Vermehrung der stillen Reserven beigetragen hat.

Anm. 85 γ) **Auszahlungsmodus:** Auch Vertragsbestimmungen über die Auszahlung der Abfindungssumme, z. B. über deren langjährige Stundung oder die ratenweise Rückzahlung können im Einzelfall eine unzulässige Erschwerung der Kündigung enthalten. Doch sind sie auch oft gerechtfertigt, denn in vielen Fällen werden die verbleibenden Gesellschafter ohne Gefährdung des Unternehmens nicht in der Lage sein, das Abfindungsguthaben im Zeitpunkt des Ausscheidens des Kündigenden aus Gesellschaftsmitteln auszuzahlen oder dafür die nötigen Kredite aufzunehmen. Die Vereinbarung von **Ratenzahlungen** auf einen überschaubaren Zeitraum bis zu 10 Jahren ist daher, zumal bei wirtschaftlich für die Gesellschaft erheblichen Beträgen, grundsätzlich nicht zu beanstanden, jedenfalls wenn sie mit einer verkehrsüblichen Verzinsung verbunden ist (Staudinger-Keßler[11] § 738 Anm. 12, Andörfer S. 73; stärker einschränkend RGZ 162, 388/393). Anders ist es bei einer auf Jahrzehnte verteilten oder lange Zeit gestundeten Auszahlung, die den Kündigenden vermögensmäßig für unzumutbare Dauer an die

Gesellschaft bindet, ohne ihm ein entsprechendes Mitspracherecht oder eine Dispositionsmöglichkeit einzuräumen (RG DNotV 1931, 378; Staudinger-Keßler § 723 Anm. 43c, DürHach Anm. 7, Andörfer S. 73). Denkbar ist auch eine Abfindung nicht in Geld, sondern in Sachwerten; zur Umwandlung in eine Kapitalgesellschaft anstelle der Kündigung vgl. Anm. 30.

c) Mitwirkung Dritter: Die vertragliche Koppelung des Kündigungsrechts an die Mitwirkung von Mitgesellschaftern oder Dritten ist als Aufhebung des einseitigen Kündigungsrechts jedes Gesellschafters grundsätzlich **unzulässig** (RGZ 21, 93/94; RG LZ 1911, 455; RG DJZ 1924, 231; Hueck § 24 I 5; zur Frage gesetzlicher Mitwirkungsrechte vgl. Anm. 6, 7). Unzulässig ist auch ein Beschluß der übrigen Gesellschafter, die Gesellschaft nach erfolgter Kündigung abweichend von § 131 Nr. 6 mit dem Kündigenden fortzusetzen. Auch wenn der Gesellschaftsvertrag Änderungen mit entsprechenden Mehrheiten grundsätzlich zuläßt, kann ein solcher Mehrheitsbeschluß doch nicht die Wirksamkeit der Kündigungserklärung und das daraus resultierende Recht des Kündigenden zum Ausscheiden beseitigen (vgl. auch BGHZ 48, 251/256 zur Unzulässigkeit eines nach Kündigung mit qualifizierter Mehrheit gefaßten Übernahmebeschlusses). Dagegen steht § 723 Abs. 3 BGB einer Vereinbarung nicht im Wege, die die Verlängerung der Vertragsdauer oder die Fortsetzung einer nicht durch Kündigung, sondern aus anderen Gründen aufgelösten Gesellschaft durch Mehrheitsbeschluß zuläßt (vgl. auch § 131 Anm. 154f.). Anm. 36

d) Vertragsstrafe: Vertragsstrafen dürfen nach § 344 BGB nicht zur Umgehung gesetzlicher Verbote vereinbart werden. Daher ist auch das Versprechen einer Vertragsstrafe für den Fall der Kündigung des Gesellschaftsvertrages wegen Verstoßes gegen § 723 Abs. 3 BGB **unwirksam** (Geßler Anm. 18, Hueck § 24 I 5, Andörfer S. 89f., Bötticher ZfA 1970, 25; im Ergebnis auch RGZ 61, 328/329f.; 130, 209/212). Auf die Höhe des Strafversprechens kommt es nicht an. Die Annahme einer Vertragsstrafe liegt auch dann nahe, wenn das Abfindungsguthaben für den Fall des kündigungsbedingten Ausscheidens eines Gesellschafters ohne sachlich gerechtfertigten Grund nach für ihn ungünstigeren Maßstäben berechnet wird als in sonstigen Ausscheidensfällen. Anm. 37

e) Wettbewerbsverbot: Eine Kündigungserschwerung kann schließlich in der Vereinbarung eines Wettbewerbsverbots für den Kündigenden zugunsten der fortbestehenden Gesellschaft liegen. Ein solches Verbot ist allerdings nicht generell unzulässig. Es kann vielmehr im Interesse des Fortbestands der durch das Ausscheiden des Kündigenden gefährdeten Gesellschaft zumal für eine Übergangszeit geboten sein (RGZ 106, 128/130; OLG Hamburg Recht 1907 Nr. 3300; DürHach Anm. 7, Hueck § 24 I 5, Andörfer S. 83ff.; für grundsätzliche Unzulässigkeit aber Geßler Anm. 18). Vor allem wenn der Ausscheidende nach den wahren Werten — unter Einschluß des good will — abgefunden wird, entspricht die Übernahme eines Wettbewerbsverbots der nachvertraglichen Treupflicht des Ausscheidenden; der Fall liegt ähnlich wie beim Verkauf eines Handelsgeschäfts unter Einschluß des good will. Das Wettbewerbsverbot darf den Ausscheidenden freilich nach Zeit, Ort und sachlichem Umfang nicht übermäßig in seiner wirtschaftlichen Betätigungsfreiheit beschränken. Die Zulässigkeitsgrenzen im Einzelfall sind durch Interessenabwägung zu ermitteln. Überlange Verbote können nach § 242 BGB auf das zulässige Maß zurückgeführt werden. Anm. 38

4. Rechtsfolgen unzulässiger Vereinbarungen.

Soweit Vereinbarungen einen Ausschluß oder eine unzulässige Beschränkung des Kündigungsrechts enthalten, sind sie nach § 723 Abs. 3 BGB **nichtig.** Ob die Nichtigkeit sich auf den gesamten Vertrag erstreckt oder ob es zur Anwendung der abbedungenen gesetzlichen Regelungen über Kündigung bzw. Ermittlung des Abfindungsguthabens (so BGH WM 1962, 462/463f.) kommt, ist durch Vertragsauslegung zu entscheiden. Die Auslegungsregel des § 139 BGB ist dabei nur mit Vorbehalt anwendbar; dem Willen der Vertragspartner wird es in der Regel besser entsprechen, den Vertrag unter Übernahme der gesetzlichen Regelungen aufrechtzuerhalten (RGZ 136, 236/245; BGH WM 1955, 1054; 1962, 462/463; 1967, 315/316; Hueck § 24 I 5, Westermann Handb. I 634). Auch wenn im Einzelfall Nichtigkeit des ganzen Vertrags anzunehmen ist, führt Anm. 39

sie nach Geschäftsaufnahme doch nicht automatisch zur Auflösung oder zum Wegfall der OHG; es gelten vielmehr die Grundsätze über die fehlerhafte Gesellschaft (vgl. § 105 Anm. 87ff.).

III. Kündigungsfolgen

1. Wirksamwerden.

Anm. 40 Die Kündigung erlangt bereits mit ihrem Zugang bei den übrigen Gesellschaftern oder den vertraglich bestimmten Empfangsberechtigten Wirksamkeit in dem Sinn, daß sie eine künftige Gestaltung herbeiführt und den Auflösungsprozeß in Gang setzt. Sie kann von diesem Zeitpunkt an daher nicht mehr einseitig zurückgenommen werden (Anm. 13). Die **Auflösung** selbst bzw. das vertraglich an ihrer Stelle vorgesehene Ausscheiden des Kündigenden tritt jedoch erst im nächstzulässigen Kündigungstermin nach Ablauf der durch die Kündigung in Gang gesetzten Kündigungsfrist (vgl. Anm. 15) ein. Zwischen Kündigungserklärung und Kündigungstermin herrscht ein durch die eingeleitete Vertragsänderung bestimmter Schwebezustand, der gewisse Wirkungen für die Rechtsverhältnisse der Gesellschaft hat. Insbesondere müssen die geschäftsführenden Gesellschafter in ihren geschäftlichen Maßnahmen, z. B. bei Abschlüssen auf längere Zeit oder Anschaffung großer Vorräte, die bevorstehende Auflösung beachten, wenn sie sich nicht schadensersatzpflichtig machen wollen.

2. Kündigung und andere Auflösungsgründe.

Anm. 41 Die Kündigung schließt den Eintritt der Auflösung aus anderen Gründen während der Schwebezeit zwischen Kündigungserklärung und Kündigungstermin nicht aus. Das hat nicht nur wegen des unterschiedlichen Auflösungszeitpunkts Bedeutung. Vielmehr können auch die Rechtsfolgen der verschiedenen Auflösungsgründe im Gesellschaftsvertrag unterschiedlich geregelt sein. Auch nach Ausspruch der Kündigung kann etwa eine Auflösungs-, Ausschließungs- oder Übernahmeklage erhoben werden (zur Auflösungsklage vgl. jedoch § 133 Anm. 3). Diese Rechte stehen grundsätzlich auch dem Kündigenden selbst zu; ein Verzicht hierauf wird in der Kündigung regelmäßig nicht gesehen werden können. Zulässig ist es auch, die Klage auf Feststellung der durch die Kündigung herbeigeführten Auflösung hilfsweise mit einer Auflösungsklage aus wichtigem Grund zu verbinden.

3. Fortsetzungsklausel.

Anm. 42 Der Gesellschaftsvertrag kann die Auflösung als Folge der Kündigung ausschließen, z. B. durch die Vereinbarung, daß im Falle der Kündigung die Gesellschaft von den übrigen fortgeführt oder das Geschäft mit Aktiven und Passiven ohne Liquidation von einem von ihnen, auch dem Kündigenden, übernommen werden darf oder übernommen werden muß. Mit Rücksicht auf das unentziehbare Kündigungsrecht sind die Vereinbarungen über die Abfindung der danach ausscheidenden Gesellschafter freilich so auszugestalten, daß die Fortsetzungs- oder Übernahmeregelung nicht zu einer unzumutbaren Erschwerung des Kündigungsrechts führt (vgl. Anm. 32—35).

§ 133

Auf Antrag eines Gesellschafters kann die Auflösung der Gesellschaft vor dem Ablaufe der für ihre Dauer bestimmten Zeit oder bei einer für unbestimmte Zeit eingegangenen Gesellschaft ohne Kündigung durch gerichtliche Entscheidung ausgesprochen werden, wenn ein wichtiger Grund vorliegt.

Ein solcher Grund ist insbesondere vorhanden, wenn ein anderer Gesellschafter eine ihm nach dem Gesellschaftsvertrag obliegende wesentliche Verpflichtung vorsätzlich oder aus grober Fahrlässigkeit verletzt oder wenn die Erfüllung einer solchen Verpflichtung unmöglich wird.

Eine Vereinbarung, durch welche das Recht des Gesellschafters, die Auflösung der Gesellschaft zu verlangen, ausgeschlossen oder diesen Vorschriften zuwider beschränkt wird, ist nichtig.

Inhaltsübersicht

Schrifttum: A. Hueck, Gestaltungsklagen im Recht der Handelsgesellschaften, in: Recht im Wandel, Festschrift Heymanns-Verlag, 1965, S. 287ff.; P. Ulmer, Gestaltungsklagen im Personengesellschaftsrecht und notwendige Streitgenossenschaft, in: Geßler-Festschrift, 1971; Andörfer, Ausschluß und Beschränkung des Kündigungsrechts bei Personengesellschaften, Diss. Köln 1967; Bötticher, Besinnung auf das Gestaltungsrecht und das Gestaltungsklagerecht, in: Dölle-Festschrift, 1964, S. 41ff.; Henckel, Parteilehre und Streitgegenstand im Zivilprozeß, 1961, insbes. S. 94ff.; Schlosser, Gestaltungsklagen und Gestaltungsurteile, 1966.

Einleitung. § 133 regelt die Auflösung der Gesellschaft aus **wichtigem Grund.** Er **Anm. 1**
überträgt damit den allgemeinen Rechtsgrundsatz, daß jedes auf Dauer angelegte vertragliche Rechtsverhältnis, insbesondere wenn es eine persönliche Bindung enthält, vor Ablauf der vertraglich bestimmten Zeit aus wichtigem Grund gelöst werden kann, auf die Personengesellschaften des Handelsrechts. Bereits Art. 125 ADHGB hatte die Auflösungsmöglichkeit aus diesem Grund anerkannt. In § 723 Abs. 1 Satz 2 BGB ist sie für

die bürgerlichrechtliche Gesellschaft geregelt. Auch in anderen gesetzlichen Bestimmungen kommt der Grundsatz zum Ausdruck (vgl. § 626 BGB, §§ 70, 89a HGB). Durch die Rechtsprechung ist er auch für sonstige Dauerschuldverhältnisse anerkannt und weiterentwickelt worden (RGZ 53, 19/22; 65, 37/38; 78, 385/389; 79, 156/161; 128, 1/16; BGH NJW 1951, 836; dazu Beitzke, Nichtigkeit, Auflösung und Umgestaltung von Dauerrechtsverhältnissen, 1948, S. 21, Ulmer, Vertragshändler, 1969, S. 258f.).

Anm. 2 Gegenüber dem Recht des ADHGB bringt § 133 eine Fortentwicklung. Nach Art. 125 ADHGB konnte ein Gesellschafter die Auflösung der Gesellschaft verlangen, sofern hierzu wichtige Gründe vorhanden waren. „Die Beurteilung, ob solche Gründe vorhanden sind, bleibt im Falle des Widerspruchs dem Ermessen des Richters überlassen", Art. 125 Abs. 2 ADHGB. Daraus wurde gefolgert, daß die Auflösung schon mit dem Auflösungsverlangen eines Gesellschafters eintrete, wenn der wichtige Grund sachlich gegeben sei, und daß ein dieses Vorhandensein bestätigendes Urteil keine konstitutive, sondern nur deklaratorische (feststellende) Wirkung habe (ROHG 12, 98/101). Dieselbe Wirkung hat auch jetzt noch die Kündigung der bürgerlichrechtlichen Gesellschaft aus wichtigem Grund. Für die offene Handelsgesellschaft erschien die Beibehaltung dieses Rechtszustandes nur vertretbar, soweit es sich um fest umrissene Auflösungsgründe handelte, wie sie das Gesetz in § 131 Nr. 1—5 sowie im Falle der an keinen Grund gebundenen ordentlichen Kündigung (§ 132) vorsieht. Demgegenüber hängt die Beantwortung der Frage, ob ein wichtiger Grund vorliegt, weitgehend von einer wertenden richterlichen Beurteilung ab und wird schon deswegen regelmäßig zum Rechtsstreit führen. Hinzu kommt das Bedürfnis nach Rechtssicherheit und Rechtsklarheit angesichts der in der OHG gebundenen, meist erheblichen Vermögenswerte; ihm kann nur dadurch Genüge getan werden, daß die Auflösung erst durch die richterliche Entscheidung bewirkt wird. Das gleiche Bedürfnis besteht auch für den Entzug der Geschäftsführung und Vertretung, für die Ausschließung eines Gesellschafters aus der fortbestehenden Gesellschaft sowie für die Geltendmachung des Übernahmerechts eines Gesellschafters bei einer nur aus zwei Gesellschaftern bestehenden Gesellschaft (vgl. §§ 117, 127, 140, 142). In allen diesen Fällen hat das HGB daher die Klage auf Erlaß eines **Gestaltungsurteils** in das Rechtssystem eingeführt. Die einzelnen Vorschriften stimmen, abgesehen von den sachlichen Unterscheidungen, weitgehend überein. Soweit nichts Abweichendes vermerkt ist, können daher die Auslegungsgrundsätze zu einer dieser Vorschriften (insbesondere zum Merkmal des wichtigen Grundes) für die anderen mit herangezogen werden.

I. Die materiellrechtlichen Voraussetzungen

1. Der Anwendungsbereich des § 133.

Anm. 3 **a) OHG und KG:** Die in § 133 vorgesehene Auflösung durch Gestaltungsurteil gilt nach der gesetzlichen Regelung nur für die Offene Handelsgesellschaft und — über § 161 Abs. 2 — für die Kommanditgesellschaft. Ob die Gesellschaft **befristet oder unbefristet** eingegangen ist, ist für die Anwendbarkeit von § 133 ohne Bedeutung. Zweck der Klage ist es, vorzeitig eine gesellschafterliche Bindung zu lösen, soweit dies nicht auf einem anderen Wege erreicht werden kann. Dies trifft in erster Linie zu, wenn die Gesellschaft auf bestimmte Zeit eingegangen und diese Zeit noch nicht abgelaufen ist. Es gilt auch, wenn die Gesellschaft auf unbestimmte Zeit eingegangen ist und die Kündigung nur unter Einhaltung einer unzumutbar langen Kündigungsfrist (Anm. 8) oder nach Ablauf einer vereinbarten Mindestdauer möglich ist. Kann dagegen der Gesellschafter nach dem Gesellschaftsvertrag jederzeit ohne Vorliegen eines Grundes kündigen, so ist für eine Auflösungsklage jedenfalls dann kein Raum, wenn für den Fall der Kündigung keine abweichenden Rechtsfolgen vereinbart sind (OGHZ 2, 253/262; Hueck § 25 II 2). Das außerordentliche Lösungsrecht besteht nur, wenn die ordentliche Kündigung mit sofortiger Wirkung nicht möglich ist oder nicht zum gleichen Ziele führt. Ein Gesellschafter kann aber, wenn unsicher ist, auf welchem Weg er schneller durchdringt, gleichzeitig die Auflösungsklage erheben und fristgemäß kündigen. Die Auflösung tritt dann entweder mit dem Ablauf der Kündigungsfrist oder mit der Rechtskraft der Entscheidung ein, je nachdem die eine oder die andere zuerst erfolgt. Vgl. jedoch auch Anm. 21 zum Einfluß von Vereinbarungen im Gesellschaftsvertrag über Kündigungsrecht und Mindestdauer der Gesellschaft auf die Beurteilung des wichtigen Grundes des § 133.

Entsprechend anwendbar ist § 133 bei der in Vollzug gesetzten **fehlerhaften Gesellschaft.** Eine Berufung auf die Nichtigkeit des Gesellschaftsvertrags oder dessen Anfechtung scheidet bei ihr aus Rechtssicherheitsgründen auch für die Zukunft, nach Aufdeckung des Mangels, grundsätzlich aus. Der Mangel ist vielmehr im Wege der Auflösungsklage geltend zu machen (RGZ 165, 193/201ff., BGHZ 3, 285/289f.; Näheres vgl. § 105 Anm. 91, zum Auflösungsgrund unten Anm. 43). Nur dann, wenn einem der Beteiligten das Festhalten am fehlerhaften Vertrag bis zur Rechtskraft des Gestaltungsurteils nicht zugemutet werden kann, behilft sich die Rechtsprechung durch Zubilligung eines einseitigen Gestaltungsrechts (auf Kündigung, Ausschließung oder Übernahme) im Wege der Vertragsergänzung (BGHZ 47, 293/301f. für den Fall eines auf arglistiger Täuschung oder Drohung beruhenden Gesellschaftsvertrags). Zur Geltendmachung des Fehlers in Sonderfällen ohne Auflösungsklage vgl. auch OLG Stuttgart NJW 1951, 29; von der Goltz BB 1952, 68. **Anm. 4**

Auf sonstige Personengesellschaften (**bürgerlichrechtliche Gesellschaft, stille Gesellschaft**) findet § 133 **keine Anwendung.** Die Auflösung durch Gestaltungsurteil kann in diesen Fällen auch nicht wirksam vereinbart werden. Einer solchen Vereinbarung stehen prozeßrechtliche Gründe entgegen. Die rechtsändernde Kraft, die dem Gestaltungsurteil zukommt und ihm Wirkung gegenüber jedermann verleiht, beruht nicht allein auf Erlaß und Rechtskraft des Urteils. Sie setzt vielmehr eine entsprechende gesetzliche Ermächtigung voraus; das Urteil selbst hat sodann nur Tatbestandswirkung im Rahmen dieser Rechtsnorm (Bötticher in Dölle-Festschrift S. 56, Nicklisch, Bindung der Gerichte an gestaltende Gerichtsentscheidungen und Verwaltungsakte, 1965, S. 130ff., 141, Schlosser, Gestaltungsklagen und Gestaltungsurteile, 1966, S. 22). Da für andere Gesellschaften als OHG und KG eine dem § 133 entsprechende Ermächtigung fehlt und auch die analoge Anwendung dieser Vorschrift mangels Regelungslücke nicht in Betracht kommt (Hueck in Festschrift Heymanns-Verlag S. 287/292ff.), geht die Vereinbarung einer Auflösung durch Gestaltungsurteil ins Leere (so zu Recht auch Fischer § 105 Anm. 62b; Hueck in Festschrift Heymanns-Verlag S. 287/294f.; Raisch BB 1969, 1361/1365; abw. aber RG SeuffA 95 Nr. 33; Andörfer S. 93f.). Zulässig ist es aber, die Auflösung an die gerichtliche Feststellung des wichtigen Grundes zu knüpfen (zur funktionellen Ähnlichkeit derartiger Regelungen vgl. Bötticher in Dölle-Festschrift S. 43, 56). **Anm. 5**

b) Beginn und Ende: Die Auflösung der OHG ist eine Frage des Innenverhältnisses, der Änderung des Gesellschaftsvertrags. § 133 ist somit anstelle sonstiger Rechtsbehelfe (Rücktritt, Kündigung, Berufung auf den Wegfall der Geschäftsgrundlage, vgl. Anm. 14, 84) grundsätzlich von dem Zeitpunkt an anwendbar, in dem die Gesellschaft im Innenverhältnis entstanden ist; auf das in § 123 geregelte Wirksamwerden nach außen kommt es nicht an. Im einzelnen ist freilich zu differenzieren. Soll die Gesellschaft ein **Grundhandelsgewerbe** (§ 1 Abs. 2) betreiben, so liegen im Innenverhältnis sämtliche OHG-Voraussetzungen bereits mit dem Vertragsschluß vor (§ 105 Anm. 62a). Auf den Zeitpunkt der Handelsregistereintragung oder der Geschäftsaufnahme kommt es für die Anwendung von § 133 nicht an (BGH LM Nr. 3, 7 zu § 133; BGH WM 1957, 1407). Von dem schwerfälligen Auflösungsverfahren wird man hier allerdings solange absehen können, als sich die Gesellschaftsbeziehungen nicht durch Bildung von Gesamthandsvermögen konkretisiert haben (so auch Geßler Anm. 2, Hueck § 25 II 1). Soweit sich in diesem Stadium ein wichtiger Grund zur Lösung des Vertragsverhältnisses ergibt, bewendet es bei den allgemeinen Rechtsbehelfen der §§ 320ff. (insbesondere **Rücktritt** oder Schadensersatz). Das entspricht dem allgemein bei Dauerschuldverhältnissen geltenden Grundsatz, wonach das Rücktrittsrecht erst nach Beginn ihrer Ausführung durch die Kündigung verdrängt wird (Ulmer, Vertragshändler S. 259 mit Nachw.). Auch auf Leistungsstörungen im Rahmen eines auf Errichtung einer OHG gerichteten **Vorvertrags** ist nicht § 133, sondern die Regelung der §§ 320ff. BGB anwendbar (OLG Koblenz MDR 1959, 130; Geßler Anm. 2). **Anm. 6**

Bei Gesellschaften, deren Zweck auf den Betrieb eines **Gewerbes im Sinn von §§ 2, 3 II** gerichtet ist, wird das Gewerbe erst mit Eintragung ins Handelsregister zum Handelsgewerbe. Erst von diesem Zeitpunkt an unterstehen auch die gesellschaftsrechtlichen Beziehungen dem Handelsrecht (§ 105 Anm. 62b). Daher bewendet es in diesen Fällen trotz etwaiger Bildung von Gesamthandsvermögen bis zur Eintragung bei dem Recht zur außerordentlichen Kündigung nach § 723 I 2 BGB. Die in der Literatur verbreitete abweichende Ansicht (Geßler § 105 Anm. 47, Hueck § 5 I 2, weitere Nachweise vgl. § 105 Anm. 62b) beruft sich auf die aus der Eintragungsabsicht der Parteien folgende dispositive Vereinbarung von Handelsrecht für ihre Beziehungen. Dem kann jedoch aus den vorstehend (Anm. 5) genannten Gründen für § 133 nicht gefolgt werden, da die handelsrechtlichen Gestaltungsklagen nicht zur Disposition der Parteien stehen.

Anm. 7 Für eine Auflösungsklage ist andererseits nur solange Raum, als die Gesellschaft **nicht** aus anderen Gründen **aufgelöst** ist. Tritt während der Rechtshängigkeit der Auflösungsklage die Auflösung aus einem anderen Grund ein, etwa infolge der zugleich mit der Klageerhebung erklärten Kündigung (Anm. 3), so ist die Auflösungsklage in der Hauptsache erledigt (RG JW 1929, 1359). Das gleiche gilt bei Vollbeendigung der Gesellschaft in diesem Stadium, wenn etwa ein Gesellschafter das Geschäft in Ausübung eines ihm vertraglich zustehenden Übernahmerechts unter Abfindung der übrigen übernimmt (zur Möglichkeit, nach Auflösung den Ausschluß eines Gesellschafters oder die Geschäftsübernahme zu verlangen, vgl. § 140 Anm. 25, § 142 Anm. 17).

2. Der wichtige Grund.

Anm. 8 **a) Unbestimmter Rechtsbegriff:** Der wichtige Grund ist ein unbestimmter Rechtsbegriff, dessen Vorliegen dem klagenden Gesellschafter einen Anspruch auf Auflösung der Gesellschaft durch Gestaltungsurteil gibt. Eine gesetzliche Begriffsbestimmung fehlt; die in § 133 Abs. 2 genannten Gründe haben nur beispielhafte Bedeutung. Die Begriffsbestimmung läßt sich aber aus dem Zweck der Vorschrift, ein außerordentliches Auflösungsrecht zu gewähren, ableiten. Danach liegt ein zur Auflösung berechtigender wichtiger Grund immer dann vor, wenn dem Gesellschafter unter Abwägung aller Umstände ein Festhalten am Gesellschaftsvertrag bis zum nächsten ordentlichen Auflösungstermin nicht zugemutet werden kann (ganz h. M., vgl. OGHZ 2, 253; 3, 350; Geßler Anm. 3, Hueck § 25 II 2, Westermann Handb. I 643). Ob diese Voraussetzung vorliegt, entscheidet das Gericht in **wertender Beurteilung** unter Berücksichtigung der gesamten Umstände des Einzelfalls (zur Nachprüfbarkeit in der Revisionsinstanz vgl. Anm. 11—13). Es hat dabei abzustellen auf die Art der Gesellschaft und die Stellung und Interessen der einzelnen Gesellschafter, auf die Dauer der bisherigen Zusammenarbeit und den Umfang der dabei geschaffenen Werte, auf das Ausmaß der eingetretenen Störung des Vertrauensverhältnisses und die voraussichtliche Entwicklung der Gesellschafterbeziehungen. Ein wichtiger Grund zur Auflösung der Gesellschaft ist insbesondere dann zu bejahen, wenn weniger einschneidende Maßnahmen keine Abhilfe versprechen und ein vernünftiges Zusammenwirken der Gesellschafter nicht mehr erwartet werden kann (RGZ 65, 27/38; RG LZ 1916, 40; RG JW 1936, 2071; OGHZ 2, 253; BGH LM Nr. 4 zu § 133; OLG Hamm MDR 1964, 330).

Anm. 9 Ein von den Gesellschafterinteressen zu trennendes öffentliches Interesse an der Erhaltung des Gesellschaftsunternehmens ist im Rahmen von § 133 nicht anzuerkennen. Immerhin geht schon das Interesse der beklagten Gesellschafter regelmäßig auf Erhaltung des Unternehmens; es ist aufgrund der gesellschaftlichen Treupflicht auch vom Kläger zu respektieren. Die richterliche Auflösung der Gesellschaft ist dementsprechend nur das **äußerste Mittel;** sie kommt nur in Betracht, wenn dem Kläger ein Festhalten am Vertrag nicht länger zumutbar ist und keine sonstigen Gestaltungsmöglichkeiten in Sicht sind, die in einer für alle Beteiligten annehmbaren Weise zur Beilegung der Differenzen führen könnten (vgl. Anm. 41, 42).

Anm. 10 Die Ausfüllung des unbestimmten Rechtsbegriffs „wichtiger Grund" kann letztlich nur im Wege der **Einzelfallentscheidung** erfolgen. Dabei kommt auch den bisher vorliegenden Urteilen keine schlechthin präjudizielle Bedeutung zu, da sie immer im Zusammenhang mit den besonderen Verhältnissen des entschiedenen Falles zu sehen sind (Fischer RGRK BGB § 723 Anm. 17, Soergel-Schultze-v. Lasaulx BGB § 723 Anm. 34). Sie gestatten es jedoch, eine Reihe von Beurteilungsgrundsätzen herauszuarbeiten, von denen bei Prüfung des Vorliegens eines wichtigen Grundes auszugehen ist (vgl. Anm. 16—26).

b) Nachprüfbarkeit in der Revisionsinstanz: Die Frage nach dem Vorliegen eines wichtigen Grundes steht im Mittelpunkt aller gesellschaftsrechtlichen Gestaltungsklagen (§§ 117, 127, 133, 140, 142). Dementsprechend ist es auch in der Revisionsinstanz für die Parteien von entscheidender Bedeutung, ob und inwieweit die Feststellungen des Berufungsgerichts zum wichtigen Grund der Nachprüfung unterliegen. Den rechtlichen Ansatzpunkt bilden die Vorschriften der §§ 549, 550 ZPO; sie beschränken die Revisionsrügen auf die Geltendmachung einer Gesetzesverletzung, d. h. die unrichtige oder Nichtanwendung einer Rechtsnorm. Nicht mit der Revision angreifbar sind danach insbesondere die dem Berufungsurteil zugrundeliegenden tatsächlichen Feststellungen, die „Tatfrage" im Unterschied zur „Rechtsfrage". **Anm. 11**

Für den Bereich des wichtigen Grundes hat diese Abgrenzung von jeher Schwierigkeiten bereitet (vgl. aus neuerer Zeit insbesondere die Monografien von Henke, Die Tatfrage, 1965, und Kuchinke, Grenzen der Nachprüfbarkeit tatrichterlicher Würdigung und Feststellungen in der Revisionsinstanz, 1964; ferner Henke, Rechtsfrage oder Tatfrage — eine Frage ohne Antwort?, ZZP 81 (1968), 196, 321). Das Hauptproblem liegt darin, daß die Feststellung des wichtigen Grundes sich nicht auf die Sachverhaltsermittlung (als Tatfrage) und die Herausarbeitung des Rechtsbegriffs „wichtiger Grund" (als Rechtsfrage) beschränkt, sondern zusätzlich die — nur in wertender Betrachtung mögliche — Subsumtion der festgestellten Tatsachen unter den Obersatz des wichtigen Grundes erfordert. Die Subsumtion gehört somit — als Rechtsanwendung — grundsätzlich zur „Rechtsfrage"; zugleich mischen sich ihr aber unvermeidlich auch tatsächliche Wertungen bei (für grundsätzliche Untrennbarkeit von Tat- und Rechtsfrage bei der Rechtsanwendung daher Kuchinke a. a. O., insbes. S. 67ff., sowie Schönke-Kuchinke ZPO[9] § 78 II 1; dagegen aber mit Recht Henke ZZP 81, 209ff., so auch Rosenberg-Schwab Zivilprozeßrecht[10] § 144 IV, V).

Die Rechtsprechung hat sich mit der Revisibilität des wichtigen Grundes bisher meist nur pragmatisch befaßt, ohne auf die damit verbundenen prozeßrechtlichen Fragen näher einzugehen (vgl. Nachweise bei Henke, Tatfrage S. 19, 228ff., 269f.; eingehender aber BGHZ 10, 14/16f. zum Begriff der „groben Fahrlässigkeit"). Während das Reichsgericht die Nachprüfung jeweils darauf beschränkte, ob das tatrichterlich festgestellte Verhalten in abstracto einen wichtigen Grund bilden könne (RGZ 78, 22; 110, 297/300; RG JW 1919, 309, 504; 1925, 945; JW 1938, 2833; dagegen kritisch Titze in Anm. JW 1919, 504; 1925, 945), ging der **Bundesgerichtshof** (und ebenso das BAG) zur konkreten Nachprüfung des wichtigen Grundes über, freilich unter gleichzeitiger Anerkennung eines „tatrichterlichen Beurteilungsspielraums" (vgl. etwa BGHZ 4, 108/111ff.; 46, 392/396, dazu Henke ZZP 81, 236ff.). Voll nachprüfbar ist nach dieser Rechtsprechung der dem Berufungsurteil zugrundeliegende Begriff des wichtigen Grundes als „Obersatz"; hierzu zählt auch die Kontrolle des Urteils darauf, ob sämtliches für den wichtigen Grund erhebliche Parteivorbringen vom Berufungsgericht bei der erforderlichen Abwägung aller Umstände (Anm. 18) berücksichtigt worden ist (BGHZ 4, 108/111, 116f.; 46, 392/396; BGH LM Nr. 1 zu § 117, Nr. 2 zu § 140 HGB; BGH WM 1966, 1051). Die Würdigung der danach erheblichen Umstände wird demgegenüber grundsätzlich als zur Tatfrage gehörig behandelt (so auch Weipert in Voraufl. Anm. 6, Geßler Anm. 22); eine Nachprüfung soll hier nur möglich sein, wenn das Berufungsgericht dabei die „Grenzen seines tatrichterlichen Beurteilungsspielraums überschritten" hat (BGHZ 46, 392/396). Neben Fehlern in der Subsumtionsmethode (unvollständiger Würdigung des festgestellten Sachverhalts, Denkfehlern sowie ungenügender Trennung der Tat- und Rechtsfrage) können damit insbesondere die Fälle offenbar unrichtiger tatrichterlicher Würdigung vom Revisionsgericht erfaßt werden (vgl. Henke, Tatfrage S. 260, 269ff.). **Anm. 12**

Diesem Vorgehen des BGH ist im Ergebnis zuzustimmen. Die beschränkte Nachprüfbarkeit der Feststellungen zum Vorliegen des wichtigen Grundes folgt allerdings, wie Henke (Tatfrage S. 95ff., 258ff.) mit Recht hervorgehoben hat, nicht aus der **Anm. 13**

Rechtsnatur der Subsumtion als solcher: diese ist als Rechtsanwendung Teil der Rechtsfindung und damit grundsätzlich der Revision unterworfen. Die Beschränkung ergibt sich vielmehr aus dem **Revisionszweck** und den Besonderheiten der Rechtsfindung bei Feststellung des wichtigen Grundes. Dem Anliegen der Revisionsinstanz, die Rechtsvereinheitlichung zu fördern, kann in diesen Fällen nur beschränkt Rechnung getragen werden, weil die richterliche Würdigung der für den wichtigen Grund angeführten Umstände auf die Besonderheiten des Einzelfalles, die jeweiligen individuellen Gegebenheiten abstellen muß (Anm. 10, 20). Hinzu kommt, daß das Revisionsgericht wegen seiner größeren **Sachferne** meist weniger gut in der Lage sein wird, die erforderliche umfassende Abwägung vorzunehmen, als die mit den Einzelheiten des Falles vertraute Tatsacheninstanz (Henke, Tatfrage S. 275ff., 301ff.; ders. ZZP 81, 321ff., 337ff.; Rosenberg-Schwab a. a. O. § 144 V). Diese Umstände sprechen dafür, mit dem BGH einen „tatrichterlichen Beurteilungsspielraum" bei Feststellung des Vorliegens eines wichtigen Grundes anzuerkennen, in dessen Grenzen das Revisionsgericht nicht seine Beurteilung an die Stelle derjenigen des Berufungsgerichts soll setzen können. Davon unberührt bleibt die volle Nachprüfbarkeit des den Feststellungen des Berufungsgerichts zugrundegelegten Obersatzes „wichtiger Grund" sowie die Kontrolle des Urteils auf fehlerhafte Subsumtionsmethoden.

Anm. 14 **c) Die verschiedenen Arten wichtiger Gründe:** Das Institut der Auflösungsklage aus wichtigem Grund ersetzt bei der wirksam entstandenen und in Vollzug gesetzten OHG und KG alle diejenigen Rechtsbehelfe, die bei sonstigen Schuldverhältnissen eine einseitige Lösung vom Vertrag gestatten: die außerordentliche Kündigung, aber auch den Rücktritt (§§ 325, 326 BGB) und die Berufung auf den Wegfall der Geschäftsgrundlage (RGZ 81, 303/304; 89, 333/335 und 398/400; 165, 193/200; RG JW 1929, 2147; BGHZ 10, 44/51; Geßler Anm. 36; vgl. auch Anm. 84). Bei in Vollzug gesetzten Gesellschaften auf fehlerhafter Vertragsgrundlage tritt es darüber hinaus an die Stelle der Anfechtung des Gesellschaftsvertrags oder der Berufung auf dessen Nichtigkeit (Anm. 4). Daraus erklärt sich die große Vielfalt der Umstände, die als wichtiger Grund im Sinn von § 133 in Betracht kommen können. Die Aufzählung in § 133 Abs. 2 wird dem nur höchst unvollkommen gerecht.

Anm. 15 Der Versuch einer Klassifizierung (vgl. Näheres Anm. 27—43) geht zweckmäßigerweise davon aus, ob die für den wichtigen Grund erheblichen Umstände dem internen Gesellschaftsbereich entstammen oder ob sie auf äußeren Einflüssen beruhen. Bei der ersten Gruppe, den **internen** Faktoren, stehen diejenigen Probleme im Mittelpunkt, die sich aus der Nichterfüllung oder Unmöglichkeit der gesellschaftsvertraglichen Pflichten oder aus sonstigen grundlegenden Störungen des gegenseitigen Vertrauens ergeben. Hier stellt sich regelmäßig auch die Frage, ob nicht bereits weniger einschneidende Eingriffe Abhilfe schaffen können. Anders ist es bei der zweiten, die **äußeren** Faktoren umfassenden Gruppe, bei der es um Fragen der Erreichung oder Unerreichbarkeit des Gesellschaftszwecks sowie sonstiger die wirtschaftliche Grundlage der Gesellschaft betreffender Umstände (Kapitalverlust, dauernde Unrentabilität) geht. Hier stehen Fragen des Wegfalls der Geschäftsgrundlage und der zumutbaren Anpassung des Gesellschaftszwecks an die geänderten Umstände im Mittelpunkt. Eine dritte Gruppe von wichtigen Gründen umfaßt schließlich diejenigen Umstände, die den Vertrag **fehlerhaft** (nichtig oder anfechtbar) machen. In diesen Fällen kommt der vertraglichen Bindung der Gesellschafter geringeres Gewicht zu; daher sind auch an die Annahme eines wichtigen Grundes geringere Anforderungen zu stellen (vgl. Anm. 43).

d) Beurteilungsgrundsätze:

Anm. 16 *α*) **Allgemeines.** Das Gesetz nennt in § 133 Abs. 2 bestimmte Tatsachen, bei deren Vorliegen ein wichtiger Grund vorhanden sein soll. Ein ähnliches Vorgehen findet sich in § 723 Abs. 1 BGB sowie in §§ 71, 117, 127 HGB. Die in § 133 Abs. 2 genannten Gründe (grobe Verletzung oder Unmöglichkeit der Erfüllung wesentlicher Pflichten) entsprechen dabei im Grundsatz den in §§ 117, 127 für die Entziehung von Geschäftsführungsbefugnis und Vertretungsmacht angeführten Umständen mit dem Unterschied, daß in § 133 Abs. 2 allgemein auf die wesentlichen Verpflichtungen aus dem Gesellschaftsvertrag abgestellt wird, nicht nur auf die Erfüllung der Verpflichtung zu Geschäftsführung bzw. Vertretung. Der wichtige Grund im Sinn von § 133 Abs. 2 kann sich somit im Einzelfall mit demjenigen nach §§ 117, 127 decken; als Auflösungsgrund kommt er allerdings nur dann in Betracht, wenn nicht bereits die Entziehungsklage nach §§ 117, 127 ausreicht, um den Gesellschaftsfrieden herzustellen (Anm. 41, 42).

Die **Bedeutung** der in § 133 Abs. 2 genannten Gründe darf indessen **nicht überschätzt** werden. Es handelt sich lediglich um Beispiele, bei deren Vorliegen der Gesetzgeber typischerweise vom Vorliegen eines wichtigen Grundes ausgeht. Die Aufzählung ist weder abschließend in dem Sinn, daß nur Gründe in der Person eines Gesellschafters Anlaß zur Auflösungsklage geben („insbesondere"), noch kann sie dahin verstanden werden, daß das Vorliegen eines der genannten Tatbestände notwendig einen wichtigen Grund darstellt. Vielmehr ist auch bei Verletzung oder Unerfüllbarkeit wesentlicher Vertragspflichten im Einzelfall zu prüfen, ob daraus die Unzumutbarkeit der Fortsetzung der Gesellschaft folgt.

Für die wichtigste, durch **interne** Faktoren gekennzeichnete Gruppe wichtiger Gründe (vgl. Anm. 27—36) gestatten die zahlreichen hierzu ergangenen Urteile, eine Reihe **gemeinsamer Beurteilungsgrundsätze** herauszuarbeiten. Sie erleichtern die Ausfüllung des unbestimmten Rechtsbegriffs „wichtiger Grund" im Einzelfall, ohne dem Gericht freilich die Aufgabe der wertenden Interessenabwägung abnehmen zu können. Zur Beurteilung der auf äußeren Faktoren beruhenden Gründe sind sie nur mit Vorbehalt geeignet; in noch stärkerem Maß gilt das für die Gründe aus der Fehlerhaftigkeit des Vertrags. **Anm. 17**

β) **Berücksichtigungsfähige Tatsachen.** Das Vorliegen eines wichtigen Grundes hängt nicht allein von der Art und Schwere einzelner der vom Kläger geltend gemachten Umstände ab. Die Auflösungsklage wird häufig auf eine ganze Anzahl von Tatsachen und Verhaltensweisen aus dem Gesellschaftsverhältnis gestützt, die erst in ihrer Verbindung einen schwerwiegenden, die Unzumutbarkeit des Festhaltens am Vertrag auslösenden Grund bilden. Das Gericht hat seiner Beurteilung daher eine **Gesamtschau** der von beiden Seiten vorgetragenen Umstände zugrunde zu legen (RGZ 24, 136/137; RG JW 1935, 2490; BGH LM Nr. 4 zu § 133; OLG Nürnberg WM 1958, 710). Sie kann die Bedeutung einer einzelnen, für sich allein schwerwiegenden Tatsache abschwächen. So sind etwa bei einem geschäftsführenden Gesellschafter, der eine einmalige erhebliche Pflichtverletzung begangen hat, auch sein Gesamtverhalten, seine Leistungen für die Gesellschaft, sein Alter, seine Eigenschaft als Gesellschaftsgründer zu berücksichtigen (BGHZ 4, 108/111; 46, 392/397). Umgekehrt kann die Gesamtschau auch zu einer Verschärfung der für sich genommen noch zumutbaren Umstände führen, wenn etwa in der Person mehrerer Gesellschafter liegende, ihrer Art nach verschiedene Ursachen zusammenkommen, die die Fortsetzung der Gesellschaft unzumutbar machen. Auch eine in der Person des Klägers liegende Tatsache kann den wichtigen Grund bilden, z. B. dann, wenn das Unternehmen hauptsächlich mit seinem Kapital arbeitet und ihm nach Wegfall seiner Arbeitsfähigkeit nicht zugemutet werden kann, die Führung der Geschäfte ausschließlich den Mitgesellschaftern zu überlassen. **Anm. 18**

In **zeitlicher** Hinsicht sind in die Gesamtbetrachtung alle diejenigen Umstände einzubeziehen, die sich noch während des Rechtsstreits nachteilig auf die Beziehungen der Gesellschafter auswirken und die Fortführung der Gesellschaft unzumutbar machen. Vorfälle aus der Zeit **vor Errichtung** der Gesellschaft sind jedenfalls insoweit von Bedeutung, als das spätere Verhalten des Gesellschafters dadurch besonderes Gewicht erhalten kann (BGH WM 1961, 886; anders BGHZ 18, 350/365 für Vorfälle aus der Zeit, in der die Personengesellschaft als AG betrieben wurde). Einzubeziehen sind weiter auch Tatsachen, die **nach Klageerhebung** bis zur letzten mündlichen Verhandlung in der letzten Tatsacheninstanz eingetreten sind (OLG Nürnberg WM 1958, 710/713). Sie können den Ausschlag für die Annahme eines wichtigen Grundes geben, aber auch zu seiner Verneinung führen, etwa wenn durch einen zwischenzeitlichen Mitgliederwechsel die Hauptquelle der Unzuträglichkeiten beseitigt ist. **Ältere**, lange vor Klageerhebung liegende Tatsachen, auch verziehene Verfehlungen, können zur Beurteilung einer neuen als wichtiger Grund beitragen (RGZ 51, 89/91); für sich allein reichen sie aber regelmäßig nicht aus, weil die zwischenzeitliche Fortsetzung der Gesellschaft auf ihren weniger schwerwiegenden Charakter schließen läßt (RG JW 1935, 2490; BGH LM Nr. 4 zu § 133; BGH NJW 1966, 2160; Geßler Anm. 5; vgl. Anm. 45). **Anm. 19**

Anm. 20 γ) **Kriterien für die Interessenabwägung.** Die Interessenabwägung hat von der Art und den Besonderheiten der jeweiligen Gesellschaft und der den einzelnen Gesellschaftern darin zukommenden Stellung auszugehen. So sind an den wichtigen Grund geringere Anforderungen zu stellen, wenn sich die Gesellschaft noch im **Anfangsstadium** befindet (BGH LM Nr. 7 zu § 133). In diesem Zeitpunkt können die Beziehungen der Beteiligten noch verhältnismäßig leicht gelöst werden; auch ist es einem Gesellschafter nur schwer zumutbar, weiter am Aufbau einer Gesellschaft mitzuwirken, wenn sich bereits zu Beginn erhebliche Unstimmigkeiten ergeben (vgl. auch ROHG 10, 433/436). Umgekehrt steht nach **langjähriger** erfolgreicher Zusammenarbeit das Bestandsinteresse der die Auflösung ablehnenden Gesellschafter im Vordergrund, da die Auflösung regelmäßig dazu führt, die gemeinsam geschaffene Unternehmensorganisation mit ihren oft bedeutenden Werten zu zerschlagen (BGH WM 1966, 29/31; vgl. auch § 105 Anm. 31c zu der aus dem Bestandsinteresse folgenden Zustimmungspflicht zu zumutbaren, im Interesse der Gesellschaft gebotenen Vertragsänderungen).

Anm. 21 Zeitfaktoren sind für die Interessenabwägung auch in sonstiger Hinsicht von Bedeutung. So spricht die Möglichkeit der jederzeit oder doch in absehbarer Frist im Wege der **Kündigung** erzielbaren Auflösung regelmäßig gegen die Anerkennung eines außerordentlichen Auflösungsgrundes im Sinn von § 133: hier ist dem Auflösungskläger die Herbeiführung der Auflösung mit den vertraglich hierfür vorgesehenen Mitteln zumutbar, jedenfalls wenn an die Kündigung vertraglich keine von der gerichtlichen Auflösung abweichenden Rechtsfolgen geknüpft sind (OGHZ 2, 253/262; OLG Nürnberg WM 1958, 710/713; Westermann Handb. I 651f.; vgl. auch Anm. 3, 8). Der langjährige Ausschluß des Kündigungsrechts durch Vereinbarung einer **Mindestdauer** (§ 132 Anm. 3) kann umgekehrt die Verweisung des Klägers auf die ordentlichen Auflösungsmöglichkeiten unzumutbar machen (BGH LM Nr. 4 zu § 133); allerdings läßt die Mindestdauervereinbarung auch das besondere Interesse der Gesellschafter an der Bestandssicherung der Gesellschaft erkennen und legt es daher nahe, an das Vorliegen eines wichtigen Grundes höhere Anforderungen zu stellen (BGH WM 1958, 216/218; OLG Nürnberg WM 1958, 710/714; Hueck § 25 II 2).

Anm. 22 Hinsichtlich der **Stellung der Gesellschafter** ist davon auszugehen, daß Umstände in der Person eines Gesellschafters regelmäßig um so größeres Gewicht haben, je zentraler die Rolle des einzelnen Gesellschafters innerhalb der Gesellschaft ist. Pflichtverletzung oder Unmöglichkeit der Pflichterfüllung können daher vor allem, wenn sie bei zur Geschäftsführung und Vertretung berufenen Gesellschaftern eintreten, die unveränderte Fortsetzung für die übrigen unzumutbar machen. Allerdings ist bei erheblichen Verdiensten solcher Gesellschafter um die Gesellschaft auch besonders sorgfältig zu prüfen, ob nicht ein milderes, ihnen den Fortbestand der Gesellschaft sicherndes Mittel in Betracht kommt (BGHZ 4, 108/111, 122; 46, 392/397; Anm. 41). Das gleiche gilt dann, wenn die Auflösung einen Teil der Gesellschafter ungleich hart treffen und sie um die Früchte ihrer langjährigen Tätigkeit bringen würde (BGH WM 1968, 430/431). — Umstände in der Person eines für das gemeinsame Unternehmen weniger zentralen Gesellschafters, insbesondere eines **Kommanditisten,** sind demgegenüber nur in besonders gravierenden Fällen als Auflösungsgrund anzuerkennen (RG JW 1938, 2212; OGHZ 2, 253/260f.; 3, 203/209). Soweit solche Umstände der Fortsetzung mit ihm entgegenstehen, wird es im übrigen naheliegen, statt der Auflösung seine Ausschließung aus der Gesellschaft nach § 140 zu verlangen (BGHZ 6, 113/117; zum Verhältnis von Auflösungs- und Ausschlußklage vgl. auch § 140 Anm. 15—17).

Anm. 23 Welche Bedeutung einzelne die Gesellschafterbeziehungen störende Vorfälle für das künftige erfolgreiche Zusammenwirken der Gesellschafter haben, läßt sich aus dem **zwischenzeitlichen Verhalten** der Gesellschafter ablesen. Auch dann, wenn sich ein Gesellschafter seine Rechte aus einem bestimmten Vorfall ausdrücklich vorbehalten hat, läßt die nicht nur vorübergehende Fortsetzung der Gesellschaft bis zur Klageerhebung doch darauf schließen, daß der Vorfall nach der eigenen Beurteilung des die Auflösung begehrenden Gesellschafters die Fortsetzung nicht schlechthin unzumutbar machte (BGH LM Nr. 4 zu § 133; BGH NJW 1966, 2160; Geßler Anm. 5).

Die **fortbestehende Rentabilität** der Gesellschaft ist zwar ein Indiz zugunsten des Fortbestands der Gesellschaft, da der auf Gewinnerzielung gerichtete Gesellschaftszweck weiter erreicht werden kann. Sie schließt jedoch die Annahme eines wichtigen Grundes nicht schlechthin aus (zur fehlenden Rentabilität vgl. Anm. 39). Insbesondere bei völliger Zerstörung des gegenseitigen Vertrauensverhältnisses (Anm. 32) kann den klagenden Gesellschaftern die Fortsetzung auch nicht unter Hinweis auf die Ertragsfähigkeit des Unternehmens zugemutet werden. Nach ständiger Rechtsprechung gestattet die Aussicht auf künftige Erträge nicht schon den Schluß, die Parteien würden allein mit Rücksicht hierauf ihre Differenzen überwinden (OGHZ 2, 254/260; BGHZ 4, 108/112; BGH WM 1966, 1051; Geßler Anm. 6; abweichend RGZ 164, 257/264 für die Auflösung einer GmbH).

Zum Tatbestand des wichtigen Grundes gehört nicht, daß bereits ein **Schaden** eingetreten ist oder ein solcher unmittelbar droht. Schon eine erhebliche Gefährdung der Belange der Gesellschaft oder des klagenden Gesellschafters genügt. Umgekehrt rechtfertigt auch der bereits erfolgte Eintritt eines Schadens noch nicht unbedingt die Bejahung des wichtigen Grundes (ROHG 20, 265; OLG Dresden ZHR 8, 592). **Anm. 24**

δ) **Verschulden.** Die Annahme eines wichtigen Grundes setzt **nicht** voraus, daß er von den der Auflösung widersprechenden Gesellschaftern **schuldhaft** herbeigeführt ist (RGZ 24, 136/137; 146, 169/176; OGHZ 2, 253/259; Geßler Anm. 4, Hueck § 25 II 2). Entscheidend ist die unter Abwägung aller Umstände zu beurteilende Zumutbarkeit der Fortsetzung der Gesellschaft. Dabei kann zwar auch die Vorwerfbarkeit des Verhaltens einzelner Gesellschafter von Bedeutung sein und die Annahme eines wichtigen Grundes begründen; entsprechend nennt § 133 Abs. 2 die vorsätzliche oder grobfahrlässige Verletzung wesentlicher Pflichten. Andererseits finden sich aber auch objektive Umstände, die die Auflösung der Gesellschaft geboten erscheinen lassen. Neben den den Gesellschaftszweck berührenden äußeren Faktoren (vgl. Anm. 37—40) und der objektiven Zerstörung des Vertrauensverhältnisses (Anm. 32) ist etwa an die auf körperlicher oder geistiger Krankheit oder auf hohem Alter beruhende Unmöglichkeit der Erfüllung der Gesellschafterpflichten zu denken (RG DJZ 1931, 432/433). Ebenso können Handlungen oder Zustände, für die ein Gesellschafter etwa wegen krankhafter geistiger Störungen weder zivilrechtlich noch strafrechtlich verantwortlich ist, einen wichtigen Grund bilden (RG SeuffA 67, 413). **Anm. 25**

Ebenso wie Verschulden der Beklagten nicht Voraussetzung für den wichtigen Grund ist, schließt auch die vom Kläger schuldhaft verursachte Störung die Annahme eines wichtigen Grundes nicht notwendig aus. Das gilt jedenfalls für **beiderseits** schuldhaft verursachte Auflösungsgründe. Sie schließen eine Auflösungsklage nach § 133 regelmäßig nicht aus, wenn weniger einschneidende Maßnahmen nicht zumutbar sind; § 254 BGB ist nicht anwendbar (RG LZ 1917, 731; RG JW 1938, 1392; BGHZ 4, 108/116; BGH WM 1960, 49/50; OLG Hamburg HEZ 2, 198/200; OLG Hamm MDR 1964, 330; Soergel-Schultze-v. Lasaulx BGB § 723 Anm. 37). Selbst die schuldhafte Verursachung des Auflösungsgrundes **allein durch den Kläger** hindert seine Anerkennung als wichtiger Grund nicht ohne weiteres (RGZ 122, 312/313; OGHZ 2, 253/259; Geßler Anm. 4; a. A. OLG Hamburg HEZ 2, 198/200, Westermann Handb. I 650; für stärkere Berücksichtigung der Schuldfrage auch BGH WM 1960, 49/50; WM 1966, 1051). Die Gegenansicht verkennt, daß unabhängig von einem solchen Verschulden die Fortsetzung der Gesellschaft unmöglich und unzumutbar sein kann, weil ein der Erreichung des Gesellschaftszwecks dienendes Zusammenwirken der Gesellschafter schlechterdings nicht mehr zu erwarten ist. Der schuldhaften Verursachung des Auflösungsgrundes ist hier im Wege des Schadensersatzes Rechnung zu tragen (Anm. 47). Im Einzelfall kann dem Antragsteller allerdings die **Einrede der Arglist** oder der unzulässigen Rechtsausübung (§ 242 BGB) entgegengehalten werden, wenn er die Voraussetzungen für die Unzumutbarkeit der Fortsetzung der Gesellschaft vorsätzlich geschaffen hat, um einen Auflösungsgrund zu haben. Ein solches Verhalten schließt die Berufung auf die daraus folgende Unzumutbarkeit der Fortführung der Gesellschaft regelmäßig aus. Wenn die anderen Gesellschafter den Versuch machen wollen, das Unternehmen doch zu erhalten, wird sich der schuldige Gesellschafter die Maßregeln gefallen lassen müssen, die geeignet sind, diesen Versuch zu unterstützen, wie seine Ausschließung **Anm. 26** von der Geschäftsführung und Vertretung oder die Überlassung der Ausübung dieser Befugnisse an einen Bevollmächtigten. Nach Lage des Einzelfalls können die Mitgesellschafter auch gute Gründe haben, mit der Auflösung oder der Ausschließung des schuldigen Gesellschafters noch abzuwarten, etwa bis eine geeignete Verwertung des Unternehmens möglich ist oder bis andere Gesellschafter an seine Stelle treten und seine Funktionen übernehmen können.

e) Auflösungsgründe aus dem Verhältnis der Gesellschafter.

Anm. 27 **α) Pflichtverletzung.** Die vorsätzliche oder grobfahrlässige Verletzung einer einem Gesellschafter nach dem Gesellschaftsvertrag obliegenden wesentlichen Verpflichtung ist einer der beiden in § 133 Abs. 2 ausdrücklich aufgeführten Gründe. Zu den Verpflichtungen aus dem Gesellschaftsvertrag gehören alle Verpflichtungen, die aus der Zugehörigkeit des Gesellschafters zu der Gesellschaft entspringen, gleichgültig, ob sie auf dem Gesetz oder einer besonderen Vorschrift des Gesellschaftsvertrages beruhen (RG Recht 1930 Nr. 2013). Es muß sich um die Nichterfüllung einer wesentlichen Verpflichtung handeln. Eine einmalige Pflichtverletzung reicht allerdings, auch wenn sie vorsätzlich oder grobfahrlässig erfolgt, nicht notwendig aus (BGH WM 1966, 29/31). Ein wichtiger Grund liegt nur dann vor, wenn sich für den Kläger aus der Verletzung die Unzumutbarkeit der Fortsetzung der Gesellschaft ergibt, sei es, daß durch die Schwere des Verstoßes das Vertrauensverhältnis grundlegend gestört wurde oder daß mit weiteren Verstößen für die Zukunft ernsthaft zu rechnen ist. Andererseits kann auch eine nicht vorsätzliche oder grobfahrlässige, sondern nur leichte Verletzung der Gesellschafterpflichten im Einzelfall, insbesondere bei öfterer Wiederholung, und im Zusammenhang mit anderen Tatsachen den wichtigen Grund bilden.

Anm. 28 Im einzelnen ist als Verletzung wesentlicher Gesellschaftspflichten einmal die Nichtleistung der versprochenen **Einlagen** anzusehen, da ohne sie das gemeinsame Unternehmen regelmäßig nicht oder nicht so betrieben werden kann (ROHG 10, 433/436; BayObLG Recht 1919, 308). Das gilt jedenfalls bei nachhaltiger Erfüllungsverweigerung; bei verspäteter oder mangelhafter Leistung kommt es darauf an, ob die Einlage für die Zwecke der Gesellschaft noch von Interesse ist oder ob die Leistungsstörung wegen ihrer Schwere oder wegen der Begleitumstände die Fortsetzung der meist noch im Anfangsstadium befindlichen Gesellschaft (Anm. 20) unzumutbar macht.

Anm. 29 Von wesentlicher Bedeutung ist weiter die Pflicht der Gesellschafter zur **Geschäftsführung** (§ 114) und **Vertretung**; ihre nachhaltige Verletzung kann — zumal angesichts der Haftungsrisiken im Rahmen von Personengesellschaften — die Fortsetzung jedenfalls dann unzumutbar machen, wenn Entziehungsmaßnahmen nach §§ 117, 127 nicht in Betracht kommen. Dabei kommt es auf die Wichtigkeit der pflichtwidrigen oder unterlassenen Tätigkeit für die jeweilige Gesellschaft an. Eine erhebliche Pflichtverletzung kann insbesondere in der unsorgfältigen Erfüllung oder der Unterlassung der in §§ 38ff. vorgeschriebenen Buchführungs- und Bilanzaufstellungspflicht liegen (ROHG 20, 244/245). Auch ständiges Fernbleiben vom Geschäft, leichtfertige Geschäftsführung, eigenmächtiger Abschluß ungewöhnlicher Geschäfte, grundloser Widerspruch gegen Handlungen anderer Gesellschafter oder sonstige Verweigerung der Zusammenarbeit, leichtfertige Kreditgewährung, geschäftsschädigende Handlungen oder Störungen des Betriebsfriedens und Beleidigungen des Personals können je nach Schwere einen Auflösungsgrund bilden (ROHG 11, 263/265; 20, 265/268; RG LZ 1914, 1036). Hierher gehört weiter die Unredlichkeit eines Gesellschafters bei der Geschäftsführung und insbesondere der Rechnungslegung; sie war in Art. 125 Nr. 2 ADHGB ausdrücklich als wichtiger Grund genannt. Zu denken ist an Unterschlagung von Gegenständen des Gesellschaftsvermögens, Berechnung zu hoher Auslagen, an zu hohe Entnahmen (OLG Hamburg HansRGZ 1929, 520), falsche Buchungen, Erschwerung des Auskunfts- und Informationsrechts der Mitgesellschafter, Annahme von Schmiergeldern, Verschaffung persönlicher Vorteile zu Lasten der Gesellschaft, Mißbrauch der Vertretungsmacht oder der Gesellschaftsfirma für Privatzwecke, Vornahme verbotener Wettbewerbshandlungen (§ 112) oder auch anderer Geschäfte (ROHG 20, 265; RG LZ 1913, 67). Schon der nicht widerlegte Verdacht einer Unredlichkeit kann im Einzelfall ausreichen, um die Vertrauensgrundlage zu zerstören und die Fortsetzung der Gesellschaft unzumutbar zu machen (BGH WM 1958, 216/218). Anderes gilt bei einverständlichen Falschbuchungen zum Zweck der Steuerhinterziehung: sie rechtfertigen die Annahme eines wichtigen Grundes auch dann nicht, wenn die Finanzlage der Gesellschaft dadurch unübersichtlich wird (BGH WM 1971, 125/126).

Eine dritte Gruppe wesentlicher Pflichtverletzungen bilden die Verstöße gegen die **gesellschaftliche Treupflicht.** Sie umfaßt die Verpflichtung, die eigenen Gesellschafterrechte nicht gegen die Interessen der Mitgesellschafter auszuüben, und verpflichtet jeden Gesellschafter auch allgemein in seinen Handlungen zur Rücksichtnahme auf die Mitgesellschafter (vgl. Näheres § 105 Anm. 31a ff.). Das gilt insbesondere hinsichtlich des geschäftlichen Verhaltens. So können ständige Störungen des Vertrauensverhältnisses durch ungehörige Behandlung von Mitgesellschaftern, Beschimpfungen und sonstige Beleidigungen oder Verleumdungen im Geschäftsbetrieb einen wichtigen Grund bilden (ROHG 20, 265/268; BGHZ 4, 108/120f.; 46, 392/394, 396; anders noch ROHG 11, 263/265f.). Aber auch das außergeschäftliche Verhalten kann bei Beurteilung des wichtigen Grundes nicht unberücksichtigt bleiben. Das Unterhalten ehebrecherischer Beziehungen zur Ehefrau eines Mitgesellschafters kann zu einer unerträglichen Belastung des Gesellschaftsverhältnisses führen und die Auflösung gebieten (ROHG 24, 308/310; BGHZ 4, 108/114 — vgl. auch BGHZ 46, 392/394: Ehebruch eines Gesellschafter/Ehegatten). Gleiches gilt für die Denunziation eines Mitgesellschafters (OGH GmbH-Rdsch. 1950, 14; BGHZ 4, 108/115; BGH NJW 1969, 793/794). **Anm. 30**

β) **Unmöglichkeit der Erfüllung von Gesellschaftspflichten.** Bei diesem in § 133 Abs. 2 weiter angeführten Beispiel eines wichtigen Grundes kommt es nicht darauf an, ob ein Verschulden des Verpflichteten vorliegt. Fälle der Unmöglichkeit sind insbesondere anhaltende körperliche oder geistige Krankheit, wenn sie den Gesellschafter an der Erfüllung wesentlicher Verpflichtungen hindert und dadurch die Belange der Gesellschaft erheblich beeinträchtigt werden (RGZ 105, 376/377); gleiches gilt für eine — auch unverschuldete — Strafhaft (OGH GmbH-Rdsch. 1950, 14). Zur Pflicht des Gesellschafters, eine Beeinträchtigung seiner Arbeitsfähigkeit zu verhindern, vgl. auch § 114 Anm. 5. Auch längere Abwesenheit, insbesondere Verschollenheit, kann die Unmöglichkeit begründen (vgl. § 131 Anm. 84). **Anm. 31**

Eine bloße Verminderung der Arbeitskraft durch Krankheit oder zunehmendes Alter eines Gesellschafters kann ebenfalls einen wichtigen Grund bilden. Doch kann sich gerade hier aus den Umständen des Falles oft etwas anderes ergeben, weil die Gesellschafter mit gewissen Erschwerungen der Geschäftsführung durch solche Veränderungen der Arbeitskraft rechnen müssen und gerechnet haben und durch Einstellung von Hilfskräften, andere Verteilung der Geschäfte u. a. Abhilfe schaffen können. Oft ist dies auch in besonderen Vertragsbestimmungen vorgesehen (vgl. Anm. 70; zur Frage einer aus der Treupflicht folgenden Zustimmungspflicht zu Vertragsänderungen vgl. § 105 Anm. 31c).

γ) **Zerstörung des Vertrauensverhältnisses.** Die nachhaltige Zerstörung des gesellschaftlichen Vertrauensverhältnisses, insbesondere die persönliche Verfeindung der Gesellschafter, ist regelmäßig ein wichtiger Grund für die Erhebung der Auflösungsklage (BGHZ 4, 108/112f.; BGH LM Nr. 4 zu § 133; BGH WM 1963, 282; WM 1966, 1051). Auf den Grund für die Zerstörung kommt es dabei grundsätzlich nicht an. Auch steht der Umstand, daß die Ertragskraft des Unternehmens durch die persönlichen Zerwürfnisse noch nicht nachhaltig geschädigt ist, der Auflösung nicht notwendig entgegen (Anm. 23). Dies gilt namentlich dann, wenn weniger einschneidende Maßnahmen, wie die Umwandlung der Beteiligung eines Gesellschafters in diejenige eines Kommanditisten u. a., nicht in Betracht kommen oder keine Abhilfe versprechen. Nicht gefolgt werden kann der einschränkenden Auffassung von Westermann (Handb. I 649; ähnlich auch BGHZ 46, 392/396f. für eine Ehegatten-KG), wonach persönliche Zerwürfnisse der Gesellschafter grundsätzlich nur dann ins Gewicht fallen, wenn sie nachteilige wirtschaftliche Auswirkungen auf die Gesellschaft haben bzw. auf die „innerbetrieblichen Belange einwirken“ (BGHZ 46, 392/396f.). Diese Ansicht trägt der vom BGH an anderer Stelle (BGHZ 4, 108/112; BGH WM 1966, 1051) zu Recht betonten grundlegenden Bedeutung, die dem Vertrauen zwischen Gesellschaftern einer Personengesellschaft für eine gedeihliche Zusammenarbeit regelmäßig zukommt, zu wenig Rechnung. Eine **Anm. 32**

Parellele zur Rechtslage bei der GmbH, bei der das RG (RGZ 164, 257/260) eine Auflösungsklage trotz persönlicher Verfeindung der Gesellschafter abgewiesen hatte, ist schon wegen der dort zulässigen Drittorganschaft nur beschränkt möglich. — Auch ein Alleinverschulden des Klägers an der eingetretenen Zerrüttung schließt die Annahme eines wichtigen Grundes nicht notwendig aus (Anm. 26).

Anm. 33 δ) **Sonstige Umstände.** Auch sonstige in der **Person** eines Gesellschafters liegende Umstände können einen wichtigen Grund zur Auflösung bilden, wenn sie der Fortsetzung der Gesellschaft entgegenstehen. Das gilt etwa, angesichts der Risiko- und Kreditgemeinschaft unter den Gesellschaftern, für den finanziellen Zusammenbruch eines Gesellschafters, auch wenn daraus mangels Eröffnung des Gesellschafterkonkurses nicht schon unmittelbar die Auflösung folgt (§ 131 Nr. 3). Auch sonstige Minderungen des Ansehens eines Gesellschafters, z. B. durch Bestrafung, selbst wegen Handlungen, die nicht gegen die Gesellschaft gerichtet sind, oder durch Ausschließung aus Vereinen oder wirtschaftlichen Verbänden, können einen wichtigen Grund bilden. Auch die Entmündigung wegen Trunksucht gehört hierher (RGZ 53, 267; RG LZ 1914, 1036). Die Entmündigung wegen Geisteskrankheit ist regelmäßig noch kein wichtiger Grund, insbesondere wenn der Gesellschafter an der Geschäftsführung und Vertretung nicht beteiligt ist oder ohne Schwierigkeit und erhebliche Kosten Ersatz für ihn beschafft werden kann (RG JW 1933, 98). Die Feindeigenschaft eines Gesellschafters kann im Kriege einen wichtigen Grund bedeuten (RG SeuffA 95 Nr. 67). Regelmäßig wird in diesen Fällen statt der Auflösung allerdings die Ausschließung des betreffenden Gesellschafters in Betracht kommen (vgl. § 140 Anm. 9, 16).

Anm. 34 Immer muß der geltend gemachte Auflösungsgrund freilich auch nach objektiven Maßstäben relevant sein. Rein subjektiv begründete Vorurteile reichen nicht aus. So ist insbesondere die Partei-, Religions- oder Rassenzugehörigkeit eines Gesellschafters als solche in keinem Fall ein Auflösungsgrund (vgl. auch RGZ 146, 169/177). Ihrer Berücksichtigung stünde schon der auch in den Privatrechtsbereich hineinwirkende Grundrechtsschutz des Art. 3 Abs. 3 GG entgegen. Nicht ausgeschlossen ist freilich, daß eine dieser Eigenschaften im Einzelfall aus sonstigen Gründen (Gefährdung des Gesellschaftszwecks, unüberwindbare Spannungen zwischen den Gesellschaftern) zur Annahme eines wichtigen Grundes führt.

Anm. 35 Auf den wichtigen Auflösungsgrund kann sich grundsätzlich auch derjenige berufen, in dessen Person er eintritt (RGZ 24, 136, 137; RG JW 1900, 413, Geßler Anm. 11). Ist für ihn die Fortsetzung der Gesellschaft dadurch unzumutbar geworden, so steht ihm ein Anspruch auf Auflösung zu (zum Fall des verschuldeten Auflösungsgrunds vgl. Anm. 26). So kann etwa für den Hauptkapitalgeber der Gesellschaft der Umstand, daß er unerwartet durch Krankheit auf Dauer an der Geschäftsführung verhindert ist, einen Auflösungsgrund bedeuten, wenn ihm nicht zuzumuten ist, ohne eigene Mitwirkung in der Geschäftsführung das volle Gesellschaftsrisiko zu tragen, und eine Umwandlung seiner Stellung in die eines Kommanditisten nicht in Betracht kommt.

Anm. 36 ε) **Umstände in der Person von Vertretern.** Werden die Rechte eines Gesellschafters auf Dauer durch einen Dritten (gesetzlicher Vertreter, Pfleger, Ehegatte) ausgeübt, so können auch das Verhalten oder die Eigenschaften dieser Dritten nach Lage des Einzelfalls einen wichtigen Grund bilden, wenn ein Wechsel der Person des Vertreters nicht erreicht werden kann (RGZ 105, 376/377).

f) Äußere Auflösungsgründe.

Anm. 37 α) **Zweckerreichung oder -verfehlung.** Erreichung und Unerreichbarkeit des Gesellschaftszwecks sind für die bürgerlichrechtliche Gesellschaft unmittelbar wirkende Auflösungsgründe (§ 726 BGB). Das HGB hat diese Regelung aus Rechtssicherheitsgründen in § 131 nicht übernommen. Statt dessen sind die den Gesellschaftszweck berührenden Umstände im Rahmen von § 133 als wichtiger Grund zu beachten (vgl. § 131 Anm. 112; so ausdrücklich noch Art. 125 Abs. 1 ADHGB). Voraussetzung ist jedoch auch hier, daß die Fortsetzung der Gesellschaft dadurch unmöglich oder unzumutbar ist und auch eine allen Gesellschaftern etwa zumutbare Änderung des Gesellschaftszwecks (dazu vgl. § 105 Anm. 31 c) keine Abhilfe schaffen könnte.

Steht die Unerreichbarkeit des Gesellschaftszwecks fest, so bleibt für das richterliche Ermessen kaum ein Spielraum. Die Auflösung muß ausgesprochen werden, wenn es ein

Gesellschafter beantragt. Die der Auflösung widersprechenden Gesellschafter können allerdings, wenn dies der Gesellschaftsvertrag zuläßt, den Gesellschaftszweck mehrheitlich ändern und dadurch den Auflösungsgrund beseitigen. Der Beschluß muß vor der letzten mündlichen Verhandlung in der letzten Tatsacheninstanz gefaßt sein. Ein späterer Beschluß hindert den Erlaß des Auflösungsurteils nicht; er kann auch nicht gegen den Willen des Klägers zur Fortsetzung der aufgelösten Gesellschaft führen (§ 131 Anm. 155).

Als Gründe für die Unerreichbarkeit des Gesellschaftszwecks kommen alle die- **Anm. 38**
jenigen Umstände in Betracht, die eine Gewinnerzielung in Zukunft als ausgeschlossen oder doch wenig wahrscheinlich erscheinen lassen. Sie können auf Änderungen der Marktverhältnisse beruhen wie etwa Nachfrageverlagerungen, Aufkommen neuer Erfindungen oder aus sonstigen Gründen überlegener Wettbewerber, Konzentrationsvorgängen, aber auch auf wirtschaftslenkenden Eingriffen des Staates durch Veränderung der Zoll- oder Steuervorschriften, Beseitigung von Einfuhrhindernissen u. a. Eine absolute Unmöglichkeit der Zweckerreichung ist nicht erforderlich. Auch die nach vernünftigem Ermessen voraussichtlich nicht oder nur mit besonders großen Opfern oder nur unter besonderen Glücksumständen zu überwindende Schwierigkeit der Erreichung des Gesellschaftszwecks stellt einen wichtigen Grund im Sinne von § 133 dar. Die Unmöglichkeit ist nicht dadurch ausgeschlossen, daß die Fortsetzung des Betriebes, etwa durch völlige Umgestaltung desselben, z. B. Änderung der Fabrikationsart, ermöglicht werden kann, wenn zur Erreichung dieses Zieles im Gesellschaftsvertrag nicht vorgesehene neue Einlagen der Gesellschafter oder die Aufnahme neuer Kapitalgeber als Gesellschafter erforderlich wäre; denn zu einer derartigen Umgestaltung des Gesellschaftsvertrages ist ohne besondere Vertragsbestimmung kein Gesellschafter verpflichtet (RG JW 1938, 1522/1523).

β) **Dauernde Unrentabilität, Kapitalverlust.** Die voraussichtlich dauernde **Un-** **Anm. 39**
rentabilität stellt einen Hauptfall der Unerreichbarkeit des Gesellschaftszwecks dar. Sie reicht in jedem Fall zur Begründung des Auflösungsanspruchs aus, wenn sonstige Abhilfe nicht in Betracht kommt (BGH NJW 1960, 434). Dabei ist nicht erforderlich, daß bereits erhebliche Kapitalverluste eingetreten sind. Entfällt die Gewinnerwartung, so ist der Gesellschaft damit die Geschäftsgrundlage entzogen; nach ständiger Rechtsprechung kann ein Festhalten am Vertrag unter weiterem Einsatz von Kapital und Arbeit unter diesen Voraussetzungen keinem Gesellschafter zugemutet werden (ROHG 12, 98/100; RG LZ 1907, 139; 1908, 62; 1916, 40; RG JW 1913, 265; 1927, 1684; 1928, 1568; BGH LM Nr. 13 zu § 161 HGB).

Dagegen rechtfertigt ein eingetretener, selbst erheblicher **Kapitalverlust** nicht schon **Anm. 40**
für sich allein ein Auflösungsverlangen. Das gilt insbesondere für das Anfangsstadium, in dem Anlaufverluste meist unvermeidbar sind. Bestehen begründete Aussichten auf künftige Besserung, so ist den Gesellschaftern das Festhalten am Vertrag auch während einer nicht nur vorübergehenden „Durststrecke" zuzumuten. Anders ist es, wenn eine künftige Besserung nicht in Sicht ist oder die eingetretenen Verluste so erheblich sind, daß sie den Wegfall der finanziellen Grundlage der Gesellschaft zur Folge haben und dadurch die Erreichung des Gesellschaftszwecks unmöglich machen (OLG Dresden ZHR 8, 592; OLG Frankfurt ZHR 35, 233).

g) Auflösung als äußerstes Mittel: Einheitlich für **alle** Klagen auf Auflösung einer **Anm. 41**
wirksam errichteten Gesellschaft gilt, daß die gerichtliche Auflösung der äußerste Rechtsbehelf bleiben muß. Das folgt schon aus der alle Gesellschafter bindenden, die Ausübung ihrer Rechte beschränkenden Treupflicht (RG JW 1938, 2212/2213). Die Annahme eines wichtigen Grundes setzt insbesondere voraus, daß weder die Verweisung des Klägers auf ordentliche Auflösungsmöglichkeiten (Kündigung, Zeitablauf) zumutbar erscheint, noch durch weniger einschneidende, den Fortbestand der Gesellschaft sichernde Maßnahmen Abhilfe geschaffen werden kann (RGZ 122, 312; 146, 169; RG JW 1938, 2212; OGHZ 2, 253/262; BGHZ 18, 350/362; BGH LM Nr. 4 zu § 133; BGH WM 1966, 29/31; OLG Nürnberg WM 1958, 710/714). Auf ein vertragliches Recht zum einseitigen Ausscheiden gegen Abfindung wird sich der Kläger allerdings nur dann verweisen lassen müssen, wenn er daraus keine unzumutbaren finanziellen Nachteile erleidet.

Kann die in der Person eines Gesellschafters eingetretene Störung schon durch Entziehung der Geschäftsführungs- und Vertretungsbefugnis beseitigt werden, so ist ein Auflösungsanspruch regelmäßig nicht gegeben. Sind allerdings die übrigen Gesellschafter nicht bereit, bei der erforderlichen Entziehungsklage mitzuwirken, so kann hierin ein die Auflösung rechtfertigender Grund liegen. Eine Auflösungsklage ist weiter regelmäßig dann abzuweisen, wenn sie auf Gründe in der Person des Klägers gestützt ist und die übrigen Gesellschafter daraus widerklagend den Ausschluß des Auflösungsklägers verlangen (allgemein zum Verhältnis von Auflösungs-, Ausschluß- und Übernahmeklage vgl. § 140 Anm. 15—17). Schließlich kann die Auflösungsklage auch dann keinen Erfolg haben, wenn die Auflösung die Beklagten aus Umständen, die der Kläger zu vertreten hat, ungleich hart trifft und ihnen daher nicht zugemutet werden kann (BGH WM 1968, 430/431).

Anm. 42 Das Gericht kann nicht von sich aus anstelle der beantragten Auflösung auf andere Vertragsänderungen wie Entziehung der Geschäftsführungs- oder Vertretungsmacht oder Ausschluß eines Gesellschafters erkennen; es ist an die Klageanträge der Parteien gebunden. Es hat aber die Möglichkeit, durch einen Vergleichsvorschlag im Rahmen seiner wertenden Beurteilung weniger einschneidende, zur Abhilfe geeignete und allen Beteiligten zumutbare Vertragsänderungen anzuregen. Die Vorschläge müssen geeignet sein, die Quelle der Störungen zu beseitigen, indem sie etwa die Mitwirkungsrechte eines störenden Gesellschafters drastisch einschränken und die Umwandlung seiner Beteiligung in diejenige eines Kommanditisten vorsehen oder — bei äußeren Störungen — auf eine entsprechende Anpassung des Gesellschaftszwecks hinwirken. Lehnen die Beklagten diese Vorschläge ab, so folgt daraus, daß mildere Mittel nicht in Betracht kommen; der Auflösungsanspruch des Klägers ist in diesem Fall begründet, wenn ihm die Fortsetzung der Gesellschaft auf unveränderter Grundlage nicht zugemutet werden kann. Wird der Vergleich umgekehrt zwar von den Beklagten, nicht aber vom Kläger akzeptiert, so wird dieser sich regelmäßig auch nicht mehr auf die Unzumutbarkeit der Fortsetzung berufen können (vgl. dazu BGHZ 18, 350/363f.; OLG Nürnberg WM 1958, 710/714; Geßler Anm. 15).

Anm. 43 **h) Auflösungsgründe bei fehlerhafter Gesellschaft.** Für die Auflösung einer auf fehlerhafter Vertragsgrundlage beruhenden Gesellschaft gelten vom Vorstehenden **abweichende** Grundsätze (vgl. § 105 Anm. 91 mit Nachw.). Die Frage, ob den Gesellschaftern das Festhalten am — fehlerhaften — Vertrag zuzumuten ist, kann hier nicht allein entscheidend sein. Da die Auflösungsklage nur das rechtstechnische Mittel ist, um den Anfechtungs- oder Nichtigkeitsgrund geltend zu machen, muß dieser, wenn die Geltendmachung innerhalb der nach §§ 121, 124 BGB vorgeschriebenen Frist erfolgt (§ 105 Anm. 92), im Grundsatz auch dann durchgreifen, wenn er nicht die an einen wichtigen Grund im Sinn von § 133 zu stellenden strengen Anforderungen erfüllt. Insofern ist der Rechtsprechung des BGH (BGHZ 3, 285/290ff. = LM Nr. 1 zu § 133 m. Anm. Fischer) zuzustimmen, die abweichend vom RG (DR 1941, 1943/1944; 1943, 1221/1223) nicht auf die Zumutbarkeit der Fortsetzung abstellt. Allerdings ist die vom BGH (a. a. O.) geforderte Anerkennung jedes Anfechtungs- und Nichtigkeitsgrundes als Auflösungsvoraussetzung zu formal; sie geht selbst dann zu weit, wenn man mit Fischer (§ 105 Anm. 91 sowie Anm. zu LM Nr. 1 zu § 133) einen Vorbehalt für die Fälle mißbräuchlicher Rechtsausübung macht. Richtiger ist es, bei Beurteilung des Auflösungsgrundes auch die durch die zwischenzeitliche Zusammenarbeit gewachsenen Gesellschaftsbeziehungen und die daraus trotz Fehlerhaftigkeit der Gesellschaft folgende Treupflicht der Gesellschafter zu berücksichtigen (so zu Recht Geßler § 105 Anm. 62d m. weit. Nachw., Hueck § 7 III 1 b β). Aus ihr kann sich die Verneinung eines Auflösungsgrundes insbesondere dann ergeben, wenn der Grund der Fehlerhaftigkeit infolge der zwischenzeitlichen Entwicklung seine Bedeutung verloren hat und vom Auflösungskläger nur als Vorwand benutzt wird, um sich von der Gesellschaft zu lösen. Auch die von Fischer (§ 105 Anm. 91) gezogene Parallele zur Nichtigkeitsklage bei der AG (§ 275 AktG) steht nicht entgegen; vielmehr zeigt gerade auch diese Vorschrift eine Tendenz zur Erhaltung der Gesellschaft, wenn sie in Abs. 2 eine Karenzfrist zur Beseitigung des Mangels vorsieht und darüber hinaus in Abs. 3 die Geltendmachung des Nichtigkeitsgrundes auf einen Zeitraum von drei Jahren nach Eintragung der Gesellschaft beschränkt.

3. Der Auflösungsanspruch als Individualrecht. Anm. 44

Das Recht, beim Vorliegen eines wichtigen Grundes die Auflösung der Gesellschaft zu verlangen, ist wie das Kündigungsrecht des § 132 ein jedem einzelnen Gesellschafter zustehender, unentziehbarer (vgl. Anm. 67) und im Wege der Gestaltungsklage durchsetzbarer Anspruch. Seine Rechtsnatur (öffentlichrechtlicher Anspruch auf gerichtliches Tätigwerden oder materiellrechtliches, im Klageweg geltend zu machendes Recht auf Gestaltung gegenüber den widersprechenden Gesellschaftern) ist in der Prozeßrechtsliteratur umstritten (vgl. einerseits Dölle in Bötticher-Festschrift, 1970, S. 97f., andererseits Rosenberg-Schwab, Zivilprozeßrecht[10], § 95 I 2, jeweils m. weit. Nachw.); für die Anwendung von § 133 kommt dem Streit indes keine Bedeutung zu. Wesentlich ist, daß es sich bei dem Gestaltungsklagerecht des § 133 um ein **Individualrecht** jedes Gesellschafters handelt; darin unterscheidet es sich grundlegend von den in §§ 117, 127, 140 geregelten, allen übrigen Gesellschaftern gemeinschaftlich zustehenden Gestaltungsklagerechten (vgl. dazu P. Ulmer, Geßler-Festschrift, 1971, III 2b).

Aus dem Charakter als Individualrecht folgt einmal, daß jeder Gesellschafter die Auflösungsklage ohne Rücksicht auf die Mitwirkung der übrigen Gesellschafter erheben kann; die Klage ist gegen die der Auflösung widersprechenden Gesellschafter zu richten (Anm. 52). Ebenso kann jeder Gesellschafter im Einzelfall, aufgrund bestimmter Umstände, auf die Geltendmachung des Rechts **verzichten.** Der Verzicht kann ausdrücklich oder stillschweigend, etwa durch längere widerspruchslose Fortführung der Geschäfte trotz Kenntnis des Auflösungsgrunds, erfolgen (RGZ 51, 89/91; 153, 274/280; RG JW 1935, 2490; BGH LM Nr. 4 zu § 133 HGB). Auch ohne Verzicht kann der längere Zeit nach Eintritt des Auflösungsgrunds erhobenen Auflösungsklage der Einwand der **Verwirkung** entgegengesetzt werden (BGH NJW 1957, 1358). Auch wenn ein Gesellschafter sich seine Rechte aus einem bestimmten Vorfall ausdrücklich vorbehalten hatte, begründet die Fortsetzung der Gesellschaft während eines nicht nur vorübergehenden Zeitraums doch die Vermutung, daß der Auflösungsgrund nachträglich durch die spätere Entwicklung der gesellschaftlichen Beziehungen weggefallen ist (BGH NJW 1966, 2160 bei Nichtgeltendmachung während $1^1/_4$ Jahren; vgl. auch BGH LM Nr. 4 zu § 133 HGB). Anm. 45

4. Einwilligung des Ehegatten, des Vormundschaftsgerichts?

Für die Frage, ob die Herbeiführung der Auflösung durch Erhebung der Auflösungsklage der Einwilligung Dritter bedarf, gelten die gleichen Grundsätze wie für die Auflösung durch ordentliche Kündigung (§ 132 Anm. 6, 7). Der Umstand, daß die Auflösung hier nicht unmittelbar durch die Erklärung eines Gesellschafters, sondern erst durch Gerichtsurteil aufgrund der Auflösungsklage eintritt, rechtfertigt keine abweichende Behandlung, da das Gericht die Auflösung bei Vorliegen eines wichtigen Grundes auszusprechen hat und hierbei nicht gleichzeitig Erwägungen im Sinn der §§ 1365 Abs. 2, 1822f. BGB anstellen darf. Auch die Klageerhebung ist daher als „Verfügung" im Sinn von § 1365 Abs. 1 BGB anzusehen; sie kann im Einzelfall die Einwilligung des anderen Ehegatten voraussetzen (§ 132 Anm. 7; so auch Beitzke DB 1961, 21/24f., Wiedemann a. a. O. S. 263). Bei nicht voll geschäftsfähigen Gesellschaftern ist die Klageerhebung durch den gesetzlichen Vertreter dagegen auch ohne Genehmigung des Vormundschaftsgerichts möglich; allerdings soll der Vormund (nicht auch die Eltern, § 1643 Abs. 1 BGB) die Genehmigung einholen (§ 1823 BGB, vgl. § 131 Anm. 32, § 132 Anm. 6). Anm. 46

5. Auflösung und Schadensersatz.

Die Auflösung der Gesellschaft aus wichtigem Grunde kann vertragliche Schadensersatzansprüche auslösen; der Übergang der Gesellschaft in das Liquidationsstadium schließt ihre Geltendmachung, anders als etwa der Rücktritt, nicht aus. Erforderlich ist allerdings der Nachweis einer schuldhaften Vertragsverletzung des anderen Teils. Sie liegt nicht schon in der Herbeiführung der Auflösung als solcher, auch wenn diese durch Umstände in der Person eines Gesellschafters veranlaßt ist. Entscheidend sind vielmehr Art und Veranlassung dieser Umstände. Schadensersatzansprüche kommen danach namentlich in Betracht, wenn die Auflösung auf Verletzung wesentlicher Vertragspflichten wie Nichtleistung der Einlagen, mangelhafte Geschäftsführung oder Treupflichtverstöße gestützt ist (RGZ 89, 398/399f.; 162, 396; RG Recht 1929 Anm. 47

Nr. 232; BGH WM 1960, 50; Geßler Anm. 24). Bei beiderseitigem Verschulden bestimmt sich die Verpflichtung zum Schadensersatz und der Umfang des zu leistenden Ersatzes nach den Umständen, insbesondere nach dem Verhältnis des Verschuldens der einzelnen Gesellschafter und seiner Auswirkungen (§ 254 BGB). Auch eine durch das Verhalten der Beklagten im Auflösungsprozeß bewirkte Verzögerung der Auflösung kann Schadensersatzansprüche auslösen. Der Gesellschaftsvertrag kann auch die Folgen der Auflösung für den, der sie durch sein Verhalten verursacht, festsetzen. Er kann eine Vertragsstrafe vorsehen oder den Schuldigen verpflichten, das Geschäft zu übernehmen und die übrigen Gesellschafter in bestimmter Weise abzufinden (vgl. auch Anm. 81, 82). — Auch wenn Schadensersatzansprüche im Zuge der Auflösung mangels Verschuldens ausscheiden, so kann doch derjenige Gesellschafter, der durch die Auflösung ungleich hart getroffen wird, bei der Auseinandersetzung die Zahlung eines Ausgleichsbetrags von den durch die Auflösung begünstigten Gesellschaftern verlangen (BGH JZ 1954, 195; BGH WM 1958, 777; WM 1963, 282/283; vgl. auch Erläut. zu § 138).

Die Schadensersatzansprüche sind gesondert geltend zu machen. Das Auflösungsurteil als solches begründet keine Ersatzpflicht; die darin getroffenen Feststellungen zur Verursachung des Auflösungsgrunds nehmen zwischen den Parteien des Rechtsstreits allerdings an der Rechtskraft des Auflösungsurteils teil (Henckel a. a. O. S. 209, Dölle ZZP 62 [1941], 281/289ff., Rosenberg-Schwab a. a. O. § 95 III 2; a. A. Geßler Anm. 27). Die Höhe der Ansprüche richtet sich nach dem aus der vorzeitigen Auflösung entstandenen Schaden. Er kann sowohl in der Entwertung des Gesellschaftsvermögens durch die Liquidation als auch im Entgang künftiger Gewinnchancen bestehen.

II. Klage und Urteil

1. Der Auflösungsanspruch als Gestaltungsklagerecht.

Anm. 48 Das Recht, die Gesellschaft bei Vorliegen eines wichtigen Grundes zur Auflösung zu bringen, ist in § 133 Abs. 1 als Gestaltungsklagerecht ausgestaltet worden, zu dessen Verwirklichung es einer gerichtlichen Entscheidung bedarf (vgl. dazu besonders Bötticher, Besinnung auf das Gestaltungsrecht und das Gestaltungsklagerecht, Dölle-Festschrift, 1964, S. 41/54ff.). Diese von der Rechtslage des ADHGB und der bürgerlichrechtlichen Gesellschaft (§ 723 Abs. 1 S. 2, 3 BGB) abweichende Regelung hat das HGB im Interesse der Rechtssicherheit und Rechtsklarheit getroffen (Anm. 2). Angesichts der einschneidenden Wirkungen, die die Auflösung einer Personenhandelsgesellschaft auf das gemeinsam betriebene Unternehmen hat, sowie angesichts der Unbestimmtheit des Rechtsbegriffs „wichtiger Grund“ sollte die Auflösung hier nicht durch einseitige Erklärung eintreten, sondern durch (rechtskräftiges) Gestaltungsurteil unter gleichzeitiger Feststellung des wichtigen Grundes. Den Parteien bleibt es freilich unbenommen, anstelle des Gestaltungsklagerechts des § 133 vertraglich ein Gestaltungsrecht der Gesellschafter in Form der Kündigungsbefugnis aus wichtigem Grunde zu vereinbaren (Anm. 73, 74).

Anm. 49 Der Gestaltungsanspruch kann nur im Wege der **Klage** oder der **Widerklage,** etwa gegenüber einer Ausschließungsklage der übrigen Gesellschafter nach § 140, geltend gemacht werden. Das folgt aus der Notwendigkeit einer die Gestaltung aussprechenden und dadurch die gewünschte Rechtsänderung herbeiführenden gerichtlichen Entscheidung (§ 133 Abs. 1). Die Geltendmachung des wichtigen Grundes im Wege der **Einwendung** gegenüber Leistungsklagen aus dem Gesellschaftsverhältnis ist zwar schon aus dem Gesichtspunkt der unzulässigen Rechtsausübung nicht generell ausgeschlossen (RGZ 112, 280/283). Sie kann aber auch für den Fall, daß das Gericht die Einwendung als beachtlich anerkennt und die Leistungsklage abweist, nicht die Auflösung der Gesellschaft bewirken, da es an dem Ausspruch der Auflösung als Tatbestandsvoraussetzung des § 133 Abs. 1 fehlt (RGZ 112, 280/282; RG JW 1913, 548; Geßler Anm. 17). Daher wird auch eine Klage auf Feststellung des Bestehens einer werbenden OHG nicht dadurch unbegründet, daß der Beklagte sich auf einen wichtigen Grund im Sinn von § 133 beruft (OHGZ 1, 347/351). Anders ist es bei der Klage auf Mitwirkung bei der Eintragung einer erst durch Eintragung entstehenden OHG; hier kann der wichtige Grund schon deshalb einredeweise geltend gemacht werden, weil § 133 in diesem Fall erst von der Eintragung an Anwendung findet (vgl. Anm. 6). Die Geltendmachung des wichtigen Grundes kann hier bis zur Eintragung als Kündigung im Sinn von § 723 Abs. 1 S. 2 BGB verstanden werden. Einer Berufung auf den Grundsatz der unzulässigen Rechtsausübung bedarf es daher entgegen Geßler (Anm. 17) insoweit nicht (wohl aber gegenüber der Klage auf Mitwirkung bei der Eintragung einer ein Grundhandelsgewerbe betreibenden OHG, RGZ 112, 280/283).

2. Die Auflösungsklage.

a) Parteien: Die Auflösungsklage ist auf eine richterliche Vertragsänderung ge- **Anm. 50**
richtet. Sie bezieht sich nicht unmittelbar auf die Geschäftstätigkeit der Gesellschaft, sondern auf ihre Grundlage. Parteien der Klage können daher alle Gesellschafter sein, ohne Rücksicht auf ihre Befugnis zu Geschäftsführung und Vertretung. Die Prozeßbeteiligung anderer Personen ist dagegen ausgeschlossen (OGHZ 2, 253/254). Auch die Gesellschaft selbst ist, anders als im Recht der Kapitalgesellschaften (§§ 246 II, 249 I AktG, § 61 II GmbHG), nicht Prozeßpartei, sondern nur Gegenstand des Rechtsstreits (RG HoldhMschr 1916, 168).

Kläger der Auflösungsklage kann jeder Gesellschafter sein, auch der Komman- **Anm. 51**
ditist im Rahmen einer KG. Auf seine Stellung in der Gesellschaft und die ihm eingeräumten Befugnisse kommt es nicht an. Auch wenn der Gesellschafter auf die Ausübung seiner Verwaltungsrechte (Geschäftsführungs-, Stimm-, Kontrollrechte) verzichtet hat, bleibt ihm doch das — unentziehbare (§ 133 III) — Recht, die Auflösung der Gesellschaft aus wichtigem Grund zu verlangen. Anders ist es nur dann, wenn der Gesellschafter seinen Anteil im Einverständnis mit den übrigen Gesellschaftern auf einen Treuhänder übertragen hat: hier ist der Treuhänder in rechtlicher Hinsicht Gesellschafter geworden. Ihm stehen die gesellschaftsrechtlichen Ansprüche zu. Er — und nicht der Treugeber — ist daher grundsätzlich auch die richtige Partei im Rahmen von § 133 (vgl. für die GmbH BGHZ 24, 119/124; für die AG BGH NJW 1966, 1459).

Das Gestaltungsklagerecht des § 133 ist als Individualrecht ausgestaltet (Anm. 44). Einer Mitwirkung weiterer Gesellschafter, auch der mit dem Klageziel einverstandenen, bedarf es auf der Klägerseite daher nicht. Klagen mehrere, so sind sie notwendige Streitgenossen im Sinn von § 62 Abs. 1 (1. Fall) ZPO, da die begehrte Auflösung des Gesellschaftsvertrags ihnen gegenüber nur einheitlich ausgesprochen oder abgelehnt werden kann (vgl. Henckel a. a. O. S. 211f.).

Beklagte. Die Auflösungsklage ist grundsätzlich gegen alle nicht als Kläger **Anm. 52**
beteiligte Gesellschafter zu richten. Sie bilden wegen ihrer Beteiligung an dem Streitgegenstand, dem Gesellschaftsvertrag, eine notwendige Streitgenossenschaft aus materiellrechtlichen Gründen (§ 62 Abs. 1, 2. Fall, ZPO; so auch BGHZ 30, 195/197; anders noch BGH LM Nr. 3 zu § 133 HGB: § 62 I, 1. Fall). Das Erfordernis der Prozeßbeteiligung grundsätzlich aller Gesellschafter beruht dabei nicht etwa auf Gründen der Rechtskraft des Auflösungsurteils: die gestaltende Wirkung des Urteils tritt unabhängig davon ein, ob sich seine Rechtskraft auf alle Gesellschafter erstreckt. Die in der Auflösung liegende Vertragsänderung ist Folge des **Urteils,** nicht der Rechtskrafterstreckung (vgl. Ulmer, Geßler-Festschrift II 1 gegen Fischer NJW 1959, 1057 und § 117 Anm. 29). Die notwendige Streitgenossenschaft rechtfertigt sich aber aus dem Grundsatz des rechtlichen Gehörs (Schlosser a. a. O. S. 164ff., 172ff.). In das Rechtsverhältnis der Gesellschafter soll grundsätzlich nicht eingegriffen werden, ohne daß sie Gelegenheit hatten, zu der begehrten Gestaltung Stellung zu nehmen. Diese Gelegenheit wird ihnen durch das Institut der notwendigen Streitgenossenschaft auf der Passivseite gewährleistet: die Verklagung aller nicht als Kläger am Prozeß beteiligten Gesellschafter bildet eine **Prozeßvoraussetzung,** deren Fehlen grundsätzlich zur Abweisung der Klage als unzulässig führt (BGHZ 36, 187/191f. m. weit. Nachw., Henckel a. a. O. S. 98, 103; abw. Baumbach-Lauterbach ZPO[30] § 59 Anm. 1; zum Ganzen vgl. auch Ulmer, Geßler-Festschrift II 1).

Der Grundsatz der notwendigen Verklagung aller nicht als Kläger am Auflösungs- **Anm. 53**
prozeß beteiligten Gesellschafter erleidet eine **Ausnahme** allerdings hinsichtlich derjenigen Gesellschafter, die gegenüber dem Kläger mit bindender Wirkung in die Auflösung eingewilligt haben. Das ist heute einhellig anerkannt (OGHZ 2, 253/255f.; BGH LM Nr. 3 zu § 133 HGB; OLG Hamm MDR 1964, 330, Geßler Anm. 19,

Hueck § 25 III 3, Westermann Handb. I 656; Blomeyer, Zivilprozeßrecht, § 94 II 3, Henckel a. a. O. S. 104f., Rosenberg-Schwab[10] § 50 III 2). Umstritten ist nur der die Ausnahme tragende Grund. Er beruht nicht etwa darauf, daß eine gerichtliche Gestaltung nur gegenüber den die Auflösung ablehnenden Gesellschaftern notwendig wäre (so aber Blomeyer a. a. O. § 94 II 3 und Henckel a. a. O. S. 104); dagegen spricht, daß die Auflösungsklage nicht auf Ersetzung der Zustimmung der der Auflösung widersprechenden Gesellschafter, sondern auf richterliche Gestaltung gerichtet ist. Auch das vielfach angeführte Fehlen des Rechtsschutzinteresses (so etwa BGH LM Nr. 3 zu § 133 HGB, Hueck § 25 III 3) reicht nicht aus, da das Interesse des Klägers am Auflösungsprozeß — und damit an der Verklagung grundsätzlich aller Streitgenossen — solange anzuerkennen ist, als die Auflösung nicht durch Beschluß der Gesellschafter herbeigeführt ist (gegen das Kriterium des Rechtsschutzinteresses bei Gestaltungsklagen auch Rosenberg-Schwab § 95 IV). Der entscheidende Grund liegt vielmehr darin, daß die nicht prozeßbeteiligten Gesellschafter auf das ihnen durch die Prozeßvoraussetzung der notwendigen Streitgenossenschaft im eigenen Interesse garantierte rechtliche Gehör verzichten können (Ulmer, Geßler-Festschrift II 2 c). Derartige Ausnahmen von der notwendigen Streitgenossenschaft im Sinn von § 62 (2. Fall) ZPO sind aus Gründen der Prozeßökonomie von der Rechtsprechung auch in anderem Zusammenhang schon wiederholt zugelassen worden (vgl. RGZ 71, 366/371; 93, 292/295; 111, 338/339f., BGH NJW 1962, 1722; dazu auch Henckel a. a. O. S. 55f.). **Voraussetzung** für die Zulässigkeit der Auflösungsklage trotz Nichtverklagung eines Teils der Gesellschafter ist allerdings, daß diese ihre Einwilligung bis zur letzten mündlichen Verhandlung aufrechterhalten. Die Frage ist vom Gericht von Amts wegen zu prüfen; die Beweislast trägt der Kläger. Das Fehlen der Einwilligung hindert die Wirksamkeit eines trotzdem ergangenen Urteils nicht (so zu Recht Schlosser a. a. O. S. 167, 190, 220f. gegen Blomeyer § 94 II und Jauernig FamRZ 1961, 98/101f.); es kann aber nach § 579 Abs. 1 Ziff. 4 ZPO zur Wiederaufnahme des Verfahrens führen (Blomeyer § 94 II 3, S. 501 Fußn. 2, unter Bezugnahme auf Robert Fischer).

Anm. 54 **b) Klageantrag, Klagegründe:** Der Klageantrag ist auf Auflösung der Gesellschaft durch Urteilsspruch zu richten. Eine von einer Bedingung abhängige Auflösung kann wegen der notwendigen Bestimmtheit des Gestaltungsurteils nicht beantragt werden. Entgegen der Vorauflage (Anm. 18) ist es auch nicht zulässig, die Auflösung auf einen bestimmten Zeitpunkt zu beantragen. Die Auflösung tritt nach § 131 Nr. 6 vielmehr automatisch mit der Rechtskraft des Urteils ein (Anm. 63); ein Einfluß hierauf ist dem Gericht verwehrt. Wohl aber dürfte es zulässig sein, die Wirkungen der Auflösung auf Antrag einer Partei aus Zweckmäßigkeitsgründen auf einen nicht zu fernen Zeitpunkt nach Rechtskraft des Urteils, etwa auf das Ende des laufenden Geschäftsjahrs, zu beziehen (Geßler Anm. 25, Hueck § 25 IV 1; einschränkend DürHach Anm. 13: nur auf Verlangen des Klägers).

Anm. 55 Die Klageschrift muß einen bestimmten Tatbestand als wichtigen Grund angeben. Weitere Tatsachen, auch solche nach Klageerhebung (Anm. 19), können zur Unterstützung der ursprünglichen Begründung bis zur letzten mündlichen Verhandlung in der Tatsacheninstanz nachgeschoben werden. Wird der Antrag im Lauf des Verfahrens auf völlig neue Tatsachen gestützt, so liegt eine nach §§ 264, 268f. ZPO zu beurteilende Klageänderung vor (vgl. auch RG JW 1938, 1392). Die Beweislast für die zur Begründung des wichtigen Grundes angeführten Tatsachen trifft den Kläger; über ihre Anerkennung als wichtiger Grund entscheidet das Gericht im Rahmen wertender Beurteilung (Anm. 8).

Anm. 56 **c) Klagefrist, Zuständigkeit, Streitwert:** Besondere Fristbestimmungen für die Auflösungsklage bestehen nicht. Die Klage kann **sofort** erhoben werden. Ein vorheriges Auflösungsverlangen gegenüber den übrigen Gesellschaftern ist nicht erforderlich; im Fall unverzüglicher Anerkennung des Auflösungsanspruchs trägt freilich der Kläger nach § 93 ZPO die Kosten, da das Klageziel in diesem Fall auch ohne Rechtsstreit durch Auflösungsbeschluß (§ 131 Nr. 2) zu erreichen ist (Geßler Anm. 18). Eine **verspätete** Klageerhebung begründet andererseits die Gefahr, daß das zwischenzeitliche Verhalten des Klägers als Verzicht ausgelegt wird oder doch den Einwand der Verwirkung rechtfertigt (Anm. 45).

Für die Klage besteht keine ausschließliche **Zuständigkeit.** Sie kann beim Gericht des allgemeinen Gerichtsstands der Gesellschaft, also des Gesellschaftssitzes (§ 22 ZPO), oder im allgemeinen Gerichtsstand des Beklagten oder im Gerichtsstand des Erfüllungsortes (§ 29 ZPO) erhoben werden. Es kann auch ein besonderer Gerichtsstand für die Klage, auch unter Ausschluß anderer gesetzlicher Zuständigkeiten, vereinbart werden. **Anm. 57**

Der **Streitwert** ist, auch soweit von ihm die sachliche Zuständigkeit des Gerichts (Amtsgericht oder Landgericht) abhängt, nach richterlichem Ermessen festzusetzen, § 3 ZPO. Maßgebend ist das Interesse des Klägers an der Auflösung der Gesellschaft. Es richtet sich in erster Linie nach seiner Beteiligung, kann aber auch durch andere Tatsachen bestimmt werden (RGZ 40, 407; RG JW 1901, 395; OLG Hamburg OLGE 9, 50; Geßler Anm. 20). **Anm. 58**

d) Anderweitige Auflösung, Ausscheiden während des Rechtsstreits: Die Erhebung der Auflösungsklage schließt es nicht aus, daß die **Auflösung** zwischenzeitlich, vor Rechtskraft des Auflösungsurteils, aus anderen Gründen eintritt. Denkbar sind etwa ordentliche Kündigung, Konkurs der Gesellschaft, Konkurs oder Tod eines Gesellschafters (RGZ 123, 151/153; OLG Hamburg LZ 1918, 1293; vgl. auch Anm. 3). Die Auflösung kann weiter trotz des schwebenden Rechtsstreits auch durch Beschluß der Gesellschafter (§ 131 Nr. 2) herbeigeführt werden. In allen diesen Fällen ist durch die eingetretene Auflösung der Rechtsstreit in der Hauptsache erledigt (RG JW 1929, 1359). Die Kostenentscheidung richtet sich nach § 91a ZPO. **Anm. 59**

Im Fall des **Ausscheidens** des oder der Auflösungskläger während des Rechtsstreits aus der Gesellschaft wird die Klage unbegründet und ist kostenpflichtig abzuweisen, da der Auflösungsanspruch aus § 133 untrennbar mit der Mitgliedschaft verbunden ist (RG SeuffA 84, 128). Ist nur ein Teil der klagenden Gesellschafter ausgeschieden, so ist zu prüfen, ob den verbliebenen, gegebenenfalls unter Einschluß von an die Stelle der Ausgeschiedenen getretenen neuen Gesellschaftern, die Fortsetzung der Gesellschaft nunmehr zugemutet werden kann (RG DR 1942, 1796). **Anm. 60**

3. Die gerichtliche Entscheidung.

a) Gestaltungsurteil: Die in §§ 131 Nr. 6, 133 genannte „gerichtliche Entscheidung" hat die Rechtsnatur eines Gestaltungsurteils; sein Inhalt geht dahin, daß die Gesellschaft aufgelöst wird. Das Urteil kann auch von einem Schiedsgericht erlassen werden (Anm. 75). Es muß erlassen werden, wenn das Gericht zur Feststellung kommt, daß ein wichtiger Grund vorliegt. Nicht die Rechtsfolge der Auflösung, sondern nur die Feststellung der Auflösungsvoraussetzung unterliegt der wertenden Beurteilung des Gerichts (vgl. Anm. 8). Der abweichende Wortlaut von § 133 Abs. 1 („kann . . . ausgesprochen werden") hat keine rechtliche Bedeutung (RGZ 122, 312/314; RG LZ 1931, 373; anders noch RGZ 105, 376/377; RG JW 1925, 245). **Anm. 61**

b) Keine einstweilige Verfügung: Die gerichtliche Auflösung der Gesellschaft schafft durch Vertragsänderung einen endgültigen Zustand. Sie kann nicht im Wege der einstweiligen Verfügung angeordnet werden, da diese ihrem Wesen nach vorläufig ist (vgl. §§ 935, 940 ZPO) und ihre Wirkungen durch die spätere Entscheidung zur Hauptsache müssen beseitigt werden können. Neuere Rechtsprechung und Literatur lehnen daher zu Recht den Erlaß einer einstweiligen Verfügung auf Auflösung der Gesellschaft ab (KG OLGE 40, 433; DürHach Anm. 15, Ritter Anm. 3, Geßler Anm. 23, Hueck § 25 III 1; anders noch KG OLGE 32, 109; dahingest. RG JW 1931, 2992). Zulässig sind einstweilige Verfügungen, die die Durchführung der künftigen Entscheidung, insbesondere die sich an die Auflösung anschließende Abwicklung nur sichern sollen, wie die einstweilige Entziehung der Geschäftsführungs- oder Vertretungsbefugnis einzelner Gesellschafter oder die Einsetzung eines Dritten als Verwalter (§ 117 Anm. 27). Durch solche Maßregeln können die Belange der Beteiligten ausreichend gewahrt werden, so daß für eine auf Auflösung lautende einstweilige Verfügung auch kein Bedürfnis besteht. **Anm. 62**

4. Rechtsfolgen des Gestaltungsurteils.

a) Auflösung der Gesellschaft: Die Wirkung des Urteils ist die Auflösung der Gesellschaft (§ 131 Nr. 6). Einer Vollstreckungshandlung bedarf es dazu nicht. Die Wirkung tritt unmittelbar mit der Rechtskraft (Anm. 64) ein. Bis zu diesem Zeitpunkt **Anm. 63**

bleibt die Gesellschaft ein werbendes Unternehmen. Die Gesellschafter bleiben in ihren Funktionen als Geschäftsführer und Vertreter, müssen allerdings bei ihrer Tätigkeit auf die Gefahr der alsbaldigen Auflösung Rücksicht nehmen (§ 132 Anm. 40). Sie behalten ihre Ansprüche auf Gewinn und Zinsen und bleiben zur Einhaltung des Wettbewerbsverbots verpflichtet.

Anm. 64 **b) Eintritt mit Rechtskraft:** Die Auflösungswirkung tritt nicht schon mit Erlaß des Urteils oder Anordnung seiner vorläufigen Vollstreckbarkeit ein, sondern erst mit seiner Rechtskraft (h. M., vgl. RGZ 123, 151/153; KG JW 1924, 1179; Geßler Anm. 24; Hueck § 25 IV 1; Stein-Jonas-Pohle ZPO Vorbem. II 3d vor § 253; abw. KGJ 14, 235). Die Gestaltung bewirkt einen endgültigen Zustand. Sie führt zur Abwicklung der Gesellschaft mit der sich anschließenden Vollbeendigung unter Löschung der Firma. Alle diese Folgen könnten im Fall einer späteren Aufhebung des Urteils nicht ungeschehen gemacht werden (zur Aufhebung im Wiederaufnahmeverfahren vgl. § 131 Anm. 126). Eine nur vorläufig vollstreckbare Entscheidung, mit deren Aufhebung zu rechnen ist, kann deshalb die Wirkung der Auflösung nicht haben (vgl. auch Anm. 62). Das Auflösungsurteil kann daher auch nur hinsichtlich der Kosten für vorläufig vollstreckbar erklärt werden (KG JW 1924, 1179; Geßler Anm. 24). Die gegenteilige Ansicht könnte auch nicht auf § 16 HGB gestützt werden. Diese Vorschrift hat keine materiellrechtliche Bedeutung. Sie betrifft nur die formellen Eintragungsvoraussetzungen und läßt insoweit bei Erlaß einer rechtskräftigen oder (vorläufig) vollstreckbaren Entscheidung des Prozeßgerichts gegen einen Anmeldepflichtigen über ein im Handelsregister einzutragendes Rechtsverhältnis die Anmeldung der übrigen Beteiligten genügen. Im Fall des Auflösungsurteils ist indes auch eine auf § 16 HGB gestützte Eintragung der Auflösung vor Rechtskraft des Urteils abzulehnen, weil sie mit der materiellen Rechtslage in Widerspruch stünde (KG JW 1924, 1179; KGJ 41 A 144 für GmbH; a. A. KGJ 14, 235).

Anm. 65 Auch im Urteil selbst kann keine abweichende Bestimmung über den Gestaltungszeitpunkt getroffen werden, weil sich dieser unmittelbar aus dem Gesetz ergibt (§ 131 Nr. 6). Als zulässig wird es aber angesehen, die Auflösungswirkungen aus Zweckmäßigkeits- und Billigkeitsgründen auf Antrag einer Partei auf einen in naher Zukunft bevorstehenden Zeitpunkt festzusetzen (Anm. 54). Eine Rückbeziehung der Auflösungswirkungen, wie sie in § 140 Abs. 2 für den Fall der Ausschließung vorgesehen ist, ist demgegenüber ausgeschlossen. Die Gesellschafter sollen sich auch in ihren Innenbeziehungen auf das Fortbestehen der Gesellschaft bis zur Rechtskraft des Urteils verlassen können (Hueck in Festschrift Heymanns-Verlag S. 287/302f.). Bei schuldhafter Prozeßverschleppung stehen den geschädigten Gesellschaftern Schadensersatzansprüche aus dem Gesellschaftsverhältnis zu (Anm. 47).

Anm. 66 **c) Auflösungsfolgen:** Für die Auflösungsfolgen bewendet es bei den allgemeinen Grundsätzen (§ 131 Anm. 131ff.), soweit im Gesellschaftsvertrag keine abweichenden Vereinbarungen getroffen sind, etwa über das Ausscheiden des obsiegenden Auflösungsklägers unter Fortsetzung der Gesellschaft zwischen den übrigen Gesellschaftern (Anm. 81). Die Pflicht zur **Anmeldung** der Auflösung beim Handelsregister ergibt sich aus § 143 Abs. 1; abweichend hiervon genügt jedoch nach § 16 HGB die Anmeldung allein durch den Kläger.

III. Abweichende Vereinbarungen

1. Allgemeines.

Anm. 67 **a) Grenzen der Abdingbarkeit** (§ 133 Abs. 3): Eine Vereinbarung, die das Recht des Gesellschafters, die Auflösung der Gesellschaft zu verlangen, ausschließt oder entgegen § 133 Abs. 1 und 2 beschränkt, ist nach § 133 Abs. 3 **nichtig.** Das Auflösungsrecht aus wichtigem Grund ist ein unabdingbares Recht jedes Gesellschafters. Es gilt auch für Gesellschaften aus der Zeit vor Inkrafttreten des HGB (RGZ 71, 254/255).

§ 133 Abs. 3 schließt allerdings die Möglichkeit, von Abs. 1 und 2 abweichende Regelungen zu vereinbaren, nicht generell aus. Solche Abweichungen sind in mehrfacher Hinsicht denkbar: sie können sich beziehen auf die Voraussetzungen des wichtigen Grundes, auf die Art seiner Geltendmachung und das damit zu erreichende Ziel sowie schließlich auf die Rechtsfolgen eines Auflösungsurteils. Ihre Wirksamkeit setzt jeweils voraus, daß dadurch das Recht der Gesellschafter, sich einseitig bei Vorliegen eines wichtigen Grundes aus der Gesellschaft zu lösen, weder ausgeschlossen noch unzumutbar beschränkt wird.

b) Erweiterung des Anwendungsbereichs? Eine ausdehnende Anwendung von § 133 **Anm. 68**
im Wege der **Analogie** ist grundsätzlich zulässig. Die Rechtsnatur des Gestaltungsklagerechts schließt eine Analogie nicht schlechthin aus (RGZ 85, 311/313, Stein-Jonas-Pohle ZPO Anm. II 3c vor § 253; Rosenberg-Schwab a. a. O. § 95 II). Das Vorliegen der Analogievoraussetzungen (Regelungslücke und hinreichende Ähnlichkeit des nichtgeregelten Sachverhalts, vgl. Canaris, Feststellung von Lücken im Gesetz, 1964) ist freilich mit Rücksicht auf die ungewöhnliche richterliche Gestaltungsermächtigung besonders sorgfältig zu prüfen. Die analoge Anwendung von § 133 ist bisher vor allem für die fehlerhafte Gesellschaft bejaht worden (Anm. 4; weitere Beispiele für die analoge Anwendung von Gestaltungsklagerechten im Gesellschaftsrecht vgl. bei Hueck, Dölle-Festschrift S. 287/292ff.).

Von der Frage der Analogie zu scheiden ist die **vertragliche** Erweiterung des Anwendungsbereichs des § 133. Sie ist unwirksam, und zwar aus prozessualen Gründen: die richterliche Gestaltung bedarf einer gesetzlichen Ermächtigung, da sie ja Wirkung erga omnes entfalten soll. Eine vertragliche Ermächtigung reicht nicht aus. Aus diesem Grunde wird die vertragliche Ausdehnung des Anwendungsbereichs des § 133 auf bürgerlichrechtliche und stille Gesellschaften von der h. M. heute zu Recht abgelehnt (Anm. 5).

2. Vereinbarungen über den wichtigen Grund.

a) Einschränkungen: Bestimmungen im Gesellschaftsvertrag, nach denen be- **Anm. 69**
stimmte Tatsachen **keinen** wichtigen Grund zur Auflösung bilden, sind nicht generell unwirksam. Entsprechendes gilt für die Vereinbarung eines Katalogs bestimmter, engbegrenzter Tatsachen, die allein bei Feststellung des wichtigen Grundes berücksichtigt werden sollen. Derartige Regelungen bringen das Bestreben der Parteien nach einem besonders gefestigten Zusammenschluß zum Ausdruck, das auch bei der Wertung des Auflösungsgrundes und der damit zusammenhängenden Frage nach der Zumutbarkeit der Aufrechterhaltung der Gesellschaft Beachtung verdient (Anm. 20, 21).

Voraussetzung für die Zulässigkeit derartiger Vereinbarungen ist nach § 133 **Anm. 70**
Abs. 3, daß sie das vorzeitige Auflösungsrecht der Gesellschafter weder ausschließen noch unzumutbar einschränken (RG Recht 1924 Nr. 661; RG JW 1938, 521/522f.). Unbedenklich sind danach etwa Klauseln, nach denen die Auflösung wegen Krankheit oder Abwesenheit eines Gesellschafters nicht verlangt werden kann, wenn sie einen gewissen Zeitraum nicht übersteigt oder wenn der an der Ausübung seiner Tätigkeit verhinderte Gesellschafter einen Ersatzmann als Arbeitskraft stellt oder für die Kosten einer solchen aufkommt oder sich eine entsprechende Minderung seines Gewinnanteiles gefallen läßt. Derartige Bestimmungen enthalten regelmäßig eine Einschränkung der Verpflichtung eines Gesellschafters zu persönlicher Tätigkeit, die durch den Gesellschaftsvertrag auch ganz ausgeschlossen werden oder insbesondere bei älteren Gesellschaftern in deren Belieben gestellt werden könnte. Sie bringen zum Ausdruck, daß die Gesellschafter die Betätigung des einzelnen Gesellschafters nicht für unentbehrlich angesehen haben und daß in anderer Weise für die Geschäftsführung gesorgt ist oder notfalls durch Zusammenwirken der Gesellschafter gesorgt werden kann. Die Bedeutung derartiger Klauseln liegt somit **nicht** in einem — nach § 133 Abs. 3 unwirksamen — partiellen Ausschluß des Auflösungsrechts, sondern in der Klarstellung, daß bestimmte Umstände nach übereinstimmender Ansicht der Gesellschafter regelmäßig nicht ausreichen, um die Fortsetzung der betreffenden Gesellschaft unzumutbar zu machen (str., wie hier RG JW 1938, 521/522f.; Hueck § 25 V 1a; Lehmann-Dietz § 22 II 2b; Andörfer S. 140ff.). Zu einem ähnlichen Ergebnis kommen diejenigen Ansichten, die das Auflösungsrecht hinsichtlich der in der Klausel aufgeführten Umstände zwar vertraglich als ausgeschlossen ansehen, diese Vereinbarung aber nur dann für wirksam halten, wenn die Auflösung durch die Vereinbarung nicht „ungebührlich erschwert“ wird (DürHach Anm. 18, Geßler Anm. 30, Baumbach-Duden

Anm. 4). Grundsätzlich abweichend unterscheidet Herschel (Nikisch-Festschrift 1958 S. 49/58ff.) zwischen dem Ausschluß absoluter und relativer Auflösungsgründe und hält nur ersteren für unwirksam; die Unterscheidung begegnet schon deshalb Bedenken, weil der wichtige Grund im Sinn von § 133 nicht absolut, losgelöst von den Beziehungen der Parteien, beurteilt werden kann (vgl. Anm. 20).

Anm. 71 Aus der nur klarstellenden Funktion von Klauseln, die das Vorliegen eines wichtigen Grundes einschränken, folgt zugleich die begrenzte Wirksamkeit derartiger Regelungen. Sie stehen der Geltendmachung bestimmter vertraglich ausgeschlossener Umstände dann nicht entgegen, wenn diese im Einzelfall, abweichend von der Erwartung der Gesellschafter, doch zur Unzumutbarkeit der Fortsetzung führen, insbesondere wenn sie mit anderen Tatsachen zusammentreffen und die Gesamtschau (Anm. 18) die Unzumutbarkeit des Festhaltens am Vertrag erkennen läßt. Schließt etwa der Vertrag einer zweigliedrigen OHG die Arbeitsunfähigkeit eines Gesellschafters als wichtigen Grund aus, so kann das doch dann nicht gelten, wenn kurz hintereinander beide Gesellschafter arbeitsunfähig werden (DürHach Anm. 18, Staudinger-Keßler BGB § 723 Anm. 59b). Der vertragliche Ausschluß bestimmter Tatsachen kann nicht so weit gehen, dem Gericht ihre Berücksichtigung bei Beurteilung des wichtigen Grundes von vornherein schlechthin zu untersagen. Hierin würde eine unzulässige Beschränkung des Auflösungsrechts liegen. Das gleiche gilt bei einer Häufung von Fällen, in denen ein wichtiger Grund nicht soll gefunden werden können. Sie kann auch gegen die guten Sitten verstoßen, wenn dadurch einem Gesellschafter, insbesondere einem geschäftsführenden, die Möglichkeit gegeben wird, sich von jeder Verantwortung für gesellschaftswidriges, eigennütziges Verhalten freizuzeichnen.

Anm. 72 **b) Erleichterungen:** Das für die Bedeutung einschränkender Vereinbarungen zur Feststellung des wichtigen Grundes Ausgeführte (Anm. 70) gilt entsprechend für Vertragsbestimmungen, die vorsehen, daß bestimmte Tatsachen — etwa die Entmündigung oder die Abwesenheit oder Krankheit eines Gesellschafters von bestimmter Dauer — immer einen wichtigen Grund zur Erhebung der Auflösungsklage bilden sollen. Hierin liegt keine vertragliche Erweiterung des Anwendungsbereichs des § 133 (so aber Hueck § 25 V 2, ders., Dölle-Festschrift S. 293f.). Sie wäre zwar mit § 133 Abs. 3 vereinbar, doch würden prozessuale Gründe dagegen sprechen (vgl. schon Anm. 5), zumal auch ein Rechtsschutzbedürfnis für den gerichtlichen Ausspruch einer Gestaltung beim Vorliegen fest umrissener Tatsachen nicht erkennbar ist. Sinn derartiger Vereinbarungen unter gleichzeitiger Beibehaltung des gerichtlichen Auflösungsrechts kann es vielmehr nur sein, die regelmäßige Unzumutbarkeit des Festhaltens am Vertrag beim Vorliegen von Umständen der vereinbarten Art klarzustellen; das vertragliche Band soll die Gesellschafter hier, den Besonderheiten ihres Verhältnisses entsprechend, weniger stark an die Gesellschaft fesseln. Das Gericht muß der Auflösungsklage somit nicht schon deswegen stattgeben, weil eine der vertraglich als wichtiger Grund angeführten Tatsachen vorliegt. Es hat vielmehr auch in diesem Fall zu prüfen, ob die fragliche Tatsache unter Berücksichtigung der Gesamtumstände und der von den Parteien getroffenen Vereinbarungen das Festhalten am Vertrag unzumutbar macht oder ob das Auflösungsverlangen die Interessen der widersprechenden Gesellschafter unbillig beeinträchtigt (abw. Geßler Anm. 29 und Weipert Voraufl. Anm. 26, die grundsätzlich eine Pflicht zur Auflösung annehmen; ähnlich auch RG JW 1938, 521/522, RG SeuffA 93 S. 20/23 und Hueck § 25 V 2). Wollen die Parteien demgegenüber bindend die Auflösung beim Eintritt bestimmter Umstände, so ist für die Einschaltung des Gerichts kein Anlaß; es steht ihnen vielmehr frei, den Eintritt dieser Umstände im Sinne einer Befristung oder Bedingung (vgl. § 131 Anm. 17, 118) als unmittelbar wirkenden Auflösungsgrund zu vereinbaren.

3. Die Abdingbarkeit des Gestaltungsklagerechts.

Anm. 73 **a) Allgemeines:** Der als Gestaltungsklagerecht (Anm. 48) ausgebildete Anspruch, bei Vorliegen eines wichtigen Grundes Auflösung der Gesellschaft zu verlangen, ist vom HGB im Interesse der Rechtssicherheit und Rechtsklarheit zwischen den Gesellschaftern eingeführt worden (Anm. 2). Er ist damit hinsichtlich der Rechtsform grundsätzlich abdingbar, soweit den Gesellschaftern ein anderes funktionell gleichwertiges Recht gewährt wird, sich beim Vorliegen eines wichtigen Grundes einseitig von der Gesellschaft zu lösen (so bei Gewährung des Kündigungsrechts BGHZ 31, 295/300; BGH LM Nr. 6 zu § 140 HGB; DürHach Anm. 23, Geßler Anm. 31, Hueck § 25 V 2). Interessen von Gläubigern oder sonstigen Dritten werden durch eine aus der abweichenden Vereinbarung etwa folgende Unsicherheit über den Eintritt der Auflösung nicht berührt, da die Auflösung die Identität der Gesellschaft nicht ändert und Dritte sich hinsichtlich der Vertretungsmacht der Gesellschaftsorgane auf den Fortbestand der Handelsregistereintragung verlassen können (§ 15 I HGB). Die Ausschließung des Gestaltungsklagerechts ist allerdings dann unwirksam, wenn den Gesellschaftern nicht zugleich ein sonstiges gleichwertiges Lösungsrecht eingeräumt wird (vgl. zur entsprechenden Problematik beim Abdingen des Rechts zur ordentlichen Kündigung § 132 Anm. 31). Darüber hinaus darf die vertragliche Regelung auch keinen völligen Ausschluß des Rechtswegs vorsehen; den Gesellschaftern muß das Recht vorbehalten bleiben, zumindest nachträglich das Vorliegen des wichtigen Grundes der gerichtlichen Kontrolle zu unterwerfen (BGHZ 31, 295/299; Hueck § 25 V 2; vgl. auch § 117 Anm. 30, zur Schiedsgerichtsklausel Anm. 75).

b) Außerordentliches Kündigungsrecht: Die dem Auflösungsanspruch des § 133 am nächsten kommende Gestaltung besteht in der Vereinbarung eines außerordentlichen Kündigungsrechts bei Vorliegen eines wichtigen Grundes. Sie wird zu Recht allgemein als zulässig angesehen (BGHZ 31, 295/300; 47, 293/302; BGH LM Nr. 6 zu § 140; DürHach Anm. 23, Geßler Anm. 31, Hueck § 25 V 2). Im Unterschied zur Erhebung der Gestaltungsklage führt die Kündigung bei Vorliegen des wichtigen Grundes die Auflösung sofort mit ihrem Zugehen bei den übrigen Gesellschaftern (§ 132 Anm. 8) herbei, wenn sie nicht vertraglich an bestimmte, angesichts des außerordentlichen Rechtsbehelfs nur in engen Grenzen zulässige Fristen geknüpft ist. Das Vorliegen des wichtigen Grundes ist hier gegebenenfalls im Wege der Feststellungsklage zu klären; ihre Rechtshängigkeit hindert den Eintritt der Auflösung nicht. Die Kündigung kann auch von der Einhaltung bestimmter Formvorschriften, etwa der Absendung durch eingeschriebenen Brief, abhängig gemacht werden; dadurch wird der Anspruch auf Auflösung der Gesellschaft nicht beeinträchtigt. — Denkbar ist auch die Einräumung eines außerordentlichen Kündigungsrechts neben der Auflösungsklage. Ein praktisches Bedürfnis hierfür ist allerdings meist zu verneinen; auch wird für die Auflösungsklage dann regelmäßig das Rechtsschutzinteresse fehlen (Anm. 3). **Anm. 74**

c) Schiedsgerichtsabrede: Zulässig ist weiter die Vereinbarung, daß anstelle des ordentlichen Gerichts ein Schiedsgericht die Auflösung mit rechtsgestaltender Wirkung auszusprechen oder über die Rechtmäßigkeit der Kündigung zu entscheiden habe (RGZ 71, 254/256; Geßler Anm. 31; Hueck § 25 V 2). Im ersten Falle tritt die Auflösung der Gesellschaft erst ein, wenn der Schiedsspruch rechtskräftig für vollstreckbar erklärt worden und damit die Gefahr seiner Aufhebung nach § 1041 ZPO entfallen ist (Geßler, Hueck a. a. O.; ferner Wieczorek ZPO § 1042 Anm. A II b 2; a. A. Stein-Jonas-Schlosser ZPO § 1042 Anm. II; dahingestellt BGH KTS 1961, 31). Die **Formbedürftigkeit** der Schiedsgerichtsklausel (§ 1027 ZPO) ist ebenso wie die Kaufmannseigenschaft der persönlich haftenden Gesellschafter bei Abschluß des Gesellschaftsvertrages umstritten; die h. M. verneint die Kaufmannseigenschaft und fordert dementsprechend für den Schiedsvertrag eine besondere Urkunde (vgl. Nachweise bei § 105 Anm. 60a, § 343 Anm. 10; abweichend vor allem Hueck § 3 Fußn. 9; zur Formbedürftigkeit auf Seiten des Kommanditisten vgl. BGHZ 45, 282/285 und § 161 Anm. 11). **Anm. 75**

d) Ausschließung und Ausscheiden: Anstelle der Auflösungsklage kann ferner die Ausschließung oder das Ausscheiden eines Gesellschafters im Interesse des Bestands der Gesellschaft vereinbart werden. Die Gleichwertigkeit derartiger Regelungen mit dem in § 133 gewährten Auflösungsrecht ist freilich sowohl hinsichtlich der Geltendmachung als auch hinsichtlich des Abfindungsanspruchs besonders sorgfältig zu prüfen. **Anm. 76**

Einmal kann vereinbart werden, daß beim Vorliegen eines wichtigen Grundes in der **Person des Gesellschafters** dieser ausscheidet und die Gesellschaft unter den übrigen fortgesetzt wird. Ist die Vereinbarung im Sinn einer auflösenden Bedingung zu verstehen, so scheidet der betreffende Gesellschafter unmittelbar mit dem Eintritt des wichtigen Grundes aus — eine Gestaltung, die freilich schon wegen des häufig nicht **Anm. 77** eindeutig zu bestimmenden Zeitpunkts des Bedingungseintritts erhebliche Rechtsunsicherheit zur Folge hat. Durch die Vereinbarung des automatischen Ausscheidens kann das Auflösungsrecht des § 133 zudem nicht schlechthin ausgeschlossen werden. Die Auflösung aus objektiven, nicht in der Person eines Gesellschafters liegenden Gründen wird hierdurch ohnedies nicht berührt. Aber auch das Ausscheiden eines Gesellschafters selbst kann für die übrigen Gesellschafter einen der Fortsetzung entgegenstehenden wichtigen Grund bilden, etwa weil der Gesellschaft durch die Abfindung des Ausscheidenden die Kapitalgrundlage entzogen wird oder der Gesellschaftszweck ohne ihn nicht erreicht werden kann.

Anm. 78 Denkbar ist weiter eine Vereinbarung, nach der im Fall eines wichtigen Grundes in der Person eines Gesellschafters statt der Auflösungs- lediglich die **Ausschließungsklage** nach § 140 gegen diesen zulässig ist. Ihr steht nicht schon entgegen, daß der an der Auflösung interessierte Gesellschafter dadurch entgegen § 133 nicht frei wird (so aber Geßler Anm. 34); denn ein Anspruch aus § 133 scheidet solange aus, als dem klagenden Gesellschafter das Festhalten an der Gesellschaft (sei es auch erst nach Ausschließung des störenden Gesellschafters) zumutbar bleibt. Das entscheidende Bedenken gegen eine völlige Abdingung der Auflösungsklage in Fällen dieser Art ergibt sich vielmehr daraus, daß die Ausschließungsklage nach § 140 von allen übrigen Gesellschaftern gemeinsam erhoben werden muß (§ 140 Anm. 31); beruft sich ein Gesellschafter auf den wichtigen Grund, so kann er hier also, anders als im Fall des § 133, nicht allein handeln. Ein Anspruch gegenüber den anderen Gesellschaftern auf Mitwirkung an der Ausschließungsklage ist, auch wenn man ihn grundsätzlich bejaht (vgl. § 140 Anm. 34), nur schwer und zeitraubend realisierbar. Mit Hueck (§ 25 V 1 b, so auch Andörfer S. 102) muß daher die Auflösungsklage nach § 133 Abs. 3 jedenfalls dann zugelassen werden, wenn nicht alle übrigen Gesellschafter bereit sind, sich an der Ausschließungsklage zu beteiligen (abw. Weipert in Voraufl. Anm. 25). Gleiches gilt für den Fall, daß die Ausschließungsklage wegen der Unbilligkeit des Ausschlusses (§ 140 Anm. 13) nicht durchdringt.

Anm. 79 Anstelle der Auflösungsklage kann schließlich ein Recht des Auflösungswilligen vereinbart werden, **selbst** aus der Gesellschaft auszuscheiden (zur Fortsetzung der Gesellschaft ohne den Auflösungskläger nach Rechtskraft des Auflösungsurteils vgl. Anm. 81). Insoweit gelten die gleichen Grundsätze wie für die Ausschließung des ordentlichen Kündigungsrechts unter Ausscheiden des Kündigungswilligen (§ 132 Anm. 32ff.): diesem muß ein **Recht** zum Ausscheiden eingeräumt sein (Geßler Anm. 30, Hueck § 25 V 1 b, Andörfer S. 108f.; abw. Barz JW 1938, 490/492), und sein Abfindungsanspruch darf nach Höhe und Zahlungsbedingungen nicht in einer seine Interessen erheblich beeinträchtigenden, das Ausscheiden beschränkenden Weise ausgestaltet sein.

Anm. 80 **e) Sonstige Beschränkungen:** Unzulässig sind endlich Vereinbarungen, die die Beantragung der Auflösung durch Urteil oder eine an ihrer Stelle vorgesehene Kündigung für eine bestimmte Zeit ausschließen (RG in JR 1926 Nr. 1266) oder nach denen sie nur mit Zustimmung eines Mitgesellschafters oder eines Dritten erfolgen darf. Sie verletzen das Recht jedes einzelnen Gesellschafters, die sofortige Auflösung der Gesellschaft aus wichtigem Grunde zu verlangen. Zur Zulässigkeit abweichender Gestaltung der Auflösungsfolgen vgl. Anm. 81, 82.

4. Abweichende Auflösungsfolgen.

Anm. 81 **a) Fortsetzungsklauseln:** Ebenso wie der Auflösungsanspruch zugunsten sonstiger, zum Ausscheiden des nicht fortsetzungsbereiten Gesellschafters führender Gestaltungen ausgeschlossen werden kann (Anm. 76, 79), kann im Gesellschaftsvertrag auch vorgesehen werden, daß der Auflösungskläger mit Rechtskraft des Auflösungsurteils aus der Gesellschaft ausscheidet und diese sich gleichzeitig in eine werbende Gesellschaft rückumwandelt. Anders als bei einem Fortsetzungsbeschluß durch die übrigen Gesellschafter nach Rechtskraft des Auflösungsurteils (vgl. § 131 Anm. 155, 160) wird dem Auflösungskläger hier der durch das Urteil erlangte Liquidationsanspruch nicht nachträglich genommen; das Risiko ist vielmehr schon im Gesellschaftsvertrag begründet. Gegen die Zulässigkeit derartiger Klauseln bestehen daher keine Bedenken, soweit die Art der Abfindungsregelung den Auflösungskläger nicht unzumutbar benachteiligt (Anm. 67). Gleiches gilt für die Vereinbarung eines Übernahmerechts im Rahmen einer zweigliedrigen Gesellschaft. Seine Geltendmachung steht freilich unter dem Vorbehalt unzulässiger Rechtsausübung; er kann namentlich dann eingreifen, wenn der vertraglich zur Übernahme berechtigte Gesellschafter durch sein Verhalten den Anlaß zur Auflösungsklage gegeben hat.

b) Sonstige Beschränkungen: Beschränkungen des Auflösungsanspruchs im Rahmen **Anm. 82** der Regelungen über die Urteilsfolgen sind namentlich in der Form von **Vertragsstrafen** und **Wettbewerbsverboten** denkbar. Ihre rechtliche Beurteilung richtet sich nach den gleichen Grundsätzen wie im Fall der ordentlichen Kündigung (§ 132 Anm. 37, 38). Vertragsstrafen sind danach wegen Verstoßes gegen § 344 BGB i. V. m. § 133 Abs. 3 HGB generell unwirksam. Bei Wettbewerbsverboten kommt es auf die Dauer der Bindung, das Interesse der die OHG fortsetzenden übrigen Gesellschafter und die Einbeziehung des good will bei Ermittlung des Abfindungsanspruchs an (vgl. zum Ganzen auch Andörfer, S. 158ff.).

5. Rechtsfolgen unzulässiger Vereinbarungen.

Vertragsbestimmungen, die gegen Abs. 3 verstoßen, sind nichtig. Die Nichtigkeit **Anm. 83** ergreift den ganzen Gesellschaftsvertrag nur, wenn die Gesellschafter den Vertrag ohne die nichtige Bestimmung nicht abgeschlossen hätten. Abweichend von der Auslegungsregel des § 139 BGB ist das regelmäßig nicht anzunehmen (vgl. § 132 Anm. 39). Ergreift die Nichtigkeit ausnahmsweise den ganzen Gesellschaftsvertrag, so kommen die Grundsätze über die fehlerhafte Gesellschaft (§ 105 Anm. 87ff.) zur Anwendung.

IV. Rücktritt, Wegfall der Geschäftsgrundlage

Das Recht, aus wichtigem Grund die gerichtliche Auflösung der Gesellschaft zu **Anm. 84** verlangen, ersetzt nicht nur die Kündigungsbefugnis, sondern auch die sonstigen auf Auflösung gerichteten Rechtsbehelfe des Zivilrechts (Rücktritt, Berufung auf den Wegfall der Geschäftsgrundlage) schon von dem Zeitpunkt an, in dem die Gesellschaft im Innenverhältnis als OHG entstanden ist und die Gesellschafter mit der Bildung von Gesamthandsvermögen begonnen haben (Anm. 6, 14). Bis dahin bewendet es bei den allgemeinen Rechtsbehelfen; sie haben namentlich für Gesellschaften Bedeutung, die ein Gewerbe im Sinn von §§ 2, 3 II HGB betreiben, die Handelsregistereintragung jedoch noch nicht bewirkt haben.

§ 134

Eine Gesellschaft, die für die Lebenszeit eines Gesellschafters eingegangen ist oder nach dem Ablaufe der für ihre Dauer bestimmten Zeit stillschweigend fortgesetzt wird, steht im Sinne der Vorschriften der §§ 132, 133 einer für unbestimmte Zeit eingegangenen Gesellschaft gleich.

Inhaltsübersicht

Schrifttum: Barz, Vertraglicher Kündigungsausschluß bei Personalgesellschaften, JW 1938, 490; Siebel, Erschwerte Kündigung bei der OHG und KG, DNotZ 1954, 71; Simon, Gesellschaftsrechtliche Bindungen auf Lebenszeit?, DB 1961, 1679; Andörfer, Ausschluß und Beschränkung des Kündigungsrechts bei Personengesellschaften, Diss. Köln 1967.

Anm. 1 **Einleitung.** § 134 schließt in Übereinstimmung mit Art. 123 Abs. 1 Nr. 5, Abs. 2 ADHGB und § 724 BGB die Bindung eines Gesellschafters auf Lebenszeit aus und deutet eine in dieser Weise erfolgte Bindung in eine solche auf unbestimmte Zeit um. Er enthält ferner eine Auslegungsregel für den Fall, daß eine Gesellschaft nach Ablauf der für ihre Dauer bestimmten Zeit stillschweigend fortgesetzt wird.

I. Allgemeines

Anm. 2 Die Bedeutung der Vorschrift des § 134 liegt darin, daß sie den Anwendungsbereich des ordentlichen Kündigungsrechts nach § 132 um **zwei** Fälle (Gesellschaft auf Lebenszeit und stillschweigend fortgesetzte Gesellschaft) erweitert. Sie steht im Zusammenhang mit dem Verbot des Ausschlusses oder der unzumutbaren Erschwerung dieses Kündigungsrechts (§ 723 III BGB i. V. m. § 105 II HGB, vgl. § 132 Anm. 26ff.). Sowenig einem Gesellschafter, der sich vertraglich auf unbestimmte Zeit bindet, das Kündigungsrecht genommen werden kann, sowenig soll dies über die Vereinbarung einer lebenslänglichen Bindung möglich sein. Diese Ergänzungsfunktion des § 134 ist auch bei seiner Auslegung zu beachten.

Gegenüber dem Auflösungsanspruch nach § 133 ist die Vorschrift des § 134 entgegen ihrem Wortlaut ohne wesentliche Bedeutung. Der Auflösungsanspruch ist sowohl bei befristeten als auch bei unbefristeten Gesellschaften gegeben; die Differenzierung ist hier nur insofern von Belang, als bei diesen der die Auflösung begehrende Kläger gegebenenfalls auf sein Kündigungsrecht verwiesen werden kann, soweit ihm die Einhaltung der Kündigungsfrist zumutbar ist (§ 133 Anm. 3, 41).

II. Gesellschaft auf Lebenszeit

1. Voraussetzungen.

Anm. 3 **a) Ausdrückliche Bindung:** Eine auf Lebenszeit eingegangene und damit nach § 134 als unbefristet zu behandelnde Gesellschaft liegt nach heute ganz herrschender Meinung nur vor, wenn die Vertragsdauer **ausdrücklich** an die **Lebenszeit** eines oder mehrerer Gesellschafter geknüpft ist. Die früher teilweise vertretene weitergehende Ansicht, nach der § 134 bereits eingreifen sollte, wenn die vereinbarte Vertragsdauer die voraussichtliche Lebenserwartung eines Gesellschafters überstiege, ist seit langem überholt (Boesebeck, Betrachtungen zur Umwandlung von Kapitalgesellschaften, 1937, S. 39, Barz JW 1938, 490/491, Geßler Anm. 2—4, ders. SozPr. 1938, 1173, Hueck § 24 I 1 Fußn. 6, Simon DB 1961, 1679/1681, Westermann Handb. I 623; so für § 724 BGB auch Fischer in RGRK[11] Anm. 1, Soergel-Schultze-v. Lasaulx Anm. 1; abweichend nur Baumbach-Duden[18] Anm. 1, und Nitschke, Körperschaftlich strukturierte Personengesellschaft, S. 367, 370 Fußn. 40, für die Vereinbarung einer die Lebenserwartung aller Gesellschafter bzw. eines „erwachsenen Durchschnittsmenschen" (Nitschke) übersteigenden Zeit, dazu vgl. Anm. 7). Der h. M. ist schon deshalb zu folgen, weil § 134 nur eine Ergänzung des Verbots fester gesellschaftsrechtlicher Bindungen auf unüberschaubar lange Zeit bildet (Anm. 2). Bei einer kalendermäßig bestimmten Dauer fehlt es an dieser Voraussetzung, unabhängig vom Lebensalter und der generellen oder individuellen Lebenserwartung der einzelnen Gesellschafter.

Anm. 4 **b) Lebenszeit eines Gesellschafters:** Weitere Voraussetzung für § 134 ist, daß die Gesellschaft für die Lebenszeit eines Gesellschafters fest eingegangen ist und bei normalem Verlauf nicht vorher gelöst werden kann. Daher fallen hierunter nur Vereinbarungen, die die Lebenszeit als feste oder **Mindestzeit** vorsehen und auch keine sonstigen Möglichkeiten zum vorzeitigen Ausscheiden (vgl. § 132 Anm. 29, 32) gewähren. Dagegen bleibt eine kalendermäßige Zeitbestimmung wirksam, auch wenn sie mit der Lebenszeit eines Gesellschafters als Höchstdauer verknüpft ist („auf 20 Jahre fest, höchstens aber bis zum Tode eines der Gesellschafter"; vgl. Hueck § 24 I 1 Fußn. 6, Simon DB 1961, 1679/1680, Fischer in RGRK BGB § 724 Anm. 1). Die Vereinbarung einer derartigen Höchstdauer wiederholt nur den bereits in § 131 Nr. 4 vorgesehenen Auflösungsgrund und stellt sein Eingreifen schon vor dem vertraglich vorgesehenen Auflösungszeitpunkt klar (RG in Recht 1925, 828).

Anm. 5 Unerheblich für das Eingreifen von § 134 ist, ob die Bindung auf Lebenszeit für alle Gesellschafter gilt. Auch wenn nur bei **einem** Gesellschafter das Kündigungsrecht auf Lebenszeit ausgeschlossen oder die Gesellschaftsdauer hieran geknüpft ist, wird die Gesellschaft zur unbefristeten (RGZ 156, 129/136; zum Kündigungsrecht aller Gesellschafter in diesem Fall vgl. Anm. 9). § 134 greift weiter auch dann ein, wenn der Kündigungsausschluß auf Lebenszeit eines Gesellschafters zu dessen Gunsten gilt, ihm also vertraglich ein Sonderrecht auf Fortsetzung der Gesellschaft bis zu seinem Tod gewährt wurde (BGHZ 50, 316/321): hier sind die übrigen Gesellschafter durch Ausschluß ihres Kündigungsrechts beschwert.

c) Bindung an Dauer juristischer Person: Umstritten ist, ob § 134 auch dann eingreift, wenn der Gesellschaftsvertrag auf die Dauer einer als Gesellschafter beteiligten juristischen Person oder Personengesellschaft eingegangen ist (bejahend Baumbach-Duden Anm. 1; für den Fall einer auf unbefristete Zeit eingegangenen „Gesellschafter-Gesellschaft" auch Geßler Anm. 5; verneinend Hueck § 24 I 1 Fußn. 6, Simon DB 1961, 1679/1681, Fischer in RGRK BGB § 724 Anm. 2, Westermann Handb. I 623, Soergel-Schultze-v. Lasaulx BGB § 724 Anm. 2). Mit dem BGH (BGHZ 50, 316/321f., so auch Fischer und Simon a. a. O.) ist davon auszugehen, daß es dann, wenn die „Gesellschafter-Gesellschaft" auf **unbestimmte** Dauer eingegangen ist, an der Bestimmbarkeit der Dauer der abhängigen Gesellschaft fehlt, da der Eintritt des Auflösungszeitpunkts in Fällen dieser Art für die übrigen Gesellschafter gänzlich unüberschaubar ist (vgl. § 132 Anm. 2). Die Gesellschaft gilt daher unabhängig von § 134 als **unbefristete;** ein gleichwohl vereinbarter Kündigungsausschluß wäre wegen Verstoßes gegen § 723 III BGB i. V. m. § 105 II HGB nichtig (§ 132 Anm. 26, 31). Ist die „Gesellschafter-Gesellschaft" dagegen auf **bestimmte** Zeit eingegangen, so gilt die gleiche Befristung auch für die abhängige Gesellschaft; auch hier besteht zur Anwendung von § 134 kein Anlaß (insoweit zutreffend auch Geßler Anm. 5). Anm. 6

2. Überlange Dauer?

Um den Bestand der Gesellschaft auf möglichst lange Zeit zu sichern, wird die Gesellschaftsdauer teilweise für eine sehr ausgedehnte Zeitspanne („99 Jahre", „bis zum Jahr 2100") festgelegt. Da es in Fällen dieser Art nicht an der erforderlichen Bestimmtheit der Vertragsdauer fehlt, könnte ein Kündigungsrecht nach §§ 723 BGB, 132 HGB nur bei Unwirksamkeit der vertraglichen Zeitbestimmung zum Zuge kommen. Auch in diesen Fällen besteht indessen kein Anlaß, § 134 unter weiter Auslegung seines Wortlauts zur Anwendung zu bringen (für das Eingreifen von § 134 nur Baumbach-Duden Anm. 1, und Nitschke a. a. O. S. 367, 370 Fußn. 40, gegen die h. M., vgl. Nachweise oben Anm. 3). Eine Höchstgrenze für die Zeitdauer einer offenen Handelsgesellschaft kennt das Gesetz, anders als bei Miete und Pacht oder Dienstvertrag (§§ 567, 624 BGB), nicht. Der Vereinbarung einer allzu langen Vertragsdauer ist die Wirksamkeit allerdings dann zu versagen, wenn sie sich unter Berücksichtigung der Umstände des Einzelfalls (Art und Umfang der persönlichen Bindung, Möglichkeit des Austritts oder der Übertragbarkeit des Anteils, Entstehungsgeschichte) als sittenwidrige Knebelung im Sinne von § 138 I BGB erweist (RG JW 1926, 1959/1960; Westermann Handb. I 623, 633, Fischer in RGRK BGB § 723 Anm. 13, H. P. Westermann, Vertragsfreiheit und Typengesetzlichkeit im Recht der Personengesellschaften, 1970, S. 235ff.). Entgegen § 139 BGB wird sich die Nichtigkeit hier regelmäßig nicht auf den übrigen Vertrag erstrecken; er gilt im Zweifel als auf unbestimmte Zeit abgeschlossen (zur Frage der Umdeutung der überlangen in eine kürzere Bindung vgl. Westermann Handb. I 634). Anm. 7

Abzulehnen ist die Ansicht von Nitschke (Körperschaftlich strukturierte Personengesellschaft, S. 369f.), wonach die persönlich haftenden Gesellschafter einer auf befristete Zeit geschlossenen OHG oder KG nach Ablauf von 5 Jahren entsprechend § 624 BGB ein unentziehbares ordentliches Kündigungsrecht haben. An die unbeschränkte Haftung läßt sich das Kündigungsrecht des Dienstverpflichteten (§ 624 BGB) in keinem Fall anknüpfen. Aber auch soweit die persönlich haftenden Gesellschafter Tätigkeitspflichten im Rahmen der Gesellschaft übernommen haben, sind diese doch grundsätzlich anderer Natur als die in §§ 611 ff. BGB geregelten, durch Fremdbestimmung gekennzeichneten Dienstpflichten. Sie rechtfertigen daher ebenfalls nicht die Übernahme des Kündigungsrechts aus § 624 BGB in das Gesellschaftsrecht.

3. Rechtsfolgen.

a) § 134 als Auslegungsregel: Die in § 134 angeordnete Behandlung einer auf Lebens- Anm. 8

zeit eines Gesellschafters eingegangenen Gesellschaft als unbefristete ist nicht zwingender Natur, sondern hat nur die Bedeutung einer Auslegungsregel, die für den genannten Fall die Anwendung der Regel des § 139 BGB verdrängt. Der Gesetzgeber geht davon aus, daß die in der Bindung auf Lebenszeit liegende Zeitbestimmung unwirksam ist, die Unwirksamkeit aber nicht zur Nichtigkeit des ganzen Vertrags führen, sondern auf die genannte Klausel beschränkt bleiben und die Gesellschaft dadurch zur unbefristeten machen soll (zur entsprechenden Behandlung sonstiger Fälle unzulässiger Kündigungserschwerung vgl. § 132 Anm. 39). Das schließt es nicht aus, im Einzelfall zu einer abweichenden Auslegung zu kommen. Denkbar ist etwa, daß zwischen der Bindung auf Lebenszeit und einer anderen Vertragsbestimmung ein unlösbarer Zusammenhang besteht. Hier ist nach Lage des Einzelfalls zu entscheiden, ob nach dem mutmaßlichen Willen der Beteiligten mit dem Wegfall der lebenslänglichen Bindung nur die damit zusammenhängende weitere Vertragsbestimmung oder der ganze Gesellschaftsvertrag hinfällig sein soll. Der ganze Vertrag ist nichtig, wenn nach dem zu ermittelnden Parteiwillen die lebenslängliche Bindung eines oder mehrerer Gesellschafter so wesentlich war, daß die Gesellschafter ohne diese Bindung den Gesellschaftsvertrag überhaupt nicht abgeschlossen hätten. In Betracht kommt weiter auch eine Vertragsergänzung im Wege der Umdeutung der Lebenszeitbindung in eine solche auf eine bestimmte Mindestzeit, etwa die Durchführung des ersten gemeinsamen Projekts u. a. (BGH WM 1967, 315, Geßler Anm. 6, Soergel-Schultze-v. Lasaulx BGB § 724 Anm. 1). Für eine von § 134 abweichende Auslegung bedarf es allerdings stets konkreter Anhaltspunkte.

Anm. 9 **b) Kündigungsrecht aller Gesellschafter:** Bewendet es bei der Auslegungsregel des § 134, so steht die Gesellschaft einer auf unbestimmte Zeit eingegangenen gleich. Damit steht das Kündigungsrecht (§§ 723 BGB, 132 HGB) aber grundsätzlich auch **allen** Gesellschaftern zu, nicht nur denjenigen, auf deren Lebenszeit die Gesellschaft eingegangen war (so zu Recht Geßler Anm. 7, Simon DB 1961, 1679/1682 gegen Weipert in Voraufl. Anm. 6). Nicht ausgeschlossen ist freilich auch hier, im Einzelfall zu einer abweichenden Auslegung zu kommen. So mag der Parteiwille dahin gehen, daß die Bindung der anderen, so wie sie der Vertrag vorsieht, trotz Wegfalls der lebenslänglichen Bindung des einen Gesellschafters fortbestehen soll. Denkbar ist auch die Auslegung, daß derjenige, der eine Bindung auf Lebenszeit eingegangen ist, bei Wegfall dieser Bindung mindestens solange gebunden sein soll wie die anderen Gesellschafter.

III. Stillschweigende Fortsetzung

1. Fortsetzung nach Zeitablauf.

Anm. 10 Eine nach dem Ablauf der für ihre Dauer bestimmten Zeit stillschweigend fortgesetzte Gesellschaft wird nach § 134 ebenfalls zur **unbefristeten** Gesellschaft; sie kann also durch Kündigung nach § 132 aufgelöst werden. Ob die Gesellschaft alsbald nach Eintritt der Auflösung „fortgesetzt" wird oder die Gesellschafter zunächst mit der Abwicklung beginnen, ist unerheblich; ein Fortsetzungsbeschluß (ausdrücklich oder stillschweigend) bleibt bis zur Vollbeendigung der Gesellschaft möglich (§ 131 Anm. 152).

Auch der auf die stillschweigende Fortsetzung bezogene Teil des § 134 hat nur die Bedeutung einer **Auslegungsregel.** Er schließt eine abweichende Auslegung im Einzelfall nicht aus. So kann sich aus den Umständen ergeben, daß die Gesellschafter die Gesellschaft nach Ablauf der ursprünglichen Vertragsdauer nur noch für eine bestimmte Zeit fortsetzen wollten, z. B. für die Dauer des Mietvertrages über die für den Geschäftsbetrieb gemieteten Fabrikräume oder im Falle des Verkaufs des Unternehmens bis zum vereinbarten Übergabetermin oder bis zum Auslaufen eines langfristigen Liefer- oder Bezugsvertrages. In allen diesen Fällen kann es sich allerdings auch um reine Abwicklungsgeschäfte handeln, so daß aus ihnen nicht notwendig auf eine Fortsetzung der Gesellschaft geschlossen werden muß (vgl. § 149). Die Voraussetzung des § 134 ist nur gegeben, wenn die Gesellschafter den werbenden Betrieb fortsetzen wollen. Dies kann sich z. B. aus dem Abschluß eines neuen langfristigen Mietvertrages oder neuer Dienstverträge ergeben.

Die Auslegungsregel des § 134 greift entsprechend ein, wenn die Gesellschafter nach **Anm. 11**
Ablauf der für die Dauer der Gesellschaft bestimmten Zeit **ausdrücklich** die Fortsetzung
der Gesellschaft beschlossen, aber über die künftige Dauer der Gesellschaft nichts verein-
bart haben. Mit dem Fortsetzungsbeschluß wird die Gesellschaft im Zweifel auch in
diesem Fall zur unbefristeten. Die ursprünglich vereinbarte Vertragsdauer ist durch
den Zeitablauf erledigt. Regelmäßig kann auch nicht angenommen werden, daß die
Gesellschaftsdauer um die gleiche Zeit verlängert werden soll, die sie nach dem bisherigen
Vertrag hatte.

Bei der stillschweigenden wie bei der ausdrücklich vereinbarten Fortsetzung der **Anm. 12**
Gesellschaft bleiben außer der Zeitbestimmung die übrigen Vertragsbestimmungen
unberührt, soweit nicht stillschweigend oder ausdrücklich im einzelnen etwas anderes
vereinbart ist. Die Gesellschaft wird „fortgesetzt", bleibt also die alte mit allen im Ver-
trag enthaltenen Bestimmungen; die abweichenden Vorschriften des dispositiven Rechts
bleiben abbedungen. Eine stillschweigende Vertragsänderung kann sich aber daraus
ergeben, daß eine Vertragsbestimmung notwendig mit der Zeitbestimmung im ursprüng-
lichen Vertrag verbunden war, z. B. eine Vorzugsdividende eines Gesellschafters auf
einige Jahre.

Der Gesellschaftsvertrag kann die stillschweigende Fortsetzung der Gesellschaft **Anm. 13**
ausschließen. Jedoch kann grundsätzlich auch diese Bestimmung ohne ausdrückliche
Vertragsänderung durch schlüssige Handlungen aufgehoben werden (BGHZ 49, 364/366).

2. Sonstige Fortsetzungsfälle.

Schon **vor Ablauf der für die Dauer der Gesellschaft bestimmten Zeit** können die **Anm. 14**
Gesellschafter die Fortsetzung nach Zeitablauf beschließen (Näheres zum Fortsetzungs-
beschluß vgl. § 131 Anm. 146ff.). Auch dies kann stillschweigend geschehen, z. B. durch
Handlungen, die die Fortsetzung der Gesellschaft voraussetzen, wie Verlängerung der
Miet- und Dienstverträge über die vertragsmäßige Gesellschaftsdauer hinaus. Aus der-
artigen Handlungen der geschäftsführenden oder vertretungsberechtigten Gesellschafter
ergibt sich eine auf Fortsetzung der Gesellschaft gerichtete stillschweigende Vereinbarung
der Gesellschafter allerdings nur, wenn alle Gesellschafter von diesen Handlungen
Kenntnis hatten und sie durch ihr Verhalten (Zustimmung oder Unterlassung eines
Widerspruchs) billigten. Auch in diesem Fall gilt die Gesellschaft für die Zukunft als auf
unbestimmte Zeit eingegangen, falls sich aus den Umständen nicht ein anderes ergibt.

Ist eine befristete Gesellschaft nicht durch Zeitablauf, sondern bereits **vorher** **Anm. 15**
aus einem **sonstigen Grunde** (Auflösungsurteil, Tod eines Gesellschafters u. a.) auf-
gelöst und wird sie dann fortgesetzt, so greift § 134 nicht ein. Entgegen der Voraufl.
(Anm. 9) ist die Vorschrift auch nicht sinngemäß anzuwenden; es bewendet bei den
allgemeinen Auslegungsgrundsätzen (Geßler Anm. 9, a. A. Fischer in RGRK BGB § 724
Anm. 4). Im Zweifel ist davon auszugehen, daß der Fortsetzungsbeschluß die vereinbarte
Zeitbestimmung unberührt läßt. Macht etwa ein Gesellschafter von einem ihm zustehen-
den Recht zur vorzeitigen Kündigung Gebrauch und nimmt er die Kündigung im Ein-
vernehmen mit den übrigen Gesellschaftern wieder zurück, so ist anzunehmen, daß auch
die bisherigen Bestimmungen über die Dauer der Gesellschaft und das Kündigungsrecht
weiter bestehen sollen. Auch kann schon der Gesellschaftsvertrag eine Regelung ent-
halten, z. B. dahin, daß bei Fortsetzung der Gesellschaft nach Auflösung wieder eine
bestimmte Vertragsdauer oder ein bestimmtes, von der Regel des § 132 abweichendes
Kündigungsrecht gelten soll. Die Regelung kann sich auch aus den Umständen ergeben,
z. B. aus dem Abschluß eines neuen Mietvertrages über die Fabrikräume von bestimmter
Dauer.

FSC
www.fsc.org
MIX
Papier | Fördert gute Waldnutzung
FSC® C083411

Kolibri 360 GmbH
Ferdinand-Jühlke-Straße 7
99095 Erfurt, Deutschland
produktsicherheit@kolibri360.de